DEUTSCHES INSTITUT FÜR WIRTSCHAFTSFORSCHUNG

BEITRÄGE ZUR STRUKTURFORSCHUNG HEFT 81 · 1984

Gesamtwirtschaftliche und strukturelle Auswirkungen von Veränderungen der Struktur des öffentlichen Sektors

Schwerpunktthema im Rahmen der
Strukturberichterstattung 1983

Von
Bernd Bartholmai, Oskar de la Chevallerie, Volker Meinhardt,
Frank Stille, Dieter Teichmann und Dieter Vesper

DUNKER & HUMBLOT · BERLIN

Herausgeber: Deutsches Institut für Wirtschaftsforschung, Königin-Luise-Str. 5, D-1000 Berlin 33
Telefon (0 30) 82 99 10 — Telefax (0 30) 82 99 12 00
BTX-Systemnummer * 2 99 11 #
Schriftleitung: Dr. Klaus Henkner.
Verlag Duncker & Humblot, Dietrich-Schäfer-Weg 9, D-1000 Berlin 41.
Druck: 1984 bei ZIPPEL-DRUCK, Oranienburger Str. 170, D-1000 Berlin 26.
Printed in Germany.
ISBN 3 428 05739 2

INHALTSVERZEICHNIS

Seite

Seite

VERZEICHNIS DER TABELLEN

Die Ziffern vor dem Schrägstrich beziehen sich auf die Abschnitte im Text

Seite

Seite

VERZEICHNIS DER SCHAUBILDER

Seite

Teil II

Teil I : Struktur und Entwicklung des öffentlichen Sektors

1 Zur Rolle des Staates

1.1 Formen staatlicher Einflußnahme

Hochentwickelte Volkswirtschaften sind in der Regel durch einen großen Anteil der von den öffentlichen Haushalten übernommenen Aufgaben gekennzeichnet. Mit wachsendem Wohlstand und fortschreitender Arbeitsteilung tritt die Nachfrage nach Gütern des gehobenen Bedarfs in den Vordergrund; hierzu zählen auch zahlreiche "öffentliche" Güter (Bildung, Wissenschaft, Kultur und Gesundheit, aber auch die Auslagerung häuslicher Dienste wie Kindererziehung oder Altenpflege). Einmal steigt das individuelle Bedürfnis nach Nutzung solcher Angebote, zum anderen zwingen ökonomische Bedingungen - erhöhte berufliche Mobilität, technischer Fortschritt - dazu. Offen bleibt die Frage, ob in jedem Falle die Leistungsbereitstellung in staatlicher Regie erfolgen muß oder ob nicht andere, effizientere Organisationsformen denkbar sind.

Schon hier zeigt sich, daß jeder Versuch, den Umfang des staatlichen Einflusses auf die ökonomischen Aktivitäten einer Volkswirtschaft und deren Rückwirkungen auf den öffentlichen Sektor abzuschätzen, mit großen Schwierigkeiten verbunden ist.

Die Art der Zuordnung und damit auch der numerische Ausweis des Staatseinflusses hat nicht nur formalen Charakter, sondern Auswirkungen auf die Höhe und Struktur des Sozialprodukts. Wird z.B. ein Theater im Rahmen des Staatskontos geführt, sind die laufenden Kosten dieses Theaters - sofern sie nicht durch den Verkauf von Eintrittskarten gedeckt werden - Bestandteil des Staatsverbrauchs, während der Kauf der Eintrittskarten als private Konsumausgabe definiert ist. Wird das gleiche Theater hingegen als wirtschaftliches Unternehmen geführt, so wird auf der Verwendungsseite der Sozialproduktberechnung nur der private Konsum berührt. Ebenso sind die Kriterien für die Abgrenzung der nicht zum Staatssektor zählenden parafiskalischen Einrichtungen oftmals nicht eindeutig. So werden von den Kirchen zum großen Teil öffentliche Aufgaben erfüllt (wie karitative Tätigkeiten) und auch die Finanzierungsquellen haben überwiegend Zwangscharakter (Kirchensteuer). Ähnliches gilt für Kindergärten, Altenheime usw., die von privaten Organisationen ohne Erwerbscharakter getragen werden.

Im System der Gesamtrechnung des Statistischen Bundesamtes umfaßt der Sektor Staat neben den Haushalten von Bund, Ländern und Gemeinden die Sozialversicherungsträger, das ERP-Sondervermögen des Bundes und den Lastenausgleichsfond. Hinzu kommen Zweckverbände und Organisationen ohne Erwerbscharakter, deren Mittel vornehmlich aus öffentlichen Abgaben stammen und die Aufgaben von Hoheits- und Kämmereiverwaltungen erfüllen (z.B. Kommunale Schulzweckverbände, nicht aber Zweckverbände etwa im Bereich der Energieversorgung).

Nicht zum Sektor Staat zählen hingegen die im Eigentum von Bund, Ländern, Gemeinden und der Sozialversicherung befindlichen Unternehmen (Kommunale Versorgungs- und Verkehrsunternehmen, Deutsche Bundesbahn, Deutsche Bundespost usw.), ebensowenig die Wohnungsbauförderungsanstalten der Länder. Ebenfalls nicht erfaßt sind Kirchen, politische Parteien, Berufsverbände. Die im Besitz oder unter Kontrolle des Staates befindlichen Einrichtungen werden dann dem Unternehmenssektor zugerechnet, wenn sie "andere als eindeutig staatliche Aufgaben"[1)] wahrnehmen.

Quantifizierbar sind nur Teilbereiche der staatlichen Einflußnahme auf den Wirtschaftskreislauf, vergleichsweise einfach jene, die in monetären Größen (Ausgaben und Einnahmen) ihren Ausdruck finden. Mitunter können "hoheitliche" Interventionen in Form von Gesetzen u.ä. stärkere Verhaltensänderungen bei den Wirtschaftssubjekten hervorrufen als finanzielle Anreize bzw. Abgaben. Beiden Interventionsformen ist gemein, daß sie die Rahmenstruktur des Systems, die Marktregeln und die Verhaltensparamater der Wirtschaftssubjekte verändern. Aus funktionaler Sicht steht dahinter die klassische Einteilung der staatlichen Aktivitäten auf der Allokations- , Stabilisierungs- und Distributionsebene. Mit der Beeinflussung der Marktparameter ist in der Regel eine Korrektur der prozessualen Schwankungen oder die Behebung friktioneller Störungen in Sektoren oder Regionen intendiert. Diese Eingriffe können konjunktur- oder strukturpolitisch motiviert sein; Überlappungen von Allokations- und Stabilisierungsfunktion sind dabei häufig.

Unterscheidungsmerkmal ist vor allem die Befristung der Maßnahmen und damit auch der Wirkungsumfang. Stabilisierungspolitische Eingriffe zielen weniger auf eine Veränderung der Rahmenbedingungen, sondern auf eine zeitliche Verschiebung von Vorhaben, um eine gewisse Glättung der prozessualen Ausschläge zu erreichen. Eine Veränderung der Verhaltensweisen auf längere Sicht wird, jedenfalls gedanklich, nicht angestrebt. Strukturpolitische Interventionen hingegen sind in der Regel längerfristiger Natur und darauf ausgerichtet, Strukturen auf Dauer zu verändern. Beispiele sind die Erhöhung der Innovationsfähigkeit, Erschließung neuer Wachstumsfelder, Einleitung von Substitutionsprozessen. In umgekehrter Richtung wirken "disincentives" in Form von Innovations- und Investitionshemmnissen.

Neben diesen beiden grundsätzlichen Interventionstypen hat der Staat die Möglichkeit, über Beteiligungen an Unternehmen Einfluß auf die strukturelle Entwicklung zu nehmen. Die Schwerpunkte der öffentlichen Unternehmen liegen in infrastrukturnahen Bereichen wie Versorgung, Verkehr und Wohnungswesen, aber auch im Kreditwesen und - Ausfluß der historischen Entwicklung - im industriellen Sektor. Die Spannweite reicht von Unternehmen, die ausschließlich Aufgaben "im öffentlichen Interesse" wahrnehmen, bis hin zu Unternehmen, die im Wettbewerb zu rein privatwirtschaftlich organisierten Unternehmen stehen.

1.2 Legitimationsaspekte der Staatstätigkeit

Eine realitätsbezogene Einschätzung der Rolle des Staates in hochkomplexen Wirtschaftssystemen muß davon ausgehen, daß eine privatwirtschaftlich organisierte, über den Markt absetzbare Produktion nicht immer eine effiziente Versorgung bzw. Verteilung sichert. Es gibt zahlreiche staatliche Aktivitäten, denen für die wirtschaftliche Entwicklung eine Basisfunktion zukommt. Es existieren Marktunvollkommenheiten, ebenso gibt es das Faktum, daß die Vielfalt von gesetzlichen Vorschriften ein Instrument des Interessenschutzes bzw. Ausdruck der Notwendigkeit von Koordination und Kooperation bei widerstreitenden Interessen ist. Eine wesentliche Staatsaufgabe ist es auch, ein soziales Klima zu schaffen, in dem Konflikte ohne große Reibungen demokratisch geregelt werden können. Übersehen werden darf auch nicht, daß Höhe und Umfang der Staatsaktivitäten Ausdruck der gesellschaftlich und politisch fixierten Wertvorstellungen sind, die sich natürlich im Zeitablauf - in Abhängigkeit der konkreten Versorgungs- und Bedürfnislage der Individuen - wandeln.

Tatsache ist, daß sich ein bestimmter "gesellschaftlicher Mindestbedarf" an Staatsleistungen entwickelt hat, der sowohl im Volumen als auch in seiner Struktur aus politischen und sozialen, aber auch aus ökonomischen Gründen nicht ohne weiteres reversibel ist. Offenkundig ist auch, daß Änderungen in der Ordnungspolitik mit starken politischen Reibungen verbunden sind, z.B. wenn aufwendige Reparaturleistungen auf dem Gebiet des Umweltschutzes auf die Verursacher übertragen werden sollen. Hinzu kommt, daß staatliche Aktivitäten häufig nur ad-hoc beurteilt werden und der langfristige Aspekt vernachlässigt wird : Dies zeigt sich z.B. an der im Zeitablauf sehr unterschiedlichen Bewertung der Subventionierung des Kohlebergbaus.

Probleme dieser Art sind sehr viel komplexer, als daß sie durch ein bloßes Rekurrieren auf marktwirtschaftliche Elemente gelöst werden könnten. Die gesellschaftlichen Realitäten sind historisch gewachsen und das Ergebnis von Legitimationsprozessen. Das kann natürlich nicht heißen, daß jede Form der Staatstätigkeit, die sich im Laufe der Zeit herausgebildet hat, a priori unbedenklich und auch effizient ist. So muß auch der öffentliche Bereich Rationalisierungs- und Leistungsreserven erschließen und die staatliche Bürokratie muß sich flexibler auf die Bedürfnisse der Bevölkerung einstellen.

Marktlösungen setzen voraus, daß die Marktpreise hinreichender Indikator für die Nutzenstiftung sind. Allerdings ist zu fragen, ob die Produktivitäts- und Wohlfahrtseffekte privater Güter nicht systematisch überschätzt werden : Die Bewertungen setzen isoliert beim "Output" im privaten Bereich an; außer Betracht bleiben der produktivitätswirksame "Input" im staatlichen Sektor (Verwaltung, Verkehrsnetz, Ausbildung) ebenso wie die Folgeschäden des privaten Outputs (Umwelt u.ä.). Für eine Beurteilung der staatlichen Leistungsfähigkeit kann diese Output-Orientierung kaum herangezogen werden, weil in vielen Fällen die Zielsetzung mehrdimensional ist und eine Orientierung am Gemeinwohl die Effizienz im Sinne der marktmäßigen Betrachtung mindert. Im System der Volkswirtschaftlichen Gesamtrechnung werden die Erträge staatlichen Handelns nicht erfaßt - ob dies in alternativen Ansätzen wie dem der Sozialindikatoren möglich ist, sei dahingestellt -, da die Bewertung der staatlichen Produktion von Gütern und Diensten sich auf die Kosten ihrer Erstellung beschränkt.

Wenn in der aktuellen Diskussion eine Verminderung der Staatsausgabenquote gefordert wird, so wird vor allem an eine Verminderung der "konsumtiven Ausgaben" gedacht, also eine Kappung des Staatsverbrauchs oder der Sozialtransfers. Schon der Begriff Staatsverbrauch ist mißverständlich : Die Bezeichnung "Realtransfers" dagegen würde deutlich machen, daß nicht ein monolitischer Block namens "Staat" konsumiert - dies würde zudem voraussetzen, daß er "eigene" Bedürfnisse entfaltet - sondern daß er einen Teil der individuellen Nachfrage organisiert und in Produktion umsetzt, teils in eigener Regie, teils durch Auftragsvergabe an Private. Darüber hinaus enthält der Staatsverbrauch nicht nur Güter und Dienste, die von den privaten Haushalten konsumiert werden, sondern auch (und in hohem Maße) solche, die Vorleistungsfunktionen für die gewerbliche Wirtschaft erfüllen. Solche Vorleistungen beschränken sich nicht nur auf die bloße Leistungsabgabe von Infrastrukturkapital. Oftmals kann erst durch die Kombination und Transformation von Kapitalinput, Arbeitsinput und Sachgütern das im Unternehmensbereich als Vorleistung eingesetzte öffentliche Gut bereitgestellt werden.

Unter diesem Aspekt relativiert sich auch die Diskussion um die sog. Folgekosten öffentlicher Investitionen : Orientierte sich die staatliche Investitionsplanung allein am Kriterium der Folgekosten, so müßten vor allem Investitionen mit einem hohen Tiefbauanteil forciert werden und Investitionen im Gesundheits- oder Sozialbereich unterbleiben. Zum Beispiel stehen die Höhe der Folgekosten im umgekehrten Verhältnis zur Kapitalintensität. Das eigentliche Problem ist die Tatsache, daß in der Vergangenheit - begünstigt durch das System der Komplementärfinanzierung - die Betriebskosten von Investitionsvorhaben häufig nur unzureichend bei der Planung berücksichtigt und Projekte realisiert worden sind, deren Verwirklichung bei genauer Kalkulation der Folgekosten unter Umständen unterblieben wäre.

Tatsächlich besteht zwischen "konsumtiven" und "investiven" Staatsausgaben vielfach ein komplementäres Verhältnis, so daß es sich bei der Forderung nach einem Weniger an Staatsverbrauch und einem Mehr an Staatsinvestitionen letztlich um eine "Schein"-Alternative handelt. Abgesehen davon, daß "konsumtive" Ausgaben ganz erheblich Umfang und Qualität der Faktorausstattung in der gewerblichen Wirtschaft beeinflussen, kann in einer wohlfahrtsbezogenen Betrachtungsweise, in der die Staatstätigkeit nicht allein unter "rein" ökonomischen Aspekten abgehandelt wird, zumindest a priori kein Vorrang für Anlageinvestitionen postuliert werden. Ebensowenig sinnvoll erschiene die entgegengesetzte Betrachtungsweise, Kostenunterdeckungen in jedem Falle damit zu legitimieren, daß die Tarife (Preise) für die Inanspruchnahme öffentlicher Güter politisch erwünscht seien.

Von großer Bedeutung ist die Frage nach dem Bedarf an öffentlichen Gütern; ebenso die Begründung von Bedarfskriterien. Die Anwendung von Ertragskalkülen, wie sie jeder privaten Investitionsentscheidung zugrundeliegen, bereitet im öffentlichen Bereich große Schwierigkeiten; an die Stelle der Marktlösung tritt der politisch-administrative Entscheidungsprozeß.

Nur in den wenigsten Fällen ist es möglich, den Bedarf an öffentlichen Gütern aus sachgesetzlichen oder technologischen Bedingtheiten abzuleiten. Die Bedarfsfestsetzung ist zumeist Resultat eines mehrstufigen, konfliktgeladenen und im Zeitablauf veränderlichen Determinantengefüges. Natürlich sind in einem solchen Gefüge auch Hypothesen über funktionale oder gar kausale Beziehungen zwischen den verschiedenen Einflußfaktoren enthalten. Finanzierungspotential, Interessenverflechtungen und Machtverhältnisse im gesellschaftlichen Kräftefeld sind aber letztlich die entscheidenden Bestimmungsgründe für die Formulierung von Richtwerten, Ausstattungsnormen etc.

Eng mit der Frage der Legitimität staatlicher Eingriffe in den Wirtschaftsablauf verbunden ist die Frage, in welcher Weise sich die Aktivitäten öffentlicher Unternehmen von privatwirtschaftlichen unterscheiden. Allein der Hinweis, daß Unternehmen mit staatlicher Beteiligung "im öffentlichen Interesse" tätig werden, reicht nicht aus. Unterscheidungsmerkmal ist vor allem die externe Zielbestimmung, denn häufig unterliegen öffentliche Unternehmen gesetzlicher und/oder politischer Restriktionen. Die enge Bindung der öffentlichen Unternehmen an den politischen Entscheidungsprozeß bzw. gesetzliche Bestimmungen legt es nahe, ihre Aufgaben anhand der Kriterien zu erörtern, die in der ökonomischen Staatsdiskussion eine Rolle spielen. So berücksichtigt die Preis- bzw. Tarifpolitik soziale Gesichtspunkte, um die Rationierungsfunktion des Preises zu begrenzen.

Öffentliche Unternehmen besitzen in infrastrukturnahen Bereichen der deutschen Volskwirtschaft eine exponierte Stellung. Zunehmend aber wird kritisiert, daß durch die Monopolstellung oder Quasi-Monopolstellung verschiedener öffentlicher Unternehmen eine flexible Anpassung an veränderte Versorgungs- und Bedarfsstrukturen erschwert würde. Am Beispiel der Elektrizitätsversorgungsunternehmen (EVU) läßt sich verdeutlichen, daß auch in infrastrukturnahen Bereichen Unternehmen mitunter einzelwirtschaftlich orientierte Interessen verfolgen und sich dann Kollisionen mit "übergeordneten" Zielen - Energieeinsparung - ergeben. Hier stellt sich die Frage, ob die Spezialisierung dieser Unternehmen auf die Erzeugung und den Absatz von Strom zu einem suboptimalen Einsatz von Energieträgern auf dem Wärmemarkt führt - insbesondere dann, wenn Überkapazitäten bestehen und die Versorgungsunternehmen bemüht sind, den Stromverbrauch anzukurbeln. Darüber hinaus werden, so die Kritik, durch die (regionale) Monopolstellung der EVU andere Anbieter wie z.B. industrielle Krafterzeuger aus dem Markt verdrängt; diese müssen für die Deckung ihres Spitzenbedarfs einen hohen Strompreis entrichten, können aber für die Einspeisung überschüssiger Kraft in das öffentliche Netz nur ein geringes Entgelt erzielen. Darüber hinaus wird Kritik an der Investitionsplanung bzw. Kapazitätsausbauplanung geübt : Die Planung von Versorgungsstrukturen sei - abgesehen von der Problematik längerfristiger Bedarfsvorausschätzungen - einseitig auf Großanlagen ausgerichtet, Alternativplanungen seien ebenso selten wie eine stärkere Kooperation mit anderen Versorgungsträgern. Schließlich wird die meist degressive Tarifstruktur bemängelt, die den Massenverbrauch von Strom begünstige und Einsparungen mitunter als überflüssig erscheinen lasse.

Mit umgekehrten Vorzeichen wird die Diskussion um die Bundesbahn geführt. Hier müßten, so heißt es, betriebswirtschaftliche Überlegungen stärker betont werden und gemeinwohlorientierte Überlegungen in den Hintergrund treten. Tatsächlich erscheint es als Manko, wenn eine klare Trennung zwischen unternehmerischer und gesamtwirtschaftlicher Zielsetzung aus politischen Gründen nicht erfolgt. Wenn es z.B. politisch opportun erscheint, ein sehr viel größeres Streckennetz als das betriebswirtschaftlich rentable aufrechtzuerhalten, so sollten auf alle Fälle die Kosten und Erträge einer solchen Alternative unter Einschluß der Umwelt- und Energieaspekte offengelegt werden.

Nicht erst mit der Entwicklung neuer Telekommunikationstechniken und der damit verbundenen Ausweitung der Fernmeldedienste ist das Post- und

Fernmeldemonopol der Deutschen Bundespost ins Kreuzfeuer der Kritik geraten. Sieht man einmal ab von der generellen Diskussion um die Regulierungsproblematik, so konzentriert sich die Kritik an der Bundespost auf die interne Subventionierung des traditionellen Postdienstes durch Monopolgewinne im Fernmeldebereich, auf die Vergabepolitik - die Konzentration auf wenige "Amtsbaufirmen" führe zu überhöhten Angebotspreisen, ungerechtfertigten Wettbewerbsvorteilen und einer geringen Flexibilität der Anbieter - sowie die konservative Innovationspolitik; die Entdeckung und Realisierung neuer technologischer Möglichkeiten könne durch vermehrten Wettbewerb rascher und auch intensiver realisiert werden als im Falle der administrativen Lösung.

Die interne Subventionierung ist auch ein im privatwirtschaftlichen Rahmen gebräuchliches Instrument der Unternehmenspolitik. Sofern Defizite im Postzustellungsdienst durch das Prinzip der Einheitstarife - bei Kostenheterogenität - verursacht sind, können sie nicht allein anhand von ökonomischen Kriterien beurteilt werden, vielmehr sind in erster Linie die politischen Beweggründe zu diskutieren. In der Frage der Benutzer- und Produzentenfreiheit bei der Einführung neuer Kommunikationstechniken spielen politische Motive eine noch sehr viel gewichtigere Rolle. Abgesehen von dem Basisstreit in der Medienpolitik, d.h. der Frage, wer über Kabel zusätzliche Informationen verbreiten kann und in welcher Weise und in welchem Umfang diese neuen Kommunikationstechniken unser Leben verändern wird, stellt sich aus "rein" ökonomischer Sicht die Frage nach dem Investitionsrisiko im Netzbereich : Auch wenn technologisch vieles machbar erscheint, ist die Frage des Bedarfs (auch aus finanzieller Sicht) noch längst nicht geklärt. In diesem Falle ist eine zurückhaltende Politik verständlich, zumal die Frage nach der sozialen Beherrschbarkeit dieses technologischen Wandels völlig offen ist und nicht nur die Interessen einer gesellschaftlichen Gruppe, in diesem Falle die Gerätehersteller und -vertreiber, zu berücksichtigen sind. Tatsächlich kann die Fiktion eines "rein" ökonomischen Zielsystems nicht aufrechterhalten werden, denn politische und ökonomische Ziele können nicht autonom formuliert und realisiert werden. Sie sind interdependent und nur im Rahmen des gesellschaftlichen Willensbildungsprozesses durchsetzbar. Davon unberührt bleibt freilich die Wettbewerbsfrage innerhalb des abgesteckten Ordnungsrahmens (Standards, Ausführungsvorschriften etc.); hier existieren tatsächlich einige "Verzerrungen".

Oftmals wird die Existenz öffentlicher Unternehmen und die Hinnahme von Defiziten aufgrund politisch motivierter Niedrigpreise mit dem Vorhandensein externer Effekte gerechtfertigt. Klassisches Beispiel ist das Verhältnis von öffentlichem Verkehr und Individualverkehr. Letzterer verursache hohe negative externe Effekte (Umweltbelastungen u.ä.), folglich könnten die öffentlichen Verkehrsunternehmen keine kostendeckenden Preise fordern, da sonst der Individualverkehr noch verstärkt würde. Eine solche Argumentation verkennt freilich die Möglichkeit, Preisverzerrungen an ihrer Ursache zu bekämpfen, d.h. die Kosten (Preise) des Individualverkehrs in dem Umfang zu erhöhen, daß die von ihm verursachten gesamtwirtschaftlichen Kosten auch gedeckt werden. Umgekehrt ist eine Defizitabdeckung über Preisanhebungen dann in Frage zu stellen, wenn die Möglichkeit von Produktivitätssteigerungen nicht wahrgenommen wird. Im Einzelfall kann der bloße Hinweis auf externe Effekte und damit eine pauschale Defizitbegründung nicht genügen; ebensowenig kann aus der bloßen Existenz von Defiziten auf ineffizientes Verhalten der öffentlichen Unternehmen geschlossen werden.

1.3 Institutionelle Rahmenbedingungen und ihre Veränderungen

Mit der Abschwächung des gesamtwirtschaftlichen Wachstums Mitte der 70er Jahre hat sich auch eine Verschiebung in den Zielgrößen ergeben, die nicht ohne Folgen für die Struktur des öffentlichen Sektors bleiben konnte. Zunächst hat die Wachstumsschwäche die staatlichen Haushalte in eine finanzielle Klemme gebracht: Die Einnahmen sind entsprechend der gesamtwirtschaftlichen Entwicklung langsamer gestiegen, die Ausgaben aber konnten nur mit Verzögerung dieser Entwicklung angepaßt werden, und auch nur, weil vor allem öffentliche Investitionsprojekte dem Rotstift zum Opfer fielen; die Dynamik des Steueraufkommens wurde zusätzlich gebremst durch verschiedene Korrekturen am Steuertarif. Die Folge war eine Verdoppelung der staatlichen Schulden- und Zinsbelastungsquote innerhalb relativ kurzer Zeit - Entwicklungen, die zunehmend Akzeptanzprobleme schufen und den Aktionskreis finanzpolitischer Prozeßsteuerung einschränkten. Akzeptanzprobleme für die Administration schufen auch die veränderten Wertvorstellungen weiter Teile der Bevölkerung in den Bereichen Umweltschutz, natürliche Ressourcen oder auch in der Einschätzung der Großtechnologie, der Atomkraft und des Straßenbaus. Einsprüche und Widerstände von betroffenen Bürgern verzögerten oder verhinderten zunehmend die Realisierung der vorher für problemlos gehaltenen Planungen. Nicht selten sahen wirtschaftspolitische Entscheidungsträger und unternehmerische Interessenverbände in dieser Entwicklung ein Investitionshemmnis ersten Ranges und damit eine wesentliche Ursache der Wachstumsschwäche. Tatsächlich aber sind viele der ursprünglichen Planungen von zu hohen Bedarfsprojektionen ausgegangen oder haben alternative Entwicklungen (z.B. Substitute in der Technologie oder bei den Produkten) zu wenig ins Kalkül einbezogen. Nicht selten aber hätten Verzögerungen bei der Realisierung vermieden werden können, wenn die Planungsqualität besser gewesen wäre.

Damit ist eine Reihe von Problemen angesprochen, die im Zusammenhang mit der Veränderung der institutionellen Grundlagen sowie der Organisation und Implementation wirtschaftspolitischer Eingriffe stehen. So ist aus ökonomisch-instrumenteller Sicht eine effiziente wirtschaftspolitische Stabilisierung zwar vorstellbar, häufig aber werden die damit verknüpften institutionellen und organisatorischen Probleme und Hemmnisse nicht ihrer tatsächlichen Bedeutung entsprechend in das Kalkül einbezogen.

In einer pluralistischen Gesellschaft gehört es zu den vorrangigen Aufgaben der Ordnungs- und der Prozeßpolitik, die oft widersprüchlichen Interessen zu koordinieren und auf einen Ausgleich hinzuwirken. In diesen Rahmen ist die "Konzertierte Aktion" einzustufen, mit deren Institutionalisierung 1967 nicht nur die Hoffnung verbunden war, auf die für die Ausprägung der Konjunkturzyklen mitverantwortliche Verschiebung der Verteilungsrelationen Einfluß zu nehmen. Es ging auch darum, eine Institution des kollektiv organisierten Interessenausgleichs zu schaffen, indem Arbeitgeberverbände, Gewerkschaften und die wirtschaftspolitischen Entscheidungsträger versuchen sollten, wirtschaftspolitische Konflikte zu entschärfen, die Trennung von einzel- und gesamtwirtschaftlicher Sicht zu überwinden und einen Konsens in der Wirtschafts- und Teilen der Gesellschaftspolitik herzustellen. Bekanntlich ist dieser Versuch gescheitert, auch während ihres Bestehens konnte diese Institution die ursprünglichen Hoffnungen nur selten erfüllen. In einer wirtschaftspolitisch schwierigen Zeit wie heute ist die Notwendigkeit eines koordinierten und auf Konsens aufbauenden Verhaltens der verschiedenen Interessengruppen größer denn je. Zwar mag sich zwischen dem Staat und den Verbänden eine Reihe neuer korporatistischer Beziehungen entwickelt haben, die eine intensive Abstimmung zulassen. Die ideologischen Unterschiede zwischen den großen gesellschaftlichen Gruppen scheinen aber größer denn je, um konsensfähige Strategien zur Bekämpfung der gesamtwirtschaftlichen Zielverfehlungen zu entwickeln und zu verfolgen.

Auch im Verhältnis zwischen den Trägern der Wirtschaftspolitik, vor allem der Geld- und der Finanzpolitik hat es in den beiden vergangenen Jahrzehnten nachhaltige Verschiebungen gegeben. Bis zur ersten Nachkriegsrezession war Prozeßpolitik in erster Linie Geldpolitik, die anhaltende Wachstumsdynamik bedurfte kaum einer Steuerung. Die kurze Rezession 1966/67 führte auch im politischen Raum zu der Erkenntnis, daß die Selbststeuerungskräfte des Marktes ergänzt werden müßten durch eine staatliche Konjunktur- und Wachstumspolitik. Im Einklang damit stand die Forderung, daß den allokativen Belangen des Staates ein höherer Stellenwert zukommen müsse; begründet wurde dies mit dem Nachholbedarf an Infrastruktur und notwendigen Reformen. Im Zuge der labileren Wirtschaftsentwicklung in den 70er Jahren ist aber die Finanzpolitik immer stärker in eine Defensivstellung geraten, und Reformvorhaben mußten zurückgestellt bzw. aufgegeben werden. Mehr und mehr übernahm die Geldpolitik wieder den Hauptpart in der Wirtschaftspolitik und sicherte sich damit auch mehr Einfluß auf andere Politikbereiche. Vor allem durch die Freigabe der Wechselkurse im Jahre 1973 ist der Handlungsspielraum der Bundesbank erheblich ausgeweitet worden. Immer wieder hat die Bundesbank betont, daß sie eine Verfehlung des Stabilitätsziels - ob nun "hausgemacht" oder z.B. aufgrund steigender Energie- und Rohstoffpreise - nicht hinnehmen könne. Die starke Position der Währungsbehörde zeigte sich vor allem Ende der 70er/Anfang der 80er Jahre, als sie eine im wesentliche zahlungsbilanzorientierte Geldpolitik betrieb, damit aber den Spielraum für eine beschäftigungswirksame Finanzpolitik einschränkte.

Der dritte Problembereich umfaßt die institutionellen Bedingungen des finanzpolitischen Willensbildungs- und Entscheidungsprozesses, d.h. Beziehungen im unmittelbaren staatlichen Bereich und das Verhalten der verschiedenen Träger der Finanzpolitik. Einerseits gewährleistet das Grundgesetz die Selbständigkeit und gegenseitige Unabhängigkeit der Haushaltswirtschaft - jedenfalls von Bund und Ländern -, andererseits stehen dem Prinzip der Gewaltentrennung eine Reihe von Möglichkeiten gegenüber, mit denen die eine Haushaltsebene auf den finanzpolitischen Entscheidungsprozeß der anderen Ebene einwirken kann. Dieses "Doppelgleis" hat sich auch in der Finanzreform 1969 niedergeschlagen, die einerseits die finanziellen Grundlagen für eine stärkere Autonomie der Haushaltsebenen schaffen wollte, ebenso aber auch die Voraussetzungen für die Realisierung nur gemeinsam zu lösender Aufgaben. Dazu gehörten die neugeschaffenen Regelungen nach Art. 91a GG (Gemeinschaftsaufgaben) und Art. 104a, Abs. 4 (Mitfinanzierung des Bundes).

Die Praxis dieses "kooperativen Föderalismus" war zunehmend durch Konflikte geprägt. Dies gilt vor allem für die Prozeßpolitik, wo die Initiativen zu wirtschaftspolitischen Maßnahmen in aller Regel vom Bund ausgehen. Die direkten Zugriffsmöglichkeiten des Bundes auf die konjunktur- und strukturpolitisch bedeutsamen öffentlichen Anlageinvestitionen sind gering. Deshalb versucht er mittels Zuweisungen auf das Investitionsverhalten der nachgeordneten Gebietskörperschaften Einfluß zu nehmen. Dabei besteht die Gefahr, daß die Empfänger diese Mittel zur Finanzierung ohnehin geplanter Investitionsvorhaben verwenden oder aber an der Durchführung der Vorhaben nicht interessiert sind, weil die Kosten der Eigenbeteiligung zu hoch oder die Prioritäten anders gelagert sind. Häufig wurde befürchtet, daß sich der Bund aufgrund seiner größeren Finanzkraft zu stark in die Angelegenheiten der unteren Haushaltsebenen einmische. Auch im Vorfeld der steuerpolitischen Beschlüsse ergaben sich häufig Reibungen, deren Bewältigung viel Zeit kostete. Erinnert sei nur an das Stabilitätsprogramm vom Februar 1973, an die befristete Investitionszulage von 1974, an das Zukunftsinvestitionsprogramm 1977 oder auch an die Verabschiedung des Heizenergie-Sparprogramms.

Wirtschaftspolitische Restriktionen im innerstaatlichen Bereich ergeben sich auch dadurch, daß die Gemeinden - Hauptinvestor der öffentlichen Hand - Ziele verfolgen, die mit gesamtwirtschaftlichen Interessen nicht in Einklang stehen müssen. Das kommunale Haushaltsrecht fördert das Fiskaldenken und steht nicht ohne weiteres im Einklang mit dem gesetzlich formulierten Ziel einer gesamtwirtschaftlichen Mitverantwortung der Gemeinden: Die Höhe der kommunalen Investitionsausgaben richtet sich einmal nach den Überschüssen im Verwaltungshaushalt, also der (konjunkturabhängigen) Differenz zwischen Einnahmen und laufenden Ausgaben und zum anderen nach der

Höhe der Finanzzuweisungen von Bund und Ländern. Zudem ist das Volumen der Investitionszuschüsse von Bund und Ländern - sie machen rund ein Drittel der kommunalen Investitionsausgaben aus - in der Regel abhängig von deren finanziellen Spielräumen. Freilich verhält sich eine Kommune für sich genommen durchaus "rational", wenn sie sich an Stabilisierungsaktionen nicht beteiligt, muß sie doch befürchten, daß die (marginale) Wirkung des eigenen Beitrags kaum meßbar ist und Folgekosten im allgemeinen nicht mitfinanziert werden. Hinzu kommt, daß die politische Verantwortung für die Wirtschafts- und Finanzpolitik - nicht nur im Verständnis der Wahlbevölkerung - letztlich auf Bundesebene angesiedelt ist; die finanzpolitischen Entscheidungen der Gemeinden werden von der Öffentlichkeit sehr viel weniger beachtet als die des Bundes. Eine ähnliche Einschätzung gilt für das Verhalten der Länder, auch sie versuchen häufig, den eigenen Stabilisierungsbeitrag so gering wie möglich zu halten.

Aus einer Kritik an der wirtschaftspolitischen Praxis kann natürlich nicht die Forderung nach einer Aufgabe des förderalen Systems - etwa zugunsten einer Zentralinstanz - abgeleitet werden. Die Restriktionen sind zunächst Ausdrucksform eines Ausschnitts der politischen Realitäten, der unterschiedlichen Interessen und heterogenen Zielsysteme der Entscheidungsträger, mithin der gesellschaftspolitischen Konflikte. Andererseits liegt z.B. die Frage nahe, ab welchem Grad der Zielverfehlung wirtschaftspolitischer Handlungsdruck erzeugt wird und dieser wiederum die Möglichkeit eines Konsensus bezüglich Auswahl und Dosierung wirtschaftspolitischer Maßnahmen schafft.

Dies wird auch deutlich in der bisherigen Budget- und Finanzplanung der Gebietskörperschaften. Intention der Finanzplanung war, die ökonomische Entwicklung nicht als gegeben hinzunehmen, sondern mit Hilfe des Instruments der Finanzplanung gestaltend, in erster Linie verstetigend auf sie einzuwirken. Die bisherigen Erfahrungen mit der mehrjährigen Finanzplanung sind mehr als unbefriedigend, vor allem deshalb, weil die gesamtwirtschaftliche Zielprojektion als Planungsgrundlage in der Regel zumeist auf wenig realistischen und zum Teil widersprüchlichen Annahmen beruhte. Mit den zunehmenden wirtschaftlichen Problemen sanken Informationsgehalt und Qualität von Zielprojektion und Finanzplanung : So wurde regelmäßig ein lang anhaltender Investitionsboom im Unternehmensbereich als Weg zur

Überwindung der Beschäftigungsprobleme unterstellt, doch die entscheidende Frage nach dem "Wie" blieb ebenso offen wie die Rolle der Wirtschaftspolitik in diesem Prozeß. Das Dilemma bestand vor allem darin, daß die Projektionen auf den Erfahrungswerten der Vergangenheit beruhten, die für die Gegenwart immer weniger gültig waren.

Als weiteres Problem wird die stark angestiegene Zahl von gesetzlichen Bestimmungen und Verordnungen angesehen. Von dieser Entwicklung sind nicht nur die Bürger betroffen, sondern sie beeinträchtigt auch die Entscheidungen in der Administration, zumindest wird dadurch der Entscheidungsprozeß nachhaltig verzögert. Beispiele sind das Baugenehmigungsverfahren und das Bauleitplanverfahren. Hier existiert eine Vielfalt von Vorschriften, Richtlinien und auch Dienststellen, die am Genehmigungsverfahren beteiligt sind. Zum Beispiel vergehen zwischen Planung eines Schulbaus und der Auftragsvergabe im Durchschnitt mindestens 2 bis 2 1/2 Jahre; ein Bauleitplanverfahren dauert mindestens drei Jahre. Die verschiedenen Schritte im Bauleitplanverfahren (Aufstellungsbeschluß, Bürgerbeteiligung, Auslegungsbeschluß, Satzungsbeschluß) lassen sich kaum parallel schalten; allein der parlamentarisch notwendige Beratungsvorgang nimmt bis zu einem Jahr in Anspruch. Zudem haben zahlreiche Gesetze, Verwaltungsvorschriften und Rechtssprechung die Anforderungen sowohl an das Planverfahren als auch an die Planungsinhalte ständig erhöht; immer häufiger bedingen Bürgereinsprüche Planänderungen oder Alternativplanungen.

Freilich darf nicht verkannt werden, daß Vorschriften und Gesetze zugleich Instrument des Interessenschutzes bzw. Ausdruck der Notwendigkeit von Koordination und Kooperation bei gemeinschaftlich in Angriff zu nehmenden Aufgaben sind. Eine Abwägung der Frage, ob die zunehmende Zahl von Gesetzen und Vorschriften die Rahmenbedingungen für Investitionen und Wirtschaftswachstum verschlechtert haben, ist schwierig. Ein erstrangiges Wachstumshemmnis war diese Entwicklung wohl kaum.

2 Indikatoren der Staatstätigkeit

2.1 Gebietskörperschaften und Sozialversicherung

Anknüpfend an die Kategorien der Kreislaufanalyse ist zwischen drei Komponenten der in monetären Größen ausgedrückten Staatsaktivitäten zu unterscheiden :

- Wertschöpfung des Staates als rechnerische Komponente auf der Entstehungsseite, die zum Ausdruck bringt, in welchem Umfang der Staat primäre Produktionsfaktoren einsetzt. Da eine dem Kapitaleinsatz zurechenbare Erlöskomponente (Gewinne) nicht existiert, werden neben dem Kapitalverzehr (Abschreibungen) nur die Lohnkosten in Rechnung gestellt. Die Einkommen des Staates aus Unternehmertätigkeit und Vermögen sind eine Komponente der Einkommensverteilung; sie sind inzwischen negativ, weil die geleisteten Zinszahlungen erheblich größer sind als die empfangenen Gewinneinkommen (einschließlich der Abführungen von Bundesbank und Bundespost).

- Käufe des Staates von Gütern und Diensten als Ausdruck für den Anteil des Staates an der Produktion des Unternehmensbereichs. Unter Einschluß der Wertschöpfung ergibt sich der Gesamtumfang der Ressourcen, die der Staat beansprucht (Staatsverbrauch und Investitionen). Allerdings ist der Staatsverbrauch eine saldierte Größe, denn für einen Teil der Leistungen fordert der Staat spezielle Entgelte, die in der VGR als "Verkäufe des Staates" verbucht werden (z.B. Inanspruchnahme von Entsorgungseinrichtungen). Der staatliche Aufwand für Personal und laufende Käufe von Gütern und Diensten ist also höher, als dies im Staatsverbrauch zum Ausdruck kommt.

- Transferzahlungen an Unternehmen, private Haushalte und Ausland. Hiermit bewirkt der Staat eine Umverteilung der Erwerbseinkommen; das Sozialprodukt wird nicht unmittelbar beansprucht.

Bezieht man die staatlichen Käufe von Gütern und Diensten - also Personalausgaben, laufender Sachaufwand und Bruttoinvestitionen der Gebietskörperschaften und Sozialversicherung - auf das Sozialprodukt, so zeigt sich von 1960 bis 1982 eine Zunahme um 8 vH-Punkte auf ein Viertel des BSP. Diese Entwicklung hat sich nicht stetig, sondern in zwei Sprüngen vollzogen; nämlich zu Beginn der 60er und in der ersten Hälfte der 70er Jahre. In der Zeit nach 1975 haben die Staatsausgaben sogar etwas schwächer zugenommen als das Sozialprodukt.

War die Zunahme des Anteils der staatlichen Käufe am BSP zu Beginn der 60er noch fast zur Hälfte auf die Expansion der staatlichen Anlageinvestitionen zurückzuführen, so erhöhte sich die Quote zu Beginn der siebziger Jahre ausschließlich als Folge des Anstiegs der laufenden Käufe von Gütern und Diensten. Der Anteil der Anlageinvestitionen nahm in dieser Zeit ab; dem anlageintensiven Ausbau der Infrastruktur folgte nun eine Phase der personalintensiven Ausweitung. Bezogen auf das Volkseinkommen hat die Wertschöpfung bei den Gebietskörperschaften und der Sozialversicherung 1960 über 8 vH betragen, 1970 waren es 11 vH und 1975 sowie in den Jahren danach 15 vH.

Die Expansion der Transferausgaben - ihr Anteil am BSP hat sich von 1960 bis 1982 um 8 vH-Punkte auf 24 vH erhöht - vollzog sich bis 1974 relativ kontinuierlich. Der Sprung 1975 war im wesentlichen Folge der Finanzierungslasten der hohen Arbeitslosigkeit sowie der Umstellung der Kindergeldregelung als Teil der damaligen Steuerreform. Zu Buche schlug in dieser Zeit auch die befristete Investitionszulage. Der trendmäßige Anstieg der Transfers über den gesamten Zeitraum ist vor allem auf die Entwicklung der Altersrenten zurückzuführen; sie machen fast die Hälfte der gesamten Transferleistungen des Staates aus.

Bis zu Beginn der 70er Jahre konnten die Staatsausgaben weitgehend aus dem Steuer- und Beitragsaufkommen (einschl. Gebühren u.ä.) finanziert werden. Mit der Steuerreform 1975 und der nachfolgenden Phase des im Vergleich zu früheren Jahren schwachen Wirtschaftswachstums änderte sich die Situation grundlegend. Obwohl seit 1975 die Staatsausgaben nicht rascher als das nominelle Bruttosozialprodukt zugenommen haben, ist die staatliche Schuldenquote (Anteil des Schuldenbestandes am BSP) von 23 vH im Jahre 1975 auf 38 vH Ende 1982 gestiegen.

TABELLE I. 2.1/1

INDIKATOREN DER STAATSTAETIGKEIT

STAAT INSGESAMT
RELATIONEN ZUM BSP IN VH

	1960	1965	1970	1973	1975	1978	1980	1982
KAEUFE V.GUETERN U.DIENSTEN	17.33	20.53	21.06	22.49	25.36	24.08	24.98	24.93
TRANSFERZAHLUNGEN	16.31	17.37	18.66	20.45	25.04	25.08	24.94	26.53
DAR. ZINSAUSGABEN	0.70	0.68	0.93	1.08	1.34	1.64	1.91	2.71
STEUERN	23.03	23.54	23.96	25.78	24.70	25.95	25.66	24.74
SOZIALBEITRAEGE	10.30	10.59	12.57	14.54	16.18	16.44	16.66	17.76
VERSCHULDUNG	16.01	16.17	17.12	16.42	23.06	27.91	30.78	37.80
EINNAHMEN INSGESAMT	36.68	37.30	39.95	44.14	44.76	46.66	46.59	47.86

GEBIETSKOERPERSCHAFTEN
RELATIONEN ZUM BSP IN VH

	1960	1965	1970	1973	1975	1978	1980	1982
KAEUFE V.GUETERN U.DIENSTEN	14.75	17.64	17.68	18.24	20.07	19.01	19.74	19.58
TRANSFERZAHLUNGEN 1)	8.06	9.07	9.63	10.66	12.65	12.77	12.84	13.45
DAR. ZINSAUSGABEN	0.70	0.68	0.93	1.08	1.34	1.64	1.91	2.71
STEUERN	23.03	23.54	23.96	25.78	24.70	25.95	25.66	24.74
SOZIALBEITRAEGE	0.70	0.76	0.95	1.08	1.22	1.18	1.19	1.21
VERSCHULDUNG	17.23	18.11	18.63	18.60	24.92	28.74	31.54	38.47
EINNAHMEN INSGESAMT	26.97	27.36	28.35	30.61	30.03	31.91	31.76	31.98

1)OHNE ZUSCHUESSE AN DIE SOZIALVERSICHERUNG.
QUELLE:STATISTISCHES BUNDESAMT,FACHSERIE 18,DEUTSCHE BUNDESBANK,MONATSBERICHTE,
BERECHNUNGEN DES DIW.

TABELLE I. 2.1/2

AUSGABEN UND EINNAHMEN DES STAATES

STAAT INSGESAMT

	1960	1965	1970	1973	1975	1978	1980	1982	1960	1965	1970	1973	1975	1978	1980	1982
	- MILL.DM -								- ANTEILE IN VH -							
PERSONALAUSGABEN	20440	35270	59200	92600	116870	140300	162580	177930	20.05	20.31	22.06	23.47	22.54	22.12	21.92	21.64
LAUFENDE KAEUFE	22340	37920	52010	78930	104260	126970	152890	172650	21.92	21.84	19.38	20.00	20.11	20.02	20.61	21.00
ZINSEN	2120	3110	6290	9940	13830	21100	28370	43240	2.08	1.79	2.34	2.52	2.67	3.33	3.82	5.26
LAUFENDE UEBERTRAGUNGEN	42600	68570	107310	159250	221060	274330	308530	348100	41.80	39.49	39.98	40.36	42.63	43.26	41.60	42.34
AN PRIVATE HAUSHALTE	36400	56780	85720	124080	179910	215760	244240	281530	35.71	32.70	31.94	31.45	34.70	34.02	32.93	34.25
UNTERNEHMEN	2800	6710	13200	20530	22630	32510	34080	32540	2.75	3.86	4.92	5.20	4.36	5.13	4.59	3.96
PRIV.ORGANIS.O.E	810	1570	2400	3570	4760	6440	8400	9460	0.79	0.90	0.89	0.90	0.92	1.02	1.13	1.15
UEBRIGE WELT	2590	3510	5990	11070	13760	19620	21810	24570	2.54	2.02	2.23	2.81	2.65	3.09	2.94	2.99
BRUTTOINVESTITIONEN 1)	9720	20860	31090	35130	39750	43360	55640	47670	9.54	12.01	11.58	8.90	7.67	6.84	7.50	5.80
DAR.ABSCHREIBUNGEN	1120	1940	3270	4650	5700	7370	9270	10820	1.10	1.12	1.22	1.18	1.10	1.16	1.25	1.32
VERMOEGENSUEBERTRAGUNGEN	4700	7920	12510	18740	22760	28120	33700	32480	4.61	4.56	4.66	4.75	4.39	4.43	4.54	3.95
AN PRIVATE HAUSHALTE	1610	2900	3970	7070	8700	8180	7060	5820	1.58	1.67	1.48	1.79	1.68	1.29	0.95	0.71
UNTERNEHMEN	2290	4410	8060	11230	13490	18950	23230	24380	2.25	2.54	3.00	2.85	2.60	2.99	3.13	2.97
UEBRIGE WELT	800	610	480	440	570	990	3410	2280	0.78	0.35	0.18	0.11	0.11	0.16	0.46	0.28
AUSGABEN INSGESAMT	101920	173650	268410	394590	518530	634180	741710	822070	100.00	100.00	100.00	100.00	100.00	100.00	100.00	100.00
STEUERN U.AE.	69770	107840	161890	236880	254100	334790	381250	395250	62.78	63.10	59.97	58.40	55.17	55.62	55.08	51.69
SOZIALBEITRAEGE	31210	48520	84940	133590	166510	212080	247460	283780	28.08	28.39	31.46	32.93	36.15	35.23	35.75	37.11
VERKAEUFE V.VERW.-LEISTG.	3380	5380	7920	12900	16130	21880	26100	30740	3.04	3.15	2.93	3.18	3.50	3.63	3.77	4.02
UEBERTR.V.SOZIALVERSICHG.	10	0	0	0	80	120	100	100	0.01	0.00	0.00	0.00	0.02	0.02	0.01	0.01
SONSTIGE	6760	9150	15210	22250	23760	33090	37260	54750	6.08	5.35	5.63	5.49	5.16	5.50	5.38	7.16
EINNAHMEN INSGESAMT	111130	170890	269960	405620	460580	601960	692170	764620	100.00	100.00	100.00	100.00	100.00	100.00	100.00	100.00
FINANZIERUNGSSALDO	9210	-2760	1550	11030	-57950	-32220	-49540	-57450								

1) NACH PRODUKTIONSSTATISTIK.
QUELLE: STATISTISCHES BUNDESAMT,FACHSERIE 18,BERECHNUNGEN DES DIW.

TABELLE I. 2.1/3

AUSGABEN UND EINNAHMEN DES STAATES

GEBIETSKOERPERSCHAFTEN

	1960	1965	1970	1973	1975	1978	1980	1982	1960	1965	1970	1973	1975	1978	1980	1982
	- MILL.DM -								- ANTEILE IN VH -							
PERSONALAUSGABEN	19130	33200	55950	87550	110030	132400	153400	167710	25.47	25.21	28.47	30.86	30.19	29.96	29.43	29.23
LAUFENDE KAEUFE	16080	26980	32460	45420	56900	69970	85000	98670	21.41	20.49	16.52	16.01	15.61	15.83	16.31	17.20
ZINSEN	2120	3110	6290	9940	13830	21100	28370	43240	2.82	2.36	3.20	3.50	3.79	4.77	5.44	7.54
LAUFENDE UEBERTRAGUNGEN	23610	39890	58340	87560	121610	148560	166980	185970	31.43	30.29	29.69	30.86	33.37	33.62	32.03	32.41
AN PRIVATE HAUSHALTE	11530	19030	25430	35230	54470	61460	69380	77300	15.35	14.45	12.94	12.42	14.94	13.91	13.31	13.47
UNTERNEHMEN	2800	6710	13150	20500	22480	31900	33130	32000	3.73	5.10	6.69	7.23	6.17	7.22	6.36	5.58
SOZIALVERSICHERUNG	6010	9320	12040	18200	27780	31970	37250	45900	8.00	7.08	6.13	6.42	7.62	7.23	7.15	8.00
PRIV.ORGANIS.O.E	810	1570	2400	3570	4760	6440	8400	9460	1.08	1.19	1.22	1.26	1.31	1.46	1.61	1.65
UEBRIGE WELT	2460	3260	5320	10060	12120	16790	18820	21310	3.28	2.48	2.71	3.55	3.33	3.80	3.61	3.71
BRUTTOINVESTITIONEN 1)	9480	20630	31020	34610	39560	42880	54850	46490	12.62	15.67	15.78	12.20	10.85	9.70	10.52	8.10
DAR.ABSCHREIBUNGEN	1070	1870	3170	4510	5530	7140	8970	10480	1.42	1.42	1.61	1.59	1.52	1.62	1.72	1.83
VERMOEGENSUEBERTRAGUNGEN	4690	7870	12470	18610	22540	26990	32690	31650	6.24	5.98	6.35	6.56	6.18	6.11	6.27	5.52
AN PRIVATE HAUSHALTE	1610	2900	3970	7070	8700	8180	7060	6020	2.14	2.20	2.02	2.49	2.39	1.85	1.35	1.05
UNTERNEHMEN	2280	4360	8020	11100	13270	18250	22210	23300	3.04	3.31	4.08	3.91	3.64	4.13	4.26	4.06
UEBRIGE WELT	800	610	480	440	570	560	3410	2280	1.07	0.46	0.24	0.16	0.16	0.13	0.65	0.40
SOZIALVERSICHERUNG	0	0	0	0	0	0	10	50	0.00	0.00	0.00	0.00	0.00	0.00	0.00	0.01
AUSGABEN INSGESAMT	75110	131680	196530	283690	364470	441900	521290	573730	100.00	100.00	100.00	100.00	100.00	100.00	100.00	100.00
STEUERN U.AE.	69770	107840	161890	236880	254100	334790	381250	395250	85.38	86.02	84.51	84.21	82.25	81.32	80.80	77.36
SOZIALBEITRAEGE	2110	3490	6410	9910	12520	15240	17610	19320	2.58	2.78	3.35	3.52	4.05	3.70	3.73	3.78
VERKAEUFE V.VERW.-LEISTG.	4500	7410	11610	19720	26350	34530	40780	47630	5.51	5.91	6.06	7.01	8.53	8.39	8.64	9.32
UEBERTR.V.SOZIALVERSICHG.	10	0	0	0	80	120	100	100	0.01	0.00	0.00	0.00	0.03	0.03	0.02	0.02
SONSTIGE	5330	6630	11650	14800	15890	27000	32080	48600	6.52	5.29	6.08	5.26	5.14	6.56	6.80	9.51
EINNAHMEN INSGESAMT	81720	125370	191560	281310	308940	411680	471820	510900	100.00	100.00	100.00	100.00	100.00	100.00	100.00	100.00
FINANZIERUNGSSALDO	6610	-6310	-4970	-2380	-55530	-30220	-49470	-62830								

1) NACH PRODUKTIONSSTATISTIK.
QUELLE: STATISTISCHES BUNDESAMT, BERECHNUNGEN DES DIW.

TABELLE I. 2.1/4

AUSGABEN UND EINNAHMEN DES STAATES

SOZIALVERSICHERUNG

	1960	1965	1970	1973	1975	1978	1980	1982	1960	1965	1970	1973	1975	1978	1980	1982
	- MILL.DM -								- ANTEILE IN VH -							
PERSONALAUSGABEN	1310	2070	3250	5050	6840	7900	9180	10220	3.86	3.88	3.70	3.71	3.55	3.33	3.37	3.27
LAUFENDE KAEUFE	7390	12990	23290	40400	57600	69660	82600	90950	21.77	24.35	26.51	29.71	29.89	29.38	30.33	29.13
DAR.KRANKENHAUSLEIST.D.GK	1130	2050	3740	6890	10240	12660	14710	16970	3.33	3.84	4.26	5.07	5.31	5.34	5.40	5.44
LAUFENDE UEBERTRAGUNGEN	25000	38000	61010	89890	127230	157740	178750	208530	73.64	71.24	69.44	66.10	66.03	66.53	65.64	66.80
DAR.SOZIALE LEISTUNGEN																0.00
AN PRIVATE HAUSHALTE 1)	24870	37750	60290	88850	125440	154300	174810	204710	73.25	70.77	68.62	65.34	65.10	65.08	64.19	65.58
BRUTTOINVESTITIONEN	240	230	270	520	790	680	790	1180	0.71	0.43	0.31	0.38	0.41	0.29	0.29	0.38
DAR.ABSCHREIBUNGEN	50	70	100	140	170	230	300	340	0.15	0.13	0.11	0.10	0.09	0.10	0.11	0.11
VERMOEGENSUEBERTRAGUNGEN	10	50	40	130	220	1130	1000	1290	0.03	0.09	0.05	0.10	0.11	0.48	0.37	0.41
AUSGABEN INSGESAMT	33950	53340	87860	135990	192680	237110	272320	312170	100.00	100.00	100.00	100.00	100.00	100.00	100.00	100.00
SOZIALBEITRAEGE	29100	45030	78530	123680	153990	196840	229850	264460	79.62	79.15	83.38	82.78	81.19	83.79	83.54	82.73
VERKAEUFE V.VERW.-LEISTG.	10	20	50	70	20	10	30	80	0.03	0.04	0.05	0.05	0.01	0.00	0.01	0.03
UEBERTRAGUNGEN VOM STAAT	6010	9320	12040	18200	27780	31970	37260	45950	16.44	16.38	12.78	12.18	14.65	13.61	13.54	14.37
SONSTIGE	1430	2520	3560	7450	7870	6090	7990	9190	3.91	4.43	3.78	4.99	4.15	2.59	2.90	2.87
EINNAHMEN INSGESAMT	36550	56890	94180	149400	189660	234910	275130	319680	100.00	100.00	100.00	100.00	100.00	100.00	100.00	100.00
FINANZIERUNGSSALDO	2600	3550	6320	13410	-3020	-2200	2810	7510								

1) NACH PRODUKTIONSSTATISTIK.
QUELLE: STATISTISCHES BUNDESAMT, BERECHNUNGEN DES DIW.

Die gesamtwirtschaftliche Steuerquote hat sich im Beobachtungszeitraum kaum verändert, sie schwankte um den Wert von 25 vH. Während die Steuereinnahmen in den Jahren 1960 bis 1973 - gemessen am Bruttosozialprodukt - leicht überproportional gestiegen sind, blieben sie im Zeitraum von 1974 bis 1982 hinter der Expansion des Sozialprodukts zurück. Im ersten Zeitabschnitt lag die durchschnittliche Aufkommenselastizität des Steuersystems bei 1,08, während sie im Durchschnitt der folgenden Jahre nur einen Wert von 0,94 erreichte. Bestimmend für das Steueraufkommen war vor allem die gegenläufige Entwicklung von progressiver Lohnsteuer und degressiver Verbrauchsteuer.

Im Zuge der relativ günstigen konjunkturellen Entwicklung und der akzelerierenden Inflationsraten, aber auch verursacht durch zahlreiche Erhöhungen der Verbrauchsteuersätze, stieg bis 1974 die gesamtwirtschaftliche Steuerquote auf knapp 26 vH. Die nachfolgende Rezession und die Einkommensteuerreform 1975 führten dazu, daß die Steuerquote 1975 um einen Prozentpunkt sank; gemessen am gesamtwirtschaftlichen Produktionspotential - diese Größe schwankt im Konjunkturverlauf weniger stark als das Sozialprodukt - reduzierte sich die Steuerquote sogar um 2 vH-Punkte. Konjunkturbedingte Mehreinnahmen bei der Lohn- und Einkommensteuer, aber auch bei der Körperschaftsteuer - aufgrund der Körperschaftsteuerreform - führten dazu, daß die Steuerquote auf über 26 vH anstieg. Nachdem Anfang 1977 die konjunkturellen Auftriebskräfte zu erlahmen drohten, versuchte die Finanzpolitik mit in rascher Folge vorgenommenen Steuerentlastungen die gesamtwirtschaftliche Nachfrage zu stimulieren. Die Ausfälle bei den direkten Steuern wurden teilweise kompensiert durch eine zweimalige Erhöhung der Umsatzsteuersätze (1978 und 1979); als Folge nahm der Anteil der indirekten Steuern zu. Freilich reichte diese Zunahme nicht aus, um den Anteil der indirekten Steuern zu halten.

Der Anteil der Sozialbeiträge am BSP hat sich von über 10 vH auf fast 17 vH erhöht. Zu nennenswerten Verschiebungen kam es erst Ende der 60er Jahre, als die Beitragssätze zur Rentenversicherung angehoben wurden. In den siebziger Jahren expandierten die Sozialbeiträge kräftig mit durchschnittlich 12,5 vH pro Jahr, im Zeitraum von 1970 bis 1976 betrug die jahresdurchschnittliche Veränderungsrate sogar knapp 15 vH. Der Beitragssatz für die drei Bereiche Renten-, Kranken- und Arbeitslosenversicherung stieg in dieser Zeit um 4,5 Prozentpunkte. Von 1977 bis 1980 nahmen die Sozialbeiträge im gleichen Tempo zu wie die Bruttoeinkommen aus unselbständiger Arbeit. 1981 wurden erneut die Beitragssätze für die Rentenversicherung erhöht.

In der Unterteilung nach Gebietskörperschaften und Sozialversicherung wird deutlich, daß die Käufe von Bund, Ländern und Gemeinden anteilsmäßig seit Mitte der 60er Jahre, als der Aufbau der Bundeswehr abgeschlossen war, nicht mehr nennenswert zugenommen haben; der Anteil der Sozialversicherungskäufe am BSP hat sich seitdem verdoppelt. Der Sprung in der Transferquote der Gebietskörperschaften (ohne Zinsausgaben) im Jahre 1975 war überwiegend Folge der Umwandlung der bis dahin steuerlich absetzbaren Kinderfreibeträge in Transferzahlungen; läßt man diese "Bilanzverlängerung" außer Acht, so sind auch die Transfers anteilsmäßig seit Mitte der 60er Jahre nur in geringem Umfang gestiegen. Anders bei der Sozialversicherung: Sie mußte in den 70er Jahren vermehrt Renten- und Arbeitslosengeldansprüche - teils über Bundeszuschüsse - finanzieren.

Als Echo auf die Wachstumsabschwächung Mitte der 70er Jahre ist die staatliche Verschuldungsquote - Schuldenbestand in Relation zum Bruttosozialprodukt - sprunghaft angestiegen; sie hat sich in den letzten 10 Jahren verdoppelt. Die Finanzierungsposition des Staates war in den beiden letzten Jahrzehnten durch drei Phasen gekennzeichnet. Bis 1964 erzielten Gebietskörperschaften und Sozialversicherung Finanzierungsüberschüsse. Von 1965 bis 1973 waren die öffentlichen Haushalte - mit Schwankungen - ausgeglichen; die Sozialversicherungen erzielten Überschüsse, die Haushalte der Gebietskörperschaften waren mit Ausnahme von 1969 defizitär. Der Einbruch 1974/75 setzt neue Bedingungen: Ungebrochen expandierenden Ausgaben standen - rezessions- und steuerreformbedingt - erhebliche Einnahmeausfälle gegenüber. Zwar verbesserte sich die Finanzlage 1976/77 wieder, doch eine noch schwerere Rezession folgte 1980/81.

Die sich kumulierenden Zinszahlungen des Staates als Folge der Staatsverschuldung und auch des hohen Zinsniveaus engten die finanzpolitische Manövriermasse immer mehr ein: Trotz verdoppelter Schuldenquote bzw. gleich hoher Neuverschuldungsquote hat sich von 1975 bis 1982 der aus der Verschuldung gewonnene Ausgabenspielraum halbiert, die Zinsbelastungsquote - Zinsausgaben im Verhältnis zu den Gesamtausgaben der Gebietskörperschaften - von 4 auf über 8 vH erhöht. Der Anteil der staatlichen Zinsausgaben am BSP liegt inzwischen bei fast 3 vH.

2.2 Öffentliche Unternehmen

Die Aktivitäten der öffentlichen Unternehmen liegen schwerpunktmäßig in den Bereichen Versorgung, Nachrichtenübermittlung und Verkehr, Wohnungswesen und Kreditinstitute. Vor allem im Versorgungsbereich wird nahezu das gesamte Leistungsangebot von den öffentlichen Unternehmen bestritten. Eine exakte Berechnung des Anteils der öffentlichen Unternehmen an der gesamtwirtschaftlichen Wertschöpfung ist aus statistischen Gründen schwierig. Nach Erhebungen der Europäischen Zentrale für öffentliche Wirtschaft (CEEP)[2)] sind zwar nur knapp 1 vH aller deutschen Kapitalgesellschaften öffentliche Unternehmen, doch machte das Nennkapital im Jahre 1979 mit über 40 Mrd. DM etwa 23 vH des Nominalkapitals aller Kapitalgesellschaften aus. Gegenüber 1973 hat sich die Quote kaum verändert. Im Jahre 1979 investierten die öffentlichen Unternehmen knapp 34 Mrd. DM; das waren fast 13 vH aller im Unternehmenssektor getätigten Bruttoanlageinvestitionen; 1976 betrug der Anteil noch 17 vH, ähnlich hoch war die Quote zu Beginn der siebziger Jahre.

Die Bruttowertschöpfung der öffentlichen Unternehmen belief sich nach den Angaben der CEEP 1979 auf 148 Mrd. DM, das waren 12 vH (10 vH) der Bruttowertschöpfung aller Unternehmen (der gesamtwirtschaftlichen Bruttowertschöpfung). Gegenüber dem Stand zu Beginn der siebziger Jahre ist die Quote um 1,5 vH-Punkte gestiegen. Die Zahl der Beschäftigten in den öffentlichen Unternehmen schwankte nur geringfügig, 1979 waren 2 Mill. Arbeitnehmer in öffentlichen Unternehmen beschäftigt, das sind 11 vH aller Beschäftigten im Unternehmensbereich. In öffentlichen Unternehmen mit privater Rechtsform waren 1979 über 760 000 Arbeitnehmer beschäftigt, bei Bundesbahn und -post über 860 000, bei den Eigenbetrieben und Zweckverbänden 140 000 und bei den öffentlich-rechtlichen Anstalten sowie den Körperschaften des öffentlichen Rechts 230 000 Arbeitnehmer.

Im Rahmen der Energie- und Wasserversorgung kommt den regional operierenden öffentlichen Unternehmen eine herausragende Bedeutung zu. Die

Berechnungen der CEEP für diese Bereiche decken sich weitgehend mit den Daten der VGR. In Abgrenzung der VGR wurden 1980 in diesem Sektor neue Anlagen im Werte von über 17 Mrd. DM installiert, das waren 6 vH aller Anlageinvestitionen im Unternehmenssektor. Der Anteil der Bruttowertschöpfung dieser Unternehmen an der gesamten Wertschöpfung betrug 1980 etwa 3 vH.

Im Bereich des Personennahverkehrs werden fast zwei Drittel der Beförderungsleistung von den kommunalen Verkehrsbetrieben erbracht, ein Fünftel der Leistung entfällt auf die Bundesbahn und 5 vH auf die Bundespost. Das Investitionsvolumen der kommunalen Unternehmen beträgt über 1 Mrd. DM, der durchschnittliche Kostendeckungsgrad erreicht 66 vH. Wegen ihres hohen Subventionsbedarfs steht die Bundesbahn schon fast traditionell im Mittelpunkt der Kritik. Im Jahre 1980 wurden der Bahn aus dem Bundeshaushalt Zuschüsse und Darlehen in Höhe von 15 Mrd. DM gewährt, davon wurden 4 Mrd. DM für investive Zwecke bereitgestellt; in dieser Höhe wurden auch Bruttoinvestitionen getätigt. Dennoch wies die Gewinn- und Verlustrechnung einen Jahresfehlbetrag von 3,6 Mrd. DM aus. Hingegen hat die Bundespost in den letzten Jahren hohe Gewinne erwirtschaftet; auch diese Entwicklung stieß auf Kritik und hat eine wettbewerbspolitische Debatte entfacht. Allein 1980 verblieb nach Ablieferung an den Bundeshaushalt in Höhe von fast 4 Mrd. DM ein Überschuß von knapp 3 Mrd. DM. Das Investitionsvolumen betrug über 10 Mrd. DM, die Investitionen wurden fast ausschließlich im Fernmeldewesen getätigt. Dem kapitalintensiven und gewinnträchtigen Fernmeldebereich steht das chronisch defizitäre und personalintensive Postwesen entgegen. Kommunale Verkehrsbetriebe, Bundesbahn und Bundespost haben 1980 rund 8 vH der unternehmerischen Anlageinvestitionen getätigt; seit 1960 ist der Anteil nahezu unverändert geblieben.

Der Anteil der öffentlich-rechtlichen Kreditinstitute an der Bilanzsumme aller der Deutschen Bundesbank berichtenden Kreditinstitute belief sich 1979 auf 53 vH. Die öffentlichen Institute dienen einmal zur Kreditmittelbeschaffung von Ländern und Gemeinden, sind zugleich aber auch Universalbanken. Den öffentlich-rechtlichen Grundkreditanstalten und Spezialkreditinstituten obliegt es, spezielle regionale und sektorale Förderungsmaßnahmen durchzuführen (Förderung des ländlichen Raums, Wohnungsbaufinanzierung, Mittelstandsförderung usw.). Teilweise sind die "öffentlichen" Aufgaben im Zeitablauf in den Hintergrund getreten.

Die Individualversicherung der öffentlichen Hand steht zumeist in Konkurrenz zu privaten Versicherungsunternehmen. Gemäß ihren Satzungen ist die öffentliche Versicherungswirtschaft (ohne die gesetzliche Sozialversicherung) zu preisgünstigem Versicherungsschutz ohne eigenes Gewinnstreben verpflichtet. Je nach Sparte schwanken die Marktanteile der öffentlichen Versicherer (bezogen auf die Prämieneinnahmen) zwischen 10 und 30 vH.

Die öffentlich-rechtlichen Wohnungsunternehmen waren 1979 mit knapp 6 vH am gesamten Wohnungsbestand und mit 9 vH am gesamten Mietwohnungsbestand beteiligt. Bezogen auf die Bauleistung (fertiggestellte Wohnungen) lag ihr Anteil bei 4 vH. Im Rahmen der gemeinnützigen Wohnungswirtschaft, deren Wohnungsbestand auf 3,3 Millionen beziffert wird, beträgt die Quote der öffentlichen Unternehmen 40 vH. Hauptaufgabe der komunalen Wohnungsbaugesellschaften - sie bilden die stärkste Gruppe unter den öffentlichen Wohnungsunternehmen - ist es, preiswerten Wohnraum für breite Bevölkerungsgruppen bereitzustellen.

Die industriellen Beteiligungen des Bundes konzentrieren sich auf sechs Konzerne; der Wert dieser Beteiligungen beläuft sich auf 4,5 Mrd. DM. In Sachanlagen investierten diese Unternehmen (1980 rund 5 Mrd. DM, beschäftigt waren fast 440 000 Arbeitnehmer.

Im Bereich Forschung und Technologie sind vom Bund, zumeist gemeinsam mit den Ländern, in der Nachkriegszeit verschiedene Forschungseinrichtungen in der Rechtsform der GmbH entstanden oder Stammanteile erworben worden. Tätigkeitsschwerpunkte dieser Einrichtungen sind die Kernenergieforschung und -technik, die Datenverarbeitung sowie die biologische und medizinische Forschung. Die Zuwendungen des Bundes an diese Gesellschaften betrugen 1979 fast 2 Mrd. DM; beschäftigt waren dort über 12 000 Mitarbeiter.

Das ERP-Sondervermögen ist eines der wichtigsten Instrumente des Bundes zur Wirtschaftsförderung, vor allem zur Förderung kleiner und mittlerer Unternehmen. Die gewährten Kredite - jährlich rund 3 Mrd. DM bei einem Nettobestand von über 12 Mrd. DM dienen überwiegend zur Struktur- und Anpassungshilfe, für den Umweltschutz und zur Förderung der Berliner Wirtschaft. Darüber hinaus werden auch bestimmte kommunale Investitionsprojekte gefördert.

3 Veränderungen in der Ausgabenstruktur

3.1 Staatsverbrauch

Innerhalb der staatlichen Gesamtausgaben (Gebietskörperschaften und Sozialversicherung) hat sich im Zeitablauf das Gewicht der Verbrauchsausgaben, - Personalausgaben und laufende Käufe - kaum verändert; 1960 lag ihr Anteil bei 42 vH und 1982 bei 43 vH. Anteilsverschiebungen aber gab es auf den einzelnen Haushaltsebenen. So sind bei der Sozialversicherung die Verbrauchsausgaben im jährlichen Durchschnitt um über 12 vH gestiegen. Besonders kräftig zugenommen haben die Ausgaben von 1970 bis 1975 - im Durchschnitt um fast 20 vH. In den Jahren danach dagegen konnte die Expansion der Sozialversicherungskäufe merklich eingedämmt werden, von 1975 bis 1980 betrug der jährliche Zuwachs 7 vH und 1981/82 nur noch 4 vH. Auch die Verbrauchsausgaben von Bund, Ländern und Gemeinden haben mit einer durchschnittlichen Rate von 10 vH pro Jahr rascher als das Sozialprodukt (8,4 vH) zugenommen. Wie bei den Sozialversicherungsträgern sind auch hier die Ausgaben im Zeitraum 1970 bis 1975 besonders kräftig ausgeweitet worden (um knapp 13 vH) und danach merklich langsamer gestiegen (Zuwachs 1980/75 : 7 vH pro Jahr, 1981/82 : 4,5 vH).

Der überwiegende Teil der Verbrauchsausgaben der Sozialversicherungsträger entfällt auf die sozialen Sachleistungen, zu denen die über die gesetzliche Versicherung finanzierten Arzt- und Krankenhausleistungen, Medikamente, Heil- und Hilfsmittel usw. zählen. Explodiert sind vor allem die Kosten für den Zahnersatz, zum überwiegenden Teil Folge des erweiterten Leistungsprogramms der Krankenkassen. Hatte der Anteil der Ausgaben für Zahnersatz, Orthopädie und Optik im Jahre 1970 noch knapp 6 vH der gesamten Sachleistungen betragen, so waren es zehn Jahre später bereits 12 vH. Aber auch die Käufe von Krankenhausleistungen - vor allem Anstalten in Regie der Gebiets körperschaften (Kommunen) und privater Organisationen ohne Erwerbscharakter - haben mit einer jahresdurchschnittlichen Rate von 14 vH überdurchschnittlich zugenommen; besonders kräftig war der Anstieg in den Jahren 1970 bis 1975 (22 vH im Jahresdurchschnitt). Diese Käufe machen inzwischen 38 vH aller Sachleistungen aus, gefolgt von den Arztleistungen (27 vH) und den Ausgaben für Medikamente (16 vH).

Die Entwicklung des Staatsverbrauchs der Gebietskörperschaften ist vor allem von der Expansion in dem Funktionsbereich "Wissenschaft und Bildung" (einschl. Schulen) geprägt worden. Diesem Sektor kommt inzwischen mit einem Anteil von fast einem Drittel an den gesamten Verbrauchsaufwendungen der Gebietskörperschaften das größte Gewicht zu, gefolgt von den Militärausgaben (20 vH) und den Bereichen "Allgemeine Verwaltung" (12 vH) und "Öffentliche Sicherheit und Ordnung" (11 vH). Noch Mitte der sechziger Jahre dominierten die Ausgaben für das Militär, in deren Sachkäufen neben den militärischen Beschaffungen auch die Bautätigkeit erfaßt wird. Nach der Aufbauphase der Bundeswehr blieb die Expansion der Verteidigungsausgaben merklich hinter der Entwicklung in den anderen Bereichen zurück. Erst in den letzten Jahren hat sich wieder eine Annäherung an die Gesamtentwicklung ergeben. Die überdurchschnittliche Ausweitung der Aufwendungen im Gesundheitssektor und im Bereich der "Hygienischen Anstalten und Einrichtungen" (kommunale Gemeinschaftsdienste) kommt in der Kategorie Staatsverbrauch nicht zum Ausdruck, da die "Verkäufe" abgesetzt sind : Ohne diese Saldierung errechnet sich für den Sektor Gesundheit eine Zunahme von knapp 12 vH im Jahresdurchschnitt. Im Bereich der kommunalen Gemeinschaftsdienste wurden in der laufenden Rechnung zumeist geringe Überschüsse erzielt; die Personal- und Sachausgaben betrugen 1981 10 Mrd. DM. Der Anstieg der Verbrauchsausgaben von Bund, Ländern und Gemeinden war geprägt von der Entwicklung der Personalausgaben, die von 1960 bis 1982 mit über 10 vH pro Jahr expandierten; infolge des relativen Rückgangs der militärischen Beschaffungen - vor allem zwischen 1965 und 1970 - haben die Sachkäufe im Vergleich zu den Gesamtausgaben unterdurchschnittlich zugenommen.

Der Anteil der Personalausgaben an den gesamten Ausgaben der Gebietskörperschaften ist von 1960 bis 1982 um 4 vH-Punkte auf 30 vH gestiegen. Seit Mitte der siebziger Jahre ist die Quote leicht rückläufig. Während zu Beginn der siebziger Jahre die Personalausgaben der Gebietskörperschaften im Durchschnitt noch um 15 vH pro Jahr expandiert haben, hat sich in der Folgezeit die Steigerungsrate weit mehr als halbiert; in den sechziger Jahren lag der jahresdurchschnittliche Zuwachs bei 11 vH. Insgesamt wurde die Entwicklung bestimmt von der Expansion in den Funktionsbereichen Verteidigung, Bildung und Wissenschaft sowie im Gesundheitswesen.

TABELLE I. 3.1/1 — STAATSVERBRAUCH DER GEBIETSKOERPERSCHAFTEN NACH AUFGABENBEREICHEN

	1961 1)	1965 1)	1970	1973	1975	1978	1980	1981	1961	1965	1970	1973	1975	1978	1980	1981
	- MILL.DM -								- ANTEILE IN VH -							
ALLGEMEINE VERWALTUNG	4930	7030	10700	15820	19090	22500	25480	26890	13.51	12.89	13.40	13.45	13.08	12.87	12.38	12.27
BUND	1330	1950	2780	4130	4580	5490	5900	6330	9.24	8.70	10.48	11.33	10.39	10.96	10.42	10.46
LAENDER	1990	2810	4330	6420	7870	9230	10460	10900	13.82	13.65	12.62	12.21	11.87	11.39	10.97	10.80
GEMEINDEN	1610	2270	3590	5270	6640	7780	9120	9660	20.94	19.69	18.86	18.41	18.68	17.84	16.94	16.77
OEFF.SICHERHEIT U.ORDNUNG	3860	5460	8600	12630	15930	19590	23050	24850	10.58	10.01	10.77	10.74	10.92	11.21	11.20	11.34
BUND	290	410	580	890	1200	1610	1800	1940	2.01	1.83	2.19	2.44	2.72	3.21	3.18	3.20
LAENDER	2940	4140	6520	9660	12490	15340	18100	19490	20.42	20.11	19.00	18.38	18.84	18.92	18.99	19.30
GEMEINDEN	630	910	1500	2080	2240	2640	3150	3420	8.19	7.89	7.88	7.27	6.30	6.05	5.85	5.94
MILITAER (BUND)	11410	18000	19760	26790	32250	36140	40380	43650	79.24	80.29	74.48	73.52	73.13	72.15	71.34	72.10
UNTERRICHT U.WISSENSCHAFT	7320	11430	21320	34350	44550	55280	66170	70430	20.06	20.96	26.69	29.20	30.53	31.63	32.16	32.15
BUND	290	540	1180	1940	2670	3100	4050	4200	2.01	2.41	4.45	5.32	6.05	6.19	7.16	6.94
LAENDER	5520	8580	15990	25630	33210	41170	48540	51490	38.33	41.67	46.60	48.75	50.10	50.79	50.92	51.00
GEMEINDEN	1510	2310	4150	6780	8670	11010	13580	14740	19.64	20.03	21.80	23.68	24.39	25.25	25.22	25.59
GESUNDHEIT	1080	1580	2700	4230	3850	4510	5580	6080	2.96	2.90	3.38	3.60	2.64	2.58	2.71	2.78
BUND	0	0	0	20	10	20	40	50	0.00	0.00	0.00	0.05	0.02	0.04	0.07	0.08
LAENDER	610	860	1590	2420	2340	2900	3430	3730	4.24	4.18	4.63	4.60	3.53	3.58	3.60	3.69
GEMEINDEN	470	720	1110	1790	1500	1590	2110	2300	6.11	6.24	5.83	6.25	4.22	3.65	3.92	3.99
SOZIALE SICHERUNG	2410	3560	5260	8100	11210	14320	17610	18690	6.60	6.53	6.58	6.89	7.68	8.19	8.56	8.53
BUND	350	540	530	640	910	1100	1110	1190	2.43	2.41	2.00	1.76	2.06	2.20	1.96	1.97
LAENDER	890	1210	1830	2500	3240	3870	4740	4830	6.18	5.88	5.33	4.76	4.89	4.77	4.97	4.78
GEMEINDEN	1170	1810	2900	4960	7060	9350	11760	12670	15.21	15.70	15.23	17.32	19.86	21.44	21.84	22.00
WOHNUNGSWES.,KOMM.DIENSTE	940	1280	2380	3470	4250	4620	5730	5950	2.58	2.35	2.98	2.95	2.91	2.64	2.78	2.72
BUND	0	0	10	90	90	70	110	100	0.00	0.00	0.04	0.25	0.20	0.14	0.19	0.17
LAENDER	710	810	1090	1700	2010	2410	2750	2950	4.93	3.93	3.18	3.23	3.03	2.97	2.88	2.92
GEMEINDEN	230	470	1280	1680	2150	2140	2870	2900	2.99	4.08	6.72	5.87	6.05	4.91	5.33	5.04
ERHOLUNG UND KULTUR	900	1260	1940	3020	4080	5260	6630	7120	2.47	2.31	2.43	2.57	2.80	3.01	3.23	3.25
BUND	0	0	0	10	40	20	30	50	0.00	0.00	0.00	0.03	0.09	0.04	0.05	0.08
LAENDER	260	350	500	790	1020	1190	1490	1560	1.81	1.70	1.46	1.50	1.54	1.47	1.56	1.55
GEMEINDEN	640	910	1440	2220	3020	4050	5130	5510	8.32	7.89	7.56	7.75	8.50	9.29	9.53	9.57
VERKEHR,NACHRICHTENWESEN	2340	3360	5070	6320	7380	8440	10220	10400	6.41	6.16	6.35	5.37	5.06	4.83	4.97	4.75
BUND	640	820	1410	1540	1890	2040	2520	2440	4.44	3.66	5.31	4.23	4.29	4.07	4.45	4.03
LAENDER	540	760	1070	1530	1860	2170	2620	2670	3.75	3.69	3.12	2.91	2.81	2.68	2.75	2.64
GEMEINDEN	1160	1780	2590	3250	3630	4230	5080	5290	15.08	15.44	13.60	11.35	10.21	9.70	9.44	9.19
UEBRIGE BEREICHE	1300	1580	2150	2910	3350	4100	4900	5030	3.56	2.90	2.69	2.47	2.30	2.35	2.38	2.30
BUND	90	160	280	390	460	500	660	590	0.63	0.71	1.06	1.07	1.04	1.00	1.17	0.97
LAENDER	940	1070	1390	1920	2250	2780	3200	3340	6.53	5.20	4.05	3.65	3.39	3.43	3.36	3.31
GEMEINDEN	270	350	480	600	640	820	1040	1100	3.51	3.04	2.52	2.10	1.80	1.88	1.93	1.91
STAATSVERBRAUCH INSGESAMT	36490	54540	79880	117640	145940	174760	205770	219090	100.00	100.00	100.00	100.00	100.00	100.00	100.00	100.00
BUND	14400	22420	26530	36440	44100	50090	56600	60340	100.00	100.00	100.00	100.00	100.00	100.00	100.00	100.00
LAENDER	14400	20590	34310	52570	66290	81060	95330	100960	100.00	100.00	100.00	100.00	100.00	100.00	100.00	100.00
GEMEINDEN	7690	11530	19040	28630	35550	43610	53840	57590	100.00	100.00	100.00	100.00	100.00	100.00	100.00	100.00

1)SCHAETZUNG DES DIW.- QUELLE:STATISTISCHES BUNDESAMT,FACHSERIE 18,BERECHNUNGEN DES DIW.

TABELLE I. 3.1/2 PERSONALAUSGABEN DES STAATES NACH AUFGABENBEREICHEN 1)

	1961	1965	1970	1973	1975	1978	1980	1961	1965	1970	1973	1975	1978	1980
	- MILL.DM -							- ANTEILE IN VH -						
ALLGEMEINE VERWALTUNG	3990	5440	8500	12550	15480	18240	20830	18.18	16.39	15.19	14.33	14.07	13.78	13.58
BUND	1030	1370	1990	2820	3390	3900	4410	22.84	18.22	16.23	15.52	15.46	15.60	15.83
LAENDER	1730	2340	3750	5620	6820	8020	9160	14.71	13.70	12.79	12.15	11.54	11.11	10.92
GEMEINDEN	1230	1730	2760	4110	5270	6320	7260	21.65	20.12	19.21	17.78	18.18	17.95	17.43
OEFF.SICHERH.RECHTSSCHUTZ	3200	4550	7330	10850	13760	16640	19460	14.58	13.70	13.10	12.39	12.51	12.57	12.69
BUND	200	270	410	660	910	1100	1250	4.43	3.59	3.34	3.63	4.15	4.40	4.49
LAENDER	2480	3520	5680	8470	10900	13220	15500	21.09	20.61	19.37	18.31	18.44	18.31	18.47
GEMEINDEN	520	760	1240	1720	1950	2320	2710	9.15	8.84	8.63	7.44	6.73	6.59	6.51
MILITAER (BUND)	2960	5440	9000	13300	15810	17890	19840	65.63	72.34	73.41	73.20	72.09	71.56	71.24
UNTERRICHT U.WISSENSCHAFT	5400	8360	15410	25130	32990	40920	47820	24.60	25.18	27.54	28.70	29.98	30.91	31.17
BUND	50	80	150	250	360	430	500	1.11	1.06	1.22	1.38	1.64	1.72	1.80
LAENDER	4910	7570	13980	22730	29590	36870	43010	41.75	44.32	47.68	49.12	50.05	51.07	51.26
GEMEINDEN	440	710	1280	2150	3040	3620	4310	7.75	8.26	8.91	9.30	10.49	10.28	10.35
SOZIALE SICHERUNG	1200	1640	2420	3780	4970	6150	7020	5.47	4.94	4.33	4.32	4.52	4.65	4.58
BUND	10	10	20	30	40	40	50	0.22	0.13	0.16	0.17	0.18	0.16	0.18
LAENDER	570	720	1070	1570	1910	2300	2480	4.85	4.22	3.65	3.39	3.23	3.19	2.96
GEMEINDEN	620	910	1330	2180	3020	3810	4490	10.92	10.58	9.26	9.43	10.42	10.82	10.78
GESUNDHEIT	1850	2690	5120	9300	11560	14080	17160	8.43	8.10	9.15	10.62	10.51	10.63	11.19
LAENDER	840	1180	2030	3610	4730	5800	7020	7.14	6.91	6.92	7.80	8.00	8.03	8.37
GEMEINDEN	1010	1510	3090	5690	6830	8280	10140	17.78	17.56	21.50	24.61	23.57	23.52	24.35
WOHNUNGSWES.,KOMM.DIENSTE	1500	2170	3310	5230	6270	7580	8760	6.83	6.54	5.92	5.97	5.70	5.73	5.71
BUND	0	0	10	20	30	50	60	0.00	0.00	0.08	0.11	0.14	0.20	0.22
LAENDER	530	720	980	1540	1870	2210	2470	4.51	4.22	3.34	3.33	3.16	3.06	2.94
GEMEINDEN	970	1450	2320	3670	4370	5320	6230	17.08	16.86	16.14	15.87	15.08	15.11	14.96
ERHOLUNG,KULTUR	410	830	1290	2110	2730	3470	4210	1.87	2.50	2.31	2.41	2.48	2.62	2.74
LAENDER	50	130	330	540	680	820	990	0.43	0.76	1.13	1.17	1.15	1.14	1.18
GEMEINDEN	360	700	960	1570	2050	2650	3220	6.34	8.14	6.68	6.79	7.07	7.53	7.73
VERKEHR,NACHRICHTENWESEN	890	1320	2310	3580	4410	5140	5710	4.05	3.98	4.13	4.09	4.01	3.88	3.72
BUND	220	290	570	940	1200	1380	1510	4.88	3.86	4.65	5.17	5.47	5.52	5.42
LAENDER	290	410	660	990	1190	1350	1460	2.47	2.40	2.25	2.14	2.01	1.87	1.74
GEMEINDEN	380	620	1080	1650	2020	2410	2740	6.69	7.21	7.52	7.14	6.97	6.85	6.58
UEBRIGE BEREICHE	550	760	1260	1730	2050	2290	2590	2.51	2.29	2.25	1.98	1.86	1.73	1.69
BUND	40	60	110	150	190	210	230	0.89	0.80	0.90	0.83	0.87	0.84	0.83
LAENDER	360	490	840	1200	1430	1610	1810	3.06	2.87	2.86	2.59	2.42	2.23	2.16
GEMEINDEN	150	210	310	380	430	470	550	2.64	2.44	2.16	1.64	1.48	1.34	1.32
GEBIETSKOERPERSCHAFT	21950	33200	55950	87560	110030	132400	153400	100.00	100.00	100.00	100.00	100.00	100.00	100.00
BUND	4510	7520	12260	18170	21930	25000	27850	100.00	100.00	100.00	100.00	100.00	100.00	100.00
LAENDER	11760	17080	29320	46270	59120	72200	83900	100.00	100.00	100.00	100.00	100.00	100.00	100.00
GEMEINDEN	5680	8600	14370	23120	28980	35200	41650	100.00	100.00	100.00	100.00	100.00	100.00	100.00

1)IM ABGRENZUNG DER VGR.- QUELLE:STATISTISCHES BUNDESAMT,FACHSERIE 18,SCHAETZUNGEN DES DIW.

Auf diese Bereiche konzentrierte sich auch die Beschäftigungszunahme; rund drei Viertel der Neueinstellungen in den beiden letzten Jahrzehnten - gemessen an den Vollzeitbeschäftigten - entfielen auf diese Sektoren. Der personelle Aufbau der Bundeswehr war Ende der sechziger Jahre praktisch abgeschlossen, bis dahin ist der Personalstand um fast 5 vH jährlich ausgeweitet worden. Im Bildungs- und Wissenschaftssektor hat sich die Beschäftigung im Durchschnitt um 4 vH pro Jahr erhöht, ähnlich im Gesundheitswesen. In beiden Bereichen wurden besonders in den Jahren zwischen 1969 und 1974 neue Stellen geschaffen, im Jahresdurchschnitt um knapp 6 vH. Seit Mitte der 70er Jahre aber ist die Expansion merklich gedämpft worden. Dennoch hielt die Personalausweitung im Hochschulbereich über den gesamten Zeitraum gesehen nicht Schritt mit dem Anwachsen der Studentenzahlen: Während sich in den 60er Jahren die Relation von Studenten je wissenschaftliche Stelle im Hochschulbereich von 15 auf 9 verbesserte, erreichte die Quote 1982 wieder den alten Stand. Sehr viel günstiger war die Entwicklung im schulischen Bereich: Die Schüler-Lehrer-Relation sank von 31 im Jahre 1960 auf zunächst 27 (1970) und schließlich auf 18 im Jahre 1982; gravierend waren die Verbesserungen bei den Grund- und Hauptschulen (von 37 auf 20), den Sonderschulen (von 21 auf 8) sowie den beruflichen Schulen (von 43 auf 30).[3]

Die Beschäftigungszunahme im Aufgabengebiet der "Allgemeinen Verwaltung" war unterdurchschnittlich, zwischen 1974 und 1981 ist die Beschäftigtenzahl nur um knapp 1 vH im Jahresdurchschnitt erhöht worden. Im Bereich "Öffentliche Sicherheit und Rechtsschutz" hat die Beschäftigung kontinuierlich um 2 vH im Jahresdurchschnitt zugenommen, in den letzten Jahren sind in diesem Aufgabengebiet relativ am stärksten Neueinstellungen vorgenommen worden.

Das Angebot an Teilzeitarbeitsplätzen hat sich seit 1961 nahezu vervierfacht, inzwischen sind über eine halbe Million Arbeitnehmer im öffentlichen Dienst Teilzeitkräfte. Auch in dieser Kategorie dominierte die Expansion im Bildungs- und Wissenschaftssektor, auf ihn entfielen - bei den Bundesländern - fast drei Viertel aller zusätzlich bereitgestellten Arbeitsplätze; für die Kommunen liegen vergleichbare Angaben nicht vor, hier dürfte das Schwergewicht der Teilzeitarbeitsplätze im Gesundheitsbereich liegen.

Tabelle I. 3.1/3

Staatlich Beschäftigte nach Aufgabenbereichen

	1961[1]	1969	1974	1977	1980	1981	1982	1969/61	1974/69	1977/74	1982/77	1982/61
	Vollbeschäftigte[2] in 1 000							Jahresdurchschnittliche Veränderung in vH				
Allgemeine Verwaltung	376	411	449	458	479	483	479	1,1	1,8	0,7	1,1	1,2
Bund	69	71	73	70	71	72	71	0,4	0,6	-1,4	0,6	0,2
Länder	162	183	205	210	219	220	217	1,5	2,3	0,8	0,9	1,5
Gemeinden	145	157	171	178	189	191	191	1,0	1,7	1,4	1,4	1,3
Öffentl. Sicherheit, Rechtsschutz	281	324	366	387	417	424	429	1,8	2,5	1,9	1,8	2,0
Bund	18	22	28	29	31	31	31	2,5	4,9	1,2	1,3	2,6
Länder	213	242	281	304	328	335	338	1,6	3,0	2,7	2,0	2,2
Gemeinden 3)	50	60	57	54	58	58	60	2,3	-1,0	-1,8	1,4	0,7
Militär (Bund)	452	653	704	706	703	707	704	4,7	1,5	0,1	0,0	2,2
Zivil	109	168	177	173	172	172	172	5,6	1,1	-0,8	-0,1	2,2
Streitkräfte 4)	343	485	527	533	531	535	532	4,4	1,7	0,4	0,1	2,1
Unterricht u. Wissenschaft 5)	326	475	626	680	724	728	731	4,8	5,7	2,8	1,4	3,9
Bund	5	7	8	8	9	9	9	4,3	2,7	0,0	2,4	2,8
Länder	287	425	555	604	642	645	648	5,0	5,5	2,9	1,3	3,9
Gemeinden	34	43	63	68	73	74	74	3,0	7,9	2,6	1,7	3,8
Kultur	22	29	33	38	40	40	40	3,5	2,6	4,8	1,0	2,9
Länder	8	10	12	11	12	12	12	2,8	3,7	-2,9	1,8	2,0
Gemeinden	14	19	21	27	28	28	28	3,9	2,0	8,7	0,7	3,4
Soziale Sicherung	112	108	116	115	124	126	126	-0,5	1,4	-0,3	1,8	0,6
Bund	1	1	1	1	1	1	1	0,0	0,0	0,0	0,0	0,0
Länder	55	48	50	49	51	51	51	-1,7	0,8	-0,7	0,8	-0,4
Gemeinden	56	59	65	65	72	74	74	0,7	2,0	0,0	2,6	1,3
Gesundheit und Erholung 6)	204	273	363	382	419	429	428	3,7	5,9	1,7	2,4	3,6
Bund	0	0	0	1	1	1	1					
Länder	77	103	142	144	154	157	161	3,7	6,6	0,5	1,7	3,5
Gemeinden	127	170	221	237	264	271	266	3,7	5,4	2,4	2,7	3,7
Wohnungswesen, kommunale Dienste	94	107	129	140	151	154	153	1,6	3,8	2,8	1,9	2,4
Länder	29	29	30	29	30	30	30	0,0	0,7	-1,1	0,7	0,2
Gemeinden	65	78	99	111	121	124	123	2,3	4,9	3,9	2,2	3,1
Verkehr, Nachrichtenwesen	97	117	116	103	104	104	103	2,4	-0,2	-3,9	0,2	0,3
Bund	23	23	25	25	24	24	24	0,0	1,7	0,0	-0,8	0,2
Länder	33	40	42	41	41	41	40	2,4	1,0	-0,8	0,0	1,0
Gemeinden	41	54	49	37	39	39	39	3,5	-1,9	-8,9	1,1	-0,2
Übrige Bereiche	38	41	45	43	46	47	48	1,0	1,9	-1,5	1,8	1,0
Bund	4	4	5	5	4	5	5	0,0	4,6	0,0	0,0	1,1
Länder	30	31	33	32	33	33	34	0,4	1,3	-1,0	0,6	0,5
Gemeinden	4	6	7	6	9	9	9	5,2	3,1	-5,0	8,5	3,9
Insgesamt	2 002	2 538	2 947	3 052	3 207	3 242	3 241	3,0	3,0	1,2	1,2	2,3
Bund	572	781	844	845	844	850	846	4,0	1,6	0,0	0,1	1,9
Länder	894	1 111	1 350	1 424	1 510	1 524	1 531	2,8	4,0	1,8	1,4	2,6
Gemeinden	536	646	753	783	853	868	864	2,4	3,1	1,3	2,1	2,3
Kommunale Zweckverbände	16	18	21	22	30	31	32	1,5	3,1	1,6	7,1	3,2
Sozialversicherung	151	175	205	215	225	230	232	1,9	3,2	1,6	1,4	2,0
	Teilzeitbeschäftigte in 1 000											
Insgesamt	137	256	396	435	508	536	554	7,6	9,0	3,1	4,1	6,4
Bund	3	6	10	12	14	14	15	9,1	10,8	6,3	3,1	7,6
Länder	56	104	175	203	252	267	280	8,1	11,0	5,1	5,6	7,7
Gemeinden	74	139	200	211	231	244	248	8,2	7,6	1,8	3,0	5,9
Kommunale Zweckverbände	4	7	11	9	11	11	11	7,3	9,5	-6,5	4,1	4,9

1) Aufteilung der kommunalen Beschäftigten nach Aufgabenbereichen, geschätzt. - 2) Personalstandsstatistik. - 3) Einschließlich ziviles Personal. - 4) Quelle: Statistisches Bundesamt, Fachserie 18, Reihe 1, Konten und Standardtabellen. - 5) Ohne Hochschulkliniken. -6) Einschließlich kaufmännisch buchende Krankenhäuser und Hochschulkliniken.

Quelle: Statistisches Bundesamt, Fachserie 14, Reihe 6; Berechnungen des DIW

Zu der Personalkostenexpansion im öffentlichen Dienst haben in erster Linie die Stellenvermehrungen beigetragen. Die Durchschnittseinkommen, d.h. die Bruttoeinkommen aus unselbständiger Arbeit je beschäftigten Arbeitnehmer, sind im öffentlichen Dienst von 1960 bis 1980 um durchschnittlich 7,5 vH pro Jahr, in den übrigen Bereichen der Wirtschaft hingegen um 8,6 vH pro Jahr gestiegen. Zwischen 1970 und 1975 war der Einkommensanstieg im Staatssektor geringfügig größer, danach wieder kleiner. Zwischen 1980 und 1982 haben die Durchschnittseinkommen im öffentlichen Dienst um 3 vH, in der Gesamtwirtschaft um 4,5 vH zugenommen.

Im Vergleich von Unternehmen und Gebietskörperschaften betrug 1960 die Relation der durchschnittlichen Bruttoeinkommen 6 860 DM : 10 480 DM, d.h. das Niveau lag im öffentlichen Dienst um 43 vH höher. Rechnerisch hat sich dieser Abstand bis 1980 auf 12 vH verringert. Zutreffender ist jedoch ein Vergleich, bei dem berücksichtigt wird, daß im öffentlichen Sektor die Zahl der Wehrpflichtigen und der Teilzeitbeschäftigten - also der Personen mit geringem Einkommen - überdurchschnittlich zugenommen hat: Im Basisjahr beträgt der Niveauabstand 53 vH und geht bis 1980 auf 31 vH zurück.

Ergänzend zu dieser "Bereinigung" der Globaldaten ist darauf hinzuweisen, daß die Veränderung der Qualifikationsstruktur in Richtung der höheren Tarifeingruppierungen - wesentlich Folge des Beschäftigtenanstiegs im Bildungs- und Wissenschaftsbereich - das Durchschnittseinkommen im öffentlichen Dienst erhöht hat. Vergleichbare Tendenzen waren aber auch in der gewerblichen Wirtschaft als Folge der Arbeitslosigkeit wirksam, die in stärkerem Maße Bezieher kleinerer Einkommen trifft. In umgekehrte Richtung wirkten hier die strukturellen Veränderungen: Der Beschäftigtenrückgang im warenproduzierenden Gewerbe - mit hohem Durchschnittseinkommen - hat bei gleichzeitiger Zunahme im Dienstleistungsbereich - mit niedrigerem Einkommensniveau - die Entwicklung der Durchschnittseinkommen gedrückt.

In einer überschlägigen Rechnung ist versucht worden, die Komponenten der Personalausgabenentwicklung im öffentlichen Dienst - Tariferhöhungen, Beschäftigungsausweitung und Struktureinfluß - nachzuzeichnen. Die Strukturkomponente ist eine Restgröße, in der sich Stellenanhebungen, Beförderungen, Veränderungen der Alters- und Geschlechtsstruktur und auch statistische Fehler niederschlagen. Insgesamt sind die Personalkosten bei den Gebietskörperschaften von 1960 bis 1980 um 10,7 vH gestiegen. Auf die jährlichen Tariferhöhungen entfallen etwa 6 vH und auf die Beschäftigung knapp 3 vH; mithin verbleiben für die Strukturkomponente reichlich 1,5 Prozentpunkte. Der relativ geringe Einfluß der Strukturkomponente ist auf die Entwicklung nach 1975 zurückzuführen; als von ihr kein positiver Einfluß mehr auf die Einkommensentwicklung ausging. Eine günstigere Alters- und Stellenstruktur - zum Teil bedingt durch die Verminderung von Vollzeitstellen zugunsten weniger aufwendiger Ausbildungsplätze oder Teilzeitstellen - das Abklingen der Beförderungswelle (Bewährungsaufstieg, Stellenanhebungen) und Einsparungsbemühungen waren hierfür maßgeblich.

3.2 Öffentliche Investitionen

Den staatlichen Anlageinvestitionen wird aus konjunktur- und wachstumspolitischen Überlegungen ein besonderer Stellenwert eingeräumt. In rezessiven Phasen erhöht jede zusätzliche Investition des Staates die gesamtwirtschaftliche Nachfrage, Produktion und Beschäftigung; zudem kann möglichen Engpässen durch eine unzureichende Infrastrukturausstattung in der Hochkonjunktur vorgebeugt werden. Im konjunkturellen Aufschwung wird durch verminderte Staatsinvestitionen Raum geschaffen für kapazitätswirksame Privatinvestitionen, so daß schon bald das Wachstum des Produktionspotentials beschleunigt wird.

Voraussetzung für einen effizienten Einsatz öffentlicher Investitionen im Konjunktur- und Wachstumsprozeß ist eine ausreichende Manövriermasse. Dem Konzept der Globalsteuerung lag die Vorstellung zugrunde, daß auf längere Sicht der Anteil der staatlichen Anlageinvestitionen am Bruttosozialprodukt erhöht werden müßte. Materiell begründet wurde dieses Ziel mit einem erheblichen Nachholbedarf an Infrastruktureinrichtungen. In der längerfristigen Planung sollten sich die öffentlichen Haushalte zunächst am Wachstumstrend orientieren. Antizyklische Wirkungen würden erreicht, wenn die jährliche Investitionsplanung je nach der konjunkturellen Lage von der mittelfristigen Planung abwiche. Mittelfristige Ziele und Prioritäten könnten dennoch eingehalten werden, wenn sich über den gesamten Planungshorizont hinweg die konjunkturell bedingten Abweichungen der Budgetansätze ausglichen. Zu einem Konflikt zwischen Wachstums- und Stabiblisierungsziel würde es nicht kommen, weil im Einzelfall Projekte lediglich zeitlich variiert werden müßten.

Die damaligen Zielvorstellungen sind aber nur selten realisiert worden. Tatsächlich ist der Anteil der öffentlichen Investitionen am Bruttosozialprodukt seit Mitte der sechziger Jahre kontinuierlich gesunken : Während 1964 knapp 5 vH des BSP auf Käufe von Bauten und Ausrüstungen der Gebietskörperschaften entfielen - jenes Jahr markierte den Höchststand - waren es 1970 noch 4,6 vH, im Jahre 1975 aber nur noch 3,8 vH und 1980, trotz des Schubs aufgrund des Zukunftsinvestitionsprogramms, 3,7 vH. Inzwischen ist die Quote auf 2,8 vH fallen. Bezogen auf die gesamtwirtschaftlichen Anlageinvestitionen, die seit Mitte der sechziger Jahre ebenfalls nur unterdurchschnittlich expandierten, ergibt sich ein etwas anderes Bild : Nach einem Anstieg der Quote bis 1965 schwankte der Anteil der öffentlichen Investitionen lange Zeit zwischen 16 und 18 vH, 1982 ist sie aber auf unter 15 vH gesunken. Auch das Ziel, den Investitionsausgaben einen höheren Stellenwert in den Haushalten der Gebietskörperschaften einzuräumen, ist weit verfehlt worden : Wurden 1964 noch 17 vH der Gesamtausgaben in Bauten und Ausrüstungen investiert - rund 90 vH aller Anlageinvestitionen der Gebietskörperschaften sind Bauten - so sind es seit Mitte der 70er Jahre nicht mehr als 10 vH; 1982 waren es sogar nur noch 8 vH.

In der Mehrzahl der Fälle verhielten sich die öffentlichen Investoren prozyklisch. Im Unterschied zur Rezession 1966/67 versuchten die staatlichen Instanzen in der Krise 1974/75 zunächst, durch eine Ausweitung der Investitionsausgaben noch gegenzusteuern. In Anbetracht der hohen Haushaltsdefizite änderten sie jedoch die Politik, was 1976/77 insbesondere zu Lasten der öffentlichen Investitionen ging. Erst Ende 1977 kam es wieder zu einer merklichen Belebung der staatlichen Investitionstätigkeit, die über den Aufschwung 1978/79 hinweg anhielt. Auch im Aufschwung 1968/70 wirkten die öffentlichen Investitionen weitgehend prozyklisch. Einen neuerlichen Einbruch der Investitionstätigkeit hat es in der jüngsten Krise gegeben.

Wachstum und Struktur der staatlichen Anlageinvestitionen werden im wesentlichen durch die Investitionstätigkeit der Gemeinden bestimmt, die rund zwei Drittel aller öffentlichen Investitionsvorhaben durchführen. Allerdings muß das Geflecht der investitionswirksamen Zuweisungen zwischen

TABELLE I. 3.2/1 BRUTTOINVESTITIONEN DES STAATES NACH AUFGABENBEREICHEN

	1961	1965	1970	1973	1975	1978	1980	1961	1965	1970	1973	1975	1978	1980
	- MILL.DM -							- ANTEILE IN VH -						
ALLGEMEINE VERWALTUNG	340	520	620	1010	1070	1430	1960	3.02	2.57	2.23	2.76	2.59	3.44	3.74
BUND	50	60	110	160	170	220	320	2.72	1.97	2.35	2.86	2.48	3.29	4.48
LAENDER	80	110	120	260	250	260	420	3.72	2.81	2.11	3.80	3.08	3.34	4.54
GEMEINDEN	210	350	390	590	650	950	1220	2.89	2.64	2.23	2.45	2.46	3.50	3.39
OEFF.SICHERH.RECHTSSCHUTZ	300	500	580	990	1480	1650	2220	2.66	2.47	2.08	2.71	3.58	3.97	4.24
BUND	80	60	70	160	190	220	180	4.35	1.97	1.50	2.86	2.77	3.29	2.52
LAENDER	150	260	310	490	770	880	1160	6.98	6.63	5.45	7.16	9.47	11.30	12.54
GEMEINDEN	70	180	200	340	520	550	880	0.96	1.36	1.14	1.41	1.97	2.03	2.45
MILITAER (BUND)	70	140	200	190	230	200	260	3.80	4.59	4.27	3.40	3.35	2.99	3.64
UNTERRICHT U.WISSENSCHAFT	2310	4590	6750	9680	10680	7850	9030	20.52	22.67	24.24	26.48	25.80	18.87	17.24
BUND	20	20	70	80	100	120	170	1.09	0.66	1.50	1.43	1.46	1.80	2.38
LAENDER	740	1550	2610	3070	3300	2250	2290	34.42	39.54	45.87	44.88	40.59	28.88	24.76
GEMEINDEN	1550	3020	4070	6530	7280	5480	6570	21.32	22.74	23.28	27.06	27.58	20.21	18.26
GESUNDHEIT	830	1690	1870	2310	2920	3430	4230	7.37	8.35	6.71	6.32	7.05	8.25	8.08
LAENDER	180	390	640	730	990	1190	1490	8.37	9.95	11.25	10.67	12.18	15.28	16.11
GEMEINDEN	650	1300	1230	1580	1930	2240	2740	8.94	9.79	7.04	6.55	7.31	8.26	7.62
SOZIALE SICHERUNG	190	320	320	690	660	530	740	1.69	1.58	1.15	1.89	1.59	1.27	1.41
BUND	0	0	10	10	20	10	10	0.00	0.00	0.21	0.18	0.29	0.15	0.14
LAENDER	60	60	50	110	170	140	150	2.79	1.53	0.88	1.61	2.09	1.80	1.62
GEMEINDEN	130	260	260	570	470	380	580	1.79	1.96	1.49	2.36	1.78	1.40	1.61
WOHNUNGSWES.,KOMM.DIENSTE	1970	3390	4090	5570	6480	7810	11080	17.50	16.74	14.69	15.24	15.66	18.78	21.16
BUND	0	0	0	0	0	0	10	0.00	0.00	0.00	0.00	0.00	0.00	0.14
LAENDER	120	180	250	270	350	360	470	5.58	4.59	4.39	3.95	4.31	4.62	5.08
GEMEINDEN	1850	3210	3840	5300	6130	7450	10600	25.45	24.17	21.97	21.96	23.22	27.47	29.46
ERHOLUNG,KULTUR	170	430	1090	1970	2500	2380	3340	1.51	2.12	3.91	5.39	6.04	5.72	6.38
BUND	0	0	0	0	70	50	60	0.00	0.00	0.00	0.00	1.02	0.75	0.84
LAENDER	40	100	170	210	270	360	460	1.86	2.55	2.99	3.07	3.32	4.62	4.97
GEMEINDEN	130	330	920	1760	2160	1970	2820	1.79	2.48	5.26	7.29	8.18	7.26	7.84
VERKEHR,NACHRICHTENWESEN	4600	8020	11310	13070	13610	14910	17180	40.85	39.60	40.61	35.75	32.88	35.85	32.81
BUND	1600	2740	4010	4870	5420	5610	5560	86.96	89.84	85.68	87.12	79.01	83.98	77.87
LAENDER	720	1130	1300	1390	1660	1860	2160	33.49	28.83	22.85	20.32	20.42	23.88	23.35
GEMEINDEN	2280	4150	6000	6810	6530	7440	9460	31.36	31.25	34.32	28.22	24.73	27.43	26.29
UEBRIGE BEREICHE	480	650	1020	1080	1760	1400	2330	4.26	3.21	3.66	2.95	4.25	3.37	4.45
BUND	20	30	210	120	660	250	570	1.09	0.98	4.49	2.15	9.62	3.74	7.98
LAENDER	60	140	240	310	370	490	650	2.79	3.57	4.22	4.53	4.55	6.29	7.03
GEMEINDEN	400	480	570	650	730	660	1110	5.50	3.61	3.26	2.69	2.77	2.43	3.09
BRUTTOINVESTITIONEN INSG. 2)	11260	20250	27850	36560	41390	41590	52370	100.00	100.00	100.00	100.00	100.00	100.00	100.00
BUND	1840	3050	4680	5590	6860	6680	7140	100.00	100.00	100.00	100.00	100.00	100.00	100.00
LAENDER	2150	3920	5690	6840	8130	7790	9250	100.00	100.00	100.00	100.00	100.00	100.00	100.00
GEMEINDEN 3)	7270	13280	17480	24130	26400	27120	35980	100.00	100.00	100.00	100.00	100.00	100.00	100.00
BRUTTOINVESTITIONEN INSG.	11280	20630	31020	34610	39560	42880	55130							

1)VORLAEUFIGES ERGEBNIS. 2)LT.RECHNUNGSSTATISTIK. 3)IN ABGRENZUNG DER VGR.- QUELLE:STATISTISCHES BUNDESAMT,FACHSERIE 14,REIHE 3.1,BERECHNUNGEN DES DIW.

den verschiedenen Haushaltsebenen berücksichtigt werden. So machen die Zuweisungen von Bund und Ländern rund ein Drittel der kommunalen Anlageinvestitionen aus und nahezu die Hälfte der Investitionsansätze der Länder werden durch Bundeshilfen finanziert. Hierbei handelt es sich überwiegend um Ausgaben im Rahmen der sog. Gemeinschaftsaufgaben von Bund und Ländern (Ausbau der Hochschulen, Verbesserung der regionalen Wirtschaftsstruktur und Agrarstruktur sowie des Küstenschutzes) und der Finanzhilfen nach Art. 104a GG : Verbesserung der Verkehrsverhältnisse in den Gemeinden, Krankenhausfinanzierung, Stadtentwicklung und -sanierung.

Die Aufteilung der Anlageinvestitionen nach Funktionsbereichen spiegelt die grundgesetzliche Aufgabenverteilung wider : Zwischen 80 und 90 vH der in eigener Regie des Bundes erstellten Investitionsprojekte entfallen auf den Verkehrsbereich; mit Ausnahme der zivilen Verteidigung und militärischer Verwaltungsgebäude werden bauliche Maßnahmen und Beschaffungen im militärischen Bereich als Verbrauchsausgaben verbucht. Bei den Ländern entfallen fast die Hälfte der Investitionsausgaben auf Einrichtungen im Schul- bzw. Hochschulbereich; allerdings ist in den letzten Jahren der Anteil auf ein Viertel gesunken. Die Investitionsausgaben für den Verkehr schwanken zwischen 20 und 30 vH. An Bedeutung gewonnen haben die Investitionen im Bereich der öffentlichen Sicherheit (einschl. Rechtsschutz) und im Gesundheits- und Erholungssektor. Auf kommunaler Ebene liegen die Investitionsschwerpunkte im Ausbau des Verkehrswesens, bei den kommunalen Gemeinschaftsdiensten, im Schulwesen und im Gesundheitssektor. Auch die kommunalen Verkehrsinvestitionen haben seit 1970 an Gewicht verloren.

3.3 Transferausgaben

Von den Ausgaben des Staates entfielen 1980 rund 44 vH auf Transferausgaben, 25 vH auf Personalausgaben und 31 vH auf Sachausgaben (einschließlich Investitionen). Weitere Transfers sind jedoch in den Personalkosten (soziale Barleistungen an die Arbeitnehmer des Staates) und in den Sachkosten (soziale Sachleistungen) enthalten. Zu den sozialen Sachleistungen zählen in erster Linie die Ausgaben der Sozialversicherung für Leistungen der Krankenhäuser, der niedergelassenen Ärzte, für Medikamente u.a., ferner - in geringerem Umfang - Sachleistungen der Gebietskörperschaften im Fürsorgebereich. Im System der VGR werden diese Leistungen dem

Staatsverbrauch zugeordnet, unter dem Aspekt "Transfer" können sie jedoch als Leistungen an private Haushalte interpretiert werden. Allerdings kommt es bei dieser Zuordnung funktional zu weiteren Überschneidungen, da insbesondere die Gebietskörperschaften für die sozialen Sachleistungen eigenes Personal und Sachmittel aufwenden - hauptsächlich in den öffentlichen Krankenhäusern.

Im zeitlichen Vergleich - 1980 gegenüber 1960 - haben die Transferausgaben in der engeren Abgrenzung der Barleistungen fast proportional zu den Gesamtausgaben zugenommen. Für die aktuelle Beurteilung ist jedoch weniger der langjährige Durchschnitt von Interesse, sondern die Feststellung, daß der Transferanteil in den 70er Jahren zu Lasten der Sachausgaben expandierte. Dies gilt in noch stärkerem Maße, wenn die sozialen Sachleistungen in die Betrachtung einbezogen werden.

An das Ausland zahlte der Staat 1980 brutto reichlich 25 Mrd. DM, denen knapp 9 Mrd. DM Einnahmen gegenüberstanden. Diese stammen überwiegend aus dem EG-Haushalt und haben ihren Gegenposten bei den Subventionen des Staates. Per Saldo wurden 5,1 Mrd. DM an die "Institutionen der EG" gezahlt, ferner 2,2 Mrd. DM an die DDR für die verschiedenen Transferabkommen. Im Vergleich mit 1970 ergeben sich knapp 7 Mrd. DM Mehrausgaben und damit über die Hälfte der Zunahme des gesamten Transfersaldos. Zugenommen haben ferner die Leistungen im Rahmen der Entwicklungshilfe, andere Unterstützungen und auch weitere Zahlungen an internationale Organisationen. Abgenommen hat der ursprünglich dominierende Posten der Auslandstransfers: die Wiedergutmachungsleistungen. Dieser Rückgang auf der einen Seite und die steigenden Nettozahlungen an die Europäische Gemeinschaft auf der anderen Seite sind bestimmend für die Entwicklung im Beobachtungszeitraum. Gemessen an den gesamten Staatsausgaben ist der Transfersaldo Ausland mit 2,5 vH immer noch kleiner als 1960.

Sehr viel größer als damals ist dagegen der Anteil der Transferausgaben an Unternehmen; sie haben sich absolut mehr als verzehnfacht, sind relativ aber in den 70er Jahren nicht mehr gestiegen. Methodisch bringt die Zusammenfassung von laufenden Zahlungen (Subventionen, Pensionszuschüsse an die Bundesbahn) und Vermögensübertragungen (Investitionszuschüsse und andere Zahlungen) einige Unschärfen, die aber für die Gesamtbeurtei-

TABELLE I. 3.3/1

STAATLICHE TRANSFERAUSGABEN 1)

	1960	1970	1980	1960	1970	1980	1960	1970	1980
	MRD.DM			STRUKTUR IN VH TRANSFERAUSGABEN = 100			GESAMTAUSGABEN = 100		
BARLEISTUNGEN	43.8	105.9	294.7	83.9	80.2	76.1	45.5	42.7	44.3
DAVON AN:									
AUSLAND	3.2	4.6	16.4	6.1	3.4	4.2	3.3	1.9	2.5
UNTERNEHMEN	5.4	21.2	57.1	10.4	16.1	14.8	5.6	8.5	8.6
PRIV.HAUSHALTE	35.2	80.1	221.2	67.4	60.7	57.1	36.6	32.3	33.2

1)LAUFENDE UEBERTRAGUNGEN UND VERMOEGENSUEBERTRAGUNGEN DER VGR EINSCHL.PENSIONSZUSCHUESSE AN DIE DEUTSCHE BUNDESBAHN,JEDOCH OHNE UNTERSTELLTE SOZIALBEITRAEGE AN DEN STAAT.DIE AUSGABEN AN DAS AUSLAND SIND MIT DEN EINNAHMEN VOM AUSLAND SALDIERT WORDEN,DA DIESER SALDO FUER DIE BEURTEILUNG DER ENTWICKLUNG INFORMATIVER IST.
QUELLE:STATISTISCHES BUNDESAMT,FACHSERIE 18,BERECHNUNGEN DES DIW.

lung nicht ins Gewicht fallen. So sind z.B. in geringerem Umfang staatliche Investitionen im Wohnungsbau als Vermögensübertragungen einbezogen, weil in der VGR alle Wohnungsbauinvestitionen dem funktional abgegrenzten Wirtschaftsbereich Wohnungsvermietung zugeordnet werden. Auch die Trennung von Staat und öffentlichen Unternehmen bringt Unschärfen mit sich. Zuschüsse können sich niederschlagen nicht nur in den hier betrachteten Transfers, sondern auch bei den Erwerbseinkommen des Staates (rückläufige oder negative Gewinnabführungen) und der Darlehensgewährung. Als Beispiel sei eine größere Vermögensübertragung an die Bundesbahn anfang der 60er Jahre genannt, mit der frühere Darlehen und auch Forderungen aus gestundeter Beförderungssteuer nachträglich in Zuschüsse umgewandelt wurden.

Wesentliche Veränderungen in der Struktur der sozialen Leistungen an private Haushalte gehen darauf zurück, daß der ehemals gewichtige Block der sozialen Kriegsfolgelasten stark an Gewicht verloren hat, neue Maßnahmen wie Kindergeld, Wohngeld und Ausbildungsförderung hinzugekommen sind. Gegenüber 1960 ist der Anteil der Barleistungen an private Haushalte an den Gesamtausgaben des Staates dennoch gesunken. Zu den Barleistungen zählen vor allem die Renten, ferner die Förderung der Vermögensbildung über Sparprämien u.a. (Vermögensübertragungen) und Zuschüsse an private Organisationen ohne Erwerbscharakter. Da diese nicht nur Transfers erhalten, sondern auch an private Haushalte leisten, ist die Zusammenfassung von Haushalten und Organisationen nicht nur formaler Art.

Bei den Trägern der Sozialversicherung haben sich die Anteilswerte der Leistungen der einzelnen Institutionen nicht wesentlich verschoben. Für den Bereich Alters-, Invaliden- und Hinterbliebenenrenten wurden sowohl 1960 als auch 1981 gut drei Viertel aller Geldleistungen der Sozialversicherung aufgewendet. Verlagerungen haben sich allerdings zwischen den einzelnen Rentenversicherungsträgern ergeben. Die Gewichte der Angestelltenrentenversicherung und der Zusatzversorgungsanstalten für Beschäftigte im Öffentlichen Dienst haben zu-, die der Arbeiterrentenversicherung und der knappschaftlichen Rentenversicherung abgenommen.

Die Geldleistungen der Krankenversicherung sind seit 1963 aufgrund des gesunkenen Krankenstandes nur unterdurchschnittlich gestiegen. Mit dem Lohnfortzahlungsgesetz und der damit verbundenen Entlastung der Kranken versicherung sind diese Leistungen zu Beginn der 70er Jahre sogar absolut gesunken und haben erst 1973 das Niveau von 1969 wieder übertroffen. Seitdem liegt ihr Anteil bei gut 5 vH der gesamten Geldleistungen der Sozialversicherung; gegenüber 1960 hat sich der Anteil um mehr als die Hälfte reduziert.

Die Geldleistungen der Bundesanstalt für Arbeit schwanken mit dem Ausmaß der Arbeitslosigkeit : Bis 1966 lag der Anteil (ohne Leistungen der Familienausgleichskassen) in der Nähe von 2 vH der sozialen Geldleistungen. 1975 und 1981 erreichten die Leistungen mit einem Gewicht von 12 vH ihren bisherigen Höchstwert, 1982 betrug der Anteil 10 vH. Dieses Sinken ist darauf zurückzuführen, daß ab 1982 der Bund die Ausgaben der Arbeitslosenhilfe trägt.

Bei den Geldleistungen der Gebietskörperschaften haben sich Verschiebungen ganz anderen Ausmaßes ergeben. Im Jahre 1960 machten die Leistungen für Kriegsfolgen (Versorgung der Kriegsopfer, Kriegsschadenrenten und Leistungen im Rahmen des Lastenausgleichs, laufende Wiedergutmachung und Kriegsgefangenen- und Haftkriegsentschädigung) knapp 50 vH aller Geldleistungen aus. Den zweiten wichtigen Posten stellten die Pensionszahlungen mit 37 vH. Der Anteil der Kriegsfolgeleistungen sank kontinuierlich, 1981 wurden nur noch gut 16 vH der Leistungen der Gebietskörperschaften dafür aufgewendet, und auch die Pensionszahlungen nahmen anteilsmäßig ab (um 4 vH-Punkte).

Erheblich an Bedeutung gewonnen haben die Kindergeldzahlungen, die Ausbildungsbeihilfen und die Wohngeldzahlungen. Ihr Anteil stieg auf fast ein Drittel aller Geldleistungen der Gebietskörperschaften an die privaten Haushalte. Vom Zeitpunkt des Inkrafttretens des Bundeskindergeldgesetzes vom 1964 bis zur Neuordnung des Familienlastenausgleichs im Jahre 1975 wurden jeweils 3 Mrd. DM Kindergeld pro Jahr ausgezahlt; durch die Kindergeldreform stiegen die Kindergeldzahlungen 1975 auf 14 Mrd. DM, allerdings erhöhte sich durch den Wegfall der Kinderfreibeträge das Steueraufkommen um knapp 6 Mrd. DM. Seit 1975 ist der Anteil des Kindergeldes wieder gesunken, die verminderte Zahl der Kindergeldberechtigten (jährlich 2 vH) wurde auch durch die Erhöhung des Kindergeldes für Familien mit mehreren Kindern nicht kompensiert.

TABELLE I. 3.3/2

SOZIALE LEISTUNGEN

	1960	1965	1973	1975	1978	1980	1982 1)	1960	1965	1963	1975	1978	1980	1982 1)
	-IN MRD DM-							- IN VH -						
SOZIALE LEISTUNGEN AN INLAENDISCHE PRIV.HAUSHALTE VOM STAAT	36.40	56.78	124.08	179.93	215.76	244.24	281.53	100.00	100.00	100.00	100.00	100.00	100.00	100.00
SOZIALVERSICHERUNG	24.87	37.75	88.85	125.46	154.30	174.86	204.23	68.32	66.48	71.61	69.73	71.51	71.59	72.54
GELDLEISTUNGEN DER														
RENTENVERS.DER ARBEITER	10.60	16.16	40.88	55.00	67.33	72.89	80.12	29.12	28.46	32.95	30.57	31.21	29.84	28.46
RENTENVERS.DER ANGESTELLTEN	5.29	8.89	21.94	29.92	42.10	47.85	54.92	14.53	15.66	17.68	16.63	19.51	19.59	19.51
KNAPPSCHAFTL.RENTENVERS.	2.54	3.80	7.53	9.22	11.56	12.59	13.78	6.98	6.69	6.07	5.12	5.36	5.15	4.89
ZUSATZVERS.IM OEFF.DIENST	0.29	0.57	1.85	2.63	3.57	5.29	6.85	0.80	1.00	1.49	1.46	1.65	2.17	2.43
LANDWIRTSCHAFTL.ALTERSKASSEN	0.18	0.48	1.32	1.66	2.26	2.49	2.72	0.49	0.85	1.06	0.92	1.05	1.02	0.97
GESETZL.KRANKENVERSICHERUNG	3.10	4.35	5.76	6.47	7.37	9.91	9.46	8.52	7.66	4.64	3.60	3.42	4.06	3.36
GESETZL.UNFALLVERSICHERUNG	1.22	2.33	3.95	4.89	6.14	6.82	7.48	3.35	4.10	3.18	2.72	2.85	2.79	2.66
ARBEITSLOSENVERSICHERUNG	1.53 2)	0.96	5.18	15.11	13.30	16.27	28.10	4.20	1.69	4.17	8.40	6.16	6.66	9.98
OEFFENTLICHE PENSIONEN	0.11	0.20	0.43	0.52	0.63	0.72	0.77	0.30	0.35	0.35	0.29	0.29	0.29	0.27
BEIHILFEN UND UNTERSTUETZUNGEN	0.01	0.01	0.01	0.04	0.04	0.03	0.03	0.03	0.02	0.01	0.02	0.02	0.01	0.01
GEBIETSKOERPERSCHAFTEN	11.53	19.03	35.23	54.47	61.46	69.38	77.30	31.68	33.52	28.39	30.27	28.49	28.41	27.46
VERSORGUNG DER KRIEGSOPFER	3.37	4.54	7.00	8.57	9.94	10.22	10.41	9.26	8.00	5.64	4.76	4.61	4.18	3.70
KRIEGSSCHADENRENTE UND LAG	1.85	1.84	1.57	1.67	1.66	1.57	1.47	5.08	3.24	1.27	0.93	0.77	0.64	0.52
LAUFENDE WIEDERGUTMACHUNG	0.30	0.29	0.36	0.32	0.33	0.37	0.32	0.82	0.51	0.29	0.18	0.15	0.15	0.11
KRIEGSGEF.U.HAEFTL.ENTSCHAEDIG.	0.04	0.06	0.12	0.17	0.14	0.15	0.15	0.11	0.11	0.10	0.09	0.06	0.06	0.05
ARBEITSLOSENHILFE	0.10	0.03	0.03	0.21	0.27	0.36	5.02	0.27	0.05	0.02	0.12	0.13	0.15	1.78
SOZIALHILFE U.KRIEGSOPFERFUERS.	1.13	1.49	3.33	4.65	5.55	6.20	7.36	3.10	2.62	2.68	2.58	2.57	2.54	2.61
GESETZLICHES KINDERGELD	0.00	2.75	3.08	14.29	14.96	16.93	16.19	0.00	4.84	2.48	7.94	6.93	6.93	5.75
AUSBILDUNGSBEIHILFEN	0.00	0.00	1.70	2.27	2.35	3.14	2.95	0.00	0.00	1.37	1.26	1.09	1.29	1.05
WOHNGELD	0.00	0.15	1.14	1.65	1.78	1.83	2.67	0.00	0.26	0.92	0.92	0.82	0.75	0.95
OEFFENTLICHE PENSIONEN	4.27	6.93	14.89	18.08	21.18	23.90	25.90	11.73	12.21	12.00	10.05	9.82	9.79	9.20
BEIHILFE U.UNTERST.OEFF.DIENST	0.24	0.42	1.09	1.46	1.85	2.23	2.55	0.66	0.74	0.88	0.81	0.86	0.91	0.91
UEBRIGE SOZIALE LEISTUNGEN	0.23	0.53	0.92	1.13	1.45	2.48	2.31	0.63	0.93	0.74	0.63	0.67	1.02	0.82

1) VORLAEUFIGES ERGEBNIS 2) DAVON 0.88 MRD.DM LEISTUNGEN DER FAMILIENAUSGLEICHKASSEN.

QUELLE : STATISTISCHES BUNDESAMT, FACHSERIE 18, REIHE 1, KONTEN UND STANDARDTABELLEN; EIGENE BERECHNUNGEN

Die Barleistungen des Staates an die privaten Haushalte sind zwar im Vergleichszeitraum stärker gestiegen als das Bruttosozialprodukt oder auch das Bruttoeinkommen aus unselbständiger Beschäftigung, aber dies ist in erster Linie auf eine Vermehrung der Rentenfälle - von 7,3 Mill. auf 12,5 Mill. Fälle zurückzuführen. Bereinigt man die Rentenzahlungen der Arbeiter- und Angestelltenversicherung - sie machten 1981 knapp die Hälfte der gesamten staatlichen Transferzahlungen aus - um die gestiegene Zahl der Rentenempfänger bzw. die Bruttoeinkommen aus unselbständiger Beschäftigung um die Zunahme der abhängig Beschäftigten (um insgesamt 2,3 Mill. Beschäftigte) - so errechnet sich für Pro-Kopf-Renten im Durchschnitt ein jährlicher Zuwachs um 7,6 vH und für die Bruttoeinkommen pro Kopf eine Zunahme von 8,4 vH. Gemessen an der Nettolohnentwicklung sind die Renten allerdings rascher gestiegen.

Die Zunahme der Rentenfälle geht in erheblichem Maß über die demographisch bedingte Veränderung hinaus. Vor allem führt die zunehmende Erwerbstätigkeit der Frauen dazu, daß der Anteil der Frauen, die eine auf eigenen Ansprüchen beruhende Rente beziehen, steigt. Aber auch bei den Versichertenrenten der Männer ist der Anstieg der Rentenfallzahl stärker als es der demographischen Entwicklung entspricht. Dies dürfte neben der Veränderung des Beschäftigtenverhältnisses (Wechsel von der Selbständigkeit zu einer unselbständigen Beschäftigung) vor allem auf eine Vorverlegung des Renteneintrittsalters zurückzuführen sein. Die unterschiedliche Zunahme der Versichertenrenten für Männer und Frauen hat zur Folge, daß 1981 53 vH der Zahlungen auf Frauen entfielen; 1960 waren es nur 46 vH.

3.4 **Veränderungen nach Haushaltsebenen**

In der Aufteilung auf die verschiedenen Haushaltsebenen wird deutlich, daß sich die Haushaltsvolumina bei Bund, Ländern und Gemeinden im Durchschnitt weitgehend parallel entwickelt haben; merklich höher waren die Einnahmen- und Ausgabensteigerungen bei den Sozialversicherungsträgern.

Im Bundeshaushalt hat das Gewicht der staatlichen Käufe von Gütern und Diensten merklich abgenommen; hingegen ist im letzten Jahrzehnt die Zinsausgabenquote stark gestiegen. In der Summe hat sich der Anteil der

Transferausgaben - auf sie entfallen fast zwei Drittel aller Ausgaben - nur wenig verändert, Verschiebungen gab es aber in der Struktur : An Bedeutung verloren haben die Transfers an die privaten Haushalte; die rückläufige Zahl der Anspruchsberechtigten in der Kriegsopferversorgung und der Zahl der Kindergeldberechtigten waren - neben Kürzungen der Sparförderung - hierfür maßgebend. Im Anteil ebenfalls rückläufig waren die Zahlungen an Länder und Gemeinden.

An Gewicht gewonnen haben die unmittelbaren Transfers an den Unternehmenssektor (Zahlungen an die Bundesbahn, Energie und Bergbau), insbesondere aber die Zahlungsverpflichtungen gegenüber dem Ausland. Seit Anfang der 70er Jahre wurde der Bundeshaushalt wieder stärker durch Leistungen an die Sozialversicherungsträger in Anspruch genommen. Die Struktur der Einnahmen im Bundeshaushalt hat sich nur wenig verändert, merklich erst seitdem die Gewinnabführungen von Bundesbank und Bundespost zu Buche schlagen. Anders als in den Länder- und Gemeindehaushalten sind die Steuern die herausragende Finanzierungsquelle für den Bund; rund 90 vH der gesamten Einnahmen sind Steuern.

Auf Länderebene macht der Anteil des Steueraufkommens mehr als zwei Drittel der Gesamteinnahmen aus; zu Beginn der 70er Jahre waren es noch über 70 vH. Eine wichtige Finanzierungsquelle stellen die Zuweisungen und Zuschüsse aus dem Bundeshaushalt dar, sie belaufen sich auf fast ein Fünftel der Gesamteinnahmen. Hierbei handelt es sich vor allem um Beteiligungen des Bundes im Rahmen der Gemeinschaftsaufgaben, um Finanzhilfen für bedeutsame Investitionen der Länder, um Erstattungen von Verwaltungsausgaben und sonstiger Leistungen (Wohngeld etc.), oder um Zuschüsse zum Berliner Haushalt. Gravierende Veränderungen in der Einnahmenstruktur hat es in den Länderhaushalten nicht gegeben. Auf der Ausgabenseite hat sich der Anteil der Personalausgaben auf 40 vH erhöht - vor allem Folge der Expansion im Bildungswesen. Seit Mitte der 70er Jahre haben die Personalaufwendungen im gleichen Tempo wie die Gesamtausgaben expandiert. Auch bei den Ländern hat sich in den letzten Jahren der Zinsanstieg beschleunigt. Geringfügig verringert hat sich der Anteil der Transferausgaben, in erster Linie deshalb, weil die Wiedergutmachungsleistungen an das Ausland und die Investitionszuschüsse an die Gemeinden zurückgegangen sind. An Bedeutung verloren haben die Ausgaben für Bauten und Ausrüstungen.

Am größten waren die Veränderungen der kommunalen Einnahmen- und Ausgabenstrukturen. Hier hat das Steueraufkommen als Finanzierungsquelle erheblich an Bedeutung verloren, sein Anteil an den Gesamteinnahmen hat sich um 12 vH-Punkte auf gut ein Drittel verringert. Dieser Rückgang wurde weitgehend ausgeglichen durch eine Steigerung der Verkäufe von Verwaltungsleistungen. Die Übertragungen von Bund und Ländern sind - abgesehen von den prozyklischen Schwankungen - nach dem Niveausprung zu Beginn der 60er Jahre nahezu unverändert geblieben, sie machen rund ein Drittel der kommunalen Einnahmen aus. Auf der Ausgabenseite hat sich das Gewicht der Personal- und laufenden Sachaufwendungen merklich erhöht (von knapp 50 auf knapp 60 vH), während der Anteil der Investitionsausgaben von zeitweilig 40 vH (1964) auf ein Fünftel zurückgegangen ist.

TABELLE I. 3.4/1

AUSGABEN UND EINNAHMEN DES STAATES

BUND

	1960	1965	1970	1973	1975	1978	1980	1982	1960	1965	1970	1973	1975	1978	1980	1982
	- MILL.DM -								- ANTEILE IN VH -							
PERSONALAUSGABEN	3600	7520	12260	18170	21930	25000	27850	29940	9.05	11.13	13.10	13.63	12.54	11.69	11.39	10.90
LAUFENDE KAEUFE	8520	15170	14500	18930	23150	26360	30920	37250	21.42	22.45	15.49	14.21	13.23	12.33	12.65	13.56
ZINSEN	970	1480	2940	3810	5620	9910	14260	22440	2.44	2.19	3.14	2.86	3.21	4.63	5.83	8.17
LAUFENDE UEBERTRAGUNGEN	20760	33940	48110	72470	99690	123550	138650	154410	52.19	50.22	51.41	54.38	56.99	57.77	56.71	56.20
AN PRIVATE HAUSHALTE	7090	11950	14340	17390	30070	33250	36470	40620	17.82	17.68	15.32	13.05	17.19	15.55	14.92	14.78
UNTERNEHMEN	1750	4360	9870	15710	16250	24020	24490	23540	4.40	6.45	10.55	11.79	9.29	11.23	10.02	8.57
SOZIALVERSICHERUNG	5940	9250	11980	17990	27340	31550	36760	45390	14.93	13.69	12.80	13.50	15.63	14.75	15.03	16.52
PRIV.ORGANIS.O.E	130	270	350	520	750	790	1070	1170	0.33	0.40	0.37	0.39	0.43	0.37	0.44	0.43
UEBRIGE WELT	1160	1800	3740	8170	10040	14860	16950	19360	2.92	2.66	4.00	6.13	5.74	6.95	6.93	7.05
GEBIETSKOERPERSCHAFTEN 1)	4690	6310	7830	12690	15240	19080	22910	24330	11.79	9.34	8.37	9.52	8.71	8.92	9.37	8.86
BRUTTOINVESTITIONEN	1590	3110	5190	5300	6590	6880	7510	6050	4.00	4.60	5.55	3.98	3.77	3.22	3.07	2.20
DAR.ABSCHREIBUNGEN	90	160	240	310	380	480	580	690	0.23	0.24	0.26	0.23	0.22	0.22	0.24	0.25
VERMOEGENSUEBERTRAGUNGEN	4340	6360	10590	14580	17960	22170	25310	24670	10.91	9.41	11.32	10.94	10.27	10.37	10.35	8.98
AN PRIVATE HAUSHALTE	980	2030	2270	2530	3840	4410	3170	2960	2.46	3.00	2.43	1.90	2.20	2.06	1.30	1.08
UNTERNEHMEN	1250	1290	3350	3450	4750	8450	9560	11140	3.14	1.91	3.58	2.59	2.72	3.95	3.91	4.05
UEBRIGE WELT	440	390	440	420	560	550	3400	2270	1.11	0.58	0.47	0.32	0.32	0.26	1.39	0.83
GEBIETSKOERPERSCHAFTEN	1670	2650	4530	8180	8810	8760	9180	8300	4.20	3.92	4.84	6.14	5.04	4.10	3.75	3.02
AUSGABEN INSGESAMT	39780	67580	93590	133260	174940	213870	244500	274760	100.00	100.00	100.00	100.00	100.00	100.00	100.00	100.00
STEUERN U.AE.	38940	61320	90410	124080	133590	173690	197150	206470	90.71	92.84	92.25	92.43	92.41	89.92	90.08	85.54
SOZIALBEITRAEGE	390	760	1380	2110	2570	2940	3280	3520	0.91	1.15	1.41	1.57	1.78	1.52	1.50	1.46
VERKAEUFE V.VERM.-LEISTG.	240	410	470	970	1360	1750	2150	2810	0.56	0.62	0.48	0.72	0.94	0.91	0.98	1.16
UEBERTRAGUNGEN VOM STAAT	1550	1800	1780	2020	2100	2370	2210	2240	3.61	2.73	1.82	1.50	1.45	1.23	1.01	0.93
SONSTIGE	1810	1760	3970	5060	4950	12400	14070	26330	4.22	2.66	4.05	3.77	3.42	6.42	6.43	10.91
EINNAHMEN INSGESAMT	42930	66050	98010	134240	144570	193150	218860	241370	100.00	100.00	100.00	100.00	100.00	100.00	100.00	100.00
FINANZIERUNGSSALDO	3150	-1530	4420	980	-30370	-20720	-25640	-33390								

1) NACH PRODUKTIONSSTATISTIK (AUFTEILUNG GESCHAETZT).
QUELLE: STATISTISCHES BUNDESAMT,FACHSERIE 18,BERECHNUNGEN DES DIW.

AUSGABEN UND EINNAHMEN DES STAATES

LAENDER

	1960	1965	1970	1973	1975	1978	1980	1982	1960	1965	1970	1973	1975	1978	1980	1982
	- MILL.DM -								- ANTEILE IN VH -							
PERSONALAUSGABEN	10480	17080	29310	46240	59090	72110	83900	92020	36.69	33.84	37.75	38.61	39.27	39.68	39.22	40.03
LAUFENDE KAEUFE	3150	4890	6890	9550	12310	15430	18660	20800	11.03	9.69	8.87	7.97	8.18	8.49	8.72	9.05
ZINSEN	700	750	1640	2690	3800	6810	8560	13270	2.45	1.49	2.11	2.25	2.53	3.75	4.00	5.77
LAUFENDE UEBERTRAGUNGEN	9340	16870	23970	35780	46040	56950	66020	70890	32.70	33.42	30.87	29.87	30.60	31.34	30.86	30.84
AN PRIVATE HAUSHALTE	2850	4440	7470	12430	17000	19920	23540	26020	9.98	8.80	9.62	10.38	11.30	10.96	11.00	11.32
UNTERNEHMEN	1000	2210	3000	3970	5010	6460	7030	6770	3.50	4.38	3.86	3.31	3.33	3.55	3.29	2.94
SOZIALVERSICHERUNG	70	70	60	210	290	200	220	200	0.25	0.14	0.08	0.18	0.19	0.11	0.10	0.09
PRIV.ORGANIS.O.E	480	870	1320	1940	2700	4000	5090	5650	1.68	1.72	1.70	1.62	1.79	2.20	2.38	2.46
UEBRIGE WELT	1280	1340	1490	1780	1960	1810	1740	1810	4.48	2.65	1.92	1.49	1.30	1.00	0.81	0.79
GEBIETSKOERPERSCHAFTEN 1)	3660	7940	10630	15450	19080	24560	28400	30440	12.82	15.73	13.69	12.90	12.68	13.51	13.27	13.24
BRUTTOINVESTITIONEN	1900	3990	6310	6530	7800	8010	9880	9220	6.65	7.90	8.13	5.45	5.18	4.41	4.62	4.01
DAR.ABSCHREIBUNGEN	300	530	960	1400	1750	2280	2850	3320	1.05	1.05	1.24	1.17	1.16	1.25	1.33	1.44
VERMOEGENSUEBERTRAGUNGEN	2990	6900	9520	18980	21440	22430	26920	23690	10.47	13.67	12.26	15.85	14.25	12.34	12.58	10.30
AN PRIVATE HAUSHALTE	630	870	1700	4150	4450	3310	3430	2780	2.21	1.72	2.19	3.46	2.96	1.82	1.60	1.21
UNTERNEHMEN	380	1550	2550	5100	5770	7040	8620	8340	1.33	3.07	3.28	4.26	3.83	3.87	4.03	3.63
UEBRIGE WELT	360	220	40	20	10	10	10	10	1.26	0.44	0.05	0.02	0.01	0.01	0.00	0.00
GEBIETSKOERPERSCHAFTEN	1620	4260	5230	9710	11210	12070	14850	12510	5.67	8.44	6.74	8.11	7.45	6.64	6.94	5.44
SOZIALVERSICHERUNG	0	0	0	0	0	0	10	50	0.00	0.00	0.00	0.00	0.00	0.00	0.00	0.02
AUSGABEN INSGESAMT	28560	50480	77640	119770	150480	181740	213940	229890	100.00	100.00	100.00	100.00	100.00	100.00	100.00	100.00
STEUERN U.AE.	22120	34480	54190	84290	89220	119680	135100	140150	68.27	69.85	71.63	70.60	67.40	69.36	69.02	67.41
SOZIALBEITRAEGE	1420	2260	4210	6620	8630	10760	12530	13830	4.38	4.58	5.57	5.54	6.52	6.24	6.40	6.65
VERKAEUFE V.VERW.-LEISTG.	1260	1860	2790	4550	6760	8650	9950	11610	3.89	3.77	3.69	3.81	5.11	5.01	5.08	5.58
UEBERTRAGUNGEN VOM STAAT	6120	8680	11320	20640	24230	28070	31500	33110	18.89	17.59	14.96	17.29	18.30	16.27	16.09	15.93
SONSTIGE	1480	2080	3140	3290	3540	5400	6670	9210	4.57	4.21	4.15	2.76	2.67	3.13	3.41	4.43
EINNAHMEN INSGESAMT	32400	49360	75650	119390	132380	172560	195750	207910	100.00	100.00	100.00	100.00	100.00	100.00	100.00	100.00
FINANZIERUNGSSALDO	3840	-1120	-1990	-380	-18100	-9180	-18190	-21980								

1) NACH PRODUKTIONSSTATISTIK (AUFTEILUNG GESCHAETZT).
QUELLE: STATISTISCHES BUNDESAMT, FACHSERIE 18, BERECHNUNGEN DES DIW.

TABELLE I. 3.4/3

AUSGABEN UND EINNAHMEN DES STAATES

GEMEINDEN

	1960	1965	1970	1973	1975	1978	1980	1982	1960	1965	1970	1973	1975	1978	1980	1982
	- MILL.DM -								- ANTEILE IN VH -							
PERSONALAUSGABEN	5050	8600	14380	23140	29010	35290	41650	45750	26.07	23.89	26.29	29.38	30.19	30.99	29.42	30.76
LAUFENDE KAEUFE	4410	6920	11070	16940	21440	28180	35420	40620	22.77	19.22	20.24	21.51	22.31	24.75	25.02	27.31
ZINSEN	520	1000	1970	3670	4750	4800	5970	7930	2.68	2.78	3.60	4.66	4.94	4.22	4.22	5.33
LAUFENDE UEBERTRAGUNGEN	2740	4410	5590	8830	11710	13680	15670	18100	14.15	12.25	10.22	11.21	12.19	12.01	11.07	12.17
AN PRIVATE HAUSHALTE	1590	2640	3620	5410	7400	8290	9370	10660	8.21	7.33	6.62	6.87	7.70	7.28	6.62	7.17
UNTERNEHMEN	50	140	280	820	1220	1420	1610	1690	0.26	0.39	0.51	1.04	1.27	1.25	1.14	1.14
SOZIALVERSICHERUNG	0	0	0	0	150	220	270	310	0.00	0.00	0.00	0.00	0.16	0.19	0.19	0.21
PRIV.ORGANIS.O.E	200	430	730	1110	1310	1650	2240	2640	1.03	1.19	1.33	1.41	1.36	1.45	1.58	1.77
UEBRIGE WELT	20	120	90	110	120	120	130	140	0.10	0.33	0.16	0.14	0.12	0.11	0.09	0.09
GEBIETSKOERPERSCHAFTEN 1)	880	1080	870	1380	1510	1980	2050	2660	4.54	3.00	1.59	1.75	1.57	1.74	1.45	1.79
BRUTTOINVESTITIONEN	5990	13540	19520	22780	25180	27990	37460	31220	30.92	37.61	35.69	28.93	26.21	24.58	26.46	20.99
DAR.ABSCHREIBUNGEN	680	1180	1970	2800	3400	4380	5540	6470	3.51	3.28	3.60	3.56	3.54	3.85	3.91	4.35
VERMOEGENSUEBERTRAGUNGEN	660	1530	2160	3390	3990	3920	5390	5130	3.41	4.25	3.95	4.30	4.15	3.44	3.81	3.45
AN PRIVATE HAUSHALTE	0	0	0	390	410	460	460	280	0.00	0.00	0.00	0.50	0.43	0.40	0.32	0.19
UNTERNEHMEN	650	1520	2120	2550	2750	2760	4030	3820	3.36	4.22	3.88	3.24	2.86	2.42	2.85	2.57
GEBIETSKOERPERSCHAFTEN	10	10	40	450	830	700	900	1030	0.05	0.03	0.07	0.57	0.86	0.61	0.64	0.69
AUSGABEN INSGESAMT	19370	36000	54690	78750	96080	113860	141560	148750	100.00	100.00	100.00	100.00	100.00	100.00	100.00	100.00
STEUERN U.AE.	8710	12040	17290	28510	31290	41420	49000	48630	45.87	37.24	36.56	37.63	35.15	36.48	36.05	34.42
SOZIALBEITRAEGE	300	470	820	1180	1320	1540	1800	1970	1.58	1.45	1.73	1.56	1.48	1.36	1.32	1.39
VERKAEUFE V.VERW.-LEISTG.	3000	5140	8350	14200	18230	24130	28680	33210	15.80	15.90	17.66	18.74	20.48	21.25	21.10	23.50
UEBERTRAGUNGEN VOM STAAT	4870	11770	16030	25200	30430	36830	44680	44020	25.65	36.41	33.90	33.26	34.19	32.44	32.87	31.16
SONSTIGE	2110	2910	4800	6680	7740	9620	11760	13460	11.11	9.00	10.15	8.82	8.70	8.47	8.65	9.53
EINNAHMEN INSGESAMT	18990	32330	47290	75770	89010	113540	135920	141290	100.00	100.00	100.00	100.00	100.00	100.00	100.00	100.00
FINANZIERUNGSSALDO	-380	-3670	-7400	-2980	-7070	-320	-5640	-7460								

1) NACH PRODUKTIONSSTATISTIK (AUFTEILUNG GESCHAETZT).
QUELLE: STATISTISCHES BUNDESAMT, FACHSERIE 18, BERECHNUNGEN DES DIW.

4. Veränderungen in der Einnahmenstruktur

4.1 Steueraufkommen

Das deutsche Steuersystem umfaßt rund 40 Einzelsteuern mit sehr unterschiedlicher Dynamik und stark variierenden Aufkommenshöhen. Die einzelnen Steuern reagieren, in Abhängigkeit von den Bemessungsgrundlagen des Steuertarifs, den Steuerrechtsänderungen und weiterer anderer Einflußfaktoren mit unterschiedlicher Intensität und Verzögerung auf Veränderungen des Bruttosozialprodukts. Nimmt man die gesamtwirtschaftliche Produktion von Gütern und Dienstleistungen als Bezugsgröße, so lassen sich die Steuern in drei Gruppen einteilen :

- progressive Steuern, die rascher expandieren als das Sozialprodukt,
- proportionale Steuern und
- regressive Steuern, die weniger stark steigen als das Sozialprodukt.

Zwar hat sich die gesamtwirtschaftliche Steuerquote in den beiden letzten Jahrzehnten kaum verändert, in der Struktur des Steueraufkommens lassen sich jedoch seit 1960 erhebliche Verschiebungen erkennen. Sie sind Ausdruck der im System wirksamen Elastizitäten der einzelnen Steuern. In der Aufkommenselastizität wird allerdings nicht nur die Tarifwirkung sichtbar; auch spiegeln sich Änderungen des Steuerrechts, Zahlungsverhalten der Steuerpflichtigen und anderer Faktoren wider.

Trotz zahlreicher Erhöhungen bei den Verbrauchsteuern seit 1960 haben die indirekten Steuern im Anteil bis 1977 kontinuierlich abgenommen, von 45 vH im Jahre 1960 auf gut 37 vH im Jahre 1977. Der in den Jahren danach zu verzeichnende Strukturgewinn der indirekten Steuern beruht auf der Politik der Steuersenkungen bei den direkten und der Anhebung der Steuersätze bei den indirekten Steuern. Dennoch reichte dies nicht aus, den Strukturverlust zwischen 1960 und 1977 auszugleichen; mit 41 vH der gesamten Steuereinnahmen war 1982 der Anteil der indirekten Steuern niedriger als 1960.

Der Anteil der Steuern auf Einkommen und Vermögen hat sich im betrachteten Zeitraum von 53,5 auf 57,5 vH erhöht, wobei er bis 1977 nahezu kontinuierlich auf über 60 vH gestiegen war. In einer Aufteilung dieser

Gruppe von Steuern wird deutlich, daß der Strukturgewinn ausschließlich auf die stark überproportional expandierenden Steuern auf Einkommen aus unselbständiger Arbeit (Lohnsteuer und Ergänzungsabgabe) entfällt. Die Lohnsteuer - ihr Anteil hat sich von 12 vH (1960) auf 32,5 vH (1982) bald verdreifacht - ist die mit Abstand expansivste und inzwischen aufkommensstärkste Einnahmequelle des Staates geworden. Hieran haben auch die zahlreichen Steuersenkungen seit Mitte der 70er Jahre nichts geändert.

Der Anteil der Steuern auf Einkommen aus Unternehmertätigkeit und Vermögen war mit 24 vH im Jahre 1960 doppelt so hoch wie der Lohnsteueranteil. Bis 1981 hat sich dieses Verhältnis umgekehrt; die Bedeutung der Gewinnsteuern ist auf 15 vH gesunken und beträgt damit nur noch die Hälfte des Anteils der Lohnsteuer. Gleichzeitig hat sich der Anteil der Steuern auf Vermögensbesitz - von 7 vH (1960) auf 3 vH (1982) - mehr als halbiert. Auch die Steuern aus Gewerbebetrieb haben erheblich an Bedeutung verloren; ihr Anteil rutschte von 11 vH auf 7 vH. Hierzu hat auch der Abbau der Lohnsummensteuer im Jahre 1980 beigetragen.

Unter den Steuern auf die Einkommensverwendung haben die Steuern vom Umsatz mit Abstand das höchste Gewicht. Während die Umsatzsteuern 1960 noch zu rund einem Viertel zum Steueraufkommen beigetragen haben - sie waren damals die aufkommenstärkste Einnahmenquelle -, sank ihr Anteil bis 1977 auf rund ein Fünftel ab. Bedingt durch Steuererhöhungen stieg die Quote wieder und lag 1982 mit 26,5 vH um 1,5 Prozentpunkte über dem Ausgangsniveau.

Die Verbrauchsteuern haben fast ausnahmslos Strukturverluste zu verzeichnen. Die Ursache für das Zurückbleiben dieser Steuern liegt vor allem an den steuerlichen Bemessungsgrundlagen, die überwiegend auf Mengen beruhen und demzufolge langsamer expandieren als bei Einbeziehung der Preiskomponente. Lediglich der Anteil der Mineralölsteuer erhöhte sich von 4 vH auf 6 vH. Ausschlaggebend hierfür waren einmal die zunehmende Bedeutung des Erdöls als Energiequelle und die zunehmende Motorisierung, zum anderen aber auch die zahlreichen Tariferhöhungen in den siebziger Jahren.

TABELLE I.4.1/1

ENTWICKLUNG UND STRUKTUR DES STEUERAUFKOMMENS

	STEUERAUFKOMMEN IN MILL.DM							ANTEILE IN VH DER GESAMTEN STEUERN						
	1960	1965	1970	1975	1980	1981	1982	1960	1965	1970	1975	1980	1981	1982
1. LOHNSTEUER	8102	16738	35086	71191	111559	116559	123407	11.84	15.87	22.76	29.41	30.56	31.48	32.59
2. STEUER V. UMSATZ	16082	23930	38125	54082	93448	97789	97717	23.50	22.69	24.73	22.34	25.60	26.41	25.80
3. MINERALOELSTEUER	2664	7428	11512	17121	21351	22180	22835	3.89	7.04	7.47	7.07	5.85	5.99	6.03
4. VERSICHERUNGSTEUER	217	386	617	1146	1776	1924	2038	0.32	0.37	0.40	0.47	0.49	0.52	0.54
5. SONST.LAENDERSTEUERN	681	1073	1650	2227	3561	3788	4039	0.99	1.02	1.07	0.92	0.98	1.02	1.07
6. NICHT VERANLAGTE STEUERN	846	1351	2021	2246	4175	4630	4703	1.24	1.28	1.31	0.93	1.14	1.25	1.24
7. WECHSELSTEUER	115	162	233	237	319	374	386	0.17	0.15	0.15	0.10	0.09	0.10	0.10
8. KAPITALVERKEHERSTEUERN	235	217	374	360	392	393	509	0.34	0.21	0.24	0.15	0.11	0.11	0.13
9. VERMOEGENSTEUER	1100	1880	2877	3339	4664	4687	4982	1.61	1.78	1.87	1.38	1.28	1.27	1.32
10.KRAFTFAHRZEUGSTEUER	1475	2624	3830	5303	6585	6593	6689	2.15	2.49	2.48	2.19	1.80	1.78	1.77
11.BRANNTWEINMONOPOL	1023	1508	2228	3122	3885	4480	4281	1.49	1.43	1.45	1.29	1.06	1.21	1.13
12.SONST.GEMEINDESTEUERN	572	670	879	1276	1817	1772	1834	0.84	0.64	0.57	0.53	0.50	0.48	0.48
13.GRUNDSTEUERN	1631	2110	2683	4150	5804	5977	6307	2.38	2.00	1.74	1.71	1.59	1.61	1.67
14.BIERSTEUERN	700	979	1175	1275	1262	1289	1292	1.02	0.93	0.76	0.53	0.35	0.35	0.34
15.SONST.VERBRAUCHSTEUER	1075	1378	1634	1965	2384	2486	2545	1.57	1.31	1.06	0.81	0.65	0.67	0.67
16.LOHNSUMMENSTEUER	653	933	1389	2998	870	22	0	0.95	0.88	0.90	1.24	0.24	0.01	0.00
17.SONST.BUNDESSTEUERN	814	890	1391	699	39	43	39	1.19	0.84	0.90	0.29	0.01	0.01	0.01
18.TABAKSTEUER	3537	4697	6537	8886	11288	11253	12208	5.17	4.45	4.24	3.67	3.09	3.04	3.22
19.ZOELLE	2630	2531	2871	3253	4603	4943	4727	3.84	2.40	1.86	1.34	1.26	1.33	1.25
20.GEWERBESTEUER	6780	9350	10728	17898	27090	26047	26103	9.91	8.87	6.96	7.39	7.42	7.03	6.89
21.LAG-ABGABEN	2043	1660	1582	1241	1	1	1	2.98	1.57	1.03	0.51	0.00	0.00	0.00
22.KOERPERSCHAFTSTEUER	6509	8:70	8717	10054	21322	20162	21458	9.51	7.75	5.66	4.15	5.84	5.44	5.67
23.VERANL.EINKOMMENSTEUER	8963	14798	16001	28001	36796	32928	30602	13.09	14.03	10.38	11.57	10.08	8.89	8.08
STEUERAUFKOMMEN INSG.	68447	105463	154140	242070	364991	370320	378702	100.00	100.00	100.00	100.00	100.00	100.00	100.00

QUELLE: BUNDESMINISTERIUM DER FINANZEN; EIGENE BERECHNUNGEN.

Da die einzelnen Steuern spezifische Reaktionen in bezug auf Veränderungen des Sozialprodukts zeigen, bestimmen diese sowohl die Struktur als auch die Gesamtelastizität des Steueraufkommens. Die jährlichen Aufkommenselastizitäten vermitteln teilweise einen nur groben Eindruck von den systemimmanenten Elastizitätsbeziehungen, da sie z.T. durch Steuerrechtsänderungen, Steuertechnik und Zahlungsverhalten der Steuerpflichtigen verzerrt werden. Entscheidende Zusammenhänge werden deutlicher in einer längerfristigen Analyse, die zwar auch durch Störfaktoren verzerrt wird, die aber die Grundtendenzen des Steueraufkommens und ihre Komponenten aufzeigen kann. Je größer das Gewicht einer Einzelsteuer mit hoher Aufkommenselastizität ist, umso stärker wird die Gesamtelastizität aller Steuern steigen und umgekehrt.

Um einen Überblick zu gewinnen, welche Steuern das Aufkommen und die Elastizität beeinflußt haben, sind Strukturverluste und -gewinne einzelner Steuern und Steuergruppen für Stichjahre berechnet worden. Die Struktureffekte der Steuern ergeben sich für die einzelnen Perioden aus der Abweichung der Steuerexpansion von der Bruttosozialproduktentwicklung. Ein positiven (negatives) Vorzeichen bedeutet, daß die Steuern in dem betrachteten Zeitraum schneller (langsamer) zugenommen haben als das Sozialprodukt. Im Jahre 1982 erreichte das gesamte Steueraufkommen einen Indexstand von 553,3 (1960 = 100), für das nominale Sozialprodukt errechnet sich ein Index von 527,3.

Hinter diesem Gesamteffekt verbirgt sich eine sehr differenzierte Entwicklung bei den einzelnen Steuerarten und in den hier ausgewählten Perioden. Über den gesamten Zeitraum - von 1960 bis 1982 - hinweg blieben von den hier dargestellten 23 Steuern nicht weniger als 17 Steuerarten zum Teil beträchtlich hinter der Expansion des Sozialprodukts zurück. Überdurchschnittlich gestiegen sind dagegen nur sieben Steuern, am stärksten die Lohn- und die Umsatzsteuer. Der überaus hohe Strukturgewinn dieser beiden Steuern hat die Verluste der anderen Einnahmearten bei weitem ausgeglichen. Während der Expansionsgewinn der Lohnsteuer bis 1982 relativ kontinuierlich auf 80 Mrd. DM gestiegen ist, war die Entwicklung bei den Steuern vom Umsatz nicht stetig. Den Gewinnen der Perioden 1965 bis 1970 und 1975 bis 1982, hauptsächlich aufgrund von Steuerrechtsänderungen, standen Verluste in den beiden anderen Perioden gegenüber; per Saldo war ein Strukturgewinn von 13 Mrd. DM zu verzeichnen.

TABELLE I. 4.1/2

EXPANSIONSGEWINNE UND -VERLUSTE NACH STEUERARTEN
IN RELATION ZUM NOMINALEN BRUTTOSOZIALPRODUKT

	1960-65 MILL.DM	IN VH DER STEUERN 1965	1965-70 MILL.DM	IN VH DER STEUERN 1970	1970-75 MILL.DM	IN VH DER STEUERN 1975	1975-82 MILL.DM	IN VH DER STEUERN 1982	INSGES. 1960-82 MILL.DM	IN VH DER STEUERN 1982
1. LOHNSTEUER	4486	4.25	12532	8.13	26661	11.01	37007	9.77	80686	21.31
2. STEUER V.UMSATZ	-389	-0.37	2651	1.72	-2789	-1.15	13447	3.55	12918	3.41
3. MINERALOELSTEUER	3399	3.22	2172	1.41	2504	1.03	713	0.19	8788	2.32
4. VERSICHERUNGSTEUER	58	0.05	75	0.05	276	0.11	485	0.13	894	0.24
5. SONST.LAENDERSTEUERN	43	0.04	88	0.06	-219	-0.09	535	0.14	448	0.12
6. NICHT VERANLAGTE STEUERN	72	0.07	63	0.04	-760	-0.31	868	0.23	242	0.06
7. WECHSELSTEUER	-12	-0.01	-12	-0.01	-130	-0.05	-67	-0.02	-220	-0.06
8. KAPITALVERKEHRSTEUERN	-138	-0.13	-12	-0.01	-288	-0.12	-292	-0.08	-730	-0.19
9. VERMOEGENSTEUER	217	0.21	207	0.13	-820	-0.34	-422	-0.11	-818	-0.22
10 KRAFTFAHRZEUGSTEUER	394	0.37	147	0.10	-246	-0.10	-1383	-0.37	-1089	-0.29
11 BRANNTWEINMONOPOL	-39	-0.04	-14	-0.01	-298	-0.12	-761	-0.20	-1113	-0.29
12.SONST.GEMEINDESTEUERN	-195	-0.18	-202	-0.13	-270	-0.11	-516	-0.14	-1182	-0.31
14.GRUNDSTEUERN	-356	-0.34	-598	-0.39	-434	-0.18	-905	-0.24	-2293	-0.61
13.BIERSTEUER	-80	-0.08	-306	-0.20	-716	-0.30	-1297	-0.34	-2399	-0.63
15.SONST.VERBRAUCHSTEUER	-248	-0.23	-516	-0.33	-922	-0.38	-1438	-0.38	-3123	-0.82
16.LOHNSUMMENSTEUERN	-54	-0.05	-13	-0.01	848	0.35	-4224	-1.12	-3443	-0.91
17.SONST.BUNDESSTEUER	-341	-0.32	-83	-0.05	-1641	-0.68	-2188	-0.58	-4253	-1.12
18.TABAKSTEUER	-652	-0.62	-699	-0.45	-1774	-0.73	-3317	-0.88	-6442	-1.70
19.ZOELLE	-1446	-1.37	-1548	-1.00	-2684	-1.11	-3463	-0.91	-9141	-2.41
20.GEWERBESTEUER	-903	-0.86	-3489	-2.26	-733	-0.30	-4522	-1.19	-9647	-2.55
21.LAG-ABGABEN	-1429	-1.36	-1545	-1.00	-2722	-1.12	-5075	-1.34	-10772	-2.84
22.KOERPERSCHAFTSTEUER	-1673	-1.59	-4125	-2.68	-6250	-2.58	-815	-0.22	-12863	-3.40
23.VERANL.EINKOMMENSTEUER	1244	1.18	-5231	-3.39	1552	0.64	-14224	-3.76	-16659	-4.40
24.STEUERAUFKOMMEN INSG.	1957	1.86	-457	-0.30	8145	3.36	8147	2.15	17787	4.70
25.STEUERAUFKOMMEN OHNE LST	-2529	-2.85	-12989	-10.91	-18516	-10.84	-28860	-11.39	-62898	-24.64

QUELLE: BUNDESMINISTERIUM DER FINANZEN; EIGENE BERECHNUNGEN.

Die Gewinnsteuern der Unternehmen - veranlagte Einkommensteuer, Körperschaftsteuer und Gewerbesteuer - rangieren eindeutig am Ende dieser Skala. Ihre Expansionsverluste beliefen sich von 1960 bis 1982 insgesamt auf fast 60 Mrd. DM; das sind 10 vH der gesamten Steuern. Während für die Gewerbe- und Körperschaftsteuer in allen vier Perioden Expansionsverluste festzustellen sind, brachte die Einkommensteuer in den Phasen 1960 bis 1965 und 1970 bis 1975 noch leichte Gewinne. Die zahlreichen Steuerentlastungen in den Jahren danach hatten - gemessen an der Entwicklung des Bruttosozialprodukts - Verluste in Höhe von insgesamt 16,5 Mrd. DM zur Folge.

Die Lohnsteuer, die 1960 mit einem Anteil von 12 vH an den gesamten Steuereinnahmen noch hinter der Einkommen- und Umsatzsteuer aufkommensmäßig an dritter Stelle aller Einzelsteuern lag, hat sich bis 1982 zur aufkommensstärksten Steuer entwickelt. Die progressionsbedingt hohe Aufkommenselastizität der Lohnsteuer führte dazu, daß sie sich seit 1960 verfünfzehnfacht, das Bruttosozialprodukt aber nur verfünffacht hat. Von 1960 bis 1975 errechnet sich eine Aufkommenselastizität von 1,8, danach wurde sie aufgrund der mehrfachen Tarifkorrekturen auf 1,3 abgebremst.

Als Ursache für das rapide Ansteigen der Lohnsteuer sind einmal die im Vergleich zum Sozialprodukt schneller expandierenden Löhne und Gehälter, zum anderen aber auch die direkten und indirekten Progressionswirkungen des Steuertarifs zu nennen. Da die Frei- und Höchstbeträge im Lohnsteuertarif bis 1975 nur wenig verändert wurden und der Steuertarif konstant blieb, gerieten mehr und mehr Steuerpflichtige aus dem Bereich der Proportionalbesteuerung in die Progressivbesteuerung. Die durchschnittliche Belastung der Bruttoeinkommen durch Lohnsteuer hat sich von 1960 (6 vH) bis 1974 (14,5 vH) mehr als verdoppelt. Entsprechend stieg die Grenzbelastung der Arbeitseinkommen. Während 1961 nur jede siebente Mark des Mehrverdienstes als Lohnsteuer abgeführt wurde, war es 1974 bereits jede vierte. Der Anteil der Lohnsteuer an den Bruttolöhnen hat sich bis 1982 auf 16 vH erhöht; dies bedeutet, daß die durchschnittliche Belastung der Bruttolöhne und -gehälter mit Lohnsteuer von 1960 bis 1982 um 150 vH gestiegen ist.

TABELLE I. 4.1/3

STEUERQUOTE UND AUFKOMMENSELASTIZITAET DER LOHNSTEUER

JAHR	BRUTTO-LOHN-U.GEHALT-SUMME 1) MRD.DM	VERAEND. GG. VORJAHR VH	LOHNSTEUER AUFKOMMEN KASSEN-MAESSIG MRD.	VERAEND. GG. VORJAHR VH	LOHNSTEUER-QUOTE VH	AUFKOMMENS-ELASTIZITAET
1960	131.09		8.10		6.18	
1961	147.77	12.72	10.45	29.01	7.07	2.28
1962	163.65	10.75	12.32	17.89	7.53	1.67
1963	175.76	7.40	13.84	12.34	7.87	1.67
1964	193.37	10.02	16.09	16.26	8.32	1.62
1965	213.51	10.42	16.74	4.04	7.84	0.39
1966	229.01	7.26	19.06	13.86	8.32	1.91
1967	229.65	0.28	19.56	2.62	8.52	9.39
1968	245.10	6.73	22.08	12.88	9.01	1.92
1969	274.89	12.15	27.06	22.55	9.84	1.86
1970	323.36	17.63	35.09	29.67	10.85	1.68
1971	366.10	13.22	42.80	21.97	11.69	1.66
1972	400.03	9.27	49.77	16.29	12.44	1.76
1973	450.11	12.52	61.26	23.09	13.61	1.84
1974	493.73	9.69	71.96	17.47	14.57	1.80
1975	511.78	3.66	71.19	-1.07	13.91	-0.29
1976	545.59	6.61	80.61	13.23	14.77	2.00
1977	584.96	7.22	90.77	12.60	15.52	1.75
1978	622.33	6.39	92.01	1.37	14.78	0.21
1979	668.52	7.42	97.07	5.50	14.52	0.74
1980	722.33	8.05	111.56	14.93	15.44	1.85
1981	753.63	4.33	116.56	4.48	15.47	1.03
1982	768.97	2.04	123.41	5.88	16.05	2.89

1) EINSCHLIESSLICH BEAMTENPENSIONEN.
QUELLE: BUNDESMINISTERIUM DER FINANZEN; EIGENE BERECHNUNGEN.

Die Lohn- und Einkommensteuerreform 1975, die Steuerrechtsänderungen von 1978, 1979 und 1981 konnten den Anstieg der Lohnsteuerquote immer nur kurzfristig bremsen. In den Jahren ohne Steuerrechtsänderungen erreichte die Lohnsteuer schon wieder hohe Aufkommenselastizitäten von zwei. Ein völlig anderes Bild ergibt sich bei der veranlagten Einkommensteuer, deren Anteil am Steueraufkommen von 10,5 auf 8 vH gesunken ist.

Es gibt zwar eine Reihe von Gründen, sie erklären das extreme Auseinanderlaufen beider Steuern allerdings nur teilweise :

- Die Tarifelastizität (direkte Progression) spielt bei der veranlagten Einkommensteuer eine geringere Rolle als bei der Lohnsteuer, da das Einkommensniveau und damit der durchschnittliche Steuersatz merklich höher sind.

- Immer mehr Lohnsteuerpflichtige überschreiten die Veranlagungsgrenzen, nach denen sie aus dem Lohnsteuerjahresausgleich in die Einkommensteuerveranlagung überwechseln. Die monatlichen Steuerabzüge werden bei der Lohnsteuer verbucht, die Erstattungen im Rahmen der Veranlagung dagegen aus der Einkommensteuer geleistet.

- Haus- und Wohnungseigentümer, die den Verlustabzug nach §§ 7 b/7V EStG in Anspruch nehmen, unterliegen automatisch der Einkommensteuerveranlagung. Die hieraus resultierenden Steuerausfälle belasten ebenfalls das Einkommensteueraufkommen.

- Im Rahmen der gesetzlichen Möglichkeiten haben Einkommensteuerpflichtige einen wesentlich größeren Gestaltungsspielraum bei der Festlegung des zu versteuernden Einkommens (z.B. Bildung von Rücklagen, Gestaltung der Abschreibungsmodalitäten, Verlustausgleich u.ä.).

Der unterproportionale Verlauf der Körperschaftsteuer hat die Aufkommenselastizität der gesamten Steuereinnahmen erheblich gedrückt. Von 1960 bis 1975 sind die Expansionsverluste von Periode zu Periode stark gestiegen, danach nahmen sie aufgrund der Körperschaftsteuerreform deutlich ab. Insgesamt rangiert die Körperschaftsteuer aber mit einem Expansionsverlust von fast 13 Mrd. DM an letzter Stelle, ihr Anteil an den gesamten Steuereinnahmen reduzierte sich im Beobachtungszeitraum um fast die Hälfte auf 5,5 vH. Die Belastung der Unternehmen mit Körperschaftsteuer ist in den letzten zwei Jahrzehnten nicht gestiegen, bezogen auf das steuerpflichtige Gewinneinkommen blieb die Steuerquote weitgehend konstant. Vom Tarif her gesehen ist die Körperschaftsteuer als Proportionalsteuer konzipiert, wenngleich der Zusammenhang zwischem dem in der VGR ausgewiesenen Bruttoeinkommen aus Unternehmertätigkeit und Vermögen und der Zahlung von Gewinnsteuern kaum zum Ausdruck kommt. Der Zusammenhang wird enger, wenn man diese Einkommen "bereinigt".[4)]

Die Steuern vom Umsatz gehören aufgrund der Bemessungsgrundlagen und des Tarifs zu den Steuern, die langfristig weitgehend an die Entwicklung des Sozialprodukts gekoppelt sind. Zu Abweichungen von diesem Trend kommt es immer dann, wenn starke Strukturveränderungen des Sozialprodukts (Vorräte, Exporte) eintreten oder aber Steuerrechtsänderungen die Entwicklung beeinflussen. Der relativ hohe Expansionsgewinn von fast 13 Mrd. DM beruht vorwiegend auf diesen Faktoren. Bis 1975 haben sich Gewinne und Verluste etwa die Waage gehalten, danach kam es aufgrund der Steuersatzanhebung zu einem kräftigen Expansionsgewinn.

Von 1960 bis 1982 haben die Verbrauchsteuern, die 1960 rund ein Fünftel der gesamten Steuereinnahmen ausmachten, deutlich schwächer zugenommen; ihr Anteil ist bis 1982 auf 15 vH gesunken. Hieran konnten auch die häufigen Steuersatzanhebungen (Branntweinmonopol, Tabak-, Mineralölsteuer) nur wenig ändern. In der Aufgliederung nach Einzelsteuern wird deutlich, daß lediglich die Mineralölsteuer einen überproportionalen Verlauf zeigte und mit einem Expansionsgewinn von 9 Mrd. DM an dritter Stelle - hinter der Lohnsteuer und den Steuern vom Umsatz - aller hier ausgewiesenen Steuern lag. Bis in die Mitte der 60er Jahre hat auch die anhaltende Motorisierung zur überproportionalen Entwicklung beigetragen. Nach der ersten Erdölkrise 1973/74 haben dann jedoch der Trend zu Autos mit benzinsparenden Motoren sowie die allgemeinen Bemühungen um Energieeinsparung den Wachstumstrend erheblich gedrückt.

Die anderen speziellen Verbrauchsteuern folgten im wesentlichen dem mengenmäßigen Verbrauch der besteuerten Güter. Lediglich die Einnahmen aus dem Branntweinmonopol konnten aufgrund der verschiedenen Steuererhöhungen mit der Expansion des Sozialprodukts mithalten. Dagegen rangiert die aufkommensmäßig bedeutsame Tabaksteuer mit einem Expansionsverlust von 6,5 Mrd. DM in der unteren Hälfte der regressiven Steuern, obwohl auch diese Steuer seit 1960 mehrmals erhöht wurde.

Die mittel- und langfristigen Tendenzen in der Steuerstruktur sind eindeutig. Die dynamische Lohnsteuer hat trotz verschiedener Tarifkorrekturen die zunehmend regressiven Einflüsse der anderen Steuern überkompensiert. Die gewinn- und vermögensbezogenen Steuern haben die gesamte Aufkommenselastizität erheblich geschmälert. Der große Block der mengenbezogenen Aufwand- und Verbrauchsteuern hat erheblich an Gewicht verloren. Da die steuerlichen Bemessungsgrundlagen der speziellen Verbrauchsteuern überwiegend an Mengen orientiert sind und folglich Preissteigerungen keine Auswirkungen auf die Einnahmen haben, sind sie - auch infolge von Sättigungserscheinungen - spürbar schwächer gestiegen als das Sozialprodukt.

4.2 Exkurs: Zu den Bemessungsgrundlagen der Gewinnentwicklung

Gemessen am gesamtwirtschaftlichen Einkommen - dem Nettosozialprodukt zu Marktpreisen - ist der Anteil der Steuern von 25 vH (1960) auf 29 vH (1980) gestiegen. Davon entfielen, nahezu gleichbleibend, 15 vH auf die indirekten Steuern und 10 bzw. 14 vH auf die direkten Steuern. Der Anteil der Lohnsteuer am Nettosozialprodukt verdreifachte sich, während der Anteil der Gewinnsteuern zurückging :

Veränderung der Einkommensstruktur
Nettosozialprodukt = 100

	1960	1970	1980
Indirekte Steuern	15,0	14,7	14,7
Löhne	51,7	59,3	64,2
Steuern 1)	3,1	6,5	9,1
netto	48,6	52,8	55,1
Gewinne 2)	33,3	26,0	21,1
Steuern 3)	7,0	5,6	5,3
netto	26,3	20,4	15,8
Nettosozialprodukt	100	100	100
Steuern	25,1	26,8	29,1
Nettoeinkommen	74,9	73,2	70,9

1) Einschl. Lohnsteuer der Pensionäre und Steuern im Zusammenhang mit dem privaten Verbrauch.- 2) Ohne Subventionen.- 3) Einschl. Erbschaftssteuer und Ablösungsbeträge von Lastenausgleichsabgaben.

Der krasse Rückgang des Gewinnanteiles am Nettosozialprodukt hängt auch zusammen mit Abgrenzungs- und Bewertungsspielräumen im Rahmen der VGR. Ausgehend von den im Inland entstandenen Bruttoeinkommen aus Unternehmertätigkeit und Vermögen ergibt sich folgende Variationsbreite :

Bruttoeinkommen aus Unternehmertätigkeit und Vermögen

	Komponenten	Beträge in Mrd. DM			Relationen in vH der Ausgangsdaten		
		1960	1970	1980	1960	1970	1980
	Ausgangsdaten	96,7	170,7	304,3	100	100	100
./.	Banken u. Versich.	-2,7	-10,9	-30,0			
=	Produktions-unternehmen	99,3	181,6	334,3	102,7	106,4	109,9
./.	Landwirtschaft, Wohnungsvermietung, Bahn u. Post	22,8	38,4	66,3			
=	übrige Wirtschafts-bereiche	76,5	143,2	268,0	79,1	83,9	88,1
	diese Gewinne variieren :						
./.	Subventionen	1,1	5,1	16,2			
=	Summe	75,4	138,1	251,8	78	80,9	82,7
+	Wertberichtigung Vorräte	1,0	8,1	15,8			
=	Summe	76,4	146,2	267,6	79	85,6	87,9
./.	Wertberichtigung Abschreibungen	3,3	5,6	0,4			
=	Summe	73,1	140,6	267,2	75,6	82,40	87,8
./.	Zinskosten	4,0	16,7	44,4			
=	Summe	69,1	123,9	222,8	71,5	72,6	73,2

Diese Gliederung der Gewinne zielt auf zwei Aspekte ab : 1) die Ausgliederung der Wirtschaftsbereiche, die wenig zum Gewinnsteueraufkommen beitragen (Landwirtschaft), nichts beitragen (Bahn und Post) oder häufig negativ (Wohnungsvermietung), und 2) die Annäherung der Gewinne in den übrigen Wirtschaftsbereichen an die steuerlichen Bemessungsgrundlagen.

Ausgegliedert wurden ferner die Banken und Versicherungen. Sie tragen erheblich zum Steueraufkommen bei (1980 : rund 20 vH Anteil an den direkten Steuern der Unternehmen mit eigener Rechtspersönlichkeit), fügen sich aber schlecht in die produktionsorientierte Sozialproduktrechnung ein. Der Negativbetrag von 30 Mrd. DM im Jahre 1980 kommt zustande, weil die Haupteinnahmequelle der Banken - die Erlöse aus der Spanne zwischen Soll- und Habenzinsen - nicht zur "Bruttowertschöpfung" zählt. Bereits daraus ergeben sich erhebliche Auswirkungen auf die gesamtwirtschaftliche Gewinnsteuerquote :

	Gewinne Mrd. DM	Gewinn-steuern Mrd. DM	Quote in vH
Insgesamt	304,3	69,7	22,9
Banken u. Versicherungen	-30,0	5,1	.
Produktionsunternehmen	334,3	64,6	19,3

Setzt man von den Gewinnen der Produktionsunternehmen die Beträge ab, die in der Landwirtschaft, aus der Wohnungsvermietung und im Bereich Bahn und Post erzielt wurden, so erhöht sich 1980 die Gewinnsteuerquote rechnerisch von 19,3 auf 24,1 vH. Ausgehend vom Tarif der Einkommen- und Körperschaftsteuer ist auch diese Quote als sehr niedrig einzustufen. Von den Gewinnsteuern der Produktionsunternehmen entfallen von den genannten 64,6 Mrd. DM nur knapp 56 Mrd. DM auf die Einkommen- und Körperschaftsteuer, d.h. nach Abzug insbesondere der Kapitalertragsteuer und Vermögensteuer verbleibt eine Steuerquote von rund 21 vH, während man vom Tarif her eher das Doppelte erwartet.

Nach den Definitionen der volkswirtschaftlichen Gesamtrechnung wird das Aufkommen an indirekten Steuern jeweils mit den an Unternehmen gezahlten Subventionen saldiert. Investitionszuschüsse und andere Vermögensübertragungen werden dagegen erst nachträglich einbezogen. Abgesehen von einmaligen Sonderzahlungen und methodisch bedingten Vermögensübertragungen (z.B. an den funktional abgegrenzten Bereich Wohnungsvermietung) wäre es informativer, alle Zuschüsse an Unternehmen zusammenzufassen. Auch bei der Frage nach den steuerlichen Bemessungsgrundlagen der Gewinnsteuern dürfte es zutreffender sein, die Teilsaldierung von indirekten Steuern und den als "laufend" abgegrenzten Zuschüssen (Subventionen) zu unterlassen. Für die "übrigen Wirtschaftsbereiche" verkleinert sich dadurch 1980 der Gewinn um rund 16 Mrd. DM und die Gewinnentwicklung verläuft seit 1960 schwächer. Bei der Berechnung wurde, dies sei noch angemerkt, an der Saldierung von Umlagen (insbesondere des "Kohlepfennigs" in der Energiewirtschaft) und der in die Subventionen einbezogenen Umsatzsteuerbeträge ("einbehaltene Umsatzsteuer", z.B. im Rahmen der Berlin-Förderung) festgehalten.

Die Sozialproduktrechnung als "laufende" - von den Umsätzen ausgehende - Rechnung ist über die Abschreibungen und die Vorratsveränderungen mit den Bestandsrechnungen (Anlagevermögen und Vorratsbestände) verknüpft. Daraus ergeben sich Bewertungsfragen, denn das jeweilige Preisniveau liegt in der Regel weit über den Anschaffungspreisen der investierten Güter. Für produktionsorientierte Analysen werden alle Nominalwerte auf das gleiche Preisniveau gebracht, um Aussagen über das "reale" Sachvermögen machen zu können. Der produktionsorientierte Ansatz wird aber auch auf die nominale Sozialproduktrechnung übertragen und führt hier zu einer Reduzierung der Gewinne. Die Korrekturposten sind die "Scheingewinne" bei der Bestimmung der Vorratsveränderungen und die Anhebung der Abschreibungen auf "Wiederbeschaffungspreise" bei der Berechnung der Nettoanlageinvestitionen.

Die Zusammenhänge lassen sich verdeutlichen an folgendem einfachen Beispiel, in dem eine Investition von 100 zu konstanten Preisen in zwei darauffolgenden Jahren mit je 50 zum Verbrauch führt. Das Beispiel gilt für einen Vorratsbestand ebenso wie für eine Anlageinvestition, die in zweijähriger Nutzungsdauer einen Ertrag in Höhe der Anschaffungskosten erbringt :

	t_1	t_2	t_3	Insgesamt
Investition	100	-50	-50	-
Verbrauch	-	50	50	100
Einkommen	100	-	-	100

Steigen die Preise, z.B. in t_2 und t_3 um je 4 vH, so erhöht sich nominal der Verbrauch :

	t_1	t_2	t_3	Insgesamt
Investition	100	-50	-50	-
Verbrauch	-	52	54	106
Einkommen	100	2	4	106

Das zusätzliche Nominaleinkommen müßte nachträglich der Periode t_1 zugerechnet werden, denn es bezieht sich auf die Produktion in t_1, die jetzt in der vorgegebenen Identität von Investition = Verbrauch den Wert von 106 hat. In die Sozialproduktrechnung wird das in den Perioden t_2 und t_3 realisierte Einkommen als Verbrauch von 106 zwar einbezogen, doch die Differenz zu 100 als zusätzliche Abschreibung bzw. als Scheingewinn abgesetzt.

	t_1	t_2	t_3	Insgesamt
Investition	100	-52	-54	-6
Verbrauch	-	52	54	106
Einkommen	100	-	-	100

Beim verwendeten Verfahren der Wertberichtigung sind also die realen Beträge (im Beispiel 50 Abschreibung bzw. Lagerabgang je Periode) und die Preisentwicklung bestimmend : 50 x 1,04 = 52 in t_2 und 50 x 1,08 = 54 in t_3. Nach diesem Muster "real x Preis = nominal" wurden z.B. in den Jahren 1971 bis 1981 rund 95 Mrd. DM als Vorratsveränderung in die nominale Sozialproduktsrechnung übernommen, während tatsächlich die Bestandsveränderung 238 Mrd. DM betrug. Von dem Differenzbetrag, den kumulierten "Scheingewinnen" in Höhe von 143 Mrd. DM entfielen allein 24 Mrd. DM auf das Jahr 1981. Um weitere 56 Mrd. DM differierten 1981 die Abschreibungen zu Anschaffungs- und zu Wiederbeschaffungspreisen, so daß insgesamt der Gewinn der Produktionsunternehmen um 80 Mrd. DM auf 338 Mrd. DM "korrigiert" wurde (um 19 vH).

Nun ist allerdings die lineare Abschreibung nicht die Regel, sondern die Unternehmen schreiben - auch nach Steuerrecht - überwiegend degressiv ab. Ferner kann die kalkulatorische Lebensdauer der Anlagen geringer sein als in der volkswirtschaftlichen Gesamtrechnung. Schließlich sind auch Sonderabschreibungen zulässig. All diese Unterschiede lassen sich schwer quantifizieren. Deshalb wurde eine Näherungsrechnung durchgeführt, die bei der linearen Abschreibung ansetzt, aber die Lebensdauer halbiert. Dies führt nicht zu doppelt so hohen Abschreibungen, sondern die zeitliche Vorverlagerung von Teilbeträgen, die entsprechend später dann fehlen, ist wirksam in Abhängigkeit vom Expansionstempo der Investitionstätigkeit über die Jahre hinweg.

Die Berechnungen wurden pauschal für die Unternehmen ohne Wohnungsvermietung und Landwirtschaft durchgeführt, und zwar für die Ausrüstungsinvestitionen nach folgendem Raster, d.h. mit kontinuierlicher Verkürzung der Lebensdauer seit 1950.

Abschreibungen : Ausrüstungsinvestitionen in vH

Insgesamt	Auf den Investitionsjahrgang ...			
	1950	1960	1970	1980
		volle Lebensdauer		
in 5 Jahren	34,0	36,2	39,2	42,2
in 10 Jahren	64,8	67,4	70,6	73,8
in 15 Jahren	83,4	84,9	87,1	89,3
in 20 Jahren	92,8	93,4	94,6	95,8
		halbe Lebensdauer		
in 5 Jahren	62,3	65,3	68,4	71,6
in 10 Jahren	92,3	93,3	94,3	95,3
in 15 Jahren	98,9	99,1	99,3	99,5

Im Ergebnis kommen die Berechnungen mit der vollen Lebensdauer den Abschreibungen zu Anschaffungspreisen des Statistischen Bundesamtes sehr nahe. Auch zu den Abschreibungen zu Wiederbeschaffungspreisen ist ein Bezug gegeben, wenn auch nur theoretischer Art : bei stetiger Entwicklung der Investitionsausgaben pro Jahr hat die Halbierung der Lebensdauer fast den gleichen Effekt wie die Verdoppelung der jährlichen realen Zuwachsrate durch Preissteigerungen. Aus diesem Zusammenhang erklären sich auch richtungsweisend die Abweichungen der konkreten Ergebnisse im Zeitraum 1960 bis 1982. In den 60er Jahren waren die Preissteigerungen vergleichsweise niedrig, so daß die Halbierung der Lebensdauer zu wesentlich höheren Abschreibungen führte. Seit Mitte der 70er Jahre sind dagegen die Ergebnisse beider Rechnungen fast identisch, weil auch in der Ableitung "real x Preis" (dem Wiederbeschaffungsansatz) beide Komponenten im Durchschnitt der Jahre fast das gleiche Gewicht haben.

Die Ausgliederung der Subventionen und die Wertberichtigungen haben keinen großen Effekt, da sich die Korrekturen zu einem erheblichen Teil kompensieren. Dies gilt nicht für die einzelnen Jahre, doch in der Grundtendenz. Wesentlichen Einfluß haben jedoch die Zinskosten, deren Anteil an den bereinigten Gewinnen der "übrigen Wirtschaftsbereiche" von 6 vH (1960) auf 20 vH (1980) gestiegen sind. Diese Größenordnungen leiten sich aus der volkswirtschaftlichen Gesamtrechnung des Statistischen Bundesamtes ab.

Methodisch sind die Zinsen im Rahmen der volkswirtschaftlichen Gesamtrechnung eine Komponente der Einkommensumverteilung. Insgesamt saldieren sich die Zahlungen jeweils zu Null, steuerrechtlich können die Unternehmen Zinsausgaben als Kosten absetzen und müssen die Haushalte Zinseinnahmen als Gewinneinkommen versteuern. Seit 1960 haben sich die Zinssalden der Sektoren in folgender Weise entwickelt :

<u>Zinssalden in Mrd. DM</u>[1)]

Ausgaben (+), Einnahmen (-)

	1960	1970	1980
Staat	-0,4	0,6	18,9
Private Haushalte	-3,6	-17,8	-56,5
Banken und Versicherungen	-5,0	-17,5	-54,8
Summe	-9,0	-34,7	-92,4
davon			
Ausland	0,2	1,6	4,9
Produktionsunternehmen	8,8	33,1	87,5
davon			
Landwirtschaft, Wohnungsvermietung, Bahn und Post	4,8	16,4	43,1
übrige Wirtschaftsbereiche	4,0	16,7	44,4

1) Einschließlich Nettopachten u.ä., die aber vergleichsweise klein sind. Zur Untergliederung des Zinssaldos der Produktionsunternehmen mußten die im Einkommen aus Wohnungsvermietung enthaltenen Löhne und Gehälter schätzungsweise abgesetzt werden.

Als Folge der Staatsverschuldung haben sich die Zinsströme erheblich vergrößert. Auf die Gewinne insgesamt hat das keinen Einfluß, da sie residual von den Umsätzen der Unternehmen her abgeleitet werden. Das steuerpflichtige Einkommen aber nahm zu. Ausgehend von den berichtigten Gewinnen der "übrigen Wirtschaftsbereiche" ergeben sich folgende Größenordnungen :

	Einkommen in Mrd. DM		
	1960	1970	1980
Gewinne	73,1	140,6	267,2
Zinssaldo	0,5	4,5	26,1
Nettoausgaben der Unternehmen	4,0	16,7	44,4
Einnahmen der privaten Haushalte	4,5	21,2	70,5
Einkommen	73,6	145,1	293,3
Phasenverschiebung[1)]	9,8	29,6	32,3
Bemessungsgrundlage	63,8	115,5	261,0
Einkommen- und Körperschaftsteuer in Mrd. DM	15,0	24,2	57,9
Steuerquote vH	23,5	21,0	22,2

1) Ansatz : Das Einkommen wird je zur Hälfte ein Jahr bzw. zwei Jahre später versteuert.

Der Zinssaldo - gebildet aus den Nettoausgaben der Unternehmen und den Einnahmen der privaten Haushalte - bekommt in den 70er Jahren Gewicht und vergrößert 1980 die Bemessungsgrundlage der Gewinnbesteuerung um rund 10 vH. Als weitere Annäherung an die steuerlichen Bemessungsgrundlagen ist für die abgeleiteten Gewinneinkommen eine Phasenverschiebung vorgenommen worden mit dem Ansatz, daß die entstandenen Gewinne je zur Hälfte ein Jahr bzw. zwei Jahre später der Besteuerung unterliegen. Bezogen auf diese Bemessungsgrundlagen errechnen sich Steuerquoten in der Nähe von 22 vH.

Die Ergebnisse für die ausgewählten drei Stichjahre sind jedoch wenig informativ für die Steuerquoten im betrachteten Untersuchungszeitraum. Vielmehr ist festzustellen, daß die Steuerquote bis 1966 bei 25 vH lag, dann in Richtung 20 vH zurückging und im Durchschnitt der Jahre 1976 bis 1979 nochmals 24 vH erreichte. In den rezessiven Phasen 1974/75 und mehr noch

1981/82 lagen die Quoten besonders niedrig. Auch die Rezession 1966/67 ist als Einbruch erkennbar.

Über den gesamten Untersuchungszeitraum hinweg muß man die Ergebnisse wohl dahin interpretieren, daß die Gewinnsteuerquote in der Tendenz abgenommen hat. Dagegen spricht das relativ hohe Steueraufkommen in den Jahren 1976 bis 1979, das aber zum Teil noch im Zusammenhang mit den Ausfällen 1974/75 zu sehen ist. Ferner war der Rückgang der Quoten nach 1979 besonders krass, und vom Tiefpunkt im Jahre 1982 aus - Steuerquote nur 16 vH - zeichnet sich zumindest 1983 noch kein Anstieg ab.

Es liegt nahe, rechnerische Bemessungsgrundlagen nicht nur insgesamt, sondern getrennt für Unternehmen mit eigener Rechtspersönlichkeit und ohne eigene Rechtspersönlichkeit abzuleiten. Die volkswirtschaftliche Gesamtrechnung bietet hierfür Ansatzpunkte, doch die Ergebnisse sind unbefriedigend. Wiederum für die drei Stichjahre leiten sich für die Körperschaften folgende Größenordnungen ab :

Gewinne der Körperschaften in Mrd. DM

	1960	1970	1980
Unverteilte Gewinne	12,6	15,6	46,1
+ Nettoausgaben Dividenden	3,8	7,6	11,6
Ausgangsdaten	16,4	23,2	57,7
davon			
Banken und Versicherungen	2,4	6,9	25,4
Landwirtschaft 1)	0,9	1,0	1,0
Wohnungsvermietung	0,6	1,5	1,4
Bahn und Post 1)	2,3	0,6	2,6
übrige Unternehmen	10,2	13,2	27,3
als Differenz :			
übrige Unternehmen			
ohne eigene Rechtspersönlichkeit	62,3	113,3	196,3
Ausgangsdaten :			
übrige Unternehmen insg.	72,5	126,5	223,6
abzüglich Zinsausgaben			

1) eigene Berechnungen.

Das den "übrigen Unternehmen" zurechenbare Körperschaftsteueraufkommen betrug 1960 und 1970 rund 60 vH der abgeleiteten Bemessungsgrundlage, während nach dem Steuertarif ein Maximum von etwa 40 vH vorgegeben war. Die abgeleiteten Körperschaftsgewinne sind also zu klein. Der Fehler geht wesentlich darauf zurück, daß die Primärinformationen, aus denen sich die unverteilten Gewinne in der volkswirtschaftlichen Gesamtrechnung ableiten, unvollständig sind.

Als Orientierungshilfe wurde deshalb eine einfache Quotenrechnung durchgeführt mit den Annahmen, daß die Gewinne im Bereich Bergbau, Energie zu 100 vH, im verarbeitenden Gewerbe zu 40 vH und in den übrigen Bereichen zu 10 vH auf Körperschaften entfallen. Die Ergebnisse dieser Rechnung führen in den 60er Jahren zu doppelt so hohen Körperschaftsgewinnen in den "übrigen Wirtschaftsbereichen". Mitte der 70er Jahre sind die Abweichungen wesentlich größer, ab 1979 deutlich kleiner. Offensichtlich ist in den amtlichen Berechnungen 1979 eine Niveaukorrektur vorgenommen worden.

Die einfache Quotenrechnung bringt - in der Zusammenfassung von je 4 Jahren - folgende Ergebnisse :

Quotenansatz[1] für Körperschaften und übrige Unternehmen

	1961/64	1965/68	1969/72	1973/76	1977/80
Bemessungsgrundlage in Mrd. DM					
Insgesamt	302,7	378,9	501,5	710,8	914,7
Körperschaften	75,5	84,5	106,8	129,5	157,8
übrige	227,2	294,4	394,7	581,3	756,9
Steueraufkommen in Mrd. DM					
Insgesamt	79,0	91,0	107,0	153,8	222,2
Körperschaften	28,5	28,1	31,6	38,0	71,0
übrige	50,5	62,9	75,4	115,8	151,2
Steuerquote in vH					
Insgesamt	26,1	24,0	21,3	21,6	24,3
Körperschaften	37,7	33,2	29,6	29,3	45,0
übrige	22,2	21,4	19,1	19,9	20,0

1) Körperschaften : Bergbau, Energie zu 100 vH, Verarbeitendes Gewerbe 40 vH, übrige Wirtschaftsbereiche 10 vH.

Für die Körperschaften liegt die Steuerquote Anfang der 60er Jahre auf einem - vom Steuertarif her - plausiblen Niveau und fällt dann in Richtung 30 vH. Die Quote für die veranlagte Einkommensteuer liegt wesentlich niedriger, nimmt auch ab, aber sehr viel weniger. Der Anstieg der Steuerquote insgesamt im Zeitraum 1977/80 auf 24,3 muß im Zusammenhang mit der folgenden Abschwächung - 1981/82 folgt eine Quote von nur 16,4 vH - gesehen werden. Ferner wirkte sich die Einkommensteuerreform von 1977 aus. Sie führte im Prinzip zu keiner Steuererhöhung, verlagerte aber das Aufkommen zur Körperschaftsteuer und brachte frühere Steuerzahlungen. Der Körperschaftsteueransatz stieg von etwa 40 auf 56 vH, d.h. alle Dividenden - auch die Ausschüttungen - werden seitdem mit dem obersten Grenzsteuersatz der Einkommensteuer belegt. Bei der veranlagten Einkommensteuer wird später die auf Ausschüttungen bezahlte Steuer von der Steuerschuld abgesetzt.

Entsprechend der Steuersatzerhöhung von 40 auf 56 vH entfallen im Zeitraum 1977/80 rund 20 Mrd. DM des Körperschaftsteueraufkommens auf die Änderung der Erhebung. Wählt man - wie bei der Ableitung der Bemessungsgrundlage - wieder den Ansatz, daß die Verrechnungen bei den veranlagten Einkommen je zur Hälfte ein Jahr bzw. zwei Jahre später kassenwirksam werden, so errechnen sich rund 12 Mrd. DM. Das mit den Jahren bis 1976 vergleichbare Steueraufkommen beträgt dann :

	Steueraufkommen 1977/80 in Mrd. DM	vergleichbare Steuerquote in vH
Insgesamt	222,2-8=214,2	23,4
Körperschaften	71,0-20=51,0	32,3
übrige	151,2+12=163,2	21,6

Die vergleichbaren Quoten liegen also dicht bei den Ergebnissen für den Zeitraum 1965/68. Im Vergleich zur rezessiven Phase 1981/82 folgt aber ein Rückgang der Quote bei der Körperschaftsteuer von 32,3 auf 28 vH und bei der veranlagten Einkommensteuer von 21,6 auf 15 vH, so daß schon aus diesem Grunde eine abschließende Wertung zurückgestellt werden muß. Zwei Aussagen aber sind vertretbar :

1. Die abgeleiteten Ergebnisse für die Körperschaften entsprechen in den Umrissen den verfügbaren statistischen Primärinformationen.

2. Die Ergebnisse für die Nicht-Körperschaften lassen erkennen, daß von einer plausiblen Basis aus (Anfang der 60er Jahre) die Gewinne nach der volkswirtschaftlichen Gesamtrechnung sehr viel rascher expandieren als nach den speziellen Erhebungen zur Einkommensteuer. Analog fehlt in der Gesamtrechnung der Anstieg der Steuerquote, der nach dem Steuertarif zwingend ist, wenn die Basis "stimmt": ein niedriger Durchschnittssteuersatz bei gegebenem hohen Grenzsteuersatz muß bei steigendem Einkommen zu höheren Steuerquoten führen. Nach der Einkommensteuerstatistik ergibt sich für die Einkünfte ohne Einkommen aus nichtselbständiger Arbeit im Vergleich der Jahre 1961 und 1977 ein Anstieg der Steuerquote von 23 auf 31 vH, nach der VGR bleibt die Steuerquote konstant.

Die Diskrepanzen können im Rahmen dieser Analyse nicht geklärt werden. Es ist jedoch zu vermuten, daß Erfassungsfehler unterschiedlicher Art hier zusammekommen. So ist anzunehmen, daß die in der Steuerstatistik ermittelte Steuerbemessungsgrundlage nicht alle Gewinne erfaßt. Dies gilt insbesondere für die stark expandierenden Zinseinnahmen der privaten Haushalte, aber auch für die Vielzahl geringfügiger Einkommen. Umgekehrt enthält der in der VGR über die Kreislaufzusammenhänge abgeleitete Gewinn allein dadurch Fehler, daß er als Residuum ermittelt wird. Wie vom DIW bereits mehrfach ausgeführt, schlagen sich diese Fehler vor allem in den Aggregaten nieder, für die keine oder nur geringe primärstatistische Informationen vorliegen. In diesem Zusammenhang bereitet die überdurchschnittliche Gewinnentwicklung im Bereich der übrigen Dienstleistungen zunehmend Schwierigkeiten. In diesem sehr heterogenen Wirtschaftszweig sind sowohl die traditionellen Dienstleistungen wie beispielsweise Raumpfleger und Journalisten angesiedelt, wie auch Abschreibungs- und Beteiligungsgesellschaften, Leasingunternehmen, Ärzte und Zahnärzte. Die starke Expansion des Leasings und der damit verbundene überdurchschnittliche Anstieg der Investitionen in diesem Bereich lassen ebenso wie die zunehmende Bedeutung der Beteiligungsgesellschaften erkennen, daß die Tendenz der Gewinnentwicklung in diesem Wirtschaftszweig zutreffend beschrieben wird. Angesichts der fehlenden primärstatistischen Informationen ist allerdings unklar, inwieweit die diesem Wirtschaftszweig zugerechneten Gewinnelemente auch in die Bemessungsgrundlage der Steuerstatistiken eingeht. Zieht man jedenfalls die Gewinne der übrigen Dienstleistungen zusammen mit den Zinseinnahmen der privaten Haushalte von den oben ermittelten Gewinnen ab, so erhält man eine Bemessungsgrundlage für die Gewinnbesteuerung, die im Verlauf erheblich besser mit den Ergebnissen der Steuerstatistik übereinstimmt.

Bemessungsgrundlage Einkommensteuer

	1960	1970	1980	1960	1970	1980
		Mrd. DM			in vH	
Insgesamt	47,0	89,5	216,7	100	100	100
davon						
Zinseinnahmen der privaten Haushalte	3,8	14,1	51,4	8,1	15,8	23,7
Gewinne (ohne Zinsen) der "übrigen Dienstleistungen"	4,5	13,2	48,2	9,6	14,7	22,3
übrige Gewinne der Produktionsunternehmen	38,7	62,2	117,1	82,3	69,5	54,0

Quelle:

Abschließend sei noch darauf hingewiesen, daß sich die Analyse auf das Steueraufkommen einschließlich der im kassenmäßigen Aufkommen nicht enthaltenen Investitionszuschüsse bezog. Vergleichbare Zuschüsse bzw. Steuerausfälle haben vor allem im Wohnungsbau große Bedeutung, ohne daß eine entsprechende Bruttostellung der Steuereinnahmen erfolgt.

4.3 **Gebühren und sonstige Einnahmen**

Eine wichtige Einnahmequelle für den Staat, insbesondere für die kommunalen Haushalte, stellen die Gebühren, meist Verkäufe von Verwaltungsleistungen, und die erwerbswirtschaftlichen Einkünfte dar. In Abgrenzung der VGR entfielen auf diese Position 1982 knapp 10 vH der Gesamteinnahmen. Das zunehmende Gewicht in den späten 70er Jahren war in erster Linie Ausdruck des Bemühens, die Gebühren als spezielle Entgelte für bestimmte staatliche Dienstleistungen stärker als bis dahin an die Kostenentwicklung anzupassen und die Kostendeckungsgrade verschiedener Dienstleistungsangebote anzuheben. Der Sprung Ende der 70er/Anfang der 80er Jahre ist vor allem auf die hohen Gewinnabführungen von Bundespost und Bundesbank zurückzuführen.

Die Finanzierungsform Entgelte, Gebühren usw. knüpft an das Äquivalenzprinzip an. Die Entgeltform wird in der Regel für solche Güter gewählt, für die eine Ausschließbarkeit im technischen Sinne gegeben ist, so daß individuelle Quantitäten konsumiert werden können. Solche gemischten öffentlichen Güter sind beispielsweise das öffentliche Gesundheitswesen, Bildungs- und Freizeitangebote, die Wasserversorgung und -entsorgung. Allerdings wird die Höhe der Gebühren häufig durch verteilungspolitische Ziele bestimmt; zumindest in der Vergangenheit sind Fragen nach dem ausschöpfbaren Gebührenpotential häufig in den Hintergrund getreten.

Eine Untersuchung[5)] über Kostendeckungsgrade wichtiger kommunaler Einrichtungen für das Jahr 1975 zeigt, daß die Kosten der Abwasser- und Abfallbeseitigung fast vollständig gedeckt werden können; ähnlich ist die Situation bei den Schlacht- und Viehhöfen. Bekanntlich sind dies Bereiche, die in der Privatisierungsdebatte eine zentrale Rolle spielen. Vergleichsweise gering sind die Kostendeckungsgrade bei Schwimmbädern, Musikschulen, Theater oder Museen; sie schwanken zwischen 10 und 40 vH. Ähnliche Ergebnisse zeigen sich, wenn man die Finanzstatistik auswertet: Gemessen an der Relation Nettoeinnahmen zu Nettoausgaben[6)] wurden im Bereich Abfallbeseitigung 1980 geringe Überschüsse erzielt, während in der Abwasserbeseitigung der Ausgabendeckungsgrad 80 vH betrug (bezogen auf die Ausgaben/Einnahmen des Verwaltungshaushalts waren es fast 90 vH). Auch die Schlacht- und Viehhöfe erzielten geringe Überschüsse. Zum Teil beachtliche Überschüsse wurden bei den kommunalen Versorgungsunternehmen erzielt. Hingegen werden die Ausgaben bei Kindergärten, Volkshochschulen, Schwimmbädern usw. nur zwischen einem Fünftel und einem Drittel durch spezielle Einnahmen gedeckt. In allen genannten Bereichen haben sich gegenüber der Situation Mitte der 70er Jahre die Verhältnisse nur wenig verändert.

TABELLE I. 4.3/1

GEBUEHREN UND VERMOEGENSEINKOMMEN DES STAATES

	1960	1965	1970	1973	1975	1978	1980	1982	1965	1970	1973	1975	1978	1980	1982
	MILL.DM								JAHRESDURCHSCHNITTLICHE VERAENDERUNG IN VH						
EMPFANGENE VERMOEGENSEINKOMMEN	4260	5820	8760	10800	9680	12190	16740	29830	6.44	8.52	7.23	-5.33	7.99	17.19	33.49
ZINSEN, NETTOPACHTEN U. A.	2550	3880	5950	8810	8120	7310	9870	12170	8.76	8.93	13.98	-4.00	-3.44	16.20	11.04
AUSSCHUETTUNGEN VON UNTERNEHMEN	1710	1940	2810	1990	1560	4880	6870	17660	2.56	7.69	-10.86	-11.46	46.25	18.65	60.33
GEBUEHREN VON UNTERNEHMEN	650	1000	1550	2350	2720	3380	3990	4450	9.00	9.16	14.88	7.58	7.51	8.65	5.61
GEBUEHREN VON PRIVATEN HAUSHALTEN	740	1070	1650	2560	3360	4710	5500	6290	7.65	9.05	15.77	14.56	11.92	8.06	6.94
VERKAEUFE VON VERWALTUNGSLEISTUNGEN	3380	5380	7920	13020	16130	20000	26100	30740	9.74	8.04	18.02	11.30	7.43	14.24	8.53
INSGESAMT	9030	13270	19880	28730	31890	40280	52330	71310	8.00	8.42	13.06	5.36	8.10	13.98	16.73

QUELLE: STATISTISCHES BUNDESAMT, FACHSERIE 18, BERECHNUNGEN DES DIW.

4.4 Einnahmen der Sozialversicherung

Die beiden wichtigsten Einnahmeposten der Sozialversicherung sind die Sozialbeiträge der privaten Haushalte und die laufenden Übertragungen der Gebietskörperschaften. Der Anteil der Sozialbeiträge der privaten Haushalte an den Gesamteinnahmen machte in den sechziger Jahren knapp 80 vH aus. Zu Beginn der siebziger Jahre ist dieser Anteil auf 83 vH gestiegen; entsprechend gesunken sind die Zuschüsse des Bundes (auf 12 vH). In den Jahren, in denen der Bund das bei der Bundesanstalt für Arbeit aufgetretene Defizit ausgleichen mußte (1975/1976, 1980/1982) erhöhten sich seine Zuschüsse um ein bis zwei Prozentpunkte.

Den Hauptteil der Übertragungen des Bundes an die Sozialversicherung bildet der Zuschuß an die gesetzliche Rentenversicherung (Arbeiter-, Angestellten- und knappschaftliche Rentenversicherung). Die Höhe des Bundeszuschusses zu der knappschaftlichen Rentenversicherung richtet sich nach der Differenz zwischen den Gesamtausgaben und den Einnahmen. 1960 wurde die Hälfte der Gesamtausgaben über den Bundeszuschuß finanziert, 1981 waren es zwei Drittel. Der Bundeszuschuß zu den Arbeiter- und Angestellten-Rentenversicherungsträgern ist an die Lohnentwicklung gekoppelt. Gemessen an den Rentenausgaben dieser beiden Träger sank der Anteil des Bundeszuschusses von 25 vH im Jahr 1960 auf 14 vH im Jahr 1981. Im Verhältnis zu den Ausgaben der gesamten gesetzlichen Rentenversicherung fiel der Bundeszuschuß von 28 vH im Jahr 1960 auf knapp 19 vH (1981); d.h. in diesem Maße hat sich eine Belastungsverschiebung von der Gemeinschaft der Steuerzahler zu der der Rentenversicherungs-Beitragszahler vollzogen. Bei unveränderten Ausgaben hätte eine Beibehaltung der früher geltenden Relation Bundeszuschuß / Ausgaben entweder den Aufbau einer Schwankungsreserve in der oben angegebenen Höhe, eine Senkung des Rentenversicherungsbeitrags um ca. 2 vH-Punkte oder eine abgestimmte Kombination aus Erhöhung der Schwankungsreserve und Beitragssenkung ermöglicht.

In der Entwicklung der Beitragseinnahmen der einzelnen Träger spiegeln sich die jeweils für notwendig befundenen Beitragssatzänderungen wider. Die Aufteilung der gesamten Beitragseinnahmen auf die einzelnen Träger verändert sich dementsprechend. Die geringste Steigerung erfolgte bei der Unfallversicherung. Die Zunahme blieb etwas unterhalb der des Bruttoein-

TABELLE I. 4.4/1

SOZIALBEITRAEGE DER PRIVATEN HAUSHALTE AN DEN STAAT

- IN MRD DM -

JAHR	SOZIALBEITRAEGE NACH TRAEGERN				SOZIALBEITRAEGE NACH BEITRAGSZAHLERN					INSGESAMT
	RENTEN-VERS.	GESETZL. KRANKEN-VERS.	ARBEITS-LOSEN-VERS.	GESETZL. UNFALL. VERS.	ARBEIT-GEBERBEI-TRAEGE	ARBEIT-NEHMER-BEITR.	PFLICHTBEI-TRAEGE DER SELBST.	BEITR.DES STAATES.F.EMPF. SOZ.LEIST.	FREIW.BEITR. D.SELBST., HAUSFR.U.AE.	
1960	15.17	9.23	2.69	1.84	14.10	11.65	0.82	1.37	0.99	28.93
1961	17.14	10.59	2.09	1.96	15.41	12.80	0.88	1.56	1.13	31.78
1962	18.94	12.10	2.10	2.18	16.99	14.36	0.84	1.81	1.32	35.32
1963	20.36	12.77	2.61	2.34	18.23	15.42	0.89	2.07	1.47	38.08
1964	22.21	13.34	2.14	2.79	19.18	16.84	0.94	1.94	1.58	40.48
1965	24.85	14.98	1.63	3.26	21.10	18.79	0.90	2.14	1.79	44.72
1966	26.75	17.56	1.82	3.48	23.33	20.73	1.00	2.45	2.10	49.61
1967	26.96	19.24	2.12	3.65	23.60	21.16	1.07	3.73	2.41	51.97
1968	30.96	20.14	2.30	3.90	26.37	23.78	1.10	3.94	2.11	57.30
1969	36.58	22.47	2.51	4.13	30.34	27.58	1.17	4.24	2.36	65.69
1970	45.59	24.95	3.15	4.34	36.06	32.74	1.32	5.23	2.68	78.03
1971	52.38	29.85	3.56	4.59	42.51	36.81	1.33	6.73	3.00	90.38
1972	57.92	34.67	5.83	5.13	48.80	41.52	1.68	8.01	3.54	103.55
1973	68.35	42.01	6.77	5.72	58.14	48.92	2.31	9.43	4.05	122.85
1974	74.97	48.30	7.35	6.61	64.34	53.55	2.67	11.84	4.83	137.23
1975	78.98	57.83	9.04	7.08	70.28	58.47	3.08	15.68	5.42	152.93
1976	85.08	67.07	13.84	7.36	79.24	66.52	3.00	18.07	6.52	173.35
1977	91.19	70.56	14.82	7.81	85.38	72.17	3.30	17.36	6.17	184.38
1978	98.93	72.53	15.77	8.30	90.91	76.98	3.34	16.73	7.57	195.53
1979	108.47	76.79	17.07	8.97	98.21	82.93	3.48	18.76	7.92	211.30
1980	117.28	83.18	18.45	9.47	106.83	90.23	3.60	20.16	7.56	228.38
1981	127.82	90.60	19.19	9.74	114.40	96.66	3.57	24.39	8.33	247.35
1982	130.31	96.20	26.39	9.94	120.27	101.73	3.70	28.14	9.00	262.84

QUELLE: STATISTISCHES BUNDESAMT. FACHSERIE 18, REIHE S.5, REVIDIERTE ERGEBNISSE 1960 BIS 1981; REIHE 1, KONTEN UND STANDARDTABELLEN, 1982

TABELLE I. 4.4/2

SOZIALBEITRAEGE DER PRIVATEN HAUSHALTE AN DEN STAAT

- IN VH -

JAHR	SOZIALBEITRAEGE NACH TRAEGERN				SOZIALBEITRAEGE NACH BEITRAGSZAHLERN					
	RENTEN-VERS.	GESETZL. KRANKEN-VERS.	ARBEITS-LOSEN-VERS.	GESETZL. UNFALL. VERS.	ARBEIT-GEBERBEI-TRAEGE	ARBEIT-NEHMER-BEITR.	PFLICHTBEI-TRAEGE DER SELBST.	BEITR.DES STAATES.F.EMPF. SOZ.LEIST.	FREIW.BEITR. D.SELBST., HAUSFR.U.AE.	INSGESAMT
1960	52.44	31.90	9.30	6.36	48.74	40.27	2.83	4.74	3.42	100.00
1961	53.93	33.32	6.58	6.17	48.49	40.28	2.77	4.91	3.56	100.00
1962	53.62	34.26	5.95	6.17	48.10	40.66	2.38	5.12	3.74	100.00
1963	53.47	33.53	6.85	6.14	47.87	40.49	2.34	5.44	3.86	100.00
1964	54.87	32.95	5.29	6.89	47.38	41.60	2.32	4.79	3.90	100.00
1965	55.57	33.50	3.64	7.29	47.18	42.02	2.01	4.79	4.00	100.00
1966	53.92	35.40	3.67	7.01	47.03	41.79	2.02	4.94	4.23	100.00
1967	51.88	37.02	4.08	7.02	45.41	40.72	2.06	7.18	4.64	100.00
1968	54.03	35.15	4.01	6.81	46.02	41.50	1.92	6.88	3.68	100.00
1969	55.68	34.21	3.82	6.29	46.19	41.98	1.78	6.45	3.59	100.00
1970	58.43	31.97	4.04	5.56	46.21	41.96	1.69	6.70	3.43	100.00
1971	57.96	33.03	3.94	5.08	47.03	40.73	1.47	7.45	3.32	100.00
1972	55.93	33.48	5.63	4.95	47.13	40.10	1.62	7.74	3.42	100.00
1973	55.64	34.20	5.51	4.66	47.33	39.82	1.88	7.68	3.30	100.00
1974	54.63	35.20	5.36	4.82	46.88	39.02	1.95	8.63	3.52	100.00
1975	51.64	37.81	5.91	4.63	45.96	38.23	2.01	10.25	3.54	100.00
1976	49.08	38.69	7.98	4.25	45.71	38.37	1.73	10.42	3.76	100.00
1977	49.46	38.27	8.04	4.24	46.31	39.14	1.79	9.42	3.35	100.00
1978	50.60	37.09	8.07	4.24	46.49	39.37	1.71	8.56	3.87	100.00
1979	51.33	36.34	8.08	4.25	46.48	39.25	1.65	8.88	3.75	100.00
1980	51.35	36.42	8.08	4.15	46.78	39.51	1.58	8.83	3.31	100.00
1981	51.68	36.63	7.76	3.94	46.25	39.08	1.44	9.86	3.37	100.00
1982	49.58	36.60	10.04	3.78	45.76	38.70	1.41	10.71	3.42	100.00

QUELLE: STATISTISCHES BUNDESAMT. FACHSERIE 18, REIHE S.5, REVIDIERTE ERGEBNISSE 1960 BIS 1981; REIHE 1, KONTEN UND STANDARDTABELLEN, 1982
EIGENE BERECHNUNGEN.

kommens. Die Beitragseinnahmen der Bundesanstalt für Arbeit fielen absolut bis 1965, stiegen dann und übertrafen das absolute Niveau von 1960 erst wieder im Jahr 1970. In den folgenden Jahren expandierten diese Einnahmen kräftig mit jahresdurchschnittlichen Veränderungsraten von 18,5 vH. Bei der gesetzlichen Krankenversicherung liegt die Phase mit der größen Steigerung im Zeitraum 1971 bis 1976 mit jährlichen Raten von 17,5 vH. In den Jahren davon nahmen die Beiträge mit durchschnittlich 10,5 vH, in den Jahren danach mit durchschnittlich 6 vH. Die Beiträge zur Rentenversicherung haben in den Jahren 1968 bis 1973 um jährlich knapp 17 vH zugenommen. In den Jahren zuvor und danach waren die jährlichen Steigerungsraten nur halb so groß.

Eine Aufteilung der Sozialbeiträge nach Beitragszahlern zeigt, daß die Arbeitgeberbeiträge etwas langsamer gestiegen sind als die Arbeitnehmerbeiträge. Dies ist durch das unterdurchschnittliche Anwachsen der Unfallversicherungsbeiträge verursacht. Die Finanzierung der Unfallversicherung geschieht durch Beiträge, die allein von den Unternehmen getragen werden. Diese Beiträge werden so bemessen, daß sie die Ausgaben des letzten Jahres decken.

Besonders stark gestiegen ist der Posten "Beiträge des Staates für Empfänger sozialer Leistungen". Hierbei handelt es sich - insgesamt gesehen - um Doppelzählungen von Beiträgen und Leistungen. Der größte Betrag entfällt auf die Zahlungen der Rentenversicherungsträger für die Krankenversicherung der Rentner. Der steile Anstieg der Zahlungen aber geht zurück auf die Krankenversicherungsbeiträge für Arbeitslose (einschl. Arbeitslosenhilfe) und die seit 1979 für diesen Personenkreis abzuführenden Rentenversicherungsbeiträge:

	1970	1982
Beiträge insgesamt (Mrd. DM)	5,2	28,8
darunter		
Krankenversicherung der Rentner	5,0	16,2
Arbeitslosenversicherung und Arbeitslosenhilfe		
an Krankenversicherung	0,2	4,5
an Rentenversicherung	-	7,3

5 Staatsverschuldung

Der Schuldenbestand von Bund, Ländern und Gemeinden hat Ende 1982 rund 675 Mrd. DM betragen. Von diesem Betrag entfielen :

auf den Bund	314 Mrd. DM
auf die Länder	191 Mrd. DM
auf die Gemeinden	110 Mrd. DM

Auf den Bund konzentrierte sich nicht nur der größte Betrag, sondern auch die stärkste Zunahme gegenüber 1960. Zunächst aber waren es die Gemeinden, die sich bereits in den 60er Jahren stark verschuldeten. 1974 setzte dann die eigentliche, gesamtwirtschaftlich verursachte Verschuldungsphase ein; vornehmlich Bund und Länder mußten sich stark verschulden.

Im Vergleich von Schuldenbestand und Einnahmen der Gebietskörperschaften insgesamt ergeben sich in der zeitlichen Entwicklung folgende Relationen :

	Schulden-bestand in Mrd. DM	Einnahmen in Mrd. DM	Relation
1950	40	25	1,6
1960	56	80	0,7
1970	123	184	0,7
1980	469	445	1,1
1982	615	480	1,3

Zu den Bestandszahlen in den 50er Jahren ist anzumerken, daß sie weit oberhalb der damals "fundierten Schulden" liegen, in die z.B. erst ab 1953 - nach dem Londoner Schuldenabkommen - die alten Auslandschulden einbezogen wurden. Ferner sind die Inlandschulden im Zusammenhang mit der Währungsreform von 1948 (Ausgleichsforderungen u.a.) nachträglich noch erheblich aufgestockt worden. Der für 1950 angegebene Betrag von 40 Mrd. DM "Altschulden" ergibt sich aus den heutigen Restbeständen von 16 Mrd. DM und Tilgungen von insgesamt 24 Mrd. DM. Rechnerisch hätte noch ein kleiner Betrag von 2 Mrd. DM "Neuschulden" dem Anfangsbestand hinzugefügt werden können.

Die für den Vergleich von Schuldenbestand und Einnahmen gewählte "Haushaltsrechnung" umfaßt - in konsolidierter Form - alle Einnahmen der Gebietskörperschaften aus Steuern, Gebühren (Verkäufen von Verwaltungsleistungen) und Vermögenseinkommen in der Abgrenzung der VGR; analog die Ausgaben, diese aber ohne Schuldzinsen. Die Gliederung zielt auf den Aspekt ab, daß der Haushalt ausgeglichen ist, wenn die Einnahmen die Ausgaben für Transferzahlungen, Personalkosten sowie Käufe von Gütern und Diensten (einschließlich Investitionen) decken. Damit stehen sich in der "Finanzierungsrechnung" Neuverschuldung und Zinsausgaben gegenüber und machen deutlich, in welchem Umfang der Staat jeweils netto - im Saldo aus Kreditaufnahme sowie Tilgungen und Zinsen - Mittel zusätzlich zu den laufenden Einnahmen verfügbar hatte.

In den 50er Jahren war dieser Saldo annähernd Null, während die Haushaltsrechnung große Überschüsse brachte und Spielraum gab für die damals dominierende Wirtschaftsförderung über Darlehen.

Einnahmen und Ausgaben der Gebietskörperschaften

Zeitraum	Haushaltsrechnung			Finanzierungsrechnung			
	Einnahmen	Ausgaben	Saldo	Nettoverschuldung	Zinsausgaben	Saldo	Ausgaben für Darlehen
				in Mrd. DM			
1950-62	749	679	70	17	19	-2	68
1963-73	1809	1793	16	112	60	52	67
1974-83	3966	4142	-176	509	265	244	68
				Ausgaben = 100			
1950-62	110,3	100	10,3	2,5	2,8	-0,3	10,0
1963-73	100,9	100	0,9	6,2	3,3	2,9	3,8
1974-83	95,8	100	-4,3	12,3	6,4	5,9	1,6

Der Überschußphase bis 1962 steht als zweiter Abschnitt der Zeitraum 1963 bis 1973 gegenüber. Die Haushaltsrechnung ist annähernd ausgeglichen, die Verschuldung bereits wesentlich größer, aber die zusätzlichen Nettoeinnahmen aus Verschuldung im Saldo aus Schuldenzunahme und Zinsausgaben dienen weiterhin der Darlehensvergabe. Relativ geht der Betrag von 10 vH der "laufenden" Ausgaben auf 4 vH zurück. In der dritten Phase (1974 bis 1983) verlieren die Darlehen noch mehr an Gewicht; die Haushaltsrechnung weist kumuliert einen Negativsaldo in Höhe von 176 Mrd. DM aus, das sind 4,3 vH der Ausgaben. Der Staat mußte jedoch über 500 Mrd. DM Schulden aufnehmen, da die Zinsausgaben als Folge von anhaltender Neuverschuldung und steigendem Zinsniveau steil zunahmen und knapp die Hälfte der zusätzlichen Kreditmittel absorbierten.

Die Staatsverschuldung war ein gewichtiger Gegenposten zur schwachen Zunahme der privaten Investitionen einschließlich Wohnungsbau. Im Vergleich der Jahre 1973 und 1982 nahm das Bruttosozialprodukt (ohne den Beitrag des Staates) jahresdurchschnittlich nominal um 6 vH zu, der private Verbrauch sowie die Käufe des Staates stiegen um 7 vH, die privaten Investitionen um 4 vH. Netto, d.h. nach Abzug der Abschreibungen, lagen die Investitionen 1982 sogar unter dem Niveau von 1973. Die privaten Haushalte aber bildeten 1982 fast 50 Mrd. DM mehr Geldvermögen als 1973.

Der Staat ist in eine Schuldnerposition gekommen, aus der er sich isoliert nicht lösen kann, gegenwärtig zieht er fast die Hälfte des Forderungszuwachses der privaten Haushalte an sich. Will er sich lösen, so besteht bei unveränderter Forderungsposition gegenüber dem Ausland nur die Alternative : Entweder weniger Sparen der privaten Haushalte oder stärkere Verschuldung der Unternehmen. Sicherlich wäre es aus konjunktureller Sicht erfreulicher, wenn die privaten Haushalte zu Lasten des Sparens mehr konsumieren. Realistisch aber ist eher, daß die Sparquote im Trend nicht sinkt. Eine stärkere Verschuldung der Unternehmen ist jedoch nur bei einem anhaltenden, von den Investitionen getragenen Wirtschaftsaufschwung zu erwarten. Damit würden den öffentlichen Haushalten Mehreinnahmen zufließen, die die Möglichkeit zu einer Reduzierung der jährlichen Neuverschuldung eröffnen würde. Jeder andere Weg würde voraussetzen, daß erhebliche Steuereinnahmen zur Finanzierung der Zinsausgaben verwendet werden. Bei gegebenen Steuersätzen bedeutet dies die Reduzierung von

Personal-, Sach- und Transferausgaben in nicht vertretbarem Maße. Derartige Kürzungen würden in Einnahmeausfällen zurückschlagen und wären auch aus verteilungspolitischen Gründen abzulehnen. Konsolidierung kann also nur heißen, daß laufende Ausgaben nicht mehr aus Schuldenaufnahme finanziert werden und daß die Staatsverschuldung etwa im Umfang der jährlichen Zinsausgaben zunehmen müßte.

Fußnoten

1) H. Bartels: Das Einkommenskonto für den Staat in den Volkswirtschaftlichen Gesamtrechnungen. In: Wirtschaft und Statistik (1955), S. 199.

2) Europäische Zentrale der öffentlichen Wirtschaft (CEEP): Die öffentliche Wirtschaft in der Europäischen Gemeinschaft. Jahrbuch 1981.

3) Vgl. Der Bundesminister für Bildung und Wissenschaft: Grund- und Strukturdaten 1982/83, Bonn 1982, S. 160 f.

4) Vgl. Exkurs in Kapitel I.

5) Deutsches Institut für Urbanistik und Deutscher Städtetag: Kommunale Gebührenhaushalte, Berlin 1976.

6) Nettoausgaben/-einnahmen: Bereinigte Ausgaben/Einnahmen nach Abzug der vom öffentlichen Bereich empfangenen Zahlungen. Die Posten geben an, wie hoch die eigene Belastung (das eigene Mittelaufkommen) aus der Aufgabenerfüllung ist.

Teil II : Wirkungen ausgewählter Staatsaktivitäten

1. Gewichtsverlagerungen in der Infrastruktur

Die Instrumente der Prozeßpolitik sind so geartet, daß von ihnen aufgrund inhaltlicher und institutioneller Gegebenheiten erhebliche Wirkungen auf die Infrastruktur ausgehen. Eine Verbindung von Prozeßsteuerung und Wachstumspolitik ist an sich erwünscht; sie hat im Stabilitäts- und Wachstumsgesetz von 1967 ihre programmatische Formulierung gefunden. De facto hat sich aber gezeigt, daß die Prozeßsteuerung weder ihre eigentliche Aufgabe erfüllt hat, noch in eine Richtung lief, die immer mit Bedarfsgesichtspunkten bzw. einer rationalen Planung für den Infrastrukturbereich in Übereinstimmung zu bringen war. Dabei muß allerdings berücksichtigt werden, daß es keine verbindliche Norm für den Bedarf an Infrastruktureinrichtungen gibt. Insofern ist der Bedarf keine unmittelbar handlungsverpflichtende Größe. Erst aufgrund von z.B. aus regionalen oder internationalen Vergleichen sichtbar gewordenen Mangelsituationen oder aus allgemeinpolitischen Gesichtspunkten gewonnenen und konsensfähig gemachten Zielen können Veränderungen des Infrastrukturbestandes geplant und dann auch langfristig verwirklicht werden. Beispiele hierfür sind sowohl der Ausbau des Straßennetzes in den 50er und 60er Jahren, als auch des Unterrichts- und des Gesundheitswesens in den 60er und 70er Jahren. Durch diese langfristig angelegten Infrastrukturplanungen hat sich die gesamte Struktur verändert.

Die Auswirkungen der Wirtschaftskrise von 1974 waren für den Infrastrukturbereich zweifach: Einmal wurden aufgrund fehlender Haushaltsmittel vor allem von den Gemeinden Kürzungen bei den Infrastrukturinvestitionen vorgenommen. Zum anderen wurde auch die Höhe des als notwendig Erachteten nach unten korrigiert. Beides ging Hand in Hand: Während bis Mitte der 70er Jahre Bedarfsschätzungen für Infrastrukturinvestitionen insgesamt noch Zuwachsraten für erforderlich hielten, die über dem gesamtwirtschaftlichen Wachstumspfad liegen sollten, erfolgte unter dem Vorzeichen sich andeutender wirtschaftlicher Schwierigkeiten und aufgrund einer demographiebezogenen Argumentation in den haushaltsorientierten Infrastrukturbereichen allmählich eine andere Einschätzung.

Die jährlichen Ausgaben für die Infrastruktur werden durch den Kapital-, Personal- und Vorleistungseinsatz bestimmt, der für die jeweiligen Infrastrukturleistungen notwendig ist. So ist mit einem Rückgang des Anteils der Gesamtausgaben, den der Staat in die materielle Infrastruktur investiert, nicht unmittelbar ein Rückgang im staatlichen Angebot von Infrastrukturleistungen verbunden. Ein Einfrieren z.B. der Straßenbauinvestitionen auf dem erreichten hohen Niveau hat unmittelbare Konsequenzen für die staatliche Investitionstätigkeit, aber nicht für die Personalentwicklung, da das Angebot von Straßenleistungen so gut wie keinen Personaleinsatz erfordert. In den meisten Aufgabenbereichen ist aber nicht nur der Einsatz von Anlagevermögen, sondern auch von Vorleistungen und Arbeitskräften erforderlich.

Die geänderten wirtschaftspolitischen Zielvorstellungen z.B. in der Energieversorgung, in der Umweltschutzpolitik und in der Wohnungs- und Städtebaupolitik haben zu Änderungen im Einsatz der fiskalischen Mittel sowohl in den Aufgabenbereichen als auch in dem Verhältnis der Ausgabearten des Staates geführt.

1.1 **Anlageinvestitionen des Staates und Infrastrukturkapital**

Die neuen Anlagen des Staates (in Preisen von 1976) haben sich im Verhältnis zu denen der Gesamtwirtschaft (ohne Wohnungsvermietung) von 1960 bis 1964 von 18vH auf 24vH erhöht; zwischen 1975 und 1980 ist dieser Anteil dann aber wieder auf gut 19vH gesunken: Die staatlichen Anlageinvestitionen haben in der zweiten Hälfte der 70er Jahre erheblich an Gewicht verloren, auch wenn zwischen 1978 und 1980 die realen Brutto-Anlageinvestitionen absolut - auch infolge des Zukunftsinvestitionsprogramms - noch gestiegen sind. 1981 und 1982 war dann aber der Rückgang umso ausgeprägter.

Bei rückläufigen gesamtwirtschaftlichen Anlageinvestitionen (in Preisen von 1976) ist dennoch der Anteil des Staates 1982 auf unter 18vH und damit unter den Anteil im Jahre 1960 zurückgegangen. Absolut entspricht das Investitionsvolumen des Staates im Jahre 1982 dem des Jahres 1969. Dabei ist zu berücksichtigen, daß die Bruttoanlageinvestitonen des Staates einen deutlichen konjunkturellen - prozyklischen -Verlauf zeigen; das Endjahr 1982 als Jahr der neuesten Informationen macht die Situation besonders krass deutlich.

TABELLE II.1.1/1

BRUTTO-ANLAGEINVESTITIONEN IN DEN STAATLICHEN AUFGABENBEREICHEN ZU PREISEN VON 1976
IN MILL.DM

	1960	1961	1962	1963	1964	1965	1966	1967	1968	1969	1970	1971	1972	1973	1974	1975	1976	1977	1978	1979	1980
ALLG.STAATL.VERW.	800	740	860	930	1090	1150	1100	980	940	1030	1090	1160	1140	1190	1240	1170	1340	1240	1490	1500	1820
VERTEIDIGUNG	390	340	390	410	360	350	360	370	320	320	310	250	260	190	270	230	220	190	190	260	200
OEFF.SICH.ORDNUNG	610	580	670	720	840	880	840	750	730	800	840	890	990	1060	1370	1480	1380	1430	1540	1700	1840
UNTERRICHTSWESEN	4400	4850	4970	5910	7860	8170	8030	7160	7340	8000	9570	10110	9730	9650	10440	9970	8770	7590	6810	6600	6820
GESUNDHEITSW.INSG.	1400	1480	1630	1860	2350	2550	2620	2420	2430	2350	2700	2670	2570	2640	2910	3050	2860	2990	3290	3480	3380
DAVON GEB.KOERP.	1280	1360	1500	1710	2150	2340	2410	2230	2230	2160	2480	2420	2320	2340	2500	2620	2500	2550	2930	3100	3070
DAVON SOZ.VERS.	120	120	130	150	200	210	210	190	200	190	220	250	250	300	410	430	360	440	360	380	310
SOZIALE SICH.INSG.	480	500	550	630	660	640	670	590	580	540	670	800	860	960	970	930	900	810	740	740	800
DAVON GEB.KOERP.	340	340	380	440	450	440	460	410	400	370	460	600	640	700	620	590	580	490	460	470	560
DAVON SOZ.VERS.	140	160	170	190	210	200	210	180	180	170	210	200	220	260	350	340	320	320	280	270	240
WOHNUNGSW.,STADTPL	160	140	160	180	200	190	200	230	250	330	260	310	330	330	310	360	510	470	540	800	850
GEM.DIENST,UMWELT	2490	2890	3490	3870	4670	4620	4620	3740	4220	4560	5240	5310	5060	5190	5780	5420	6070	5720	6310	6940	7560
ERHOLUNG,KULTUR	750	850	1020	1220	1460	1320	1290	1010	1050	1310	1590	1770	1970	2090	2430	2490	2380	2110	2210	2340	2750
VERKEHRSWESEN	5890	6740	8200	9640	11370	11230	11860	11280	12590	13610	15290	14320	13520	12720	12480	12110	11460	12420	13070	13270	12390
UEBRIGE BEREICHE	560	620	760	890	1120	1050	1060	790	730	1060	1040	1020	1070	1040	1080	1050	1060	1050	1100	1300	1450
ALLE BEREICHE	17930	19730	22700	26260	31920	32150	32650	29320	31180	33910	38600	38610	37500	37060	39280	38260	36950	36020	37290	38930	39860
DAVON GEB.KOERP.	17670	19450	22400	25920	31510	31740	32230	28950	30800	33550	38170	38160	37030	36500	38520	37490	36270	35260	36650	38280	39310
DAVON SOZ.VERS.	260	280	300	340	410	410	420	370	380	360	430	450	470	560	760	770	680	760	640	650	550

IN VH

	1960	1961	1962	1963	1964	1965	1966	1967	1968	1969	1970	1971	1972	1973	1974	1975	1976	1977	1978	1979	1980
ALLG.STAATL.VERW.	4.46	3.75	3.79	3.54	3.41	3.58	3.37	3.34	3.01	3.04	2.82	3.00	3.04	3.21	3.16	3.06	3.63	3.44	4.00	3.85	4.57
VERTEIDIGUNG	2.18	1.72	1.72	1.56	1.13	1.09	1.10	1.26	1.03	0.94	0.80	0.65	0.69	0.51	0.69	0.60	0.60	0.53	0.51	0.67	0.50
OEFF.SICH.,ORDNUNG	3.40	2.94	2.95	2.74	2.63	2.74	2.57	2.56	2.34	2.36	2.18	2.31	2.64	2.86	3.49	3.87	3.73	3.97	4.13	4.37	4.62
UNTERRICHTSWESEN	24.54	24.58	21.89	22.51	24.44	25.41	24.59	24.42	23.54	23.59	24.79	26.18	25.95	26.04	26.58	26.06	23.73	21.07	18.26	16.95	17.11
GESUNDHEITSW.INSG.	7.81	7.50	7.18	7.08	7.36	7.93	8.02	8.25	7.79	6.93	6.99	6.92	6.85	7.12	7.41	7.97	7.74	8.30	8.82	8.94	8.48
DAVON GEB.KOERP.	7.14	6.89	6.61	6.51	6.74	7.28	7.38	7.61	7.15	6.37	6.42	6.27	6.19	6.31	6.36	6.85	6.77	7.08	7.86	7.96	7.70
DAVON SOZ.VERS.	0.67	0.61	0.57	0.57	0.63	0.65	0.64	0.65	0.64	0.56	0.57	0.65	0.67	0.81	1.04	1.12	0.97	1.22	0.97	0.98	0.78
SOZIALE SICH.INSG.	2.68	2.53	2.42	2.40	2.07	1.99	2.05	2.01	1.86	1.59	1.74	2.07	2.29	2.59	2.47	2.43	2.44	2.25	1.98	1.90	2.01
DAVON GEB.KOERP.	1.90	1.72	1.67	1.68	1.41	1.37	1.41	1.40	1.28	1.09	1.19	1.55	1.71	1.89	1.58	1.54	1.57	1.36	1.23	1.21	1.40
DAVON SOZ.VERS.	0.78	0.81	0.75	0.72	0.66	0.62	0.64	0.61	0.58	0.50	0.54	0.52	0.59	0.70	0.89	0.89	0.87	0.89	0.75	0.69	0.60
WOHNUNGSW.,STADTPL	0.89	0.71	0.70	0.69	0.63	0.59	0.61	0.78	0.80	0.97	0.67	0.80	0.88	0.89	0.79	0.94	1.38	1.30	1.45	2.05	2.13
GEM.DIENST,UMWELT	13.89	14.65	15.37	14.74	14.63	14.37	14.15	12.76	13.53	13.45	13.58	13.75	13.49	14.00	14.71	14.17	16.43	15.88	16.92	17.83	18.97
ERHOLUNG,KULTUR	4.18	4.31	4.49	4.65	4.57	4.11	3.95	3.44	3.37	3.86	4.12	4.58	5.25	5.64	6.19	6.51	6.44	5.86	5.93	6.01	6.90
VERKEHRSWESEN	32.85	34.16	36.12	36.71	35.62	34.93	36.32	38.47	40.38	40.14	39.61	37.09	36.05	34.32	31.77	31.65	31.01	34.48	35.05	34.09	31.08
UEBRIGE BEREICHE	3.12	3.14	3.35	3.39	3.51	3.27	3.25	2.69	2.34	3.13	2.69	2.64	2.85	2.81	2.75	2.74	2.87	2.92	2.95	3.34	3.64
ALLE BEREICHE	100.00	100.00	100.00	100.00	100.00	100.00	100.00	100.00	100.00	100.00	100.00	100.00	100.00	100.00	100.00	100.00	100.00	100.00	100.00	100.00	100.00
DAVON GEB.KOERP.	98.55	98.58	98.68	98.71	98.72	98.72	98.71	98.74	98.78	98.94	98.89	98.83	98.75	98.49	98.07	97.99	98.16	97.89	98.28	98.33	98.62
DAVON SOZ.VERS.	1.45	1.42	1.32	1.29	1.28	1.28	1.29	1.26	1.22	1.06	1.11	1.17	1.25	1.51	1.93	2.01	1.84	2.11	1.72	1.67	1.38

QUELLEN: STATISTISCHES BUNDESAMT, FACHSERIE 18; EIGENE BERECHNUNGEN.

Die Gründe für die Prozyklik der staatlichen Investitionen hängen mit dem bestehenden kommunalen Haushaltsrecht und dem daraus resultierenden Verhalten der Kommunen zusammen, die Höhe der Investitionsausgaben im wesentlichen nach der Differenz von laufenden Einnahmen und Ausgaben zu richten. Dazu tragen auch die Investitionszuschüsse von Bund und Ländern bei, die normalerweise ebenfalls einen prozyklischen Einfluß aufweisen. Wenn auch die Komunen den größten Anteil an der Durchführung der staatlichen Investitionen haben, so trägt doch der Bund den höchsten Anteil der finanziellen Belastung. Die Differenz von laufenden Einnahmen und Ausgaben ist von den Gemeinden kaum beeinflußbar; während sie sich auf der einen Seite -auch aufgrund zunehnmender Aufgaben, z.B. im Bereich der Sozialhilfe -steigenden Ausgaben gegenübersehen, sind auf der Einnahmenseite die Gestaltungsmöglichkeiten gering. Dies gilt für die Festsetzung der Hebesätze der Realsteuern, die Gebühren, aber auch die nach dem Haushaltsrecht geringen Verschuldungsmöglichkeiten. Trotz der in der jüngsten Zeit vielfach zu beobachtenden Gebührenanhebungen "auf breiter Front" sind nach Aussagen des Deutschen Städtetages dennoch spürbare Einschränkungen in den Öffnungszeiten, in selteneren Fällen sogar die Schließung z.B. von Bibliotheken und Bädern vorgenommen worden.

Der Rückgang der staatlichen Investitionen hat deutlich zu dem erneuten konjunkturellen Abschwung in den letzten Jahren beigetragen. Ob er auch ein entscheidender Faktor für die Abflachung des längerfristigen Wirtschaftswachstum gewesen ist, kann beurteilt werden, indem man die Entwicklung des staatlichen in Relation zum gesamtwirtschaftlichen Bruttoanlagevermögen (ohne Wohnungsvermietung) betrachtet. Es zeigt sich, daß dieser Anteil seit 1960 leicht zugenommen hat und 1980 um 2 Prozentpunkte höher war als 1960. Dieses Resultat wird plausibel, wenn man bedenkt, daß angesichts der langen Nutzungsdauern im staatlichen Bereich die massive Investitionstätigkeit des Staates in den 60er Jahren im Bestand immer noch positiv zu Buche schlägt.

Mit aller Vorsicht ist also zu sagen, daß die Ausstattung der Volkswirtschaft mit Einrichtungen der Infrastruktur bisher nicht durch die Entwicklung der staatlichen Investitionen in Mitleidenschaft gezogen worden ist. Unter Wachstums- und Kapazitätsgesichtspunkten muß die Investitionsentwicklung somit anders beurteilt werden als unter dem Gesichtspunkt ihrer Einkommens- und Beschäftigungswirkungen. Eine Messung des Wachstumsbeitrags des Infrastrukturkapitals ist allerdings schwierig. Häufig geht man von der Hypothese aus, daß zwischen dem Infrastrukturkapital und den Aktivitäten der Privaten Komplementaritäten in dem Sinn bestehen, daß durch das Infrastrukturkapital oft erst die Voraussetzungen für die Entfaltung der Konsumnachfrage und für die Produktion der privaten Wirtschaft geschaffen werden. Jede wachstumspolitische Beurteilung der Wirkungen des Infrastrukturkapitals sieht sich aber mit der bisher nicht gelösten Frage konfrontiert, welche externen Effekte für die gewerbliche Wirtschaft oder die privaten Haushalte von Infrastruktureinrichtungen ausgelöst werden. Hier kann eine tiefergehende Betrachtung der einzelnen Aufgabenbereiche weiterführen.

Der wichtigste Investitionsbereich sind die Straßen und Brücken, die mehr als 90vH der hier in der Abgrenzung der VGR ausgewiesenen Verkehrswesens ausmachen; d.h. die Eisenbahn, der Öffentliche Personen-Nahverkehr u.a. sind in dieser Betrachtung nicht enthalten, da sie von Wirtschaftsunternehmen - gleichgültig ob rechtlich selbständig oder unselbständig, ganz oder teilweise in öffentlichem Besitz - betrieben werden.

Die Verkehrsinvestitionen haben sich von 1960 bis 1970 real fast verdreifacht. Schon 1973 wurde dann ein um 15vH niedrigeres Niveau erreicht und unter Schwankungen bis 1980 in etwa beibehalten. 1981 und 1982 waren jedoch weitere drastische Rückgänge zu verzeichnen. Im Bundesverkehrswegeplan '80 wurde das Ziel der weiteren Verlängerung des Straßennetzes zugunsten einer Erhöhung des Eisbenbahnanteils nach unten korrigiert. Aus ökologischen und verkehrstechnischen Gesichtspunkten wurde vor allem einer qualitativen Verbesserung des bestehenden Straßennetzes der Vorrang gegeben. Auch in der mittelfristigen Finanzplanung des Bundes von 1982 wird von konstanten Ansätzen (in jeweiligen Preisen) für den Bundesfernstraßenbau ausgegangen. Hierin drückt sich eine geänderte Einschätzung des Zusatzbedarfs aus. Anteilig haben die Verkehrsinvestitionen von 1969 bis 1980 noch etwas mehr Prozentpunkte verloren als sie zwischen 1960 und 1969 gewonnen hatten. Dagegen hat das Bruttoanlagevermögen absolut noch zugenommen. Relativ gilt dies bis 1974. Danach ist ein nur ganz geringfügiger Rückgang des Anteils zu verzeichnen.

Die realen Anlageinvestitionen im Unterrichtswesen - dem lange Zeit zweitwichtgsten Investitionsbereich - expandierten bis 1970 kräftig, stagnierten bis 1974 auf hohem Niveau und hatten bis 1980 unter allem Aufgabenbereichen den schärfsten Rückgang zu verzeichnen. Dementsprechend ging der Anteil des Unterrichtswesens an den staatlichen Investitionen zwischen 1975 und 1980 von 26vH auf 17vH zurück. Das Bruttoanlagevermögen zu Preisen von 1976 stieg aber absolut weiter an. Sein Anteil am gesamten Infrastrukturkapital geht seit 1977 leicht zurück. Für die Zukunft ist mit deutlicheren Anteilsverschiebungen nach unten zu rechnen, wenn sich das in den letzten Jahren geschrumpfte Investitionsvolumen auf das Bestandswachstum auswirkt. Diese Einschränkung der Investitionen wurde vor allem mit Hinweis auf die demographisch bedingt zu erwartenden Verringerung der Schüler- und Studentenzahlen begründet. Für die Gebäudeausstattung im Unterrichtswesen wird ein Zusatzbedarf kaum noch gesehen. Eher sind - demographiebedingt - auf einzelnen Stufen des Unterrichtswesens Überkapazitäten vorhanden bzw. abzusehen.

Im Gesundheitswesen wurden in den 70er Jahren noch leichte Anteilsgewinne bei den Investitionen, aber nicht mehr im Bruttoanlagevermögen realisiert. Auch in diesem Bereich macht sich ein nachlassender Bedarfsdruck bemerkbar.

Am auffälligsten war in diesem Zeitraum die Entwicklung im Bereich der Kommunalen Gemeinschaftsdienste; dieser Bereich ist vor allem geprägt durch die Entsorgung. Absolut und im Anteil sind hier 1980 die Investitionen nach dem Verkehrsbereich am höchsten gewesen, größer sogar als im Unterrichtswesen. Der Anteil der Kommunalen Gemeinschaftsdienste am Infrastrukturkapital betrug 1980 fast 15vH. Ebenfalls zugenommen hat der Anteil an den Investitionen und am Infrastrukturkapital im Bereich Erholung und Kultur. Relativ groß war der relative Anstieg der Investitionen im (kleinen) Bereich Wohnungswesen, Stadt- und Landesplanung, aber auch im Bereich öffentliche Sicherheit und Ordnung. Nur im ersten Fall hat sich die Entwicklung im Anstieg des Bestandsanteils niedergeschlagen.

Fazit: Der Anteil der haushaltsorientierten Infrastrukturbereiche (Unterrichtswesen, Gesundheit, soziale Sicherung, Erholung, Kultur, Wohnungswesen, Stadt- und Landesplanung) am gesamten Infrastrukturkapital, der etwa

TABELLE II.1.1/2

BRUTTO-ANLAGEVERMOEGEN IN DEN STAATLICHEN AUFGABENBEREICHEN ZU PREISEN VON 1976
IN MILL.DM

	1960	1961	1962	1963	1964	1965	1966	1967	1968	1969	1970	1971	1972	1973	1974	1975	1976	1977	1978	1979	1980
ALLG.STAATL.VERW.	17873	18573	19194	19945	20728	21652	22603	23498	24237	24958	25738	26591	27501	28378	29293	30246	31115	32143	33060	34214	35349
VERTEIDIGUNG	10157	10505	10796	11155	11515	11821	12117	12422	12713	12983	13235	13487	13677	13876	14004	14209	14374	14527	14648	14768	14949
OEFF.SICH.,ORDNUNG	13833	14372	14852	15432	16035	16749	17484	18175	18746	19304	19906	20565	21265	22055	22905	24054	25286	26358	27551	28856	30286
UNTERRICHTSWESEN	57369	61580	66102	70990	76564	83938	91614	99128	105519	112399	119782	128835	138398	147565	156576	166356	175627	183654	190455	196430	202875
GESUNDHEITSW.INSG.	30514	31733	32978	34450	36067	38134	40381	42699	44721	46847	48840	51210	53534	55744	58006	60523	63160	65592	68137	70962	73923
DAVON GEB.KOERP.	27879	28996	30138	31488	32969	34861	36919	39041	40894	42838	44661	46830	48925	50905	52889	55017	57247	59342	61470	63960	66571
DAVON SOZ.VERS.	2635	2737	2840	2962	3098	3273	3462	3658	3827	4009	4179	4380	4609	4839	5117	5506	5913	6250	6667	7002	7352
SOZIALE SICH.INSG.	11094	11528	11968	12488	13064	13685	14243	14821	15310	15808	16241	16820	17527	18290	19150	20017	20840	21632	22331	22956	23567
DAVON GEB.KOERP.	7483	7778	8078	8433	8825	9246	9625	10017	10349	10682	10973	11363	11891	12456	13078	13618	14125	14620	15023	15393	15764
DAVON SOZ.VERS.	3611	3750	3890	4055	4239	4439	4618	4804	4961	5126	5268	5457	5636	5834	6072	6399	6715	7012	7308	7563	7803
WOHNUNGSW.,STADTPL	3872	4013	4132	4280	4429	4577	4738	4913	5099	5314	5595	5820	6095	6388	6679	6948	7267	7733	8159	8652	9400
GEM.DIENST,UMWELT	44334	46875	49900	53498	57302	61962	66567	71165	74959	79180	83327	88446	93625	98543	103580	109196	114443	120330	125859	131969	138268
ERHOLUNG,KULTUR	10718	11455	12299	13327	14504	15900	17179	18416	19379	20380	21594	23110	24803	26689	28690	31024	33414	35690	37690	39788	41969
VERKEHRSWESEN	99119	105238	112451	121050	130709	142209	153610	165644	177326	189861	202693	217918	232169	245611	258246	270633	282643	293992	306293	319235	331238
UEBRIGE BEREICHE	8117	8728	9328	10085	10983	12073	13164	14219	14991	15966	16949	17998	18906	19981	20971	22094	23131	24149	25117	26170	27376
ALLE BEREICHE	307000	324600	344000	366700	391900	422700	453700	485100	513000	543000	573900	610000	647500	683100	718100	755300	791300	825800	859300	894000	928400
DAVON GEB.KOERP.	300754	318113	337270	359683	384563	414988	445620	476638	504212	533865	564453	600963	637255	672427	706911	743395	778672	812538	845325	879435	913245
DAVON SOZ.VERS.	6246	6487	6730	7017	7337	7712	8080	8462	8788	9135	9447	9837	10245	10673	11189	11905	12628	13262	13975	14565	15155

IN VH

	1960	1961	1962	1963	1964	1965	1966	1967	1968	1969	1970	1971	1972	1973	1974	1975	1976	1977	1978	1979	1980
ALLG.STAATL.VERW.	5.82	5.72	5.58	5.44	5.29	5.12	4.98	4.84	4.72	4.60	4.48	4.35	4.25	4.15	4.08	4.00	3.93	3.89	3.85	3.83	3.81
VERTEIDIGUNG	3.31	3.24	3.14	3.04	2.94	2.80	2.67	2.56	2.48	2.39	2.31	2.21	2.11	2.03	1.95	1.88	1.82	1.76	1.70	1.65	1.61
OEFF.SICH.,ORDNUNG	4.51	4.43	4.32	4.21	4.09	3.96	3.85	3.75	3.65	3.56	3.47	3.37	3.28	3.23	3.19	3.18	3.20	3.19	3.21	3.23	3.26
UNTERRICHTSWESEN	18.69	18.97	19.22	19.36	19.54	19.86	20.19	20.43	20.57	20.70	20.87	21.09	21.37	21.60	21.80	22.03	22.19	22.24	22.16	21.97	21.77
GESUNDHEITSW.INSG.	9.94	9.78	9.59	9.39	9.20	9.02	8.90	8.80	8.72	8.63	8.51	8.38	8.27	8.16	8.08	8.01	7.98	7.94	7.93	7.94	7.96
DAVON GEB.KOERP.	9.08	8.93	8.76	8.59	8.41	8.25	8.14	8.05	7.97	7.89	7.78	7.67	7.56	7.45	7.37	7.28	7.23	7.19	7.15	7.15	7.17
DAVON SOZ.VERS.	0.86	0.84	0.83	0.81	0.79	0.77	0.76	0.75	0.75	0.74	0.73	0.72	0.71	0.71	0.71	0.73	0.75	0.76	0.78	0.78	0.79
SOZIALE SICH.INSG.	3.61	3.55	3.48	3.41	3.33	3.24	3.14	3.06	2.98	2.91	2.83	2.75	2.71	2.68	2.67	2.65	2.63	2.62	2.60	2.57	2.54
DAVON GEB.KOERP.	2.44	2.40	2.35	2.30	2.25	2.19	2.12	2.06	2.02	1.97	1.91	1.86	1.84	1.82	1.82	1.80	1.79	1.77	1.75	1.72	1.70
DAVON SOZ.VERS.	1.18	1.16	1.13	1.11	1.08	1.05	1.02	0.99	0.97	0.94	0.92	0.89	0.87	0.85	0.85	0.85	0.85	0.85	0.85	0.85	0.84
WOHNUNGSW.,STADTPL	1.26	1.24	1.20	1.17	1.13	1.08	1.04	1.01	0.99	0.98	0.97	0.95	0.94	0.94	0.93	0.92	0.92	0.94	0.95	0.97	1.01
GEM.DIENST.,UMWELT	14.44	14.44	14.51	14.59	14.62	14.66	14.67	14.67	14.61	14.58	14.52	14.48	14.46	14.43	14.42	14.46	14.46	14.57	14.65	14.76	14.89
ERHOLUNG,KULTUR	3.49	3.53	3.58	3.63	3.70	3.76	3.79	3.80	3.78	3.75	3.76	3.78	3.83	3.91	4.00	4.11	4.22	4.32	4.39	4.45	4.52
VERKEHRSWESEN	32.29	32.42	32.69	33.01	33.35	33.64	33.86	34.15	34.57	34.97	35.32	35.68	35.86	35.96	35.96	35.83	35.72	35.60	35.64	35.71	35.68
UEBRIGE BEREICHE	2.64	2.69	2.71	2.75	2.80	2.86	2.90	2.93	2.92	2.94	2.95	2.95	2.92	2.93	2.92	2.93	2.92	2.92	2.92	2.93	2.95
ALLE BEREICHE	100.00	100.00	100.00	100.00	100.00	100.00	100.00	100.00	100.00	100.00	100.00	100.00	100.00	100.00	100.00	100.00	100.00	100.00	100.00	100.00	100.00
DAVON GEB.KOERP.	97.97	98.00	98.04	98.09	98.13	98.18	98.22	98.26	98.29	98.32	98.35	98.39	98.42	98.44	98.44	98.42	98.40	98.39	98.37	98.37	98.37
DAVON SOZ.VERS.	2.03	2.00	1.96	1.91	1.87	1.82	1.78	1.74	1.71	1.68	1.65	1.61	1.58	1.56	1.56	1.58	1.60	1.61	1.63	1.63	1.63

QUELLEN: STATISTISCHES BUNDESAMT, FACHSERIE 18; ANLAGEVERMOEGENSRECHNUNG DES DIW.

Schaubild II. 1.1/1

ANLAGEINVESTITIONEN UND BRUTTOANLAGEVERMÖGEN DES STAATES 1960 BIS 1982

in vH der Gesamtwirtschaft (ohne Wohnungsvermietung)
–zu Preisen von 1976–

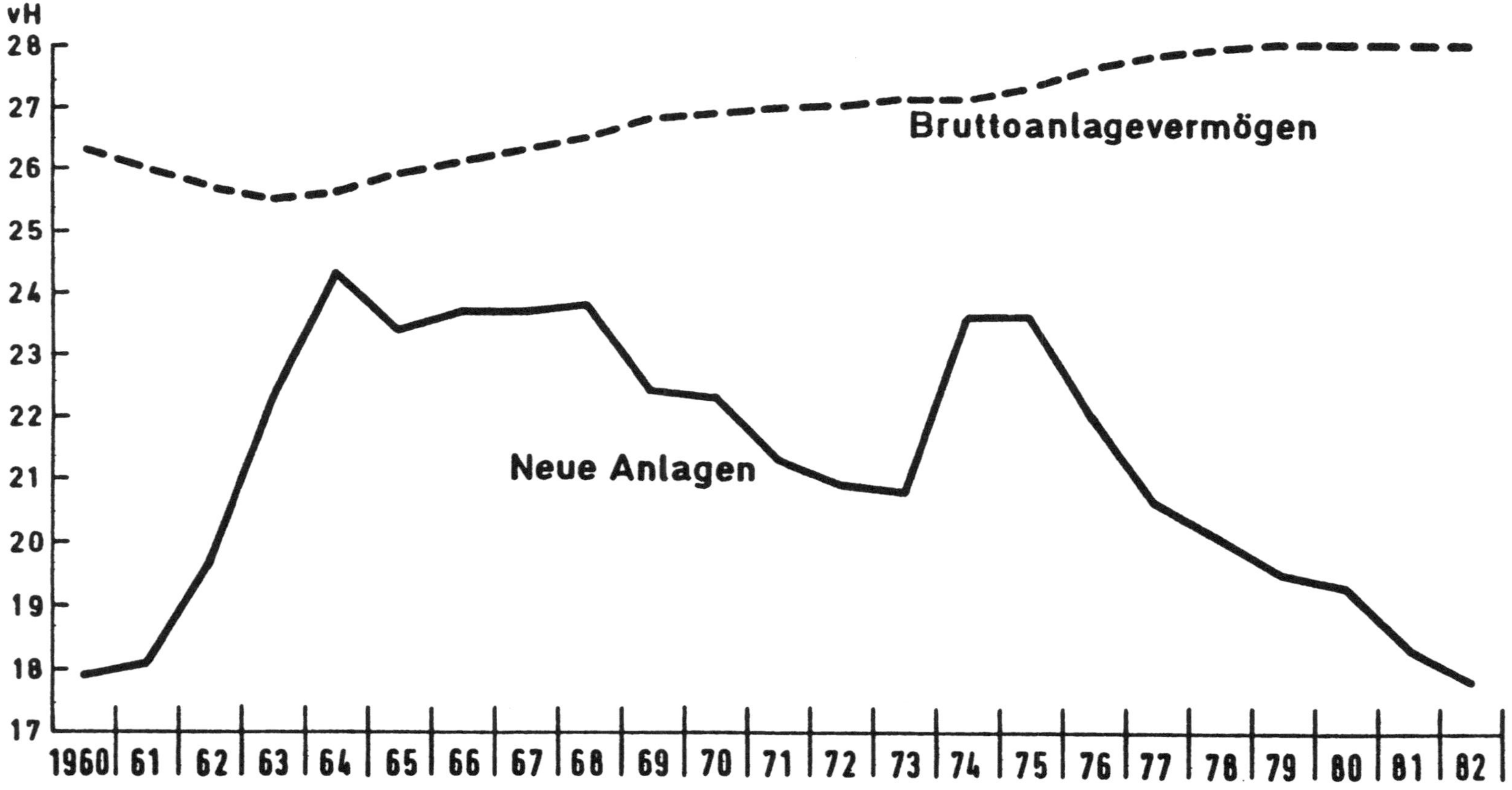

Quellen: Statistisches Bundesamt, Fachserie 18; eigene Berechnungen.

DIW 83

ein Drittel beträgt, hat nur geringfügig zugenommen (um einen Prozentpunkt), obwohl der Anteil an den Investitionen - aufgrund des scharfen Rückgangs im Unterrichtswesen - sich um vier Prozentpunkte verringert hat. Eine Umorientierung der Infrastruktur zugunsten der haushaltsorientierten Infrastruktur hat sich in den Beständen kaum bemerkbar gemacht. Stärker ist der Anstieg in den Bereichen mit gemischter Nutzung (Straßen, Entsorgung, Umweltschutz).

1.2 Brutto-, Netto- und Ersatzinvestitionen in den staatlichen Aufgabenbereichen

Obwohl aus verschiedenen Gründen nicht immer mit einem engen Zusammenhang zwischen Bevölkerungsentwicklung und Bedarf an Infrastruktur gerechnet werden kann - Niveau und Entwicklung des Realeinkommens beeinflussen die inhaltlichen und politischen (normativen) Vorstellungen über Art und Zusammensetzung von Infrastrukturleistungen -, wird bei der Planung der Infrastruktur vor allem in den haushaltsorientierten Bereichen explizit mit der absehbaren demographischen Entwicklung argumentiert.

Wie wenig die zahlenmäßige Entwicklung bestimmter Bevölkerungsgruppen die Entwicklung des Bedarfs an Infrastruktureinrichtungen bestimmt, wird überdies deutlich, wenn man Nachholbedarf, Zusatzbedarf und Ersatzbedarf unterscheidet. Nur der Zusatzbedarf läßt sich unmittelbar mit Änderungen in der Zusammensetzung von Bevölkerung und Haushalten verknüpfen: Wird das Ausgangsniveau der Versorgung als Norm akzeptiert, so entsteht ein (positiver oder negativer) Zusatzbedarf dann, wenn die zu versorgende Bevölkerungsgruppe zu- oder abnimmt. Ändern sich dagegen die Normen oder waren sie schon in der Vergangenheit nicht erfüllt, so besteht ein Nachholbedarf, der zur Folge haben kann, daß eine Ausweitung der Personal- und Sachausstattung in bestimmten Infrastrukturbereichen auch dann erforderlich ist, wenn die Bevölkerung abnimmt. Ebenso wenig Einfluß hat die Bevölkerungsstruktur auf den Ersatzbedarf in den Infrastrukturbereichen. Er hängt nicht nur von der durchschnittlichen Nutzungsdauer der Anlagen ab, sondern auch von der Altersstruktur der Bestände und ihrem Pflegezustand. Auf diesen Sachverhalt wird an anderer Stelle näher eingegangen.

Tabelle II. 1.2/1

Brutto-, Netto-, Ersatzinvestitionen in den staatlichen Aufgabenbereichen zu Preisen von 1976

Aufgabenbereiche	Anlageinvestitionen 1970				Anlageinvestitionen 1975				Anlageinvestitionen 1980			
	Brutto-	Netto-	Ersatz-		Brutto-	Netto-	Ersatz-		Brutto-	Netto-	Ersatz-	
	Mill. DM			in vH v. Brutto	Mill. DM			in vH v. Brutto	Mill. DM			in vH v. Brutto
Allgem.staatl.Verwaltung	1 090	853	237	22	1 170	870	300	26	1 820	1 460	360	20
Verteidigung	310	252	58	19	230	164	66	29	200	127	73	37
Öffentl. Sicherh.Ordnung	840	659	181	22	1 480	1 251	229	15	1 840	1 564	276	15
Unterrichtswesen	9 570	9 053	517	5	9 970	9 270	700	7	6 820	5 877	943	14
Gesundheitswesen, GK*	2 480	2 169	311	13	2 620	2 231	389	15	3 070	2 592	478	16
Gesundheitswesen, SV*	220	201	19	9	430	407	23	5	310	282	28	9
Soziale Sicherung, GK	460	390	70	15	590	507	83	14	560	465	95	17
Soziale Sicherung, SV*	210	189	21	10	340	317	23	7	240	214	26	11
Wohnungswesen	10	2	8	80	20	11	9	45	30	20	10	33
Stadt- u. Landespl.	250	224	26	10	340	307	33	10	820	780	40	5
Gem.Dienst, Umwelt	5 240	5 119	121	2	5 420	5 246	174	3	7 560	7 342	218	3
Erholung, Kultur	1 590	1 517	73	5	2 490	2 390	100	4	2 750	2 630	120	4
Land-,Forstw.,Fischerei	320	310	10	3	250	237	13	270	310	293	17	5
Wasserstraßen	530	521	9	2	750	737	13	2	570	549	21	4
Straßen, Brücken	13 820	13 788	32	0	10 990	10 938	52	0	11 550	11 481	69	1
Übr.Verkehr, Nachrichten	940	917	23	2	370	334	36	10	270	212	58	21
Übrige Bereiche	720	707	13	2	800	783	17	2	1 140	1 115	25	2
Insgesamt	38 600	36 871	1 729	4	38 260	36 000	2 260	6	39 860	37 003	2 857	7

*) SV = Sozialversicherung; GK = Gebietskörperschaften

Quellen: Statistisches Bundesamt, Fachserie 18; Anlagevermögensrechnung des DIW; eigene Berechnungen.

Die Anlagevermögensrechnung weist u.a. auch die jährlichen Abgänge in den einzelnen Aufgabenbereichen aus, die sich bei vorgegebenen Nutzungsdauern und Abgangsfunktionen aus dem Altersaufbau des Anlagevermögens ergeben. Die pro Jahr durchgeführten Bruttoanlageinvestitionen dienen z.T. dem Ersatz dieser Abgänge. Ersatzinvestitionen und Ersatzbedarf an Anlagen bezeichnen denselben Sachverhalt. In dem hier beschriebenen Zusammenhang ist aber darauf aufmerksam zu machen, daß zwischen dem Erstzbedarf, der aufgrund von Untersuchungen der baulichen und apparativen Substanz konkreter Anlagen, und Ersatzinvestitionen, die aufgrund von Annahmen über durchschnittliche Nutzungsdauern und Abgangsfunktionen eines hochaggregierten Anlagevermögens ermittelt werden, erhebliche Abweichungen auftreten können. Dennoch dürfte durch die Berücksichtigung des Altersaufbaus des Anlagevermögens die Richtung der Veränderung des Anteils der Ersatz - an den Bruttoinvestitionen zutreffend erfaßt werden.

Aus der Tabelle ergibt sich, daß der Anteil der Ersatz - an den Bruttoinvestitionen kontinuierlich in den 70er Jahren zugenommen hat. Das Niveau wird durch die definitiorisch ausgeschlossenen Ersatzinvestitionen im Straßenbau, aber auch in den übrigen Aufgabenbereichen mit hohem Tiefbauanteil niedrig gehalten.

Am stärksten ist der Anteil des Ersatzbedarfs in den Aufgabenbereichen mit großem Hochbauanteil und mit rückläufigen Investitionen gestiegen. Im Unterrichtswesen hat sich dieser Anteil in den 70er Jahren verdreifacht. Auch im Gesundheitswesen hat der Ersatzbedarf zugenommen. In einigen Bereichen hat er aber auch abgenommen (z.B. Öffentliche Sicherheit und Ordnung; Rechtsschutz).

1.3 Beschäftigte und Kapitalintenstität

Insgesamt hat sich der Personaleinsatz im staatlichen Bereich von 1960 bis 1970 um ca. 900 000 Beschäftigte, im Zeitraum von 1970 bis 1980 um etwa 1 Million Beschäftigte erhöht. Dabei muß allerdings beachtet werden, daß der Arbeitseinsatz sich nicht im gleichen Umfang erhöht hat, da der Anteil der Teilzeitbeschäftigten gestiegen ist.

Tabelle II. 1.3/1

Indikatoren der Infrastruktur in den staatlichen Aufgabenbereichen

	Brutto-Anlagevermögen in Mill. DM			Beschäftigte in 1 000 Pers.			Kapitalintensität in 1 000 DM			Entgelte je Beschäftigt. in 1 000 DM		
	1960	1970	1980	1960	1970	1980	1960	1970	1980	1960	1970	1980
Allgemein.staatl. Verwaltung	17 873	25 738	35 349	352,9	407,1	488,3	50,65	63,22	72,39	10,43	21,86	42,66
Verteidigung, ziv.Verwaltung	10 157	13 235	14 949	82,9	165,6	179,5	122,52	79,92	83,28	5,72	13,54	27,92
Öffentl.Sicherheit u.Ordnung	13 833	19 906	30 286	275,1	333,5	441,0	50,28	59,69	68,68	10,25	21,98	44,13
Unterrichtswesen	57 369	119 782	202 075	341,3	579,6	948,2	168,09	206,66	213,11	13,54	25,90	50,43
Gesundheitswesen	30 514	48 840	73 923	240,6	365,2	531,1	126,82	133,73	139,19	9,10	17,77	39,88
Soziale Sicherung	11 094	16 241	23 567	197,4	220,9	279,8	56,20	73,52	84,23	9,73	19,47	43,32
Wohnungswesen, Stadtplanung	3 872	5 595	9 400	61,3	85,1	129,2	63,16	65,75	72,76	12,89	22,33	37,31
Gemeinschafts-dienst, Umwelt	44 334	83 327	138 268	59,7	71,3	103,9	742,61	1 168,68	1 330,78	10,05	19,78	37,92
Erholung, Kultur	10 718	21 594	41 969	63,0	82,8	113,4	170,13	260,80	370,10	6,19	15,58	37,65
Vekehrswesen	99 119	202 693	331 238	91,1	119,6	107,1	1 088,02	1 694,76	3 092,79	8,67	19,31	53,31
Übrige Bereiche	8 117	16 949	27 376	39,7	48,3	53,5	204,46	350,91	511,70	12,34	26,09	48,41
Insgesamt	307 000	573 900	928 400	1 805,0	2 479,0	3 375,0	170,08	231,50	275,08	9,74	19,88	41,62

Quellen: Statistisches Bundesamt, Fachserie 18; Anlagevermögensrechnung des DIW; eigene Berechnungen.

TABELLE II.1.3/2

KAPITALINTENSITAET IN DEN STAATLICHEN AUFGABENBEREICHEN
JAHRESDURCHSCHNITTLICHE VERAENDERUNGSRATEN
IN VH

	1970/60	1980/70
ALLG.STAATL.VERWALTG.	2.24	1.36
VERTEIDIGUNG	-3.01	0.55
OEFF.SICH.,ORDNG.	1.73	1.41
UNTERRICHTSWESEN	2.09	0.31
GESUNDHEITSWESEN,INSGESAMT	0.53	0.40
DAVON GK	-0.15	-0.09
DAVON SOZ.VERS.	2.53	3.19
SOZIALE SICHERUNG,INSGESAMT	2.72	1.37
DAVON GK	3.19	1.06
DAVON SOZ.VERS.	2.08	1.85
WOHNUNGSW.,STADTPL.	0.40	1.02
GEMEIN.DIENST,UMWELT	4.64	1.31
ERHOLUNG,KULTUR	4.36	3.56
VERKEHRSWESEN	4.53	6.20
UEBRIGE BEREICHE	5.55	3.84
ALLE BEREICHE	2.79	2.12

QUELLEN: STATISTISCHES BUNDESAMT, FACHSERIE 18; ANLAGEVERMOEGENSRECHNUNG DES DIW; EIGENE BERECHNUNGEN

Die Expansion des Personalbestandes vollzog sich für die einzelnen Gebietskörperschaften unterschiedlich. Am expansivsten war die Entwicklung bei den Ländern, besonders im zweiten Jahrzehnt. Dies betraf vor allem das Unterrichtswesen, aber auch die öffentliche Sicherheit. Auch bei den Gemeinden war trotz der Bemühungen um die Haushaltskonosolidierung die Expansion in den 70er Jahren stärker als in den 60er Jahren, aber geringer als bei den Ländern. Sie betraf vor allem die Aufgabenbereiche kommunale Gemeinschaftsdienste, Gesundheitswesen, Sport und Erholung. Dagegen weitete der Bund in den 70er Jahren die Zahl seiner Beschäftigten vergleichsweise geringfügig aus, in den letzten Jahren vor 1980 hat bei den Vollbeschäftigten sogar ein Personalabbau stattgefunden.

Die Kapitalintensität - d.h. das Anlagevermögen in Relation zu den Beschäftigten - zeigt für die Aufgabenbereiche typische Unterschiede. Am niedrigsten ist das Niveau in den Aufgabenbereichen mit einem hohen Verwaltungsanteil; eine Mittelgruppe bilden das Gesundheits- und Unterrichtswesen. In diesen Bereichen fiel auch der Anstieg der Kapitalintensität relativ gering aus. Am kapitalintensivsten sind die Bereiche mit einem hohen Tiefbauanteil. Wegen des hohen Anteils der Straßen, die einen geringen Personaleinsatz erfordern, ist das Niveau der Kapitalintensität im staatlichen Bereich höher als in der Privatwirtschaft, wo sich aber der Anstieg rascher vollzieht.

Der Anstieg der Kapitalintensität hat sich in den 70er Jahren im Vergleich zu den 60er Jahren verringert. In den Aufgabenbereichen mit hohem Tiefbauanteil ist sie allerdings schneller gestiegen, mit Ausnahme des Bereichs der Gemeinschaftsdienste (Entsorgung). Im Unterrichtswesen hat sich der Anstieg der Kapitalintensität am stärksten verringert.

1.4 Kosten staatlicher Leistungserstellung und ihre Finanzierung

Die Last der für den Betrieb einer Infrastruktureinrichtung notwendigen Personalkosten steht im umgekehrten Verhältnis zu der Kapitalintensität der Aufgabenbereiche. Ein Teil der Folgekostenproblematik bezieht sich vor allem auf die Angemessenheit der Zahl der Beschäftigten und ihrer Entlohnung.

Die Niveauunterschiede der Entgelte je Beschäftigten in den Aufgabenbereichen sind erheblich. Am höchsten sind die Entgelte im Unterrichtswesen aufgrund des hohen Akademikeranteils, am niedrigsten im Bereich Verteidigung aufgrund der niedrigen Bezüge der wehrpflichtigen Soldaten. Im Laufe der Jahre hat sich kaum etwas an der Hierarchie der Entlohnungsniveaus gändert, wohl aber sind die Unterschiede im Laufe der Jahre geringer geworden. Ohne den Verteidigungsbereich variierten die Entgelte je Beschäftigten im Jahre 1960 zwischen 6 000 und 13 500 DM, 1980 dagegen zwischen 37 000 und 50 000 DM. Der Abstand hat sich von mehr als der Hälfte auf weniger als ein Drittel verringert.

Unter Sachkosten werden im folgenden die im Produktionswert der Aufgabenbereiche enthaltenen Ausgaben für Käufe von Gütern für die laufende Produktion, die Abschreibungen und die Produktionssteuern verstanden. Der Staatsverbrauch ist eine mit den Verkäufen von Verwaltungsleistungen (Gebühren) saldierte Größe. Daher war es erforderlich, die Verkäufe der einzelnen Aufgabenbereiche anhand von Unterlagen der Finanzstatistik zu schätzen. Die Resultate werden im folgenden für 1970 und 1980 dargestellt.

Die Verkäufe haben sich zwischen 1970 und 1980 fast vervierfacht. Ihr Anteil am Produktionswert hat sich um gut 20vH erhöht. Die höchsten Gebühreneinnahmen sind im Gesundheitswesen, im Bereich der kommunalen Gemeinschaftsdienste und der sozialen Sicherung zu verzeichnen. Im Gesundheitswesen handelt es sich hauptsächlich um Verkäufe von Leistungen der Krankenhäuser der Länder bzw. der Kommunen. Die Sachkosten dieses Aufgabenbereichs sind in beiden Vergleichsjahren die weitaus höchsten. Dies ist bedingt durch die Einbeziehung eines Teils der Sozialversicherung in diesen Aufgabenbereich. Denn dessen Sachkosten bestehen zum überwiegenden Teil aus den Käufen von Arzt- und Krankenhausleistungen von den Wirtschaftszweigen sonstige Dienstleistungen (Ärzte, private Krankenhäuser), von den Organisationen ohne Erwerbscharakter (z.B. konfessionelle Krankenhäuser) und von den Gebietskörperschaften (öffentliche Krankenhäuser), die sogar Überschüsse in der laufenden Rechnung aus dem Verkauf von Gesundheitsleistungen erzielen. In der Gesamtbilanz stehen diesen Überschüssen jedoch die hohen, nicht durch Einnahmen gedeckten Kosten der Kapitalrechnung gegenüber. In Relation zum Produktionswert sind die Gebühreneinnahmen im Bereich kommunale Gemeinschaftsdienste am höchsten.

Tabelle II. 1.4/1

KOSTEN STAATLICHER LEISTUNGSERSTELLUNG UND IHRE FINANZIERUNG

	1970							1980							1980/70				
	MRD. DM							MRD. DM							JAHRESDURCHSCHNITTLICHE VERAENDERUNGSRATEN IN VH				
	PERSONALKO.	SACHKOSTEN	PROD. WERT	STAATSVERBR.	VERK.V. VERW.L.	VERK.IN VH DES PROD.W.	SACH.-INTENSITAET 1)	PERSONALKO.	SACHKOSTEN	PROD. WERT	STAATSVERBR.	VERK.V. VERW.L.	VERK.IN VH DES PROD.W.	SACH.-INTENSITAET 1)	PERSONALKO.	SACHKOSTEN	PROD. WERT	STAATSVERBR.	VERK.V. VERW.L.
ALLG.STAATL.VERW.	8.90	4.45	13.35	12.63	0.72	5.39	50.00	20.83	13.20	34.03	31.39	2.64	7.76	63.37	8.88	11.49	9.81	9.53	13.87
VERTEIDIGUNG	9.00	10.76	19.76	19.76	0.00	0.00	119.56	19.84	20.54	40.38	40.38	0.00	0.00	103.53	8.23	6.68	7.41	7.41	0.00
OEFF.SICHH.U.ORD.	7.33	1.56	8.89	8.60	0.29	3.26	21.28	19.46	4.49	23.95	23.05	0.90	3.76	23.07	10.26	11.15	10.42	10.36	11.99
UNTERRICHTSWESEN	15.01	4.66	19.67	19.39	0.28	1.42	31.05	47.82	13.40	61.22	60.26	0.96	1.57	28.02	12.29	11.14	12.02	12.01	13.11
GESUNDHEITSWESEN	6.49	25.36	31.85	26.43	5.42	17.02	390.76	21.18	89.78	110.96	90.08	20.88	18.82	423.89	12.56	13.48	13.29	13.05	14.44
SOZIALE SICHERUNG	4.30	4.83	9.13	8.12	1.01	11.06	112.33	12.12	16.47	28.59	25.24	3.35	11.72	135.89	10.92	13.05	12.09	12.01	12.74
WOHNUNGSW.,STADTPL	1.90	0.46	2.36	2.20	0.16	6.78	24.21	4.82	1.50	6.32	5.74	0.58	9.18	31.12	9.76	12.55	10.35	10.06	13.74
GEM.DIENST,UMWELT	1.41	1.74	3.15	0.18	2.97	94.29	123.40	3.94	4.94	8.88	-0.01	8.89	100.11	125.38	10.82	11.00	10.92		11.59
ERHOLUNG U.KULTUR	1.29	0.99	2.28	1.94	0.34	14.91	76.74	4.27	3.41	7.68	6.65	1.03	13.41	79.86	12.72	13.16	12.91	13.11	11.72
VERKEHRSWESEN	2.31	3.07	5.38	5.07	0.31	5.76	132.90	5.71	5.80	11.51	10.22	1.29	11.21	101.58	9.47	6.57	7.90	7.26	15.32
UEBRIGE BEREICHE	1.26	1.09	2.35	2.15	0.20	8.51	86.51	2.59	2.65	5.24	4.90	0.34	6.49	102.32	7.47	9.29	8.35	8.59	5.45
ALLE BEREICHE	59.20	58.97	118.17	106.47	11.70	9.90	99.61	162.58	176.18	338.76	297.90	40.86	12.06	108.37	10.63	11.57	11.11	10.84	13.32

1) SACHKOSTEN IN VH DER PERSONALKOSTEN

QUELLE: STATISTISCHES BUNDESAMT, FACHSERIE 14 UND 18; EIGENE BERECHNUNGEN

Auch die Sachkostenintensität, d.h. die Relation von Sachkosten zu Personalkosten, ist in den beiden letztgenannten Aufgabenbereichen am höch sten. Am stärksten erhöht hat sich die Sachkostenintensität zwischen 1970 und 1980 in der allgemeinen staatlichen Verwaltung, im Gesundheitswesen und in der sozialen Sicherung, aber auch im Wohnungswesen und der Stadtplanung. Rückläufig war sie im Verkehrswesen, im Unterrichtswesen und im Verteidigungsbereich.

Erst anhand detaillierterer Untersuchungen könnte gezeigt werden, ob sich die Entwicklung dieser Kostenstrukturen bei den staatlichen Aufgabenbereichen durch sparsameren Einsatz von Kapital und Arbeit bzw. durch deren effizientere Kombination hätte günstiger gestalten lassen. Die Maßnahmen zur Dämpfung des Kostenanstiegs im Gesundheitswesen dürften sich nach 1980 z.T. schon bemerkbar machen. Daß hier und in der sozialen Sicherung die Niveaus und Steigerungsraten so hoch sind, hängt mit dem System der Sozialversicherung zusammen. Einerseits haben sich überzogene Entwicklungen ergeben - sowohl überdurchschnittliche Einkommenssteigerungen als auch nicht immer zu rechtfertigende Leistungsausweitungen wurden simultan durchgesetzt -; andererseits dürfen die positiven Auswirkungen auf die gesundheitliche Versorgung der Bevölkerung und die soziale Stabilität der Gesellschaft nicht gering veranschlagt werden.

Effizienzuntersuchungen setzen generell Indikatoren für den mengenmäßigen staatlichen Output voraus. Ein Problem besteht schon darin, daß Preisbereinigungen nur in Einzelfällen durchgeführt werden können. Für staatliche Leistungen ist dies oft noch schwieriger als für private Dienstleistungen; selbst hier sind Informationen über Preisentwicklungen im Vergleich zu Bereichen mit materieller Produktion und einem Markt für deren Güter spärlich. Ein anderes Problem besteht darin, daß viele benutzte Indikatoren für den Output implizit auf Inputindikatoren rekurrieren oder vom Input selbst abhängig sind.

Die Messung des Outputs z.B. des Gesundheitswesens anhand von aufgewendeten Arztstunden, von in Anspruch genommenen Betten etc. ist hier ein Beispiel. Bekanntlich hängt aber die tatsächliche Belegung eines Krankenhauses von vielen Angebotsfaktoren wie der zur Verfügung stehenden Bettenzahl, aber auch der Belegungspolitik der Krankenhäuser und der Erstattungspraxis der Krankenkassen ab.

Ein Ausweg wird teilweise dadurch gesucht, Gesundheitsleistungen als das zu definieren, was ein Arzt für eine Person, die an einem Versicherungssystem partizipiert, als ärztliche Leistung für notwendig erachtet (vgl. z.B. M.W. Reder, 1969). Aber auch hier muß die Qualitätskomponente anhand von zusätzlichen Kriterien (z.B. gewonnene Lebensjahre, unentdeckte Krankheiten, verlorene Arbeitstage etc.) erfaßt werden, die das Resultat unscharf erscheinen lassen können. Insbesondere werden die auftretenden Krankheitsperioden selbst wieder von vielen anderen Faktoren - z.B. Arbeits- und Wohnbedingungen -beeinflußt. Die Intensität von Präventivmaßnahmen oder auch von außerhalb des Rahmens der Erstattung durch Krankenkassen liegenden Leistungen lassen für diese Art des Ansatzes Probleme entstehen, die in der Praxis kaum zu beheben sein dürften. Darüber hinaus beeinflußt die Ausgestaltung des Krankenversicherungssystems nicht nur Quantität, Qualität und Kosten der angebotenen Leistungen, sondern verändert auch den Grad der Inanspruchnahme und damit die Struktur der Budgets der privaten Haushalte.

1.5 Auswirkungen von Gewichtsverlagerungen in der Infrastruktur auf Produktion und Beschäftigung

Schon in der Strukturberichterstattung 1980 des DIW (S. 168ff) ist darauf hingewiesen worden, daß die Veränderungen in den staatlichen Käufen von Vorleistungen und von neuen Anlagen zum Wandel der sektoralen Produktions- und Beschäftigtenstruktur beigetragen haben. Mithilfe der Input-Output-Analyse ist gezeigt worden, daß bis 1976 die verstärkte Nachfrage des Gesundheitswesens (einschließlich 90vH der Käufe der Sozialversicherung) die Umschichtung zugunsten der privaten Organisationen ohne Erwerbscharakter - Krankenhäuser -, der sonstigen Dienstleistungen - Ärzte - und des Chemischen Gewerbes - Medikamente -beschleunigt hat, während der relative Rückgang der Nachfrage nach Produkten des Fahrzeugbaus und der Elektrotechnik in Verbindung mit der Entwicklung der militärischen Nachfrage zu sehen ist.

In der Gesamtperspektive hat sich bis 1976 gezeigt, daß der öffentliche Verbrauch neben der Ausfuhr eine im Zeitverlauf kontinuierlich steigende Zahl von Erwerbspersonen beschäftigt hat. Auch für die Zeit bis 1980 sind vom Staatsverbrauch nochmals positive Beschäftigungswirkungen ausgegangen, davon 200 000 Personen beim Staat selbst und etwa 130 000 Beschäftigte in anderen Wirtschaftszweigen, vor allem wieder im Gesundheitswesen, bei den übrigen Dienstleistungen und den Organisationen ohne Erwerbscharakter. Wie schon bis 1976 sind auch bis 1980 von den Anlageinvestitionen des Staates für die Beschäftigung kaum noch positive Impulse ausgegangen. Dagegen waren die Beschäftigungs-Impulse sowohl des Verbrauchs als auch der Investitionen des Staates in den Jahren 1981 und 1982 negativ: Die Zahl der diesen Endnachfragekomponenten zugerechneten Erwerbstätigen hat in zwei Jahren erheblich abgenommen (vgl. Strukturberichterstattung des DIW 1983, S. 187ff).

2. Besteuerung und Subventionierung der Unternehmen

Während sich die Subventionen[1)] zwischen 1970 und 1978 mehr als verdoppelt haben, sind sie danach bis 1982 absolut und auch in Relation zur Bruttowertschöpfung nur noch geringfügig gestiegen. Dabei hat sich der Anteil der Steuervergünstigungen wieder leicht erhöht; er war 1982 allerdings immer noch deutlich geringer als 1970. Auf die Hauptsubventionsempfänger - in der Rangfolge ihres Gewichts von 1982: Eisenbahnen, Wohnungsvermietung, Landwirtschaft einschließlich Ernährungsgewerbe, Großhandel, Kohlenbergbau - entfielen 1982 knapp 70 vH aller Subventionen und damit etwas mehr als 1970.

Aus dieser Entwicklung wird deutlich, daß die seit Jahren von vielen Seiten geforderte Begrenzung der Subventionsausgaben sich in jüngster Zeit durchgesetzt hat, obwohl eine Verständigung auf eine zielgerichtete Umstrukturierung oder auch generelle Kürzung des Subventionshaushaltes fehlte. Die defizitäre Haushaltslage der öffentlichen Hand hat diese Entwicklung faktisch erzwungen. Unter diesen Vorzeichen werden sich auch in Zukunft die Subventionswünsche von Branchen wie Stahl und Schiffbau kaum verwirklichen lassen. Abgesehen von der defizitären Haushaltslage muß überlegt werden, wie auf Dauer die Stellung dieser Branchen in der internationalen Arbeitsteilung zu beurteilen ist und ob Subventionen nicht die Fortsetzung des protektionistischen Subventionswettlaufs im internationalen Rahmen bedeuten.

Im folgenden werden einige Aspekte herausgegriffen, die für eine Bewertung der Subventionspolitik wichtig sind. Erstens sollten Subventionen nicht isoliert betrachtet werden, sondern nur im Rahmen der Gesamtheit der finanziellen Transaktionen zwischen Staat und Unternehmen. Zweitens ist es erforderlich, die mit den Subventionen verfolgten wirtschaftspolitischen Ziele darzustellen und zu analysieren. Erst auf dieser Grundlage läßt sich über den Abbau bzw. die Umstrukturierung der Subventionen sinnvoll diskutieren.

Das bestehende Steuer- und Subventionssystem sowie seine laufenden Veränderungen haben einen nicht zu unterschätzenden Einfluß auf unternehmeri-

Tabelle II. 2.1/1

Subventionen[1] ausgewählter Wirtschaftsbereiche

Vergleich 1970, 1978, 1982

	Subventionen in Mrd.DM					Subventionen in vH aller Subventionen					Subventionen pro 1000 DM BWS					
	Mrd.DM			∅ jährl. Veränd.Rate		vH			Rang				∅ jährl. Veränd.Rate		Rang	
	1970	1978	1982	78/70	82/78	1970	1978	1982	1970	1982	1970	1982	78/70	82/78	1970	1982
Land- und Forstwirtschaft	4,49	3,87	2,65	- 2	- 9	21,2	8,4	5,7	1	6	206	71	- 6	-12	2/3	
Ernährungsgewerbe	0,74	4,11	3,09	24	- 7	3,5	9,0	6,7	6	5	44	113	14	- 3		6
zusammen	5,23	7,98	5,74	5	- 8	24,7	17,4	12,4			136	89	- 1	- 8		
Elektrizitätsversorgung	0,18	1,13	1,56	26	8	0,8	2,5	3,4		7	15	60	13	11		
Kohlenbergbau, Kokereien	0,92	4,10	4,20	21	1	4,3	8,9	9,1	5	4	131	402	16	- 2	5	2
Elektrotechnik	0,55	1,05	1,24	8	4	2,6	2,3	2,7	8	8	21	26	0	5		
Eisenbahnen	3,61	10,42	9,36	14	- 3	17,1	22,7	20,3	2	1	393	790	11	- 3	1	1
Schiffahrt und Häfen	0,67	1,13	0,88	7	- 6	3,2	2,5	1,9	7		206	196	3	- 6	2/3	3
Übriger Verkehr	0,32	0,61	0,81	8	7	1,5	1,3	1,7			23	28	- 1	6		
Großhandel	2,15	3,91	4,73	8	5	10,2	8,5	10,3	4	3	63	88	1	7	8	8
Wohnungsvermietung	2,38	6,03	7,90	12	7	11,3	13,1	17,1	3	2	70	104	2	6	6	7
Luft- u. Raumfahrzeugbau	0,16	0,29	0,48	8	13	0,7	0,6	1,0			184	138	- 4	2	4	5
Schiffbau	0,09	0,13	0,35	5	28	0,4	0,3	0,8			68	143	- 2	26	7	4
Summe aller Subventionen	21,12	45,88	46,13	10	0	100,0	100,0	100,0			37	44	2	1		

1) Steuervergünstigungen und Finanzhilfen der Gebietskörperschaften, einschl. EG, Bundesanstalt für Arbeit, ERP-Sondervermögen und Parafisci, ohne Finanzhilfen der Länder und Gemeinden.

Quellen: Haushaltspläne des Bundes, Subventionsberichte, Statistisches Bundesamt, Fachserie 18, eigene Berechnungen.

sches Verhalten: In dem für Entscheidungen infragekommenden Spektrum von Determinanten sind häufig steuerliche Gesichtspunkte ausschlaggebend. Dimension und Richtung der vom Steuer- und Subventionssystem ausgelösten Be- und Entlastungseffekte werden jedoch erst deutlich, wenn das Zusammenwirken von Zahlungen der direkten und indirekten Steuern auf der einen sowie von Subventionen auf der anderen Seite in die Betrachtung einbezogen werden.

Bei den Steuern ist aufgrund ihrer unterschiedlichen Wirkungsweisen zwischen direkten und indirekten Steuern zu unterscheiden. Während die indirekten Steuern als kalkulatorische Kostenkomponenten in der Regel auf den Endabnehmer überwälzt werden, sollen die direkten Steuern die Gewinne der Unternehmen belasten. Ob Unternehmen die von ihnen zu zahlenden Steuern überwälzen können, ist nicht notwendigerweise davon abhängig, daß es sich um Kostensteuern handelt. Die Möglichkeit einer Überwälzung von direkten Steuern ist ebenfalls gegeben; auch sie hängt vor allem von den Marktverhältnissen, d.h. von der Marktmacht, der Konkjunktur und anderen Faktoren ab.

In sektoraler Dimension sind für direkte Steuern allerdings die Größenordnungen und Zusammenhänge noch viel schlechter dokumentiert als für die indirekten Steuern. Inwieweit die Zahlungen der Unternehmen für direkte und indirekte Steuern von ihnen überwälzt werden konnten, läßt sich aus den in der VGR ausgewiesenen Zahlungsströmen nicht erkennen, da sie im wesentlichen nur den Zustand nach schon erfolgten Reaktionen der Unternehmen auf das Steuersystem widerspiegeln. Dies gilt vor allem für die gewährten Steuervergünstigungen. Häufig fällt es zwar schwer, eine klare Trennungslinie zwischen Vorschriften des höchst differenziert gestalteten Steuersystems so zu ziehen, daß bestimmte Positionen als Steuervergünstigungen deklariert werden können. Für den vorliegenden Zweck können aber die in den Subventionsberichten getroffenen Zurodnungen herangezogen werden; d.h., daß partielle Begünstigungen von Unternehmen oder einzelnen Wirtschaftszweigen - auf Dauer oder zeitlich befristet - als Steuervergünstigungen angesehen werden.

Die Berücksichtigung der Steuervergünstigungen als Subventionen bei der Analyse der Zahlungsströme zwischen Staat und Unternehmen impliziert die

Berechnung einer (fiktiven) Brutto-Steuer- oder Abgabenquote, d.h. die Addition der Vergünstigungen zu den Zahlungsströmen. Erst dann wird man zu einem zutreffenden Urteil über die strukturellen Wirkungen von Besteuerung und Subventionierung einschließlich der Steuervergünstigungen kommen.

2.1 **Indirekte Besteuerung und Subventionierung**

Prinzipiell werden im System der VGR weder direkte noch indirekte Steuervergünstigungen berücksichtigt, da Steuern nur netto, d.h. kassenmäßig, erfaßt werden. Ab 1969 werden jedoch die mit den Gewinnsteuern verrechneten Investitionszulagen und ab 1968 die sog. einbehaltene Umsatzsteuer (insbesondere Verrechnungen der Landwirtschaft und im Rahmen der Berlin-Förderung) in das Steueraufkommen einbezogen. Dies gilt ferner - bei der Lohnsteuer - für die Arbeitnehmersparzulage, nicht aber z. B. für die Berlinzulage. Auf der Ausgabenseite erhöhen sich entsprechend die Vermögensübertragungen und - in Höhe der einbehaltenen Umsatzsteuer - die Subventionen. Die gesamten indirekten Steuern sind in der VGR gegliedert in Einfuhrabgaben, Umsatzsteuer und Produktionssteuern (einschl. Verwaltungsgebühren der Unternehmen). Sektoral werden nur die Produktionssteuern ausgewiesen, allerdings saldiert mit den Subventionen, d.h. den laufenden Zuschüssen des Staates an die Unternehmen. Der erste Schritt einer Analyse besteht also aufgrund der u.U. ganz unterschiedlichen Auswirkung von Produktionssteuern und Subventionen darin, diese beiden Größen zu trennen. Als nächstes sind die übrigen Finanzhilfen - in der VGR als Vermögensübertragungen erfaßt - und die übrigen (indirekten) Steuervergünstigungen sektoral aufzuteilen, um zu einer Gesamtwürdigung des Zusammenhangs von indirekter Besteuerung und Subventionierung in den Wirtschaftszweigen zu gelangen.

Dieses Vorgehen zielt darauf ab, für die einzelnen Wirtschaftszweige spezifische Abgabenquoten auszuweisen. Als Bezugsgröße bietet sich die um Einfuhrabgaben erhöhte Bruttowertschöpfung an; sie enthält dann die gesamten speziellen Verbrauchsteuern. In einer Gegenüberstellung von Steuern und Subventionen zeigen sich "Belastungen" und "Entlastungen" der Wirtschaftsbereiche. Gerade bei den Subventionen handelt es sich nicht in jedem

Fall um eine tatsächliche Entlastung, da der Subventionsempfänger nicht immer mit dem tatsächlich Begünstigten identisch ist. Dies gilt insbesondere für den Handel, der in erheblichem Umfang Ausgleichzahlungen für die Kosten der Verwertung von Agrarerzeugnissen erhält.

Bei der Darstellung der sektoralen Belastung mit indirekten Steuern stellt sich die Frage, ob die nicht abzugsfähige Umsatzsteuer einbezogen werden sollte. Einfuhrumsatzsteuer- und Mehrwertsteuersystem ergänzen einander und sind so aufeinander abgestimmt, daß Güter im Inland mit dem jeweils gültigen Mehrwertsteuersatz belastet sind, gleichgültig, ob sie aus in- oder ausländischer Produktion stammen. Bei inländischer Endverwendung wird die Mehrwertsteuer im wesentlichen von den privaten Verbrauchern, einigen privaten Investoren (z.B. Wohnungsbau) und auch vom Staat als Käufer von Gütern und Diensten getragen. Da nicht nur die Ausfuhr, sondern auch die gewerblichen Investitionen steuerfrei sind, ist die Bezeichnung Mehrwertsteuer in sektoraler Betrachtung häufig nicht zutreffend. Die Unternehmen zahlen (netto) nicht proportional zu ihrem "Mehrwert" (der Bruttowertschöpfung) Steuern, sondern die Bezugsgröße ist die Wertschöpfung zuzüglich Importe und abzüglich Exporte und Investitionsgüterkäufe (einschließlich Vorratsveränderungen).

In der hier vorliegenden Gegenüberstellung von indirekter Besteuerung und Subventionierung werden die Zusammenhänge sowohl mit als auch ohne Umsatzsteuer ausgewiesen. Allerdings konnte mangels Informationen die Einfuhrumsatzsteuer nicht in die Analyse einbezogen werden.

2.1.1 Die Entwicklung für den gesamten Unternehmensbereich

Über die Entwicklung von 1970 bis 1981 für alle Unternehmen informiert die folgende Tabelle (vgl. auch Schaubild II.2.1/1); sie basiert auf Daten der VGR. In einer Gegenüberstellung von indirekten Steuern (Produktionssteuern und Einfuhrabgaben) als Belastung der Bruttowertschöpfung der Unternehmen und ihrer Entlastung durch Subventionen und Steuervergünstigungen aus indirekten Steuern wird die tatsächliche Belastung der Unternehmen deutlich. Zu den Subventionen zählen hier die laufenden Zuschüsse des Staates an die Unternehmen, sei es zur Beeinflussung der Marktpreise oder

TABELLE II.2.1/2

INDIREKTE BESTEUERUNG UND SUBVENTIONIERUNG DER UNTERNEHMEN

MILL.DM

	OHNE UMSATZSTEUER						EINSCHL.UMSATZSTEUER					
				STEUERQUOTEN		RELATIVE				STEUERQUOTEN		RELATIVE
	BIP 1)	IND.ST. 2)	SUBVENT. 3)	TATS. 4)	NETTO 5)	ENTLAST. 6)	BIP 7)	IND.ST. 8)	STEUERV. 9)	BRUTTO 10)	NETTO 11)	ENTLAST. 12)
	MILL.DM			VH			MILL.DM			VH		
1970	562840	49040	19040	8.71	5.33	38.83	602750	87160	3860	15.10	11.30	25.16
1971	619090	53530	19830	8.65	5.44	37.04	664130	96430	3920	15.11	11.53	23.67
1972	677290	60660	23590	8.96	5.47	38.89	726670	107640	4110	15.38	11.57	24.79
1973	752260	68650	28010	9.13	5.40	40.80	804520	118470	4430	15.28	11.24	26.40
1974	799640	70440	30270	8.81	5.02	42.97	854070	122350	4790	14.89	10.78	27.58
1975	827370	72780	31540	8.80	4.98	43.34	884680	126860	5090	14.91	10.77	27.76
1976	908250	79900	33820	8.80	5.07	42.33	969810	138360	5150	14.80	10.78	27.15
1977	970420	86590	38220	8.92	4.98	44.14	1035970	149280	5220	14.91	10.72	28.12
1978	1038260	91080	46400	8.77	4.30	50.94	1114240	164350	5210	15.22	10.59	30.44
1979	1121780	95890	52080	8.55	3.91	54.31	1208590	180090	5250	15.34	10.59	30.93
1980	1185540	96590	51960	8.15	3.76	53.79	1281990	190040	5360	15.24	10.77	29.33
1981	1229410	97170	49830	7.90	3.85	51.28	1330100	194960	4960	15.03	10.91	27.41

1)BWS DER UNTERNEHMEN(BEREINIGT) + EINFUHRABGABEN; 2)EINFUHRABGABEN + PRODUKTIONSSTEUERN(OHNE UST); 3)SUBVENTIONEN (ABGRENZUNG VGR) - EINBEHALTENE UMSATZSTEUER + INVESTITIONSZUSCHUESSE OHNE INVESTITIONSZULAGEN + SONST. VERMOEGENSUEBERTRAGUNGEN + ZUSCHUESSE AN BUNDESBAHN; 4)INDIR.STEUER/BIP; 5)(INDIR.STEUER-SUBVENTIONEN)/BIP; 6)SUBVENTIONEN/INDIR.ST. (OHNE UST); 7)BIP+UST; 8)INDIR.STEUER (OHNE UST)+UST-EINBEHALTENE UST; 9)STEUERVERGUENSTIGUNGEN AUS INDIR. STEUERN; 10)(INDIR.STEUERN (EINSCHL.UST)+STEUERVERGUENSTIGUNGEN)/BIP(EINSCHL.UST); 11)(INDIR.STEUERN-SUBVENTIONEN)/BIP(EINSCHL.UST); 12)(STEUERVERGUENSTIGUNGEN+SUBVENTIONEN)/(INDIR.STEUERN (EINSCHL.UST)+STEUERVERGUENSTIGUNGEN).

QUELLEN: STATISTISCHES BUNDESAMT, FACHSERIE 18; EIGENE BERECHNUNGEN

Schaubild II. 2.1/1

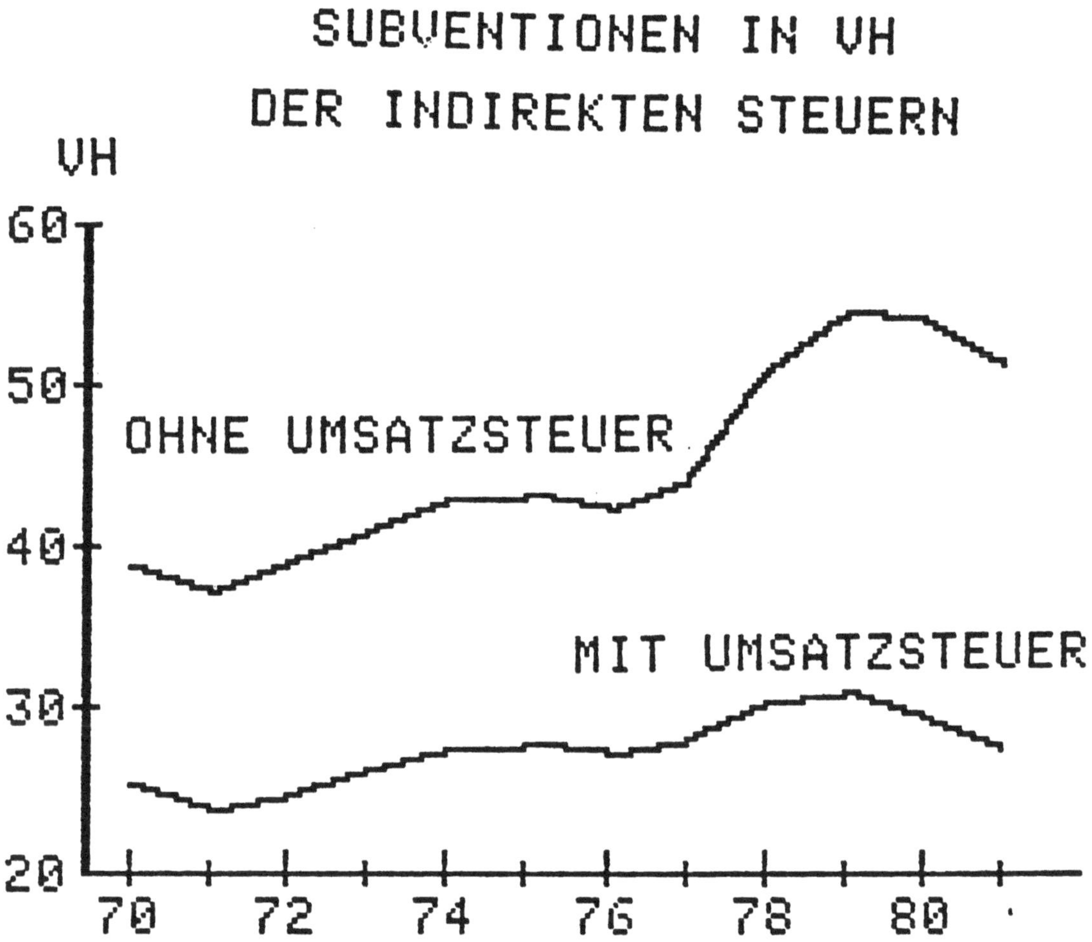

zur Stützung von Produktion und Einkommen. Die seit der Revision der VGR im Jahre 1982 in die Subventionen einbezogene einbehaltene Umsatzsteuer wurde dagegen von den Subventionen abgesetzt und den Steuervergünstigungen aus indirekten Steuern zugerechnet. Um den Gesamtzusammenhang von indirekter Besteuerung und Subventionierung deutlich zu machen, sind auch die übrigen Finanzhilfen - in der VGR als Vermögensübertragungen erfaßt - in die Subventionen einbezogen worden. Die Entwicklung der indirekten Steuerquoten wird einmal ohne und einmal mit Umsatzsteuern ausgewiesen. In beiden Fällen zeigt sich, daß die Belastung der Unternehmen mit indirekten Steuern seit 1970 keinesfalls gestiegen ist.

Die Quote der Produktionssteuern und Einfuhrabgaben bezogen auf die Bruttowertschöpfung plus Einfuhrabgaben (tatsächliche Steuerquote) hat von 1970 bis 1981 sogar geringfügig abgenommen. Da aber gleichzeitig die Subventionen (Finanzhilfen ohne Steuervergünstigungen) stärker als die Bruttowertschöpfung zugenommen haben, sank die Quote der Produktionssteuern minus Subventionen, bezogen auf die Bruttowertschöpfung plus Einfuhrabgaben (Netto-Steuerquote), von gut 5 vH auf 3,7 vH. Anders ausgedrückt: die relative Entlastung[2)] der indirekten Steuern (Produktionssteuern plus Einfuhrabgaben) durch Subventionen ist bis 1979 kontinuierlich von knapp 39 vH auf gut 54 vH gestiegen. In den Jahren danach hat sich aufgrund rückläufiger Subventionen die relative Entlastung etwas verringert. Sie lag aber 1981 immer noch deutlich höher als zu Beginn der Untersuchungsperiode.

Bezieht man die Steuern vom Umsatz, die nach der neuen VGR nicht mehr in der Bruttowertschöpfung enthalten sind, in die Untersuchung ein, dann ergibt sich unter Berücksichtigung der Steuervergünstigungen aus indirekten Steuern folgendes Bild : Die Brutto- und Nettoquoten liegen im Niveau um etwa 6 vH-Punkte höher. Die Abweichungen vom vollen Mehrwertsteuersatz sind erheblich, vor allem wegen der überhöhten Bezugsbasis (Wertschöpfung einschließlich Umsatzsteuer) und weil gewerbliche Investitionen und Ausfuhren nicht der Besteuerung unterliegen. Wie das Schaubild II.2.1/1 verdeutlicht, liegt die Kurve der relativen Entlastung im Niveau um mehr als 15 Prozentpunkte niedriger; sie verläuft flacher und weniger ausgeprägt. Bis 1979 sind die Unternehmen durch Subventionen und Steuervergünstigungen insgesamt stärker - um gut 5 vH-Punkte - entlastet worden, danach ist eine leichte Abnahme zu verzeichnen. Hierzu dürften vor allem die Umsatzsteuererhöhungen der Jahre 1978 und 1979 beigetragen haben. 1981 machten die gewährten staatlichen Hilfen aber immerhin noch rund ein Viertel der indirekten Steuern (brutto) aus.

2.1.2 Subventionierung nach sechs Wirtschaftsbereichen im Rahmen der VGR

Schon vor einiger Zeit hat das Statistische Bundesamt im Rahmen der VGR Subventionen (laufende Zuschüsse zur Produktion) und Vermögensübertragungen an Unternehmen nach Aufgabenbereichen veröffentlicht. Ferner liegen jetzt Angaben über die Subventionen nach sechs Wirtschaftsbereichen vor. Aus diesen Informationen ergibt sich für die Stichjahre 1970, 1976 und 1981 - sie kennzeichnen ausreichend Niveau und Entwicklungstendenzen - folgendes Bild:

Transferzahlungen des Staates in Mrd. DM

	1970	1976	1981
Landwirtschaft	3,8	3,9	2,6
Bergbau, Energie	0,9	3,9	5,8
Verarbeitendes Gewerbe	3,0	7,9	12,0
Handel	2,9	3,8	5,8
Verkehr	4,3	13,4	16,4
Dienstleistungen	4,3	9,3	12,3
Insgesamt	21,2	42,2	54,9
davon Pensionszuschüsse an die Bundesbahn	1,3	2,3	3,5
Subventionen einschl. einbehaltener Umsatzsteuer	11,8	21,9	28,8
Vermögensübertragungen einschl. Investitionszulagen	8,1	13,5	22,6

Der Rückgang der Zahlungen an die Landwirtschaft betrifft Maßnahmen zum Ausgleich von Nachteilen durch die DM-Aufwertungen, die bis 1976 großes Gewicht hatten. Die gesamten Aufwendungen im Agrarbereich sind jedoch auch nach 1976 gestiegen; dies schlägt sich in der Entwicklung im verarbeitenden Gewerbe (Ernährungsgewerbe) und im Handel (Kosten der Lagerhaltung, von Abbaumaßnahmen, Ausfuhrerstattungen und Währungsausgleich) nieder. In den drei Stichjahren betrugen die über die Europäische Gemeinschaft finanzierten Agrarzuschüsse 2,7 - 3,6 - 6,0 Mrd. DM.

In der Energiewirtschaft wird seit 1975 eine Umlage - der "Kohlepfennig" - erhoben. Die Zahlungen (1976: 1,1 Mrd. DM und 1981: 1,9 Mrd. DM) sind in die VGR einbezogen, im Staatshaushalt aber ein durchlaufender Posten. Auch ohne Kohlepfennig zählt insbesondere der Bergbau zu den zunehmend subventionierten Wirtschaftsbereichen. Die Zuschüsse an das verarbeitende Gewerbe (einschl. unbedeutender Beträge an das Baugewerbe) haben mit am stärksten zugenommen. Neben speziellen Maßnahmen (Luftfahrt, Werften, Forschungsförderung, beschäftigungspolitische Maßnahmen) spielen die Investitionszuschüsse eine entscheidende Rolle. Auf das Ernährungsgewerbe entfielen 1981 von den aufgeführten 12 Mrd. DM rund 2 Mrd. DM.

Im Verkehr hat sich der Zuschußbedarf auf hohem Niveau relativ abgeschwächt. Der größte Teil der Zahlungen geht bekanntlich an die Deutsche Bundesbahn, die u. a. 1981 für "betriebsfremde Lasten" (Pensionszahlungen) 3,5 Mrd. DM erhalten hat. Bei den Dienstleistungen bestehen Vorbehalte hinsichtlich der Zuordnung. Größere Beträge entfallen funktional auf soziale, wissenschaftliche und kulturelle Aufgabenbereiche oder auch die allgemeine Verwaltung und schließen Zuschüsse an Organisationen ohne Erwerbscharakter ein. Auf den Bereich Wohnungsvermietung der VGR (einschl. Eigenheime) konzentriert sich schätzungsweise 1981 knapp ein Drittel der Gesamtausgaben, die den Dienstleistungen zugeordnet wurden.

2.1.3 Indirekte Besteuerung und Subventionierung der Wirtschaftszweige für zwei ausgewählte Jahre

Sektoral konnten die Zusammenhänge für zwei Jahre aufgeschlüsselt werden - für 1970 allerdings aufgrund der verfügbaren Informationen weniger detailliert als für 1976. Um dennoch einen Zeitvergleich zu erleichtern, sind die Wirtschaftszweige für 1976 außerdem noch entsprechend dem Aggregationsgrad von 1970 zusammengefaßt worden (vgl. die nachfolgenden Tabellen). Die in die sektorale Aufgliederung eingehenden Subventionen umfassen die Steuervergünstigungen der Gebietskörperschaften aus indirekten Steuern sowie die Finanzhilfen von Bund, Ländern, EG und Parafisci.[3)]

TABELLE II.2.1/3

INDIREKTE BESTEUERUNG UND SUBVENTIONIERUNG DER UNTERNEHMEN (OHNE WOHNUNGSVERMIETUNG)
- PRODUKTIONSSTEUERN EINSCHL. MEHRWERTSTEUER -

1970

	BRUTTO-WERT-SCHOEPF. 1)	EINFUHR-ABGABEN 2)	STEUER-VERGUEN-STIGUNG 3)	PROD.-STEUERN 4)	FINANZ-HILFEN 5)	STEUERQUOTEN QBR 6)	QTATS 7)	QN 8)	RELATIVE ENTLASTUNG DURCH SUBVENTIONEN BRUTTO 9)	NETTO 10)	INSGES. 11)
	MILL. DM					VH			VH		
LAND-U.FO	23070	66	924	1540	4241	10.94	6.94	-11.39	36.52	167.63	204.15
ENERGIE	16200	171	5	1930	94	12.86	12.83	12.26	0.24	4.46	4.70
BERGBAU	9060	37	277	1020	579	14.66	11.62	5.25	20.76	43.40	64.17
VERARB.GE	277300	7910	1072	43440	1618	18.38	18.00	17.44	2.04	3.09	5.13
CHEMIE	23820	809	68	1700	50	10.46	10.19	9.98	2.64	1.94	4.58
MINERALOE	10770	1449	115	9670	18	91.94	91.00	90.85	1.02	0.16	1.18
KUNSTSTOF	7750	193	8	780	27	12.35	12.25	11.91	0.82	2.75	3.57
STEINE ER	9970	40	5	1370	31	14.14	14.09	13.78	0.35	2.19	2.54
FEINKERAM	3910	43	2	400	16	11.26	11.21	10.80	0.45	3.60	4.04
EISENSCHA	28940	643	21	2760	93	11.57	11.50	11.19	0.61	2.72	3.33
STAHL,ADV	7280	94	19	630	73	10.08	9.82	8.83	2.56	9.83	12.38
MASCHINEN	32180	524	58	1940	99	7.71	7.53	7.23	2.30	3.93	6.23
FAHRZEUGB	24780	421	33	1010	287	5.81	5.68	4.54	2.25	19.60	21.86
E-TECHNIK	28920	720	255	2360	97	11.25	10.39	10.06	7.65	2.91	10.55
FEINM,EBM	17590	319	40	1670	58	11.33	11.11	10.78	1.97	2.86	4.83
HOLZ,PAPI	22500	491	32	2880	102	14.80	14.66	14.22	0.94	3.00	3.94
TEXTILGEW	11450	435	22	1140	28	13.44	13.25	13.02	1.38	1.75	3.13
LEDER,BEK	11030	427	17	1240	63	14.70	14.55	14.00	1.01	3.74	4.75
ERNAEHRUN	27980	1205	301	6420	574	27.16	26.13	24.16	3.80	7.24	11.04
TABAKVERA	8430	97	76	7470	2	89.63	88.74	88.72	0.99	0.03	1.02
BAUHAUPTG	41400	40	15	4050	136	9.91	9.87	9.54	0.37	3.31	3.68
AUSBAU-U.	16750	14	12	2060	46	12.44	12.37	12.10	0.58	2.21	2.78
GROSSHAND	34350	9191	14	5000	2047	32.62	32.59	27.89	0.10	14.41	14.51
EINZELHAN	35650	849	42	5040	196	16.25	16.13	15.60	0.71	3.30	4.01
EISENBAHN	8780	0	0	600	3635	6.83	6.83	-34.57	0.00	605.83	605.83
SO.VERKEH	18190	17	498	2020	599	13.92	11.19	7.90	19.64	23.63	43.27
BUNDESPOS	11730	0	10	20	0	0.26	0.17	0.17	33.33	0.00	33.33
KREDITINS	16670	0	120	680	1	4.80	4.08	4.07	15.00	0.13	15.13
VERSICHER	4550	0	18	930	0	20.84	20.44	20.44	1.90	0.00	1.90
BEHERBERG	9370	0	12	1620	78	17.42	17.29	16.46	0.74	4.78	5.51
WISS.,PUB	6720	3	7	610	12	9.22	9.12	8.94	1.13	1.94	3.06
GESUNDHEI	10190	9	10	80	19	0.97	0.87	0.69	10.10	19.19	29.29
UEBR.DIEN	36220	10	62	3520	114	9.91	9.74	9.43	1.73	3.17	4.90
INSGESAMT	576200	18317	3098	74160	13415	16.08	15.55	13.30	3.24	14.04	17.28

1)BRUTTOWERTSCHOEPFUNG EINSCHL.UST. 2)EINFUHRABGABEN EINSCHL.EUST. 3)STEUERVERGUENSTIGUNGEN AUS INDIREKTEN STEUERN 4)PRODUKTIONSSTEUERN EINSCHL.MWST. 5)FINANZHILFEN 6)QBR=STEUERQUOTE BRUTTO=(EFA+PROD.ST.+STV.)/(BWS+EFA) 7)Q=STEUERQUOTE TATSAECHLICH=(EFA+PROD.ST.)/(BWS+EFA) 8)QN=STEUERQUOTE NETTO=(EFA+PROD.ST.-FIHI)/(BWS+EFA) 9)(QBR-Q)/QBR=STV/(STV.+EFA+PROD.ST.) 10)(Q-QN)/QBR=FIHI/(STV.+EFA+PROD.ST.) 11)(QBR-QN)/QBR=(FIHI+STV.)/(STV.+EFA+PROD.ST.)

QUELLEN: STATISTISCHES BUNDESAMT, FACHSERIE 18; I-O-TABELLEN DES DIW 1972 UND 1976; EIGENE BERECHNUNGEN.

TABELLE II.2.1/4

INDIREKTE BESTEUERUNG UND SUBVENTIONIERUNG DER UNTERNEHMEN (OHNE WOHNUNGSVERMIETUNG)
- PRODUKTIONSSTEUERN OHNE MEHRWERTSTEUER -

1970

	BRUTTO-WERT-SCHOEPF.	EINFUHR-ABGABEN	STEUER-VERGUEN-STIGUNG	PROD.-STEUERN O.MWST.	FINANZ-HILFEN	STEUERQUOTEN QBR	QTATS	QN	RELATIVE ENTLASTUNG DURCH SUBVENTIONEN BRUTTO	NETTO	INSGES.
	1)	2)	3)	4)	5)	6)	7)	8)	9)	10)	11)
	MILL. DM					VH			VH		
LAND-U.FO	23070	66	924	1448	4241	10.54	6.54	-11.79	37.90	173.95	211.85
ENERGIE	16200	171	5	908	94	6.62	6.59	6.02	0.46	8.67	9.13
BERGBAU	9060	37	277	294	579	6.68	3.64	-2.73	45.56	95.23	140.79
VERARB.GE	277300	7910	1072	31350	1618	14.14	13.77	13.20	2.66	4.01	6.67
CHEMIE	23820	809	68	1187	50	8.38	8.10	7.90	3.29	2.42	5.72
MINERALOE	10770	1449	115	8841	18	85.15	84.21	84.07	1.11	0.17	1.28
KUNSTSTOF	7750	193	8	329	27	6.67	6.57	6.23	1.51	5.09	6.60
STEINE ER	9970	40	5	617	31	6.61	6.56	6.25	0.76	4.68	5.44
FEINKERAM	3910	43	2	143	16	4.76	4.71	4.30	1.06	8.51	9.57
EISENSCHA	28940	643	21	1374	93	6.89	6.82	6.50	1.03	4.56	5.59
STAHL,ADV	7280	94	19	199	73	4.23	3.97	2.98	6.09	23.40	29.49
MASCHINEN	32180	524	58	1159	99	5.32	5.15	4.84	3.33	5.69	9.02
FAHRZEUGB	24780	421	33	1061	287	6.01	5.88	4.74	2.18	18.94	21.12
E-TECHNIK	28920	720	255	1390	97	7.98	7.12	6.79	10.78	4.10	14.88
FEINM,EBM	17590	319	40	723	58	6.04	5.82	5.49	3.70	5.36	9.06
HOLZ,PAPI	22500	491	32	1032	102	6.76	6.62	6.18	2.06	6.56	8.62
TEXTILGEW	11450	435	22	536	28	8.36	8.17	7.93	2.22	2.82	5.04
LEDER,BEK	11030	427	17	510	63	8.33	8.18	7.63	1.78	6.60	8.39
ERNAEHRUN	27980	1205	301	5572	574	24.25	23.22	21.25	4.25	8.11	12.36
TABAKVERA	8430	97	76	6677	2	80.33	79.44	79.42	1.11	0.03	1.14
BAUHAUPTG	41400	40	15	1634	136	4.08	4.04	3.71	0.89	8.05	8.94
AUSBAU-U.	16750	14	12	1123	46	6.85	6.78	6.51	1.04	4.00	5.05
GROSSHAND	34350	9191	14	2917	2047	27.84	27.81	23.11	0.12	16.89	17.00
EINZELHAN	35650	849	42	1722	196	7.16	7.04	6.51	1.61	7.50	9.11
EISENBAHN	8780	0	0	226	3635	2.57	2.57	-38.83	0.00	1608.41	1608.41
SO.VERKEH	18190	17	498	1435	599	10.71	7.97	4.69	25.54	30.72	56.26
BUNDESPOS	11730	0	10	20	0	0.26	0.17	0.17	33.33	0.00	33.33
KREDITINS	16670	0	120	657	1	4.66	3.94	3.94	15.44	0.13	15.57
VERSICHER	4550	0	18	916	0	20.53	20.13	20.13	1.93	0.00	1.93
BEHERBERG	9370	0	12	590	78	6.42	6.30	5.46	1.99	12.96	14.95
WISS.,PUB	6720	3	7	354	12	5.41	5.31	5.13	1.92	3.30	5.22
GESUNDHEI	10190	9	10	66	19	0.83	0.74	0.55	11.76	22.35	34.12
UEBR.DIEN	36220	10	62	1817	114	5.21	5.04	4.73	3.28	6.03	9.32
INSGESAMT	576200	18317	3098	47477	13415	11.59	11.07	8.81	4.50	19.47	23.97

1)BRUTTOWERTSCHOEPFUNG EINSCHL.UST. 2)EINFUHRABGABEN EINSCHL.EUST. 3)STEUERVERGUENSTIGUNGEN AUS INDIREKTEN STEUERN 4)PRODUKTIONSSTEUERN AUSSCHL.MWST. 5)FINANZHILFEN 6)QBR=STEUERQUOTE BRUTTO=(EFA+PROD.ST.+STV.)/(BWS+EFA) 7)Q=STEUERQUOTE TATSAECHLICH=(EFA+PROD.ST.)/(BWS+EFA) 8)QN=STEUERQUOTE NETTO=(EFA+PROD.ST.-FIHI)/(BWS+EFA) 9)(QBR-Q)/QBR=STV/(STV.+EFA+PROD.ST.) 10)(Q-QN)/QBR=FIHI/(STV+EFA+PROD.ST.) 11)(QBR-QN)/QBR=(FIHI+STV.)/(STV.+EFA+PROD.ST.)

QUELLEN: STATISTISCHES BUNDESAMT, FACHSERIE 18; I-O-TABELLEN DES DIW 1972 UND 1976; EIGENE BERECHNUNGEN.

INDIREKTE BESTEUERUNG UND SUBVENTIONIERUNG DER UNTERNEHMEN (OHNE WOHNUNGSVERMIETUNG)
- PRODUKTIONSSTEUERN EINSCHL. MEHRWERTSTEUER -

1976

	BRUTTO-WERT-SCHOEPF. 1)	EINFUHR-ABGABEN 2)	STEUER-VERGUEN-STIGUNG 3)	PROD.-STEUERN 4)	FINANZ-HILFEN 5)	STEUERQUOTEN			RELATIVE ENTLASTUNG DURCH SUBVENTIONEN		
						QBR 6)	QTATS 7)	QN 8)	BRUTTO 9)	NETTO 10)	INSGES. 11)
	MILL. DM					VH			VH		
LAND-U.FO	32770	100	1210	1633	3539	8.95	5.27	-5.49	41.11	120.25	161.37
ENERGIE	31710	462	9	6672	853	22.20	22.17	19.52	0.13	11.94	12.07
ELEKTRWI	23960	112	5	5424	777	23.02	23.00	19.77	0.09	14.02	14.11
GAS	3800	349	2	610	76	23.16	23.11	21.28	0.21	7.91	8.12
WASSER	3950	1	2	638	0	16.22	16.17	16.17	0.31	0.00	0.31
BERGBAU	13150	50	337	2278	2272	20.19	17.64	0.42	12.65	85.25	97.90
KOHLENBB	11430	2	337	2038	2232	20.79	17.84	-1.68	14.18	93.90	108.08
ERDOELGE	1000	0	0	120	28	12.00	12.00	9.20	0.00	23.33	23.33
RESTL.BB	72C	48	0	120	12	21.88	21.88	20.31	0.00	7.14	7.14
VERARB.GE	422160	14392	1373	63009	5340	18.04	17.73	16.51	1.74	6.78	8.52
CHEMIE	41750	1550	102	3552	329	12.02	11.78	11.02	1.96	6.32	8.28
MINERALOE	20650	3344	78	15537	176	79.02	78.69	77.96	0.41	0.93	1.34
K+G	13360	359	13	1256	52	11.87	11.77	11.39	0.80	3.19	3.99
KUNSTSTO	8220	251	11	774	36	12.23	12.10	11.68	1.06	3.47	4.54
GUMMI	5140	108	2	482	16	11.28	11.24	10.94	0.34	2.70	3.04
STEINE	19590	143	12	2259	78	12.23	12.17	11.78	0.50	3.23	3.73
STEINEER	13800	70	8	1667	56	12.58	12.52	12.12	0.46	3.21	3.67
FEINKERA	2140	45	2	171	10	9.98	9.89	9.43	0.92	4.59	5.50
GLAS	3650	28	2	421	12	12.26	12.21	11.88	0.44	2.66	3.10
EISEN	36020	1036	32	3656	123	12.75	12.66	12.33	0.68	2.60	3.28
EISENSCH	14980	414	0	1332	50	11.34	11.34	11.02	0.00	2.86	2.86
NE-METAL	4040	410	24	435	10	19.53	18.99	18.76	2.76	1.15	3.91
GIESSERE	5110	57	2	552	17	11.83	11.79	11.46	0.33	2.78	3.11
ZIEHEREI	7060	72	3	622	21	9.77	9.73	9.44	0.43	3.01	3.44
STAHLVER	4830	83	3	715	25	16.30	16.24	15.73	0.37	3.12	3.50
STAHL,ADV	14180	337	29	1353	394	11.84	11.64	8.93	1.69	22.92	24.61
STAHLBAU	8110	142	12	832	126	11.95	11.80	10.28	1.22	12.78	14.00
BM,ADV	6070	195	17	521	268	11.70	11.43	7.15	2.32	36.56	38.88
MASCHBAU	48740	665	87	2874	571	7.34	7.16	6.01	2.40	15.75	18.15
FAHRZEUGB	45440	809	50	2450	738	7.15	7.05	5.45	1.51	22.30	23.81
STRFZBAU	35390	508	50	1631	101	6.10	5.96	5.68	2.28	4.61	6.90
REPKFZ	5730	120	0	871	38	16.94	16.94	16.29	0.00	3.83	3.83
SCHIFFBA	2650	56	0	-126	293	-2.59	-2.59	-13.41	0.00	-418.57	-418.57
LUFTFZBA	1670	125	0	74	306	11.09	11.09	-5.96	0.00	153.77	153.77
ELEKTROTE	45990	1174	383	4135	266	12.07	11.26	10.69	6.73	4.67	11.40
FEINK,EBM	25860	517	60	2501	120	11.67	11.44	10.99	1.95	3.90	5.85
FEINMECH	8730	149	33	873	45	11.88	11.51	11.00	3.13	4.27	7.39
EBM	14110	253	24	1347	58	11.31	11.14	10.74	1.48	3.57	5.05
MUS,SPLW	3020	115	3	281	17	12.73	12.63	12.09	0.75	4.26	5.01
HOLZ,PAPI	34640	763	49	3837	178	13.13	12.99	12.49	1.05	3.83	4.88
HOLZBEAR	2480	72	2	322	13	15.52	15.44	14.93	0.51	3.28	3.79
HOLZVERA	13670	191	8	1637	79	13.25	13.19	12.62	0.44	4.30	4.74
ZELLSTOF	3030	240	0	242	8	14.74	14.74	14.50	0.00	1.66	1.66
PAPIERVE	5120	132	18	563	23	13.58	13.23	12.80	2.52	3.23	5.75
DRUCK	10340	128	21	1073	55	11.67	11.47	10.95	1.72	4.50	6.22
TEXTIL	12620	558	33	1153	58	13.23	12.98	12.54	1.89	3.33	5.22
LEDER,BEK	12570	589	26	1443	98	15.64	15.44	14.70	1.26	4.76	6.03
LEDER	3590	131	2	341	22	12.74	12.68	12.09	0.42	4.64	5.06
BEKLEIDU	8980	458	24	1102	76	16.78	16.53	15.72	1.52	4.80	6.31
ERNAEHRUN	38970	2386	305	6559	2113	22.37	21.63	16.52	3.30	22.84	26.14
ERNAEHRU	26450	2011	279	1160	1770	12.12	11.14	4.92	8.09	51.30	59.39
GETRAENK	12520	375	26	5399	343	44.98	44.78	42.12	0.45	5.91	6.36
TABAKVERA	11780	162	114	10444	46	89.77	88.81	88.43	1.06	0.43	1.49
BAUHAUPTG	50400	62	23	5592	310	11.25	11.20	10.59	0.41	5.46	5.87
AUSBAU	23910	22	18	3162	83	13.38	13.30	12.96	0.56	2.59	3.15
GROSSHAND	50600	15973	21	5199	1973	31.83	31.80	28.84	0.10	9.31	9.41
EINZELHAN	58000	1205	63	8557	351	16.59	16.49	15.90	0.64	3.57	4.21
EISENBAHN	10410	1	0	700	11409	6.73	6.73	-102.85	0.00	1627.53	1627.53
SO.VERKEH	30660	9	620	3598	1548	13.78	11.76	6.71	14.67	36.62	51.29
SCHIFFAH	4990	3	456	215	366	13.50	4.37	-2.96	67.66	54.30	121.96
STRASSVE	13650	1	145	2413	988	18.75	17.68	10.45	5.67	38.61	44.28
RESTL.VE	12020	5	19	970	194	8.27	8.11	6.49	1.91	19.52	21.43
BUNDESPOS	25720	0	15	68	1	0.32	0.26	0.26	18.07	1.20	19.28
KREDITGEW	2200	0	110	1950	70	93.64	88.64	85.45	5.34	3.40	8.74
VERSGEWER	11100	1	22	2410	1	21.92	21.72	21.71	0.90	0.04	0.95
BEHERBERG	14990	0	18	2404	143	16.16	16.04	15.08	0.74	5.90	6.65
WISS,PUBL	12090	0	11	954	19	7.98	7.89	7.73	1.14	1.97	3.11
GESUNDHEI	25530	0	15	141	30	0.61	0.55	0.43	9.62	19.23	28.85
UEBR.DIEN	75290	42	93	6011	157	8.16	8.04	7.83	1.51	2.55	4.07
INSGESAMT	890690	32319	3958	114338	28099	16.32	15.89	12.84	2.63	18.66	21.28

FUSSNOTEN SIEHE VORHERGEHENDE TABELLE

TABELLE II.2.1/6

INDIREKTE BESTEUERUNG UND SUBVENTIONIERUNG DER UNTERNEHMEN (OHNE WOHNUNGSVERMIETUNG)
- PRODUKTIONSSTEUERN OHNE MEHRWERTSTEUER -

1976

	BRUTTO-WERT-SCHOEPF. 1)	EINFUHR-ABGABEN 2)	STEUER-VERGUEN-STIGUNG 3)	PROD.-STEUERN O.MWST. 4)	FINANZ-HILFEN 5)	STEUERQUOTEN QBR 6)	QTATS 7)	QN 8)	RELATIVE ENTLASTUNG DURCH SUBVENTIONEN BRUTTO 9)	NETTO 10)	INSGES. 11)
			MILL. DM				VH			VH	
LAND-U.FO	32770	100	1210	1483	3539	8.50	4.82	-5.95	43.32	126.71	170.03
ENERGIE	31710	462	9	4961	853	16.88	16.86	14.20	0.17	15.70	15.87
ELEKTRWI	23960	112	5	3724	777	15.96	15.94	12.71	0.13	20.23	20.36
GAS	3800	349	2	511	76	20.78	20.73	18.90	0.23	8.82	9.05
WASSER	3950	1	2	726	0	18.45	18.40	18.40	0.27	0.00	0.27
BERGBAU	13150	50	337	2100	2272	18.84	16.29	-0.92	13.55	91.36	104.91
KOHLENBB	11430	2	337	1922	2232	19.78	16.83	-2.69	14.90	98.72	113.62
ERDOELGE	1000	0	0	115	28	11.50	11.50	8.70	0.00	24.35	24.35
RESTL.BB	720	48	0	63	12	14.45	14.45	12.89	0.00	10.81	10.81
VERARB.GE	422160	14392	1373	47630	5340	14.52	14.21	12.98	2.17	8.42	10.59
CHEMIE	41750	1550	102	3030	329	10.81	10.58	9.82	2.18	7.03	9.21
MINERALOE	20650	3344	78	14042	176	72.78	72.46	71.73	0.45	1.01	1.45
K+G	13360	359	13	711	52	7.89	7.80	7.42	1.20	4.80	6.00
KUNSTSTO	8220	251	11	447	36	8.37	8.24	7.81	1.55	5.08	6.63
GUMMI	5140	108	2	264	16	7.13	7.09	6.78	0.53	4.28	4.81
STEINE	19590	143	12	1098	78	6.35	6.29	5.89	0.96	6.23	7.18
STEINEER	13800	70	8	776	56	6.16	6.10	5.70	0.94	6.56	7.49
FEINKERA	2140	45	2	63	10	5.03	4.94	4.49	1.82	9.09	10.91
GLAS	3650	28	2	259	12	7.86	7.80	7.48	0.69	4.15	4.84
EISEN	36020	1036	32	2458	123	9.52	9.43	9.10	0.91	3.49	4.40
EISENSCH	14980	414	0	1197	50	10.47	10.47	10.14	0.00	3.10	3.10
NE-METAL	4040	410	24	412	10	19.01	18.47	18.25	2.84	1.18	4.02
GIESSERE	5110	57	2	278	17	6.52	6.48	6.15	0.59	5.04	5.64
ZIEHEREI	7060	72	3	146	21	3.10	3.06	2.76	1.36	9.50	10.86
STAHLVER	4830	83	3	425	25	10.40	10.34	9.83	0.59	4.89	5.48
STAHL,ADV	14180	337	29	626	394	6.83	6.63	3.92	2.92	39.72	42.64
STAHLBAU	8110	142	12	615	126	9.32	9.17	7.65	1.56	16.38	17.95
BM,ADV	6070	195	17	11	268	3.56	3.29	-0.99	7.62	120.18	127.80
MASCHBAU	48740	665	87	2111	571	5.79	5.62	4.46	3.04	19.94	22.98
FAHRZEUGB	45440	809	50	2269	738	6.76	6.66	5.06	1.60	23.59	25.19
STRFZBAU	35390	508	50	1661	101	6.18	6.04	5.76	2.25	4.55	6.80
REPKFZ	5730	120	0	500	38	10.60	10.60	9.95	0.00	6.13	6.13
SCHIFFBA	2650	56	0	51	293	3.95	3.95	-6.87	0.00	273.83	273.83
LUFTFZBA	1670	125	0	57	306	10.14	10.14	-6.91	0.00	168.13	168.13
ELEKTROTE	45990	1174	383	2285	266	8.15	7.33	6.77	9.97	6.92	16.89
FEINK,EBM	25860	517	60	1163	120	6.60	6.37	5.91	3.45	6.90	10.34
FEINMECH	8730	149	33	474	45	7.39	7.02	6.51	5.03	6.86	11.89
EBM	14110	253	24	517	58	5.53	5.36	4.96	3.02	7.30	10.33
MUS,SPLW	3020	115	3	172	17	9.25	9.15	8.61	1.03	5.86	6.90
HOLZ,PAPI	34640	763	49	1328	178	6.04	5.91	5.40	2.29	8.32	10.61
HOLZBEAR	2480	72	2	54	13	5.02	4.94	4.43	1.56	10.16	11.72
HOLZVERA	13670	191	8	513	79	5.14	5.08	4.51	1.12	11.10	12.22
ZELLSTOF	3030	240	0	106	8	10.58	10.58	10.34	0.00	2.31	2.31
PAPIERVE	5120	132	18	277	23	8.13	7.79	7.35	4.22	5.39	9.60
DRUCK	10340	128	21	378	55	5.03	4.83	4.31	3.98	10.44	14.42
TEXTIL	12620	558	33	631	58	9.27	9.02	8.58	2.70	4.75	7.45
LEDER,BEK	12570	589	26	580	98	9.08	8.88	8.14	2.18	8.20	10.38
LEDER	3590	131	2	72	22	5.51	5.46	4.86	0.98	10.73	11.71
BEKLEIDU	8980	458	24	508	76	10.49	10.24	9.43	2.42	7.68	10.10
ERNAEHRUN	38970	2386	305	5919	2113	20.82	20.08	14.97	3.54	24.54	28.08
ERNAEHRU	26450	2011	279	1711	1770	14.06	13.08	6.86	6.97	44.24	51.21
GETRAENK	12520	375	26	4208	343	35.74	35.54	32.88	0.56	7.44	8.01
TABAKVERA	11780	162	114	9379	46	80.85	79.89	79.51	1.18	0.48	1.66
BAUHAUPTG	50400	62	23	1988	310	4.11	4.06	3.45	1.11	14.95	16.06
AUSBAU	23910	22	18	1656	83	7.09	7.01	6.66	1.06	4.89	5.96
GROSSHAND	50600	15973	21	2707	1973	28.09	28.06	25.10	0.11	10.55	10.66
EINZELHAN	58000	1205	63	3393	351	7.87	7.77	7.17	1.35	7.53	8.88
EISENBAHN	10410	1	0	430	11409	4.14	4.14	-105.45	0.00	2647.10	2647.10
SO.VERKEH	30660	9	620	2827	1548	11.27	9.25	4.20	17.94	44.79	62.73
SCHIFFAH	4990	3	456	227	366	13.74	4.61	-2.72	66.47	53.35	119.83
STRASSVE	13650	1	145	1768	988	14.02	12.96	5.72	7.58	51.62	59.20
RESTL.VE	12020	5	19	832	194	7.12	6.96	5.35	2.22	22.66	24.88
BUNDESPOS	25720	0	15	68	1	0.32	0.26	0.26	18.07	1.20	19.28
KREDITGEW	2200	0	110	1892	70	91.00	86.00	82.82	5.49	3.50	8.99
VERSGEWER	11100	1	22	2398	1	21.81	21.61	21.60	0.91	0.04	0.95
BEHERBERG	14990	0	18	816	143	5.56	5.44	4.49	2.16	17.15	19.30
WISS,PUBL	12090	0	11	421	19	3.57	3.48	3.33	2.55	4.40	6.94
GESUNDHEI	25530	0	15	108	30	0.48	0.42	0.31	12.20	24.39	36.59
UEBR.DIEN	75290	42	93	2977	157	4.13	4.01	3.80	2.99	5.04	8.03
INSGESAMT	890690	32319	3958	77855	28099	12.37	11.94	8.89	3.47	24.62	28.09

FUSSNOTEN SIEHE VORHERGEHENDE TABELLE

In der Gliederung nach Sektoren ist der hochsubventionierte Wirtschaftszweig Wohnungsvermietung aufgrund seiner Besonderheiten ausgeklammert worden; darüber wird an anderer Stelle ausführlich berichtet. Entsprechend ist die Entlastung aufgrund der hohen Subventionierung dieses Wirtschaftszweigs im Durchschnitt der übrigen Wirtschaftszweige niedriger. Im Zeitvergleich entspricht die Erhöhung der relativen Entlastung zwischen 1970 und 1976 etwa der globalen Entwicklung. Danach ist die Gesamtentlastung - unter Einschluß der Mehrwertsteuer - von 17 vH auf 21 vH gestiegen.

Auffällig ist, daß die relative Entlastung in dem Fall ohne Berücksichtigung der Mehrwertsteuer im Niveau wesentlich niedriger liegt als in der globalen Betrachtung. Einmal ist dies durch die Einbeziehung der Einfuhrumsatzsteuer in der globalen Betrachtung begründet, zum anderen aber auch durch die anderen Größenordnungen der Subventionen und Steuervergünstigungen.

Bei den Produktionssteuern haben die Mineralölverarbeitung und die Tabakverarbeitung - mit 90 vH - die weitaus höchsten Steuerquoten, in weitem Abstand gefolgt vom Ernährungsgewerbe. Dies resultiert vor allem aus den diese Sektoren betreffenden Verbrauchsteuern. Die Mineralöl- und die Tabakverarbeitung werden überdies durch Subventionen weit unterdurchschnittlich entlastet.

Die Wirtschaftszweige Kreditinstitute, Gesundheitswesen, aber auch Fahrzeugbau, Eisenbahn, Landwirtschaft und Maschinenbau haben die geringsten tatsächlichen indirekten Steuerquoten. Die Entlastung ist 1970 bei der Bundesbahn und der Landwirtschaft so hoch, daß sich negative Netto-Steuerquoten ergeben.

Im Vergleich dazu hat sich 1976 die Entlastung bei der Bundesbahn noch drastisch und beim Kohlenbergbau noch erheblich erhöht. Ein Teil der rückläufigen Entlastung bei der Landwirtschaft ist allerdings im Zusammenhang mit der gegenüber 1970 weitaus höheren Entlastung beim Ernährungsgewerbe aufgrund der Veränderungen des EG-Subventionssystems zu sehen. 1976 zeigt sich aufgrund der stärkeren Disaggregierung, daß im Bereich des sonst nur unterdurchschnittlich entlasteten verarbeitenden Gewerbes vor allem der Schiff- und auch der Luftfahrzeugbau so stark entlastet werden, daß sie eine negative Netto-Steuerquote haben; aber auch die Bereiche Büromaschinen und ADV, der Straßenfahrzeugbau und, wie erwähnt, das Ernährungsgewerbe werden überdurchschnittlich entlastet. In diesem Jahr wird auch die hohe Entlastung der Schiffahrt im Bereich Sonstiger Verkehr deutlich. 1976 weisen insgesamt sechs Wirtschaftszweige negative Netto-Steuerquoten auf, d.h. sie zahlen also weniger indirekte Steuern als sie vor allem aufgrund von Finanzhilfen vom Staat erhalten.

Die Entlastungsquoten sind beim Vergleich des Falls "unter Einschluß der Mehrwertsteuer" mit dem Fall "ohne Mehrwertsteuer" vor allem in den Wirtschaftszweigen Energie und Bergbau, in den Baubereichen, im Einzelhandel, vor allem aber bei der Bundesbahn und im Beherbergungsgewerbe überdurchschnittlich stark gestiegen.

Der Schiffbau weist 1976 eine atypische Reaktion auf: ohne Berücksichtigung der Mehrwertsteuer bei den Produktionssteuern ist die relative Entlastung geringer als im Falle der Einbeziehung der Mehrwertsteuer.

2.2 Direkte Besteuerung und Steuervergünstigungen

Um die Analyse zu vervollständigen, ist es wünschenswert, neben den indirekten auch die direkten Steuern im Hinblick auf ihre sektoralen Wirkungen zu untersuchen. Leider kann dieses Ziel mit den Daten der volkswirtschaftlichen Gesamtrechnung nicht erreicht werden, da das Statistische Bundesamt weder für die Unternehmensgewinne noch für die direkten Unternehmersteuern eine sektorale Gliederung vorlegt. Um wenigstens ansatzweise einen Eindruck von der sektoralen Verteilung der Gewinne und der direkten Steuern zu erhalten, wird im folgenden auf Ergebnisse der Einkommen- und Körperschaftsteuerstatistiken und eigene Berechnungen über die Steuervergünstigungen zurückgegriffen. Hiermit sollen die sektoralen steuerlichen Belastungen und die entsprechende Entlastungen durch Steuervergünstigungen aus direkten Steuern als Schätzung ermittelt werden.

Bei diesem Vorgehen muß in Kauf genommen werden, daß die Summe der steuerlichen Gewinne nicht mit denen der VGR übereinstimmt. Die Diskrepanz ergibt sich aus der unterschiedlichen Gewinnermittlung sowie aus der Tatsache, daß nicht alle Gewinne, die in der VGR erfaßt werden, auch steuerlich relevant sind. So sind z.B. die Bundesbahn und -post von der Körperschaftsteuerpflicht befreit. Ein wichtiger Grund für die Unterschiede liegt schließlich auch in der Behandlung der Abschreibungen. Während die Abschreibungen in der Steuerbilanz aus den Anschaffungskosten ermittelt werden, folgt die VGR dem Prinzip der Wiederbeschaffungspreise. Andererseits werden in der VGR Abschreibungen entsprechend der Nutzungsdauer der einzelnen Gütergruppen gleichmäßig auf die einzelnen Jahre verteilt (lineare Abschreibung), während im Steuerrecht die degressive Abschreibung zulässig ist. Dadurch kommt es trotz der sehr unterschiedlichen Verfahren zu einer Annäherung in den Größenordnungen der Abschreibungsbeträge.

Die in der VGR ermittelten Gewinne ergeben sich als Restposten, wobei vom Produktionswert die Vorleistungen, die Abschreibungen, die Produktionssteuern abzügl. Subventionen sowie die Bruttoeinkommen aus unselbständiger Arbeit abgezogen werden. Der in der Steuerstatistik ausgewiesene Gesamtbetrag der Einkünfte errechnet sich dagegen aus der Summe der einzelnen Einkunftsarten, z.B. Einkünfte aus Gewerbebetrieb, unter Berücksichtigung auszugleichender Verluste bei anderen Einkunftsarten.

Die Einkommen- und Körperschaftsteuerstatistik liefert für die Jahre 1971 und 1977 sektorale Informationen über die Einkünfte und die darauf entfallenden Steuern, allerdings jedoch bei weitem nicht für 56 Wirtschaftszweige. Ein Vergleich des Gesamtbetrages der Einkünfte aus der Steuerstatistik mit den Gewinnen in der volkswirtschaftlichen Gesamtrechnung zeigt für 1977, daß dort 153 Mrd. DM, in der VGR dagegen 213 Mrd. DM erfaßt sind. In der Steuerstatistik werden als Einkommensteuer auf Einkünfte aus Gewerbebetrieb und als Körperschaftsteuer insgesamt 55,7 Mrd. DM ausgewiesen, in der VGR werden dagegen 62,3 Mrd. DM verbucht. Die Differenz erklärt sich einmal aus der Einbeziehung anderer Steuern in die Gewinnsteuern im Rahmen der VGR, z.B. der Vermögensteuer, und zum anderen aus der Tatsache, daß hier die Steuern kassenmäßig, in der Steuerstatistik aber nach endgültiger Steuerschuld erfaßt werden.

Bei der Aufteilung der Steuern auf die Sektoren ergeben sich erhebliche Probleme, die vor allem in der Methode der Einkommensbesteuerung liegen. Da die Einkommensteuer eine personenbezogene Besteuerung ist, werden

- gleichgültig ob es sich um Unternehmensgewinne oder Arbeitseinkommen handelt - sämtliche Einkommen der Steuerpflichtigen veranlagt. Um dennoch eine Zuordnung vornehmen zu können, werden in der Steuerstatistik die verschiedenen Einkunftsarten nach dem Prinzip der überwiegenden Einkunftsart ausgewiesen.

Besondere Schwierigkeiten bereitet vor allem die sektorale Aufgliederung der Steuern, die auf die Einkünfte der Personengesellschaften entfallen. Diese Einkünfte werden den Mitinhabern als natürliche Personen zugerechnet und zusammen mit ihren Einkünften aus anderen Quellen veranlagt. Eine exakte Berechnung des auf die Einkünfte aus Personengesellschaften entfallenden Teils der Einkommensteuer wäre nur möglich, wenn man die Höhe der anderen Einkünfte für jeden Einzelfall kennen würde. An dieser Stelle waren daher Schätzungen erforderlich, die mit erheblicher Unsicherheit behaftet sind.

2.2.1 **Die Entwicklung für den gesamten Unternehmensbereich**

Im Strukturbericht 1980 ist bereits eine Darstellung über die Entwicklung der Steuerbelastung der Unternehmen gegeben worden. Danach zeigte sich, daß die Belastung der Unternehmen durch direkte Besteuerung unter Berücksichtigung der in der VGR ausgewiesenen Subventionen und Vermögensübertragungen seit 1970 deutlich abgenommen hat.

Die hier vorgelegte Aktualisierung (vgl. Tabelle II. 2.2/1) basiert demgegenüber auf einem anderen Einkommens- und Subventionsbegriff. So werden hier anstelle der Bruttoeinkommen aus Unternehmertätigkeit und Vermögen die Unternehmensgewinne als Ausgangsbasis gewählt. Da sie u.a. auch die geleisteten und empfangenen Zinsströme berücksichtigen, kann angenommen werden, daß diese Größe die steuerlichen Unternehmensgewinne besser approximiert als die Bruttoeinkommen aus Unternehmertätigkeit und Vermögen. Weiterhin wird hier neben den Sektoren Wohnungsvermietung, Bundesbahn und -post auch die Land- und Forstwirtschaft aufgrund ihres steuerlichen Sonderstatus ausgeklammert. Dagegen konnte die Bereinigung der direkten Steuern um den auf die genannten Sektoren entfallenden Anteil - wie schon im Strukturbericht 1980 - auch hier mangels verfügbarer

TABELLE II.2.2/1

GEWINNBESTEUERUNG DER UNTERNEHMEN UND SUBVENTIONIERUNG

	GEWINN 1)	STEUER-VERG. 2)	DIREKTE STEUERN 3)	STEUERQUOTEN BRUTTO 4)	STEUERQUOTEN TATSAECH-LICH 5)	ENTLA-STUNG 6)
	MRD.DM			IN VH		IN VH
1970	140.60	6.40	32.80	27.88	23.33	16.33
1971	148.90	7.10	34.10	27.67	22.90	17.23
1972	158.20	8.10	37.20	28.63	23.51	17.88
1973	167.10	8.50	46.80	33.09	28.01	15.37
1974	172.00	9.30	48.50	33.60	28.20	16.09
1975	170.80	9.80	45.50	32.38	26.64	17.72
1976	199.80	14.50	50.80	32.68	25.43	22.21
1977	213.90	13.40	62.30	35.39	29.13	17.70
1978	238.40	11.40	66.20	32.55	27.77	14.69
1979	266.90	11.40	69.00	30.12	25.85	14.18
1980	266.40	11.80	67.10	29.62	25.19	14.96

1) OHNE LAND-UND FORSTW., BUNDESBAHN, -POST UND WOHNUNGSVERMIETUNG; 2) STEUERVER-GUENSTIGUNGEN AUS DIREKTEN STEUERN; 3) EINSCHL. DER IN FUSSNOTE 1) GENANNTEN BEREICHE; 4) (STVG+DIR.ST.)/GEWINN; 5) DIR.ST./GEWINN; 6) STVG/(DIR.ST.+STVG).

QUELLEN: STATISTISCHES BUNDESAMT; HAUSHALTSPLAENE, SUBVENTIONSBERICHTE; EIGENE BERECHNUNGEN

Informationen nicht vorgenommen werden. Es ist aber zu vermuten, daß dieser Mangel nicht zu groben Verzerrungen führt, weil diese Wirtschaftszweige wenig oder keine Steuern zu zahlen haben.

Im Gegensatz zum letzten Strukturbericht sind die Subventionen nicht den direkten Steuern, sondern den indirekten Steuern gegenübergestellt worden. Die in der VGR verbuchten direkten Steuern (veranlagte Einkommensteuer, Körperschaftsteuer, nicht veranlagte Steuern vom Ertrag, Vermögensteuer u.a.) lassen die den Unternehmen gewährten Steuervergünstigungen nicht erkennen, d.h. es handelt sich um kassenmäßige Steuereinnahmen. Deshalb wurde der Teil der Steuervergünstigungen, der auf die direkten Steuern entfällt, den gesamten Gewinnsteuern gegenübergestellt. Die aus der Einkommen- und Körperschaftsteuer geleisteten Investitionszulagen - in der VGR als Vermögensübertragungen verbucht - sind hierbei als direkte Steuervergünstigungen behandelt worden.

Während sich die aus der VGR berechnte Gewinnsteuerquote von 1970 bis 1974 von 23 auf 28 vH erhöht hat, sank sie bis 1976 -rezessions- und steuerreformbedingt - wieder um fast 3 Prozentpunkte. 1977 schnellte sie dann aufgrund der wieder anziehenden Konjunktur und wegen der Körperschaftsreform im Jahre 1977 (Einführung eines einheitlichen und höheren Steuersatzes) auf den Höchstwert von 29 vH. Die danach in rascher Folge vorgenommenen Steuererleichterungen ließen die Quote wieder sinken. Insgesamt läßt sich festhalten, daß die Gewinnsteuerquote in den siebziger Jahren konjunktur- und steuerrechtsbedingt zwar starke Schwankungen zeigte, tendenziell aber nicht gestiegen ist. Zu Beginn der achtziger Jahre lagen die Quoten auf dem bisher niedrigsten Stand.

Ein im Trend ähnliches Bild ergibt sich unter Berücksichtigung der direkten Steuervergünstigungen. Die Bruttosteuerquote, d.h. die direkten Steuern zuzüglich der gewährten Steuervergünstigungen, lag 1980 ebenfalls nur wenig über dem Niveau des Jahrs 1970. Dabei ist die Spanne zwischen der Bruttosteuerquote und der tatsächlichen Steuerquote im vergangenen Jahrzehnt annähernd gleich geblieben. Der Entlastungseffekt durch direkte Steuervergünstigungen lag im Durchschnitt bei etwa 17 vH der Bruttosteuern (direkte Steuern plus Steuervergünstigungen aus direkten Steuern), allerdings mit erheblichen Schwankungen.

2.2.2 Direkte Steuern und Steuervergünstigungen der Wirtschaftszweige für zwei ausgewählte Jahre

Da die Steuerstatistiken nur alle drei Jahre erhoben werden, ist es nicht möglich, die sektoralen Steuerquoten und die Entlastung mit aktuellen Daten darzustellen. Die Informationen reichen lediglich bis 1977; zum Vergleich wird auch das Jahr 1971 ausgewiesen.

Die aus der Einkommen- und Körperschaftsteuerstatistik abgeleitete gesamte Steuerquote lag 1971 bei 29 vH des Gesamtbetrages der Einkünfte. In sektoraler Betrachtung ergeben sich allerdings erhebliche Unterschiede.

Mit 14 vH fiel die Steuerquote in der Landwirtschaft erwartungsgemäß am niedrigsten aus. Doch dürfte die tatsächliche Steuerbelastung dieses Sektors auch nach den Ergebnissen der Steuerstatistik noch überzeichnet sein, da nur die landwirtschaftlichen Betriebe mit höheren Einkommen steuerlich erfaßt werden.

Die höchsten Steuerquoten fanden sich dagegen in den Wirtschaftszweigen Energiewiertschaft und Bergbau mit 38 bzw. 39,5 vH. Dies dürfte vor allem an dem hohen Anteil der als Körperschaften (AG, KG, GmbH u.a.) organisierten Unternehmen liegen. Insgesamt zeigt sich, daß insbesondere im verarbeitenden Gewerbe, in dem die Organisationsform der Körperschaften auch erhebliches Gewicht hat, die Steuerbelastung z.T. deutlich über dem Durchschnitt aller Unternehmen liegt. Entsprechend bleibt die Steuerbelastung in traditionellen Bereichen für Einzelunternehmer - z.B. die Dienstleistungsunternehmen - spürbar unter dem Durchschnitt.

Erwartungsgemäß wird die Spannbreite bei den sektoralen Steuerquoten noch größer, wenn die Steuervergünstigungen mit einbezogen werden. Insgesamt gewährte der Staat den Unternehmen 1971 Steuervergünstigungen in der Größenordnung von 6 Mrd; dies entsprach rund 15,5vH der geschuldeten Steuern. Die traditionell hochsubventionierten Wirtschaftszweige (Landwirtschaft, Bergbau) werden auch durch Steuervergünstigungen überproportional begünstigt. Der Betrag der Vergünstigungen ist in diesen Bereichen weit höher als ihre Einkommen-und Körperschaftsteuerschuld. So wird die Landwirtschaft durch direkte Steuervergünstigungen um etwa zwei Drittel ihrer

TABELLE II.2.2/2

DIREKTE UNTERNEHMENSBESTEUERUNG UND STEUERVERGUENSTIGUNG NACH WIRTSCHAFTSZWEIGEN (OHNE WOHNUNGSVERMIETUNG)

	1971						1977					
				STEUERQUOTEN						STEUERQUOTEN		
	EINKUENF-TE 1)	STEUER-VERG.2)	DIREKTE ST. 3)	BRUTTO 4)	TATS. 5)	RELATIVE ENTLA-STUNG 6)	EINKUENF-TE 1)	STEUER-VERG.2)	DIREKTE ST. 3)	BRUTTO 4)	TATS. 5)	RELATIVE ENTLA-STUNG 6)
	IN MILL. DM			IN VH			IN MILL. DM			IN VH		
LAND-U.FO	2560	1072	368	56.25	14.38	74.44	4099	1618	777	58.43	18.96	67.56
ENERGIE	2138	406	817	57.20	38.21	33.20	3101	524	1351	60.46	43.57	27.95
BERGBAU	491	346	194	109.98	39.51	64.07	336	207	148	105.65	44.05	58.31
VERARB.GE	37578	2336	12018	38.20	31.98	16.27	51872	3419	20547	46.20	39.61	14.27
OHNE N+G	32039	1996	10591	39.29	33.06	15.86	45992	2889	18667	46.87	40.59	13.40
CHEMIE	3683	287	1174	39.67	31.88	19.64	5314	349	2123	46.52	39.95	14.12
KUNSTSTOF	887	77	304	42.95	34.27	20.21	1342	117	559	50.37	41.65	17.31
STEINE ER	2430	130	890	41.98	36.63	12.75	2176	198	874	49.26	40.17	18.47
EISEN	2442	228	728	39.15	29.81	23.85	3538	274	1287	44.12	36.38	17.55
STAHL	8309	541	2845	40.75	34.24	15.98	14892	727	6943	51.50	46.62	9.48
E-TECHNIK	7151	341	2687	42.34	37.58	11.26	9956	490	4030	45.40	40.48	10.84
HOLZ,PAPI	4024	218	1103	32.83	27.41	16.50	5341	402	1756	40.40	32.88	18.63
LEDER,TEX	3113	174	860	33.22	27.63	16.83	3433	332	1095	41.57	31.90	23.27
NAHRUNG U	5539	340	1427	31.90	25.76	19.24	5880	530	1880	40.99	31.97	21.99
BAUHAUPTG	5232	173	1608	34.04	30.73	9.71	5072	548	1544	41.25	30.44	26.20
AUSBAU-U.	3118	75	655	23.41	21.01	10.27	3867	225	939	30.10	24.28	19.33
GROSSHAND	12532	136	3593	29.76	28.67	3.65	15941	556	5415	37.46	33.97	9.31
EINZELHAN	12049	250	3030	27.22	25.15	7.62	15128	803	4422	34.54	29.23	15.37
VERKEHR	3034	198	710	29.93	23.40	21.81	4164	257	1179	34.49	28.31	17.90
KREDITINS	4102	484	1325	44.10	32.30	26.76	9432	345	3926	45.28	41.62	8.08
VERSICHER	1256	8	364	29.62	28.98	2.15	3222	9	1254	39.20	38.92	0.71
DIENSTLEI	24021	306	6665	29.02	27.75	4.39	41668	1216	14155	36.89	33.97	7.91
INSGESAMT	108111	5790	31347	34.35	29.00	15.59	157902	9727	55657	41.41	35.25	14.88

1) GESAMTBETRAG DER EINKUENFTE NACH STEUERSTATISTIK. 2) STEUERVERGUENSTIGUNGEN AUS DIREKTEN STEUERN. 3) EINKOMMENS- UND KOERPERSCHAFTSTEUER NACH STEUERSTATISTIK; EINKOMMENSTEUER AUS EINKUENFTEN AUS PERSONENGESELLSCHAFTEN; GESCHAETZT 4) (DIR.ST.+STVG)/EINKUENFTE. 5) DIR.ST/EINKUENFTE. 6) STVG/(DIR.ST.+STVG).

QUELLEN : EINKOMMEN- UND KOERPERSCHAFTSSTATIK; SUBVENTIONSBERICHTE; EIG. BERECHNUNGEN.

Steuerschuld entlastet. Aber auch andere Bereiche profitieren relativ stark durch die steuerlichen Vergünstigungen; hier sind vor allem die Energiewirtschaft und die eisenschaffende Industrie zu nennen. Gemessen am Durchschnitt aller Unternehmen zeigt sich auf der anderen Seite, daß das Versicherungsgewerbe und die Dienstleistungsbereiche eindeutig am Ende der Begünstigungsskala rangieren.

Der Vergleich 1977 gegenüber 1971 zeigt, daß die durchschnittliche tatsächliche Steuerquote von 29 vH auf 35 vH gestiegen ist. In sektoraler Betrachtung haben sich die Steuerquoten entsprechend der Einkommensentwicklung in fast allen Bereichen erhöht, die Struktur dagegen hat sich gegenüber 1971 nur wenig verändert. Lediglich im Bauhauptgewerbe blieb die Steuerquote gegenüber 1971 nahzu unverändert. Nach wie vor gehört die Land- und Forstwirtschaft zu den am geringsten besteuerten Bereichen. Die höchsten Steuerquoten fanden sich wiederum in den Sektoren Bergbau und Energiewirtschaft mit einer Steuerschuld von jeweils rund 44vH des Gesamtbetrages der Einkünfte. Auch in den einzelnen Sektoren des verarbeitenden Gewerbes liegen die Quoten - mit nur wenigen Ausnahmen -spürbar über dem Durchschnittswert für alle Unternehmen.

Der relativ bedeutsame Sektor Dienstleistungen, der immerhin ein Fünftel der Steuern trägt, blieb 1977 - wie schon 1971 - hinter der durchschnittlichen Steuerquote zurück.

Die relative Entlastung der Unternehmen durch direkte Steuervergünstigungen, die 1977 trotz des Entlastungssprunges aufgrund der Investitionszulage insgesamt geringfügig unter dem Niveau des Jahres 1971 blieb, hat in den meisten Sektoren abgenommen. Dies gilt insbesondere für die am stärksten begünstigten Bereiche Land- und Forstwirtschaft sowie Bergbau und Energie, die aber nach wie vor an der Spitze der Entlastungsskala rangieren. Auffallend ist auch der Abbau der Steuervergünstigungen im Kreditgewerbe. Hier sank die relative Entlastung von 27 vH im Jahre 1971 auf 8vH; ein Ergebnis, das auf den Abbau des Sparkassenprivilegs zurückzuführen ist. Zu den Sektoren, die eine höhere Entlastung aufweisen, gehören das Baugewerbe, der Handel sowie die Dienstleistungen. Bei den Wirtschaftszweigen des verarbeitenden Gewerbes, die insgesamt im Vergleich zu 1971 weniger begünstigt wurden, halten sich die Gewinner und Verlierer etwa die Waage. Die Spanne der relativen Begünstigung reicht hier von 10 vH bis 30 vH der Steuerschuld.

2.3 Zusammenfassende Darstellung von Besteuerung und Subventionierung der Wirtschaftszweige

Erst durch das Zusammenwirken von Zahlungen direkter und indirekter Steuern auf der einen und von Subventionen und Steuervergünstigungen auf der anderen Seite werden Dimension und Richtung der von Steuer- und Subventionssystem ausgelösten Be- und Entlastungseffekte deutlich.

In der folgenden Tabelle sind für zwei Stichjahre[4)] die Zahlungen von direkten und indirekten Steuern der Branchen zuzüglich der Steuervergünstigungen (Bruttosteuer) den Subventionen ebenfalls einschließlich der Steuervergünstigungen gegenübergestellt worden. Die sich ergebenden Brutto- und Nettobelastungen (Steuern minus Subventionen) wurden auf die Beiträge der Sektoren zum Bruttoinlandsprodukt bezogen; damit erhält man entsprechend Brutto- und Nettosteuerquoten. Dabei wird der Bereich Wohnungsvermietung ausgeklammert; hier ist die Verquickung von privaten Haushalten und Unternehmen besonders groß, so daß die Abgrenzung der Subventionen und die Ermittlung der Steuern besonders schwierig ist. Auf die Subventionierung dieses Bereichs wird an anderer Stelle ausführlich eingegangen. Auch Bundesbahn und Bundespost werden aufgrund ihrer Besonderheiten nicht in die Betrachtung einbezogen. Beide Bereiche sind faktisch von der Verpflichtung zur Steuerzahlung befreit. Die Subventionierung der Bundesbahn und die damit verbundenen Probleme sind im Strukturbericht 1980 des DIW angesprochen worden. Ihre Einbeziehung würde die Entlastungsquote erhöhen, aber die Analyse nur verzerren.

Innerhalb der Beschränkung der Informationen über die sektorale Aufteilung, wie sie die Steuerstatistiken bei den direkten Steuern vorgeben, ist auch für die indirekten Steuern eine sektorale Aufteilung für 1971 und 1977 durchgeführt worden.

Für die betrachteten Wirtschaftszweige belief sich 1977 die Steuerschuld vor Abzug der Steuervergünstigungen auf insgesamt 227 Mrd. DM. Dem

TABELLE II.2.3/1

BESTEUERUNG UND SUBVENTIONIERUNG NACH WIRTSCHAFTSBEREICHEN

- OHNE WOHNUNGSVERMIETUNG, BUNDESBAHN UND BUNDESPOST -

	1971						1977					
	BIP 1)	STEUERN 2)	SUBV. 3)	STEUERQUOTEN BRUTTO 4)	STEUERQUOTEN NETTO 5)	RELATIVE ENTLAST. 6)	BIP 1)	STEUERN 2)	SUBV. 3)	STEUERQUOTEN BRUTTO 4)	STEUERQUOTEN NETTO 5)	RELATIVE ENTLAST. 6)
	IN MILL.DM			IN VH			IN MILL.DM			IN VH		
LAND-U.FO	24530	4184	6183	17.06	-8.15	147.78	33587	5355	6355	15.94	-2.98	118.67
ENERGIE	17490	3565	558	20.38	17.19	15.65	33393	9587	1484	28.71	24.27	15.48
BERGBAU	9539	2030	1150	21.28	9.23	56.65	11233	3227	3487	28.73	-2.31	108.06
VERARB.GE	309647	72442	5537	23.40	21.61	7.64	468085	108838	10867	23.25	20.93	9.98
OHNE N+G	269438	53378	3987	19.81	18.33	7.47	411718	84895	7185	20.62	18.87	8.46
CHEMIE	42672	16766	603	39.29	37.88	3.60	67818	28507	981	42.03	40.59	3.44
KUNSTSTOF	9624	1466	115	15.23	14.04	7.84	14843	2429	195	16.36	15.05	8.03
STEINE ER	16597	3098	186	18.67	17.55	6.00	20112	3677	305	18.28	16.77	8.29
EISEN	26361	4744	387	18.00	16.53	8.16	39155	6651	455	16.99	15.82	6.84
STAHL	73310	8600	1198	11.73	10.10	13.93	119901	16990	2502	14.17	12.08	14.73
E-TECHNIK	50210	8920	794	17.77	16.18	8.90	83323	13956	1478	16.75	14.98	10.59
HOLZ,PAPI	26090	5099	361	19.54	18.16	7.08	39193	7168	676	18.29	16.56	9.43
LEDER,TEX	24574	4654	312	18.94	17.67	6.70	27373	5517	593	20.15	17.99	10.75
NAHRUNG U	40209	19065	1551	47.41	43.56	8.14	56367	23943	3682	42.48	35.94	15.38
BAUHAUPTG	47803	6374	357	13.33	12.59	5.60	52836	8226	958	15.57	13.76	11.65
AUSBAU-U.	17515	3061	136	17.48	16.70	4.44	26623	4624	349	17.37	16.06	7.55
GROSSHAND	48454	19076	1358	39.37	36.57	7.12	69622	28644	3645	41.14	35.91	12.73
EINZELHAN	40830	9860	496	24.15	22.93	5.03	64715	15825	1323	24.45	22.41	8.36
VERKEHR	19709	3695	1407	18.75	11.61	38.08	33220	5961	2600	17.94	10.12	43.62
KREDITINS	19380	2693	613	13.90	10.73	22.76	39750	6498	530	16.35	15.01	8.16
VERSICHER	5900	1427	26	24.19	23.75	1.82	12721	3892	33	30.60	30.34	0.85
DIENSTLEI	73413	13611	628	18.54	17.68	4.61	142395	25837	1822	18.14	16.87	7.05
INSGESAMT	634210	141987	18418	22.39	19.48	12.97	988180	226514	33453	22.92	19.54	14.77

1) BRUTTOWERTSCHOEPFUNG DER UNTERNEHMEN (ALTE VGR-SYSTEMATIK EINSCHL. UMSATZSTEUER) PLUS EINFUHRABGABEN, 2) DIREKTE STEUERN (EINK.-UND KOERPERSCHAFTSTEUERN) UND INDIREKTE STEUERN, EINSCHL. STEUERVERGUENSTIGUNGEN, 3) SUBVENTIONEN EINSCHL. STEUERVERGUENSTIGUNGEN, 4) STEUERN/BIP, 5) (STEUERN-SUBVENTIONEN)/BIP, 6) SUBVENTIONEN/STEUERN.

QUELLEN: STATISTISCHES BUNDESAMT, HAUSHALTSPLAENE, SUBVENTIONSBERICHTE, EIGENE BERECHNUNGEN.

standen Subventionen plus Steuervergünstigungen in Höhe von 33 Mrd. DM gegenüber. Diese Subventionen entsprechen damit 15 vH der möglichen Steuereinnahmen. 1971 waren es zwei Prozentpunkte weniger.

Eine Aktualisierung dieser Betrachtung bis zur jüngsten Vergangenheit wird wohl nie möglich sein, da aufgrund des Statistikbereinigungsgesetzes die sektorale Erfassung der Einkommensteuer entfallen wird. Es ist zwar zu vermuten, daß sich die relative Entlastung in den letzten Jahren aufgrund der schon spürbaren Auswirkungen des Subventionsabbaus verringert hat, unklar wird aber bleiben, wie und in welchen Wirtschaftszweigen sich dies vor allem niedergeschlagen hat.

In der Gegenüberstellung von Besteuerung und Subventionierung zeigt sich, daß die Landwirtschaft der am höchsten subventionierte Bereich ist, der über 100 vH durch Subventionen entlastet wird. 1971 machten die diesem Sektor gewährten Subventionen fast das 1,5fache der Steuerschuld aus. Allerdings hat sich diese Relation im Zeitverlauf zugunsten des Großhandels und des Ernährungsgewerbes verschoben. Dies ist eine Folge der EG-Maßnahmen, die diesen Wirtschaftszweigen Subventionen gewährt zur Verwertung der Überschußproduktion im Agrarbereich. Durch Abnahmegarantien wird die Landwirtschaft gestützt, Vorteile haben aber z. B. auch ausländische Abnehmer verbilligter Produkte.

Der Bergbau, der 1971 Subventionen in Höhe von etwa der Hälfte seiner Steuerschuld empfing, hat 1977 eine negative Nettobelastung, d.h. der Gesamtbetrag der Subventionen überstieg seine Steuerschuld. Der übrige Verkehr (ohne Bundesbahn) und die Energiewirtschaft - insbesondere die Kernenergie - werden ebenfalls hoch subventioniert. Im Jahr 1971 erhielt das Kreditgewerbe 23 vH seiner Steuerschuld als Subventionen; aufgrund des Abbaus der Sparkassenprivilegien sank diese Quote bis 1977 auf 8 vH -nur noch knapp die Hälfte der durchschnittlichen relativen Entlastung der hier betrachteten Wirtschaftszweige. Das verarbeitende Gewerbe wird mit Ausnahme des in dieser Abgrenzung relativ hochaggregierten Bereichs "Stahlbau", der neben der eisenschaffenden Industrie und dem Stahlbau auch den Maschinenbau einschließlich ADV sowie den Straßenfahrzeug-, Luftfahrzeug- und Schiffbau umfaßt, unterdurchschnittlich entlastet.

Zusammenfassend läßt sich feststellen, daß das Steuer- und Subventionssystem in den einzelnen Wirtschaftszweigen höchst unterschiedlich wirksam ist. Im Durchschnitt sind Brutto- und Nettobelastung zwischen 1971 und 1977 nahezu unverändert geblieben, doch bereits über die sektoralen Brutto-Steuerquoten - 1977 schwanken sie zwischen 16 vH und 43 vH - und mehr noch über das Subventionssystem entstehen breite Streuungen. Die Nettobelastung variiert 1977 zwischen minus 3 vH und plus 42 vH. Die ausgewiesenen Entlastungsgrößen haben eine Spannweite zwischen 1 vH und 119 vH.

Ob diese Differenzierungen den wirtschaftspolitischen Zielvorstellungen entsprechen, steht auf einem anderen Blatt. Eine Diskussion dieses Aspekts kann nur im Zusammenhang von wirtschaftspolitischen Zielen und der Begünstigung durch Subventionen geführt werden.

2.4 Ziele und Instrumente der Subventionspolitik

Maßstab für die Notwendigkeit und die Erfolgsbewertung von Subventionen sind die Ziele, die mit den verschiedenen Maßnahmen verfolgt werden. Dabei ist zu berücksichtigen, daß die in den Subventionsbegründungen angegebenen Ziele nicht immer die eigentlichen Ziele sind. In der hier vorgelegten Zielanalyse konnte diesem Gesichtspunkt nicht hinreichend Rechnung getragen werden, da es hierfür keine Informationen und eindeutigen Maßstäbe gibt. Bei der Einordnung der Maßnahmen hat sich darüber hinaus gezeigt, wie schwierig eine konkrete Zielstruktur zu ermitteln ist, da mit einer Maßnahme oft verschiedene Ziele verfolgt werden. Andererseits ist zu bedenken, daß bei der Analyse nur die historisch vorgegebenen Ziele berücksichtigt werden können.

2.4.1 Zielanalyse

Unter Einschluß der Wohnungsvermietung und der Bundesbahn wird deutlich, daß die Subventionen des Bundes auf nur wenige Schwerpunkte konzentriert sind. Die Ausgaben für die Verkehrsinfrastruktur, für das Wohnungswesen, für die Regionalförderung und für überwiegend strukturkonservierende Maßnahmen machen 1982 gut 85 vH aller Hilfen aus.

Die wichtigsten Resultate sind :

- Unter den Subventionen dominieren eindeutig die Erhaltungssubventionen, die überwiegend in die Bereiche Landwirtschaft, Bergbau und Schiffbau fließen. Seit 1970 ist ihre Bedeutung noch gestiegen. Auf der anderen Seite haben im selben Zeitraum die Subventionen für Forschung und Entwicklung stärker zugenommen; ihr Gewicht ist aber im Vergleich zu den Erhaltungssubventionen gering. Hier haben insbesondere solche Ziele an Bedeutung gewonnen, die 1970 noch keine oder nur eine sehr geringe Priorität besaßen, z.B. Energietechnologien, Informationssysteme. Unter dem Gesichtspunkt der Förderung der Anpassung und des Wachstums wären an dieser Stelle prinzipiell die der Modernisierung, Rationalisierung und Umstrukturierung dienenden Subventionen einzubeziehen. Es ist jedoch zu vermuten, daß darunter auch Subventionen berücksichtigt werden, die vorwiegend Erhaltungscharakter tragen. Wie auch immer : ihr Anteil an den Modernisierungssubventionen ist seit 1971 erheblich gesunken und war 1982 nahezu bedeutungslos.

- Die finanziellen Hilfen für die Verkehrsinfrastruktur (hauptsächlich Hilfen für die Deutsche Bundesbahn) haben spürbar an Bedeutung verloren.

- Die Förderung des Wohnungsbaus steigt nach wie vor.

- Unter den Subventionen mit regionalpolitischer Zielsetzung hat die politisch bedingte Regionalförderung - Berlin (ohne Zuwendungen an den Berliner Landeshaushalt) und Zonenrandgebiete - den höchsten Anteil. Insgesamt zeigt sich von 1970 bis 1982 ein abnehmendes Gewicht der speziellen Regionalförderung, bedingt durch den relativen Rückgang der Subventionierung der Berliner Unternehmen. Dies gilt auch für die allgemeine Regionalförderung.

- Abgenommen hat auch das Gewicht der Maßnahmen im Rahmen der Ordnungspolitik.

- Die Verlagerung der Schwerpunkte in der Zielstruktur wird deutlich in

TABELLE II.2.4/1

SUBVENTIONEN[1] DES BUNDES NACH ZIELEN
IN VH

		1970	1973	1976	1979	1982
0	VERKEHRSINFRASTRUKTUR	15.20	22.00	22.10	20.30	19.50
1	UMWELTSCHUTZ	0.60	0.60	0.40	0.50	1.00
2	FORSCHUNG UND ENTWICKLUNG	1.50	2.50	2.40	4.50	5.30
2.1	FOERDERUNG NEUER TECHNOLOGIEN	1.20	1.20	0.70	1.10	1.40
2.2	ERSTINNOVATION	0.00	0.00	0.10	0.20	0.20
2.3	MARKTEINFUEHRUNG	0.00	0.00	0.00	0.20	0.00
2.4	HUMANISIERUNG	0.00	0.00	0.10	0.20	0.20
2.5	TECHNISCHE SICHERHEIT	0.00	0.20	0.10	0.20	0.30
2.6	INFORMATIONSSYSTEME	0.10	1.00	0.80	0.60	0.50
2.7	BIOTECHNOLOGIE	0.00	0.00	0.00	0.30	0.20
2.8	ENERGIETECHNOLOGIEN	0.00	0.00	0.50	1.00	1.40
2.9	F.U.E. KLEINER UND MITTLERER UNTERNEHMEN	0.00	0.10	0.10	0.80	1.10
3	MODERNISIERUNG, RATIONALISIERUNG, UMSTRUKTURIERUNG	5.90	2.60	2.10	2.60	1.50
4	UEBERWIEGEND ERHALTUNGSSUBVENTIONEN	34.80	32.70	29.60	36.80	36.00
4.1	DIREKTE PREISSUBVENTIONIERUNG	2.20	3.80	5.00	5.80	6.70
4.2	ALLGEMEINE STUETZUNGSMASSNAHMEN	8.10	10.20	9.40	7.10	4.60
4.3	ABSATZFOERDERUNG, BEVORRATUNG	7.40	4.90	5.10	10.70	12.20
4.4	MARKTORDNUNG	4.50	5.00	5.30	7.90	7.80
4.5	PRODUKTIONSDROSSELUNG + STILLEGUNG	2.90	1.40	0.50	0.80	0.90
4.6	SOZIALPOL. ZUSCHUESSE FUER STRUKTURSCHWACHE BRANCHEN	9.70	7.40	4.30	4.50	3.80
5	WOHNUNGSWESEN	10.10	10.40	9.80	12.10	15.30
5.1	WOHNRAUMBESCHAFFUNG	1.30	1.50	0.40	0.10	0.10
5.2	SIEDLUNG	0.40	0.20	0.10	0.00	0.10
5.3	EIGENTUMSBILDUNG	7.20	7.60	8.40	10.70	13.20
5.4	MODERNISIERUNG	0.10	0.20	0.40	0.70	1.40
5.5	SONSTIGES	1.10	0.90	0.50	0.50	0.50
6	MASSNAHMEN IM ENERGIEBEREICH	0.50	4.00	3.60	3.50	3.40
6.1	ALLG.ZUSCHUESSE ZUR ERZEUGUNG,VERSORGUNG,VERTEILUNG	0.40	0.30	0.30	0.20	0.20
6.2	VERSORGUNG MIT ROHSTOFFEN, EXPLORATION	0.10	0.50	0.60	0.40	0.50
6.3	FERNWAERME	0.00	0.00	0.00	0.00	0.00
6.4	KERNENERGIE	0.00	3.20	2.60	3.00	2.70
7	ALLGEMEINE REGIONALFOERDERUNG	4.40	2.80	0.80	0.90	1.10
8	SPEZIELLE REGIONALFOERDERUNG	15.20	13.20	11.30	10.70	13.50
8.1	BERLIN	12.50	9.50	9.00	8.10	9.40
8.2	ZONENRAND	2.70	3.70	2.30	2.60	4.10
9	ORDNUNGSPOLITIK	9.40	7.90	7.40	6.40	2.90
9.1	INFORMATION, EXISTENZGRUENDUNG	1.50	0.70	1.70	3.20	0.10
9.2	ANTI-KONZENTRATION	4.80	4.40	3.50	0.80	0.20
9.3	SICHERUNG DER INTERNAT. WETTBEWERBSFAEHIGKEIT	2.30	2.10	1.80	1.80	1.90
9.4	RISIKOUEBERNAHME	0.70	0.70	0.50	0.60	0.70
10	SONSTIGES; ALLGEMEINE ZUSCHUESSE	2.40	1.30	10.50	1.70	0.50
	I N S G E S A M T	100.00	100.00	100.00	100.00	100.00
	NACHRICHTLICH MILL. DM	21120.90	29695.00	42957.90	49412.30	46132.70

1) FINANZHILFEN UND STEUERVERGUENSTIGUNGEN DES STAATES (EINSCHL. EG, BUNDESANSTALT FUER ARBEIT, ERP-SONDERVERMOEGEN UND PARAFISCI), OHNE FINANZHILFEN DER LAENDER UND GEMEINDEN

QUELLEN: HAUSHALTSPLAENE DES BUNDES; SUBVENTIONSBERICHTE; STATISTISCHES BUNDESAMT, FACHSERIE 18; EIGENE BERECHNUNGEN den Zielbereichen Forschung und Entwicklung sowie bei den Maßnahmen im Energiebereich.

- Die staatlichen Hilfen für den Umweltschutz haben sich zwar erhöht, sie hatten aber auch 1982 nur eine geringe Bedeutung. Die Zunahme der Energieförderung kam im wesentlichen der Kernenergie zugute.

2.4.2 Instrumente der Subventionspolitik

Als Instrumente der Subventionspolitik stehen dem Staat Steuervergünstigungen, laufende Zuweisungen, Darlehen und Investitionszuschüsse zur Verfügung. Die Aufgliederung nach diesen Instrumenten zeigt, daß der Bund hauptsächlich Steuervergünstigungen und laufende Zuschüsse gewährt. Darlehen[5)] und Investitionszuschüsse wurden zur Erreichung der Ziele in nur sehr bescheidenem Maße eingesetzt. Im Zeitvergleich 1970 zu 1982 haben Steuervergünstigungen im Anteil deutlich zugunsten der laufenden Zuschüsse und der Investitionszuschüsse verloren.

In den einzelnen Zielkategorien haben die eingesetzten Instrumente ein unterschiedliches Gewicht. Auch im Zeitablauf hat sich der Einsatz der Instrumente verändert.

- In der Zielkategorie Verkehrsinfrastruktur dominierten 1970 die laufenden Zuschüsse mit über 90 vH. 1982 entfielen nur noch knapp zwei Drittel auf die laufenden Zuschüsse, dagegen gut ein Drittel auf Investitionszuschüsse.

- Forschung und Entwicklung wurden 1970 - allerdings bei niedrigem Niveau - fast ausschließlich durch die Gewährung von Steuervergünstigungen gefördert, 1982 dagegen nur noch zu rund einem Zehntel. Nunmehr erfolgt die Förderung hauptsächlich über laufende Zuschüsse (64 vH) und Investitionszuschüsse (25 vH).

- Bei den Erhaltungssubventionen zeigt sich ebenfalls die Tendenz, das Gewicht der Steuervergünstigungen zugunsten der ausgabeorientierten Instrumente zu verringern, die heute fast 90 vH aller strukturpolitischen Maßnahmen bestimmen.

TABELLE II.2.4/2

SUBVENTIONEN[1] DES BUNDES NACH ZIELEN UND INSTRUMENTEN

		1970					1982				
		STEUERV.	LFD.ZUW.	DARLEHEN	INVEST.Z	INSGES.	STEUERV.	LFD.ZUW.	DARLEHEN	INVEST.Z	INSGES.
		IN VH DER ZEILENSUMME				MILL.DM	IN VH DER ZEILENSUMME				MILL.DM
0	VERKEHRSINFRASTRUKTUR	0	91	2	7	3210	0	61	0	38	8993
1	UMWELTSCHUTZ	100	0	0	0	120	77	11	0	12	450
2	FORSCHUNG UND ENTWICKLUNG	81	10	0	9	310	11	64	1	25	2466
2.1	FOERDERUNG NEUER TECHNOLOGIEN	100	0	0	0	250	41	30	2	27	634
2.2	ERSTINNOVATION	0	0	0	0	0	0	70	0	30	106
2.3	MARKTEINFUEHRUNG	0	0	0	0	0	0	0	100	0	5
2.4	HUMANISIERUNG	0	0	0	0	0	0	100	0	0	114
2.5	TECHNISCHE SICHERHEIT	0	0	0	0	0	0	100	0	0	148
2.6	INFORMATIONSSYSTEME	0	100	0	0	3	0	100	0	0	228
2.7	BIOTECHNOLOGIE	0	0	0	100	29	0	74	0	26	95
2.8	ENERGIETECHNOLOGIEN	0	100	0	0	1	0	42	0	58	652
2.9	F.U.E. KLEINER U.MITTL.UNTERN.	0	100	0	0	27	0	100	0	0	485
3	MODERNISG.,RATIONALSG.,UMSTRUKT	14	36	13	37	1253	35	25	0	40	711
4	UEBERWIEGEND ERHALTUNGSSUBVENT.	36	59	2	3	7350	11	79	1	9	16596
4.1	DIREKTE PREISSUBVENTIONIERUNG	17	64	19	0	462	7	93	0	0	3090
4.2	ALLGEMEINE STUETZUNGSMASSNAHMEN	86	11	3	0	1709	59	31	4	5	2139
4.3	ABSATZFOERDERUNG, BEVORRATUNG	20	78	0	1	1559	6	87	0	7	5623
4.4	MARKTORDNUNG	0	94	0	6	952	0	100	0	0	3596
4.5	PRODUKTIONSDROSSELG.+STILLEGUNG	0	90	0	10	617	0	100	0	0	394
4.6	SOZ.POL.ZUSCH.F.STRUKTURSCHW.BR	39	58	0	3	2051	2	36	5	57	1755
5	WOHNUNGSWESEN	83	2	14	1	2139	99	1	1	0	7020
5.1	WOHNRAUMBESCHAFFUNG	0	6	94	0	279	0	25	75	0	65
5.2	SIEDLUNG	0	37	48	15	81	0	100	0	0	23
5.3	EIGENTUMSBILDUNG	100	0	0	0	1520	100	0	0	0	6030
5.4	MODERNISIERUNG	100	0	0	0	30	100	0	0	0	650
5.5	SONSTIGES	100	0	0	0	229	100	0	0	0	251
6	MASSNAHMEN IM ENERGIEBEREICH	83	0	15	2	108	6	60	9	25	1589
6.1	ALLG.ZUSCH.Z.ERZEUG.,VERS.,VERT	100	0	0	0	90	100	0	0	0	100
6.2	VERSORG.MIT ROHSTOFFEN,EXPLORAT	0	2	98	0	16	0	10	67	24	226
6.3	FERNWAERME	0	0	0	100	2	0	0	0	100	14
6.4	KERNERNERGIE	0	0	0	0	0	0	74	0	26	1249
7	ALLGEMEINE REGIONALFOERDERUNG	72	1	18	9	907	74	0	0	26	521
8	SPEZIELLE REGIONALFOERDERUNG	84	4	12	0	3224	98	0	0	1	6198
8.1	BERLIN	81	4	15	0	2647	100	0	0	0	4284
8.2	ZONENRAND	98	2	0	0	576	96	0	0	4	1915
9	ORDNUNGSPOLITIK	76	0	21	2	1986	65	8	3	24	1351
9.1	INFORMATION, EXISTENZGRUENDUNG	3	0	97	0	323	44	56	0	0	36
9.2	ANTI-KONZENTRATION	100	0	0	0	1018	77	23	0	0	92
9.3	SICH.DER INTERNAT.WETTBEWERBSF.	70	0	21	10	495	55	8	0	37	883
9.4	RISIKOUEBERNAHME	100	0	0	0	150	88	0	12	0	340
10	SONSTIGES; ALLGEM.ZUSCHUESSE	69	30	0	1	516	71	29	0	0	239
	I N S G E S A M T	49	38	8	5	100	37	47	1	15	100
	NACHRICHTLICH MILL. DM	10305	8058	1681	1078	21121	17258	21576	462	6837	46133

1)FINANZHILFEN UND STEUERVERGUENSTIGUNGEN DES STAATES (EINSCHL.EG,BUNDESANSTALT FUER ARBEIT,ERP-SONDERVERMOEGEN UND PARAFISCI), OHNE FINANZHILFEN DER LAENDER UND GEMEINDEN

ABWEICHUNGEN DURCH RUNDUNG

QUELLEN: HAUSHALTSPLAENE DES BUNDES; STATISTISCHES BUNDESAMT, FACHSERIE 18; EIGENE BERECHNUNGEN

- Steuervergünstigungen spielen im Bereich Wohnungswesen nach wie vor die dominierende Rolle. Insbesondere die Ziele Eigentumsbildung und Modernisierung werden ausnahmslos über steuerliche Maßnahmen gefördert. Lediglich bei der Wohnraumbeschaffung und der Siedlung werden Darlehen und laufende Zuschüsse gewährt.

- Bei Maßnahmen im Energiebereich erfolgt die Subventionierung der Kernenergie zu drei Vierteln über laufende Zuschüsse und zu einem Viertel über Investitionszuschüsse. An den Risiken der Erforschung neuer Rohstoffquellen beteiligt sich der Staat fast ausschließlich durch die Bereitstellung zinsbegünstigter Darlehen, während zur Förderung der Erzeugung und Verteilung von Energie ausnahmslos Steuervergünstigungen gewährt werden.

- Die spezielle Regionalförderung erfolgte 1982 fast ausschließlich über Steuervergünstigungen; dies gilt sowohl für die Berlin- als auch für die Zonenrandförderung. Dagegen wurde die allgemeine Regionalförderung auch zu einem Viertel über Investitionszuschüsse alimentiert.

2.4.3 **Ziel-Wirtschaftszweig-Analyse**

a) Wirtschaftspolitische Ziele mit abnehmender Bedeutung

- Der Rückgang der Bedeutung der allgemeinen Strukturpolitik resultiert überwiegend aus der unterdurchschnittlichen Entwicklung der agrarpolitischen Maßnahmen.

- Der Rückgang der Regionalförderung hat vor allem den Groß- und Einzelhandel, den Bau und den Verkehrsbereich betroffen. Dagegen ist das verarbeitende Gewerbe nur unterdurchschnittlich tangiert worden.

- Die abnehmende Bedeutung der Ordnungspolitik korreliert mit einem Rückgang der Subventionen im verarbeitenden Gewerbe, in der Energieversorgung und im Verkehr.

SUBVENTIONEN DES BUNDES (EINSCHL. PARAFISCI) NACH AUSGEWAEHLTEN WIRTSCHAFTSZWEIGEN UND WIRTSCHAFTSPOLITISCHEN ZIELEN

MILL.DM

	VERKEHRSINFRASTRUKTUR			FUE-FOERDERUNG			ALLGEM.STRUKTURPOLITIK			WOHNUNGSWESEN			ENERGIEBEREICH		
	1970	1980	1982	1970	1980	1982	1970	1980	1982	1970	1980	1982	1970	1980	1982
LAND-U.FORSTWIRTS.	0.00	0.00	0.00	0.00	10.00	10.30	4272.50	3481.20	2604.30	80.60	22.40	23.40	0.00	0.00	0.00
ERNAEHRUNGSGEWERBE	11.20	24.00	35.50	29.40	59.10	72.00	296.50	2611.10	2486.10	0.00	0.00	0.00	0.00	0.00	0.00
GROSS-,EINZELHAND.	0.00	0.00	0.00	0.70	89.70	100.70	1953.40	4042.80	4569.60	0.00	0.00	0.00	0.00	0.00	0.00
ZUSAMMEN	11.20	24.00	35.50	30.10	158.80	183.00	6522.40	10135.10	9660.00	80.60	22.40	23.40	0.00	0.00	0.00
ELEKTRIZITAETSVERS	0.50	0.00	0.00	2.30	88.60	177.30	7.00	25.10	25.20	0.00	0.00	0.00	2.10	864.00	988.40
GASVERSORGUNG	0.20	0.00	0.00	0.80	0.60	0.80	1.10	3.80	3.80	0.00	0.00	0.00	90.00	16.00	0.00
KOHLEBERGBAU	0.70	0.00	0.00	4.40	111.90	160.10	610.00	4217.30	3670.80	0.00	0.00	0.00	0.00	0.00	0.00
GEW.VON ERDOEL	0.10	0.00	0.00	0.30	0.20	0.30	0.40	1.40	1.40	0.00	0.00	0.00	0.00	41.60	54.00
ZUSAMMEN	1.50	0.00	0.00	7.80	201.30	338.50	618.50	4247.60	3701.20	0.00	0.00	0.00	92.10	921.60	1042.40
CHEMISCHE INDUSTR.	5.80	21.90	32.40	6.70	226.00	274.90	8.40	64.90	60.80	0.00	0.00	0.00	0.00	105.20	113.50
MINERALOELVERARB.	0.40	1.50	2.20	0.50	7.60	7.60	1.20	6.00	5.80	0.00	0.00	0.00	15.80	76.60	150.00
STEINE U. ERDEN	3.80	8.50	12.60	9.70	31.10	39.70	3.60	26.10	24.40	0.00	0.00	0.00	0.00	0.00	0.00
EISENSCHAFF.INDUST	3.20	11.90	17.50	3.60	64.70	81.20	8.90	34.60	31.30	0.00	0.00	0.00	0.40	0.00	0.00
STAHL,LEICHTMETALL	2.50	7.90	11.70	4.80	204.90	193.70	2.00	18.60	17.20	0.00	0.50	0.30	0.00	0.00	0.00
MASCHINENBAU	14.50	39.60	58.40	30.40	236.60	257.60	9.90	96.80	89.40	0.00	0.20	0.20	0.00	504.50	188.40
BUEROMASCH.,ADV	0.80	2.40	3.60	29.80	96.90	61.90	0.60	6.00	5.60	0.00	0.00	0.00	0.00	0.00	0.00
STRASSENFAHRZEUGB.	5.00	21.00	31.00	3.80	75.40	75.70	5.70	54.70	50.70	0.00	0.00	0.00	0.00	0.00	0.00
SCHIFFBAUFF.INDUST	0.60	2.40	3.60	0.60	2.10	2.60	77.80	259.70	257.60	0.00	0.00	0.00	0.00	79.60	73.00
RAUM-,LUFTFAHRZ.B.	0.40	1.20	1.80	0.50	60.30	71.20	0.30	3.00	2.70	0.00	0.00	0.00	0.00	0.00	0.00
ELEKTROTECHNIK	10.20	38.00	56.20	12.50	426.40	332.00	8.40	91.10	83.90	0.00	0.20	0.20	0.00	0.30	0.00
HOLZVERARBEITUNG	6.00	12.50	18.40	16.30	32.70	39.70	3.60	30.80	28.50	0.00	0.00	0.00	0.00	0.00	0.00
TEXTILGEWERBE	2.90	13.10	19.30	2.30	17.10	20.00	4.00	34.20	31.70	0.00	0.00	0.00	0.00	0.00	0.00
BEKLEIDUNGSGEWERBE	2.90	12.20	18.00	3.50	20.70	24.30	2.90	27.90	25.70	0.00	0.00	0.00	0.00	0.00	0.00
GETRAENKEHERSTELL.	4.40	5.20	7.60	14.60	18.90	24.00	3.10	258.70	238.10	0.00	0.00	0.00	0.00	0.00	0.00
TABAKVERARBEITUNG	0.50	0.90	1.30	1.30	1.80	2.30	1.10	59.20	57.10	0.00	0.00	0.00	0.00	0.00	0.00
ZUSAMMEN	63.90	200.20	295.60	140.90	1523.20	1508.40	141.50	1072.30	1010.50	0.00	0.90	0.70	16.20	766.20	524.90
HOCHBAU	9.70	0.00	0.00	44.10	84.00	95.90	26.40	208.60	263.10	0.00	3.10	2.30	0.00	0.00	0.00
TIEFBAU	5.60	0.00	0.00	25.10	36.80	45.00	4.30	40.90	37.70	0.00	0.00	0.00	0.00	0.00	0.00
AUSBAUGEWERBE	6.00	0.00	0.00	27.20	40.80	49.80	4.70	38.80	35.90	0.00	2.70	2.00	0.00	0.00	0.00
ZUSAMMEN	21.30	0.00	0.00	96.40	161.60	190.70	35.40	288.30	336.70	0.00	5.80	4.30	0.00	0.00	0.00
EISENBAHNEN	3139.50	7810.50	8955.50	0.00	0.00	0.00	353.50	1086.00	256.30	0.00	0.00	0.00	0.00	0.00	0.00
SCHIFFAHRT	12.70	30.00	0.00	0.00	0.00	0.00	566.60	804.60	720.20	0.00	0.00	0.00	0.00	0.00	0.00
STRASSENVERKEHR	0.00	1.00	2.40	0.00	0.00	0.00	55.10	550.90	546.00	0.00	0.00	0.00	0.00	0.00	0.00
RESTL. VERKEHR	57.50	32.00	35.40	0.00	0.00	0.00	0.80	16.00	16.00	0.00	0.00	0.00	0.00	0.00	0.00
ZUSAMMEN	3209.70	7873.50	8993.30	0.00	0.00	0.00	976.00	2457.50	1538.50	0.00	0.00	0.00	0.00	0.00	0.00
KREDITINSTITUTE	0.00	0.00	0.00	0.00	0.00	0.00	0.60	2.20	2.20	15.00	25.00	30.00	0.00	0.00	0.00
WOHNUNGSVERMIETUNG	0.00	0.00	0.00	0.00	0.00	0.00	251.10	379.70	614.80	2028.30	6200.40	6931.40	0.00	0.00	0.00
UEBRIGE DIENSTL.	0.00	0.00	0.00	0.40	46.00	51.80	15.60	132.90	122.90	0.00	0.00	0.00	0.00	0.00	0.00
INSGESAMT	3329.70	8177.70	9442.80	309.60	2256.50	2466.00	8602.70	19059.70	17306.70	2138.90	6279.50	7019.80	108.30	1703.50	1588.00

	REGIONAL-FOERDERUNG			ORDNUNGSPOLITIK			SONSTIGE			INSGESAMT		
	1970	1980	1982	1970	1980	1982	1970	1980	1982	1970	1980	1982
LAND-U.FORSTWIRTS.	2.00	4.50	4.40	9.30	48.90	5.20	121.50	0.00	0.00	4485.90	3566.90	2647.60
ERNAEHRUNGSGEWERBE	225.50	391.80	389.30	174.40	208.70	101.40	5.10	11.70	9.90	742.10	3306.40	3094.00
GROSS-,EINZELHAND.	527.20	705.80	673.30	117.80	612.50	40.10	6.80	47.90	39.30	2605.80	5498.70	5422.90
ZUSAMMEN	754.70	1102.10	1067.00	301.50	870.10	146.70	133.40	59.60	49.20	7833.80	12372.00	11164.50
ELEKTRIZITAETSVERS	152.90	285.10	342.70	14.30	28.70	27.90	0.00	0.00	0.00	179.00	1291.60	1561.50
GASVERSORGUNG	23.50	44.10	52.70	2.10	4.10	4.20	0.00	0.00	0.00	117.50	68.50	61.40
KOHLEBERGBAU	38.00	57.50	68.00	262.50	354.90	305.10	0.00	0.00	0.00	915.70	4741.60	4203.90
GEW.VON ERDOEL	8.00	15.20	18.40	0.80	1.50	1.50	0.00	0.00	0.00	9.40	59.80	75.50
ZUSAMMEN	222.40	401.90	481.80	279.70	389.20	338.70	0.00	0.00	0.00	1221.60	6161.50	5902.30
CHEMISCHE INDUSTR.	229.20	401.50	422.50	63.40	48.90	22.80	0.20	2.10	1.60	313.60	870.40	928.40
MINERALOELVERARB.	21.40	39.00	47.10	5.60	5.50	3.90	115.00	70.20	70.10	159.90	206.40	286.80
STEINE U. ERDEN	63.50	96.70	102.40	29.00	45.20	7.90	0.40	3.40	2.60	109.90	210.90	189.70
EISENSCHAFF.INDUST	81.20	140.70	234.20	30.80	10.50	9.10	0.00	0.20	0.10	128.00	262.50	373.40
STAHL,LEICHTMETALL	54.60	61.60	52.60	23.50	31.80	3.10	0.30	2.70	2.10	87.70	328.00	280.80
MASCHINENBAU	202.20	314.30	312.20	110.10	108.90	16.00	0.90	8.20	6.40	368.00	1309.10	928.50
BUEROMASCH.,ADV	27.10	45.60	43.50	6.30	3.10	1.70	0.00	0.20	0.10	64.60	154.20	116.40
STRASSENFAHRZEUGB.	108.20	196.80	216.90	53.90	23.60	12.00	0.20	1.10	0.90	176.70	372.60	387.30
SCHIFFBAUFF.INDUST	8.40	13.70	15.50	6.60	4.70	1.50	0.00	0.20	0.20	93.90	362.50	354.00
RAUM-,LUFTFAHRZ.B.	3.30	5.70	6.90	153.00	372.80	395.60	0.00	0.00	0.00	157.40	443.00	478.30
ELEKTROTECHNIK	421.40	776.00	744.50	97.60	61.60	15.20	0.60	4.50	3.50	550.70	1397.80	1235.50
HOLZVERARBEITUNG	40.60	53.60	54.00	39.70	63.80	4.10	1.00	6.10	5.00	107.20	199.40	149.70
TEXTILGEWERBE	70.30	123.80	132.20	39.10	46.40	7.40	0.30	3.20	2.40	118.90	237.70	213.00
BEKLEIDUNGSGEWERBE	80.60	99.60	80.60	36.60	53.10	4.20	0.50	4.60	3.60	127.10	218.00	156.20
GETRAENKEHERSTELL.	75.70	128.90	138.10	19.40	30.50	9.30	0.20	1.90	1.40	117.30	444.20	418.50
TABAKVERARBEITUNG	96.90	208.20	211.40	4.10	5.30	3.70	0.00	0.20	0.10	103.80	275.50	276.00
ZUSAMMEN	1584.60	2705.70	2814.60	718.70	915.70	517.50	119.60	108.80	100.10	2784.70	7292.20	6772.50
HOCHBAU	94.70	118.80	111.50	7.20	31.10	8.50	3.00	15.40	13.10	185.10	461.00	494.40
TIEFBAU	52.70	64.30	58.10	3.80	16.70	4.90	1.60	8.10	6.90	93.20	166.70	152.60
AUSBAUGEWERBE	69.70	96.70	90.60	4.70	19.80	6.10	3.30	12.20	11.10	115.60	211.00	195.50
ZUSAMMEN	217.10	279.80	260.20	15.70	67.60	19.50	7.90	35.70	31.10	393.90	838.70	842.50
EISENBAHNEN	110.00	130.00	145.00	0.50	0.90	3.50	3.70	0.00	0.00	3607.10	9027.40	9360.30
SCHIFFAHRT	32.40	49.40	57.50	60.90	99.30	97.80	0.00	0.10	0.10	672.60	983.30	875.60
STRASSENVERKEHR	136.60	63.50	68.00	3.50	10.00	5.10	17.90	0.20	0.20	213.00	625.60	621.70
RESTL. VERKEHR	17.00	29.90	33.10	30.60	102.70	101.80	3.40	0.20	0.20	110.10	180.70	186.50
ZUSAMMEN	296.80	272.80	303.60	95.50	212.90	208.20	25.00	0.50	0.50	4602.80	10817.00	11044.10
KREDITINSTITUTE	19.00	37.30	41.90	264.40	305.10	2.40	220.00	242.00	0.00	519.00	611.50	76.40
WOHNUNGSVERMIETUNG	84.70	296.50	324.70	12.90	27.20	24.70	0.00	0.00	0.00	2377.10	6903.80	7895.70
UEBRIGE DIENSTL.	284.30	424.50	394.10	19.60	83.00	25.20	2.70	21.30	16.20	322.60	707.80	610.20
INSGESAMT	4130.10	6546.00	6718.90	1986.10	3352.90	1350.80	515.60	517.30	239.00	21120.90	47893.20	46132.70

QUELLEN: SUBVENTIONSBERICHTE, HAUSHALTSPLAENE, EIGENE BERECHNUNGEN

TABELLE II.2.4/4

SUBVENTIONEN DES BUNDES (EINSCHL. PARAFISCI) NACH AUSGEWAEHLTEN WIRTSCHAFTSZWEIGEN UND WIRTSCHAFTSPOLITISCHEN ZIELEN
- STRUKTUR UND ENTWICKLUNG -

	VERKEHRSINFRASTRUKTUR 1970 VH	VERKEHRSINFRASTRUKTUR 1980 VH	VERKEHRSINFRASTRUKTUR ENTWICKL 1970=100	FUE-FOERDERUNG 1970 VH	FUE-FOERDERUNG 1980 VH	FUE-FOERDERUNG ENTWICKL 1970=100	ALLGEN.STRUKTURPOLITIK 1970 VH	ALLGEN.STRUKTURPOLITIK 1980 VH	ALLGEN.STRUKTURPOLITIK ENTWICKL 1970=100
LAND-U.FORSTWIRTS.	0.00	0.00	*	0.00	0.44	*	49.66	18.26	81.48
ERNAEHRUNGSGEWERBE	0.34	0.29	214.29	9.50	2.62	201.02	3.45	13.70	880.64
GROSS-,EINZELHAND.	0.00	0.00	*	0.23	3.98	A)	22.71	21.21	206.96
ZUSAMMEN	0.34	0.29	214.29	9.72	7.04	527.57	75.82	53.18	155.39
ELEKTRIZITAETSVERS	0.02	0.00	0.00	0.74	3.93	3852.17	0.08	0.13	358.57
GASVERSORGUNG	0.01	0.00	0.00	0.26	0.03	75.00	0.01	0.02	345.45
KOHLEBERGBAU	0.02	0.00	0.00	1.42	4.96	2543.18	7.09	22.13	691.36
GEW.VON ERDOEL	0.00	0.00	0.00	0.10	0.01	66.67	0.00	0.01	350.00
ZUSAMMEN	0.05	0.00	0.00	2.52	8.92	2580.77	7.19	22.29	686.76
CHEMISCHE INDUSTR.	0.17	0.27	377.59	2.16	10.02	3373.13	0.10	0.34	772.62
MINERALOELVERARB.	0.01	0.02	375.00	0.16	0.34	1520.00	0.01	0.03	500.00
STEINE U. ERDEN	0.11	0.10	223.68	3.13	1.38	320.62	0.04	0.14	725.00
EISENSCHAFF.INDUST	0.10	0.15	371.88	1.16	2.87	1797.22	0.10	0.18	388.76
STAHL,LEICHTMETALL	0.08	0.10	316.00	1.55	9.08	4268.75	0.02	0.10	930.00
MASCHINENBAU	0.44	0.48	273.10	9.82	10.49	778.29	0.12	0.51	977.78
BUEROMASCH.,ADV	0.02	0.03	300.00	9.63	4.29	325.17	0.01	0.03	1000.00
STRASSENFAHRZEUGB.	0.15	0.26	420.00	1.23	3.34	1984.21	0.07	0.29	959.65
SCHIFFBAU	0.02	0.03	400.00	0.19	0.09	350.00	0.90	1.36	333.80
RAUM-,LUFTFAHRZ.B.	0.01	0.01	300.00	0.16	2.67	A)	0.00	0.02	1000.00
ELEKTROTECHNIK	0.31	0.46	372.55	4.04	18.90	3411.20	0.10	0.48	1084.52
HOLZVERARBEITUNG	0.18	0.15	208.33	5.26	1.45	200.61	0.04	0.16	855.56
TEXTILGEWERBE	0.09	0.16	451.72	0.74	0.76	743.48	0.05	0.18	855.00
BEKLEIDUNGSGEWERBE	0.09	0.15	420.69	1.13	0.92	591.43	0.03	0.15	962.07
GETRAENKEHERSTELL.	0.13	0.06	118.18	4.72	0.84	129.45	0.04	1.36	8345.16
TABAKVERARBEITUNG	0.02	0.01	100.00	0.42	0.08	138.46	0.01	0.31	5381.82
ZUSAMMEN	1.92	2.45	313.30	45.51	67.50	1081.05	1.64	5.63	757.81
HOCHBAU	0.29	0.00	0.00	14.24	3.72	190.48	0.31	1.09	790.15
TIEFBAU	0.17	0.00	0.00	8.11	1.63	146.61	0.05	0.21	951.16
AUSBAUGEWERBE	0.18	0.00	0.00	8.79	1.81	150.00	0.05	0.20	825.53
ZUSAMMEN	0.64	0.00	0.00	31.14	7.16	167.63	0.41	1.51	814.41
EISENBAHNEN	94.29	95.51	248.78	0.00	0.00	*	4.11	5.70	307.21
SCHIFFAHRT	0.38	0.37	236.22	0.00	0.00	*	6.59	4.22	142.00
STRASSENVERKEHR	0.00	0.01	*	0.00	0.00	*	0.64	2.89	999.82
RESTL. VERKEHR	1.73	0.39	55.65	0.00	0.00	*	0.01	0.08	2000.00
ZUSAMMEN	96.40	96.28	245.30	0.00	0.00	*	11.35	12.89	251.79
KREDITINSTITUTE	0.00	0.00	*	0.00	0.00	*	0.01	0.01	366.67
WOHNUNGSVERMIETUNG	0.00	0.00	*	0.00	0.00	*	2.92	1.99	151.21
UEBRIGE DIENSTL.	0.00	0.00	*	0.13	2.04	11500.00	0.18	0.70	851.92
INSGESAMT	100.00	100.00	245.60	100.00	100.00	728.84	100.00	100.00	221.55

	WOHNUNGSWESEN 1970 VH	WOHNUNGSWESEN 1980 VH	WOHNUNGSWESEN ENTWICKL 1970=100	ENERGIEBEREICH 1970 VH	ENERGIEBEREICH 1980 VH	ENERGIEBEREICH ENTWICKL 1970=100	REGIONALFOERDERUNG 1970 VH	REGIONALFOERDERUNG 1980 VH	REGIONALFOERDERUNG ENTWICKL 1970=100
LAND-U.FORSTWIRTS.	3.77	0.36	27.79	0.00	0.00	*	0.05	0.07	225.00
ERNAEHRUNGSGEWERBE	0.00	0.00	*	0.00	0.00	*	5.46	5.99	173.75
GROSS-,EINZELHAND.	0.00	0.00	*	0.00	0.00	*	12.76	10.78	133.88
ZUSAMMEN	3.77	0.36	27.79	0.00	0.00	*	18.27	16.84	146.03
ELEKTRIZITAETSVERS	0.00	0.00	*	1.94	50.72	A)	3.70	4.36	186.46
GASVERSORGUNG	0.00	0.00	*	83.10	0.94	17.78	0.57	0.67	187.66
KOHLEBERGBAU	0.00	0.00	*	0.00	0.00	*	0.92	0.88	151.32
GEW.VON ERDOEL	0.00	0.00	*	0.00	2.44	*	0.19	0.23	190.00
ZUSAMMEN	0.00	0.00	*	85.04	54.10	1000.65	5.38	6.14	180.71
CHEMISCHE INDUSTR.	0.00	0.00	*	0.00	6.18	*	5.55	6.13	175.17
MINERALOELVERARB.	0.00	0.00	*	14.59	4.50	484.81	0.52	0.60	182.24
STEINE U. ERDEN	0.00	0.00	*	0.00	0.00	*	1.54	1.48	152.28
EISENSCHAFF.INDUST	0.00	0.00	*	0.37	0.00	0.00	1.97	2.15	173.28
STAHL,LEICHTMETALL	0.00	0.01	*	0.00	0.00	*	1.32	0.94	112.82
MASCHINENBAU	0.00	0.00	*	0.00	29.62	*	4.90	4.80	155.44
BUEROMASCH.,ADV	0.00	0.00	*	0.00	0.00	*	0.66	0.70	168.27
STRASSENFAHRZEUGB.	0.00	0.00	*	0.00	0.00	*	2.62	3.01	181.89
SCHIFFBAU	0.00	0.00	*	0.00	4.67	*	0.20	0.21	163.10
RAUM-,LUFTFAHRZ.B.	0.00	0.00	*	0.00	0.00	*	0.08	0.09	172.73
ELEKTROTECHNIK	0.00	0.00	*	0.00	0.02	*	10.20	11.85	184.15
HOLZVERARBEITUNG	0.00	0.00	*	0.00	0.00	*	0.98	0.82	132.02
TEXTILGEWERBE	0.00	0.00	*	0.00	0.00	*	1.70	1.09	176.10
BEKLEIDUNGSGEWERBE	0.00	0.00	*	0.00	0.00	*	1.95	1.52	123.57
GETRAENKEHERSTELL.	0.00	0.00	*	0.00	0.00	*	1.83	1.97	170.28
TABAKVERARBEITUNG	0.00	0.00	*	0.00	0.00	*	2.35	3.18	214.86
ZUSAMMEN	0.00	0.01	*	14.96	44.98	4729.63	38.37	41.33	170.75
HOCHBAU	0.00	0.05	*	0.00	0.00	*	2.29	1.81	125.45
TIEFBAU	0.00	0.00	*	0.00	0.00	*	1.28	0.98	122.01
AUSBAUGEWERBE	0.00	0.04	*	0.00	0.00	*	1.69	1.48	138.74
ZUSAMMEN	0.00	0.09	*	0.00	0.00	*	5.26	4.27	128.88
EISENBAHNEN	0.00	0.00	*	0.00	0.00	*	2.66	1.99	118.18
SCHIFFAHRT	0.00	0.00	*	0.00	0.00	*	0.78	0.75	152.47
STRASSENVERKEHR	0.00	0.00	*	0.00	0.00	*	3.31	0.97	46.49
RESTL. VERKEHR	0.00	0.00	*	0.00	0.00	*	0.43	0.46	167.98
ZUSAMMEN	0.00	0.00	*	0.00	0.00	*	7.19	4.17	91.91
KREDITINSTITUTE	0.70	0.40	166.67	0.00	0.00	*	0.46	0.57	196.32
WOHNUNGSVERMIETUNG	94.83	98.74	*	0.00	0.00	*	2.05	4.53	350.06
UEBRIGE DIENSTL.	0.00	0.00	*	0.00	0.00	*	6.00	6.48	149.31
INSGESAMT	100.00	100.00	293.59	100.00	100.00	1572.95	100.00	100.00	158.49

	ORDNUNGSPOLITIK 1970 VH	ORDNUNGSPOLITIK 1980 VH	ORDNUNGSPOLITIK ENTWICKL 1970=100	SONSTIGE 1970 VH	SONSTIGE 1980 VH	SONSTIGE ENTWICKL 1970=100	INSGESAMT 1970 VH	INSGESAMT 1980 VH	INSGESAMT ENTWICKL 1970=100
LAND-U.FORSTWIRTS.	0.47	1.46	525.81	23.56	0.00	0.00	21.24	7.45	79.51
ERNAEHRUNGSGEWERBE	8.78	6.22	119.67	0.99	2.26	229.41	3.51	6.90	445.55
GROSS-,EINZELHAND.	5.93	18.27	519.95	1.32	9.26	704.41	12.34	11.48	211.02
ZUSAMMEN	15.18	25.95	288.59	25.87	11.52	44.68	37.09	25.83	157.93
ELEKTRIZITAETSVERS	0.72	0.86	200.70	0.00	0.00	*	0.85	2.70	721.56
GASVERSORGUNG	0.11	0.12	195.24	0.00	0.00	*	0.56	0.14	58.30
KOHLEBERGBAU	13.22	10.58	135.20	0.00	0.00	*	4.34	9.90	517.81
GEW.VON ERDOEL	0.04	0.04	187.50	0.00	0.00	*	0.04	0.12	636.17
ZUSAMMEN	14.08	11.61	139.15	0.00	0.00	*	5.78	12.87	504.38
CHEMISCHE INDUSTR.	3.19	1.46	77.13	0.04	0.41	1050.00	1.48	1.82	277.55
MINERALOELVERARB.	0.28	0.16	98.21	22.30	13.57	61.04	0.76	0.43	129.08
STEINE U. ERDEN	1.46	1.35	155.86	0.08	0.66	850.00	0.52	0.44	191.90
EISENSCHAFF.INDUST	1.55	0.31	34.09	0.00	0.04	*	0.61	0.55	205.08
STAHL,LEICHTMETALL	1.18	0.95	135.32	0.06	0.52	900.00	0.42	0.68	374.00
MASCHINENBAU	5.54	3.25	98.91	0.17	1.59	911.11	1.74	2.73	355.73
BUEROMASCH.,ADV	0.32	0.09	49.21	0.00	0.04	*	0.31	0.32	238.70
STRASSENFAHRZEUGB.	2.71	0.70	43.78	0.04	0.21	550.00	0.84	0.78	210.87
SCHIFFBAU	0.33	0.14	71.21	0.00	0.04	*	0.44	0.76	386.05
RAUM-,LUFTFAHRZ.B.	7.70	11.12	243.66	0.00	0.08	*	0.75	0.92	281.45
ELEKTROTECHNIK	4.91	1.84	63.11	0.12	0.87	750.00	2.61	2.92	253.82
HOLZVERARBEITUNG	2.00	1.90	160.71	0.19	1.18	610.00	0.51	0.42	186.01
TEXTILGEWERBE	1.97	1.38	118.67	0.06	0.62	1066.67	0.56	0.50	199.92
BEKLEIDUNGSGEWERBE	1.84	1.58	145.08	0.10	0.89	920.00	0.60	0.46	171.52
GETRAENKEHERSTELL.	0.98	0.91	157.22	0.04	0.37	950.00	0.56	0.93	378.69
TABAKVERARBEITUNG	0.21	0.16	129.27	0.00	0.04	*	0.49	0.58	265.41
ZUSAMMEN	36.19	27.31	127.41	23.20	21.03	90.97	13.18	15.23	261.87
HOCHBAU	0.36	0.93	431.94	0.58	2.98	513.33	0.88	0.96	249.05
TIEFBAU	0.19	0.50	439.47	0.31	1.57	506.25	0.44	0.35	178.86
AUSBAUGEWERBE	0.24	0.59	421.28	0.64	2.36	369.70	0.55	0.44	182.53
ZUSAMMEN	0.79	2.02	430.57	1.53	6.90	451.90	1.86	1.75	212.92
EISENBAHNEN	0.03	0.03	180.00	0.72	0.00	0.00	17.08	18.85	250.27
SCHIFFAHRT	3.07	2.96	163.05	0.00	0.02	*	3.18	2.05	146.19
STRASSENVERKEHR	0.18	0.30	285.71	3.47	0.04	1.12	1.01	1.31	293.71
RESTL. VERKEHR	1.54	3.06	335.62	0.66	0.04	5.88	0.52	0.38	164.12
ZUSAMMEN	4.81	6.35	222.93	4.85	0.10	2.00	21.79	22.59	235.01
KREDITINSTITUTE	13.31	9.10	115.39	42.67	46.78	110.00	2.46	1.28	117.82
WOHNUNGSVERMIETUNG	0.65	0.81	210.85	0.00	0.00	*	11.25	14.41	290.43
UEBRIGE DIENSTL.	0.99	2.48	423.47	0.52	4.12	788.89	1.53	1.48	219.40
INSGESAMT	100.00	100.00	168.82	100.00	100.00	100.33	100.00	100.00	226.76

FUSSNOTE: A) ENTWICKLUNG > 1000

QUELLEN: SUBVENTIONSBERICHTE, HAUSHALTSPLAENE, EIGENE BERECHNUNGEN.

b) Wirtschaftspolitische Ziele mit zunehmender Bedeutung

- Das stark in den Vordergrund gerückte Ziel der Energieversorgung schlägt sich in den Wirtschaftszweigen Elektrizitätsversorgung und Maschinenbau nieder.

- Die zunehmende Bedeutung der FuE-Förderung kommt vor allem der Elektrizitätsversorgung (Kernenergie), dem Stahl- und Leichtmetallbau, Raum- und Luftfahrzeugbau, der Mineralölverarbeitung zugute.

2.4.4 Bewertung der Subventionen nach dem Kriterium "investiv/konsumtiv"

Der Anteil der vom Bund und den Parafisci gewährten Subventionen, der für die Förderung investiver Vorhaben gewährt worden ist, hat zwischen 1970 und 1980 um 10 vH-Punkte zugenommen. Für die einzelnen Wirtschaftszweige ergeben sich dabei starke Verschiebungen (vgl. Tabelle). Würde man die Bundeszuschüsse an die Länder und Gemeinden einbeziehen, so veränderte sich das Bild abermals. Z.B. stieg im Jahr 1980 der Anteil der Landwirtschaftssubventionen für investive Zwecke von 10 vH auf 30 vH (Gemeinschaftsaufgaben Agrarstruktur und Küstenschutz).

2.4.5 Bewertung der Subventionen nach dem Kriterium der Infrastrukturnähe

Als infrastrukturnah sind z.B. Steuervergünstigungen für den Umweltschutz (Abwasser, Luftreinhaltung), für Energieversorgung, Fernwärme und vor allem für den Verkehrsbereich (Eisenbahn, Flughäfen, Binnenschiffahrt), aber auch für Forschung und Entwicklung klassifiziert worden. Unentschiedene Bereiche sind vor allem die Förderung des Wohnungsbaus.

Das wichtigste Resultat dürfte sein, daß

- sich der Anteil der infrastrukturnahen Subventionen des Bundes von 1970 bis 1980 wesentlich erhöht hat, und dies trotz eines relativen Rückgangs der Subventionen für die Eisenbahn;

TABELLE II.2.4/5

INFRASTRUKTURBEZOGENE AUFTEILUNG DER SUBVENTIONEN[1] DES BUNDES
NACH AUSGEWAEHLTEN WIRTSCHAFTSZWEIGEN
VERGLEICH 1970, 1980 UND 1982

IN MILL.DM

	INFRASTRUKTURNAH				UNENTSCHIEDEN				INSGESAMT			
	1970	1980	1982	1982*	1970	1980	1982	1982*	1970	1980	1982	1982*
LAND U.FORSTW.	0	10	10	1065	92	22	23	23	4486	3567	2648	7567
ELEKTRIZITAETSVER.	0	951	1163	1388	2	2	2	2	179	1292	1562	1786
KOHLENBERGBAU	0	118	186	218	311	504	479	479	916	4742	4204	4394
CHEM.IND.	0	334	398	450	6	5	6	7	314	870	928	983
MIN.OELVER.	16	84	158	158	0	0	1	1	160	206	287	287
STAHL-LEICHTMETALL	0	199	189	203	4	4	4	5	88	328	281	297
MASCHINENBAU	15	671	377	390	28	23	29	30	368	1309	929	947
ELEKTROTECHNIK	10	246	146	151	12	9	12	13	551	1398	1236	1247
SCHIFFBAU	0	82	77	175	1	0	1	1	94	363	354	452
EISENBAHN	3469	8896	9211	9211	0	0	0	0	3607	9027	9360	13506
WOHNUNGSVERMIETG.	0	0	0	0	2241	6598	7564	9471	2377	6904	7896	9821
ALLE WIRTSCHAFTSZW	3820	12540	12896	14746	2988	7506	8480	10407	21121	47893	46133	58347

IN VH

	INFRASTRUKTURNAH				UNENTSCHIEDEN				INSGESAMT			
	1970	1980	1982	1982*	1970	1980	1982	1982*	1970	1980	1982	1982*
LAND U.FORSTW.	0	0	0	7	3	0	0	0	21	7	6	13
ELEKTRIZITAETSVER.	0	8	9	9	0	0	0	0	1	3	3	3
KOHLENBERGBAU	0	1	1	1	10	7	6	5	4	10	9	8
CHEM.IND.	0	3	3	3	0	0	0	0	1	2	2	2
MIN.OELVER.	0	1	1	1	0	0	0	0	1	0	1	0
STAHL-LEICHTMETALL	0	2	1	1	0	0	0	0	0	1	1	1
MASCHINENBAU	0	5	3	3	1	0	0	0	2	3	2	2
ELEKTROTECHNIK	0	2	1	1	0	0	0	0	3	3	3	2
SCHIFFBAU	0	1	1	1	0	0	0	0	0	1	1	1
EISENBAHN	91	71	71	62	0	0	0	0	17	19	20	23
WOHNUNGSVERMIETG.	0	0	0	0	75	88	89	91	11	14	17	17
ALLE WIRTSCHAFTSZW	100	100	100	100	100	100	100	100	100	100	100	100
IN VH V. INSGESAMT	18	26	28	25	14	16	18	18	100	100	100	100

1) STEUERVERGUENSTIGUNGEN UND FINANZHILFEN DER GEBIETSKOERPERSCHAFTEN, EINSCHL.EG, BUNDESANSTALT FUER ARBEIT, ERP-SONDERVERMOEGEN UND PARAFISCI, OHNE FINANZHILFEN DER LAENDER UND GEMEINDEN.

*) EINSCHL. ZUWEISUNGEN DES BUNDES AN DIE LAENDER FUER SUBVENTIONEN DER LAENDER.

QUELLEN: HAUSHALTSPLAENE DES BUNDES, SUBVENTIONSBERICHTE, EIGENE BERECHNUNGEN.

- den stärksten Anteilsgewinn die Elektrizitätsversorgung zu verbuchen hatte (Kernenergie).

2.5 Bewertung der Subventionspolitik

Vor dem Hintergrund der wachsenden Finanzierungsschwierigkeiten des Staates werden die Durchforstung und der rigorose Abbau der Subventionen gefordert. Eine pauschale Kürzung der staatlichen Hilfen um einen einheitlichen Prozentsatz würde jedoch die unbefriedigende Zielstruktur der Subventionen festschreiben. Durch die haushaltsbedingte Verkürzung der Subventionsdebatte auf den Gesichtspunkt eines Abbaus gerät zunehmend außer Acht, daß es für eine positive Beeinflussung des Strukturwandels durchaus erforderlich sein kann, Subventionen nicht nur umzuschichten, sondern sogar zu erhöhen. Dabei muß der Zusammenhang mit den Infrastrukturinvestitionen gesehen werden. Die Verringerung des Investitionsbedarfs für den Ausbau der Infrastruktur ist keinesfalls gleichbedeutend mit einem verringerten Bedarf an staatlicher Einflußnahme auf den Strukturwandel. Der veränderten funktionalen Aufteilung zwischen staatlichen und privaten Investitionen folgend müssen entsprechende Umschichtungen zwischen einzelnen Blöcken der Staatsausgaben vorgenommen werden. D. h. konkret, wenn das politische Ziel z. B. des Umweltschutzes durch Investitionen der Unternehmen (und privaten Haushalte) stärker als bisher verfolgt werden soll, müssen auch die finanziellen Anreize entsprechend erhöht werden.

Mehr als bisher ist jede Subvention auf ihre Notwendigkeit und auf ihre Effizienz im Hinblick auf die Erreichung der Ziele zu überprüfen. Die Auswahl von Zielen wird immer auch von den zur Verfügung stehenden Finanzmitteln beeinflußt. Welche Ziele tatsächlich verfolgt werden, hängt von den politischen Prioritäten ab. So gibt es eine Reihe von staatlichen Maßnahmen, die aus übergeordneten Gründen, z.B. Sicherung der Versorgung oder der Arbeitsplätze, politisch gewollt sind und deshalb trotz der Höhe der aufzuwendenden Mittel durchgeführt werden. In diese Kategorie gehören Maßnahmen zur Erhaltung der Landwirtschaft und des Bergbaus. Daneben gibt es Subventionen für Wirtschaftszweige, die aufgrund ihres Infrastrukturcharakters eher den allgemeinen Staatsaufgaben zuzurechnen sind. Dies gilt z. B. für Hilfen an die Deutsche Bundesbahn. Ein Analyse der Subventionen nach dem Kriterium der Infrastrukturnähe - Energieversorgung, Fernwärme, Umweltschutz, Forschung und Entwicklung, Verkehr - hat ergeben, daß sich dieser Teil der Subventionen des Bundes von 1970 bis 1982 erhöht hat, trotz eines relativen Rückgangs der Subventionen für die Eisenbahn.

Auf der anderen Seite sind staatliche Hilfen nicht schon deswegen zu begrüßen, weil sie das Wachstum von bestimmten Industriezweigen anregen oder unterstützen. Gerade in solchen Fällen ist immer wieder zu fragen, ob diese Mittel nicht vor allem von Unternehmen in Anspruch genommen werden, die die geförderten Maßnahmen auch ohne Staatshilfe durchgeführt hätten. In diesem Zusammenhang sind die umfangreichen Subventionen des Staates zur Entwicklung von DV-Systemen anzuführen, die im wesentlichen wenigen Unternehmen der Elektrotechnik zugute gekommen sind, ohne dort immer die erwünschten Wirkungen erzielt zu haben.

Die hier angestellten Überlegungen sollen im wesentlichen Schwerpunkte offenlegen und erste Anhaltspunkte für eine Bewertung der Subventionspolitik geben. Aus der Zielstruktur wird deutlich, daß die Erhaltungssubventionen immer noch die Masse aller staatlichen Hilfen ausmachen. Anzeichen einer Umorientierung sind indes in dem zunehmenden Anteil der Hilfe für Forschung und Entwicklung sowie für Maßnahmen im Energiebereich zu sehen.

Unter dem Gesichtspunkt der Allokationseffizienz wäre es wünschenswert gewesen, wenn der Anteil der wachstumswirksamen Subventionen stärker ausgedehnt worden wären. Die Probleme, die es umgekehrt bereitet, strukturerhaltende Subventionen abzubauen, zeigen sich in jüngster Zeit an den Beispielen der Stahl- und Werftindustrie. Die staatlichen Hilfen an diese beiden Bereiche verdeutlichen die Schwierigkeiten, allgemeingültige Grundsätze einer rationalen Subventionspolitik auch für denjenigen Teil der Subventionen zu finden, der als "Hilfe zur Selbsthilfe" in einer vorübergehend durch Störung der Marktkräfte beeinflußten Wirtschaft zu verstehen ist. Vor dem Hintergrund der drohenden Arbeitsplatzverluste erscheinen diese Maßnahmen jedoch kurzfristig als gerechtfertigt, so lange es um den Ausgleich von Nachteilen geht, die aus gesamtwirtschaftlichen und sozialpolitischen Gründen nicht hingenommen werden können. Allerdings sollte auch hier dem Grundsatz Rechnung getragen werden, daß Subventionen zeitlich befristet vergeben werden sollen. Die Gewährung von Finanzhilfen sollte daher mit Auflagen verbunden sein, die sicherstellen, daß Strukturkonzepte erarbeitet werden. Zumeist heißt dies auch, daß die betroffenen Branchen ihre Kapazitäten zurückführen müssen. In diesem Zusammenhang ist daran zu erinnern, daß andere Branchen - z.B. die Textil- und Bekleidungsindustrie - strukturelle Anpassung durch erhebliche Drosselung ihrer Kapazitäten und gleichzeitige Spezialisierung weitgehend ohne staatliche Hilfen vollzogen haben.

In der Vergangenheit ist besonders im Bereich der Erhaltungssubventionen häufig gegen den Grundsatz der Befristung von Subventionen verstoßen worden. Dies dürfte einer der Gründe sein, warum - trotz ständig betonter Absicht - die Umstrukturierung und die Begrenzung der Subventionen nicht gelungen ist.

In den Jahren 1970 bis 1976 konnte die Bundesregierung den Anteil dieser Subventionen - Bevorratung, Marktordnung, allgemeine Stützungsmaßnahmen - zwar von fast 35 vH aller Subventionen auf rund 30 vH zurückschrauben; bis 1982 hat sich ihr Anteil indes wieder auf 36 vH erhöht. Gerade bei diesen Subventionen hat die Regierung erheblichen Spielraum für Umstrukturierungen verschenkt. Hätte sie z.B. die Mittel hierfür auch nach 1976 weiter kurzgehalten und für das Jahr 1982 einen Anteil von etwa 30 vH angestrebt, dann hätte ein Volumen von knapp 3 Mrd. DM für infrastruktur- oder wachstumsorientierte Ziele zur Verfügung gestanden. Bei Berücksichtigung der Ländersubventionen wäre dieser Betrag noch größer.

Aus der Analyse wird weiterhin erkennbar, daß der Anteil der Steuervergünstigungen an den gesamten Subventionen im Vergleich 1982 zu 1970 deutlich zurückgegangen, seit 1978 aber wieder leicht angestiegen ist. Ein hoher Anteil der Steuervergünstigungen steht im Widerspruch zu Grundsätzen einer rationalen und damit auch kontrollierbaren Subventionspolitik. Folgende Argumente sprechen im Vergleich zu den (indirekten) Steuervergünstigungen für den Einsatz des direkten Instruments der Finanzhilfen:

- größere Transparenz;
- bessere Möglichkeit der gezielten Förderung;
- bessere Möglichkeiten der jährlichen Überprüfung in den Haushaltsberatungen;

- einfachere Abschätzung der Belastung öffentlicher Haushalte;
- keine zusätzliche Komplizierung des Steuerrechts.

Diese direkte Subventionierung ist allerdings i. d. R. politisch schwerer als die indirekte Förderung zu handhaben. Das Problem besteht darin, daß Parlament und politische Administration den Einzelfall nicht hinreichend detailliert kennen, um zielgerichtete Entscheidungen treffen zu können. Deswegen haben die Interessenvertreter - insbesondere die der großen Unternehmen - häufig einen großen Einfluß auf den Entscheidungsprozeß. Dies dürfte aber auch bei der Konzeption von Steuervergünstigungen ähnlich sein. Nach einer Abwägung der komparativen Vor- und Nachteile erscheint es sinnvoll, die Subventionspolitik prinzipiell auf das Instrument der Finanzhilfen umzustellen.

Die angeblich größere "Marktkonformität" von indirekter Förderung kann in diesem Zusammenhang nicht überzeugen. Denn in erster Linie geht es in beiden Fällen darum, wichtige strukturpolitische Ziele so billig, reibungslos und schnell wie möglich zu erreichen. Falls die indirekte Förderung nachweisbar in bestimmten Fällen hierin überlegen ist, sollte man auf sie zurückgreifen. In der Vergangenheit gibt es sicherlich Beispiele, daß auch Finanzhilfen sich als wenig effizient erwiesen haben - z.B. Förderung der Datenverarbeitung. Bei der Wohnungsbauförderung hat sich dagegen die direkte Förderung als effizienter erwiesen.

Die Vorteile der direkten Förderung sind allerdings - mehr noch als in der Vergangenheit - zu nutzen, indem klare und eindeutige Ziele vorgegeben, die Gewährung an strengere Auflagen gekoppelt, die Maßnahmen befristet und andere Gesichtspunkte - z. B. die Größenstruktur der begünstigten Unternehmen - berücksichtigt werden.

2.6 Ein Katalog abbauwürdiger Subventionen

Eine Bewertung der einzelnen Subventionsmaßnahmen des Bundes nach den Kriterien der gesamtwirtschaftlichen Notwendigkeit und Effizienz zeigt, daß es eine Reihe von Subventionen gibt, die überdacht und eventuell abgebaut werden sollten. Dies betrifft vor allem den Bereich der Erhaltungssubventionen zugunsten der Landwirtschaft einschließlich des Ernährungsgewerbes und des Großhandels und zugunsten des Kohlenbergbaus.

Beim **Kohlenbergbau** sind die Richtung und zum Teil auch die Erfolge des Umstrukturierungs- und Anpassungsprozesses erkennbar; dennoch sind auch in diesem Bereich eine Reihe von Einzelmaßnahmen fragwürdig. Dabei ist an grundsätzlichen Entscheidungen, z. B. der nicht ausreichenden Einbeziehung der Grundstücksvermögen der Bergwerksgesellschaften in die Finanzierung der Umstrukturierungsmaßnahmen, ebenso Kritik zu üben wie an Einzelmaßnahmen der jüngsten Zeit, z. B. der Übernahme der Kosten von "Feierschichten" durch die öffentliche Hand. Im Grundsatz jedoch sollten knappe Energiequellen nicht subventioniert, sondern für die Abnehmer verteuert werden.

Im **Agrarbereich** sind die Probleme der Durchsetzung einer rationalen Wirtschaftspolitik schon allein deshalb noch verwickelter, da hier eine Mischung aus EG-Regelungen und nationalen Beihilfen vorliegt. Eine Begrenzung oder gar Kürzung der EG-Mittel erscheint inzwischen unausweichlich. Die Vielzahl von Agrarmaßnahmen für gleiche oder ähnliche Ziele legt die Vermutung nahe, daß gerade hier der Tatbestand von Mehrfachförderungen vorliegt. Dies wird am Beispiel des Marktes für Milch und Milchprodukte besonders deutlich. Unabhängig von der angelieferten Menge erhalten die Bauern für Milch einen garantierten Preis und obendrein Subventionen, wenn sie die erzeugte Milch in Form von Magermilch zu Futterzwecken zurücknehmen. Ferner werden Hilfen gewährt für die Verbesserung der Milchqualität, die Entwicklung des Marktes von Milch und Milcherzeugnissen, die Förderung der Verarbeitung, die Lagerhaltung und die verbilligte Ausfuhr. Für den gesamten Komplex "Milch" sind aus EG-Mitteln im Jahre 1982 rund 5 Mrd. DM aufgewendet worden.

Die Kompliziertheit und Unüberschaubarkeit der Subventionspraxis im gesamten Agrarbereich, die aus den kaum auszubalancierenden Interessenunterschieden im Rahmen der EG resultieren, dürften auch in Zukunft den Abbau in diesem Bereich sehr schwer machen. Dennoch muß die Bundesregierung entschlossener auf Änderungen und Kürzungen im Bereich der Marktordnungen drängen, sich aber auch z. B. beim Währungsausgleich elastisch zeigen. Es hängt freilich nicht allein von der Bundesregierung ab, ob die zweifellos vorhandenen Spielräume für Einsparungen genutzt werden.

Auf nationaler Ebene stehen eine Reihe von Hilfen zur Disposition, die in den nachfolgenden Katalog integriert sind. Dazu gehört vor allem eine

Tabelle II. 2.5/1

Vorschläge zur Streichung von Subventionen
- Einsparpotential 1982 -

Ziel	Maßnahmen	Mill. DM	Begründung
Modernisierung, Umstrukturierung (Ziel 3)[1]			
	Neubauhilfen für Handelsschiffe	180	Versteckte und unkoordinierte Erhaltungssubventionen für die Werftindustrie
Direkte Preissubventionierung (Ziel 4.1)			
	Steuerfreie Rücklagen für Preissteigerungen	100 *	Nicht marktkonform
	Bewertungsabschlag für Importwaren	200 *	Subventionsgrund längst entfallen
	Zuschüsse an die Monopolverwaltung für Branntwein	220	Verzerrung der internationalen Arbeitsteilung
Allgemeine Stützungsmaßnahmen (Ziel 4.2)			
	Ermittlung des Reingewinns nach Durchschnittssteuersätzen in der Land- und Forstwirtschaft	600	Verstoß gegen die steuerliche Gleichbehandlung
	Befreiung der Zugmaschinen oder Sonderfahrzeuge u. a. von der Kfz-Steuer	160	Subventionsziel größtenteils entfallen
	Steuerbefreiung von Schwerölen als Betriebsstoff bei Schiffen	475	Verstoß gegen die steuerliche Gleichbehandlung; Behinderung von Einspar- und Anpassungsprozessen an veränderte Energiebedingungen
	Ermäßigung der ESt u. KSt aus dem Betrieb von Handelsschiffen	120 *	Behindert den wirtschaftlichen Anpassungsprozeß
	Verbilligung von Gasöl für schienengebundene Fahrzeuge	185	Behinderung von Einspar- und Anpassungsprozessen an veränderte Energiebedingungen
	Verbilligung von Gasöl im ÖPNV	205	Behinderung von Einspar- und Anpassungsprozessen an veränderte Energiebedingungen
	Verbilligung von Gasöl in der Landwirtschaft	460 x	Behinderung von Einspar- und Anpassungsprozessen an veränderte Energiebedingungen
Absatzförderung, Bevorratung (Ziel 4.3)			
	Steuerbefreiung land- und forstwirtschaftl. Erwerbs- und Wirtschaftsgenossenschaften	47	Undurchschaubare Mehrfachförderung
Sozialpolitische Zuschüsse (Ziel 4.7)			
	Zuschüsse zur landwirtschaftlichen Unfallversicherung	340 *	Ungleichbehandlung bei den Sozialabgaben
Wohnraumbeschaffung (Ziel 5.1)			
	Schaffung von Wohnraum für Bundesbedienstete	52	Ungerechtfertigte Privilegien
Eigentumsbildung (Ziel 5.3)			
	Erhöhte Absetzung (§7b EStG) bei Altbauten	1 000	Negative wohnungspolitische Wirkungen überwiegen
	Steuervergünstigung für eigengenutzten Wohnraum in Zwei u. Mehrfamilienhäusern	1 000 +	Verstoß gegen die steuerliche Gleichbehandlung
Sonstiges Wohnungswesen (Ziel 5.5)			
	Steuerbefreiung der gemeinnützigen Wohnungs- und Siedlungsunternehmen	220 *	Überprüfung der Privilegien im Hinblick auf wohnungspolitische Verpflichtungen; Abbau im Bauträgergeschäft
Sicherung der internationalen Wettbewerbsfähigkeit (Ziel 9.3)			
	Steuerbefreiung für Luftfahrtbetriebsstoffe	300	Verstoß gegen die steuerliche Gleichbehandlung; Behinderung von Einspar- und Anpassungsprozessen an veränderte Energiebedingungen
Risikoübernahme (Ziel 9.4)			
	Steuerliche Erleichterung von Unternehmensinvestitionen im Ausland	270	Vermutlich hohe Mitnahmeeffekte
Sonstiges (Ziel 10)			
	Steuerbefreiung der bei der Mineralölherstellung verwendeten Mineralöle	70	Verstoß gegen die steuerliche Gleichbehandlung
	Summe	6 204	

1) Zum Katalog der Ziele vgl. die vorangehenden Tabellen.
* Nach 9. Subventionsbericht, September 1983.
x Von Ländern ausgezahlt.
+ Wird im Subventionsbericht nicht erfaßt (vgl. Ausführungen zur Wohnungsbaupolitik).

realistischere Anpassung der Wertansätze bei der Ermittlung des Reingewinns in der Land- und Forstwirtschaft. Sie würde den Subventionsetat um 600 Mill. DM entlasten, wobei dieser im Subventionsbericht der Bundesregierung ausgewiesene Beitrag sicherlich eine Untergrenze darstellt. Die Kürzung der Befreiung der Zugmaschinen u. a. von der Kfz-Steuer würde die Landwirtschaft ebenso treffen wie die Verminderung der von den Ländern ausgezahlten Subvention zur Verbilligung von Gasöl, immerhin ein Beitrag von 460 Mill. DM im Jahr 1982. Weiterhin sollten die sozialpolitischen Zuschüsse an die Landwirtschaft daraufhin überprüft werden, wie eine Gleichbehandlung mit den anderen Wirtschaftsbereichen erreicht werden kann. Hier bieten sich als Einstieg die Zuschüsse zur landwirtschaftlichen Unfallversicherung und Alterssicherung an.

In den Katalog entbehrlicher Subventionen gehören die Steuerbefreiungen für Luftfahrtbetriebsstoffe (300 Mill. DM), die Steuerbefreiung von Schwerölen als Betriebsstoff bei Schiffen (475 Mill. DM) und die Verbilligung von Gasöl im öffentlichen Nahverkehr und für schienengebundene Fahrzeuge. Alle diese Maßnahmen sind heute unter energiepolitischem Aspekt anders als früher zu beurteilen.

Einsparungen in erheblicher Größenordnung könnten sich auch im Bereich der Wohnungsbauförderung ergeben. Zu nennen ist hier einmal die erhöhte Absetzung bei Altbauten (§ 7b), die überdacht und gestrichen werden sollte, da die negativen wohnungspolitischen Wirkungen überwiegen : Das Hauptziel einer Begünstigung der Erwerber wird kaum erreicht, da die Veräußerer subventionsbedingt höhere Preissteigerungen erzielen können. Auch wären die Steuervergünstigungen für eigengenutzten Wohnraum in Zwei- und Mehrfamilienhäusern abzubauen. Es ist unter dem Gesichtspunkt der steuerlichen Gleichbehandlung nicht einzusehen, warum Eigentümer einer selbstgenutzten Wohnung im eigenen Mehrfamilienhaus besser gestellt werden als Eigentümer eines selbstbewohnten Einfamilienhauses oder einer Eigentumswohnung. Aus der Streichung dieser beiden Steuervorteile ergäbe sich ein Einsparpotential von rund 2 Mrd. DM (vgl. den folgenden Exkurs zur Wohnungsbaupolitik). Weiterhin sollten die Steuerbegünstigungen für Unternehmensinvestitionen im Ausland (270 Mill. DM) gestrichen werden. Es ist zu vermuten, daß Unternehmen bei der Verlagerung ihrer Aktivitäten ins Ausland diese Vergünstigungen in Anspruch nehmen, auch wenn für sie andere Ziele als die der Subventionsvergabe ausschlaggebend sind.

In dem Katalog ist die Subventionierung der **Bundesbahn** ausgespart worden; sie stellt aufgrund des Infrastrukturcharakters dieses Bereiches - erinnert sei an die Problematik der Wegekosten - eine Besonderheit dar, die ausführlich nur im Zusammenhang mit den verkehrspolitischen Gesamtvorstellungen diskutiert werden kann. An dieser Stelle ist auf den Strukturbericht 1980 des DIW zu verweisen. Auch hier gilt wie bei den anderen großen Subventionsbereichen, daß ohne klare politische Entscheidungen ein Abbau oder eine Umstrukturierung von Subventionen kaum verwirklicht werden können.

Unter den veränderten gesamtwirtschaftlichen Rahmenbedingungen - hohe Arbeitslosigkeit, bedrohliche Umweltschäden, geringe wirtschaftliche Dynamik - muß aber auch gesehen werden, daß die Anforderungen an den Staat größer - nicht kleiner - geworden sind. Deshalb steht das erhebliche Finanzvolumen der Subventionen nicht als "Sparpotential" zur Verfügung, kann aber sicherlich effizienter eingesetzt werden.

Fußnoten

1) Steuererleichterungen plus Finanzhilfen des Bundes einschließlich EG, Bundesanstalt für Arbeit, ERP-Sondervermögen und Parafisci. Wegen des großen Arbeitsaufwandes war es nicht möglich, die im Strukturbericht 1980 des DIW verwendete Datenbasis - einschließlich der Finanzhilfen der Länder - zu aktualisieren, obwohl dies für die Subventionsanalyse durchaus wünschenswert gewesen wäre. Die Finanzhilfen der Länder betrugen etwa 18 Mrd. DM im Jahre 1982. Davon floß der überwiegende Teil in den Wohnungsbau, ein großer Teil in die Landwirtschaft, wobei sich in der Vergangenheit die Gewichte deutlich zugunsten des Wohnungsbaus verschoben haben.

2) $(Q_t - Q_n)/Q_t$ = Subv /(EFA + Prod.st), wobei Q_t die tatsächliche und Q_n die Netto-Steuerquote bezeichnet.

3) Finanzhilfen und Steuervergünstigungen an Unternehmen von 1970 bis 1978. Gutachten des DIW im Auftrage des Bundeskanzleramts, Berlin 1981.

4) 1977 ist das bislang letzte Jahr, für das eine Einkommensteuerstatistik nach Wirtschaftszweigen vorliegt.

5) Die Höhe der Darlehen wird den Haushaltsplänen des Bundes entnommen. Dort wird ihre haushaltsmäßige Belastung angesetzt. Diese entspricht etwa den Zinsvergünstigungen des Darlehenbestandes.

3. Förderung im Bereich Wohnungs- und Städtebau

3.1 Direkte Förderung des Wohnungsbaus

3.1.1 Förderungsziele und Förderungsformen

Die Förderung des Wohnungsbaus mit öffentlichen Mitteln wurde schon kurz nach der Gründung der Bundesrepublik vom Deutschen Bundestag beschlossen. Angesichts der Kriegszerstörungen von mehr als 2 Mill. Wohnungen und der Zuwanderung von etwa 10 Mill. Heimatvertriebenen im Gebiet der Bundesrepublik waren die Aufgaben der Wiederherstellung und des Neubaus so dringlich, daß dafür ein eigenes Bundesministerium eingerichtet worden ist, dessen erste Aufgabe es war, eine umfassende gesetzliche Regelung der Förderung zu erarbeiten. Dessen Entwurf und ein Entwurf des Gesamtverbandes Gemeinnütziger Wohnungsunternehmen, in wesentlichen Teilen aufgegriffen von der SPD-Fraktion, wurde schließlich zusammengefaßt und schon zu Beginn des Jahres 1950 als Erstes Wohnungsbaugesetz verabschiedet. Die mit diesem Gesetz fixierten Ziele, Förderungskriterien und Berechnungsvorschriften sind im Prinzip bis heute gültig, obgleich das I. WoBauG bereits im Jahre 1953 novelliert und im Jahre 1956 durch das II. WoBauG (Wohnungsbau- und Familiengesetz) abgelöst wurde, das selbst wiederum bis zum Jahre 1980 viermal neugefaßt worden ist.

Das Grundkonzept der Förderung kann wie folgt umrissen werden:

1. <u>Zur Förderung des Wohnungsbaus sind Bund, Länder und auch die Gemeinden verpflichtet.</u> In erster Linie ist der Wohnungsbau Angelegenheit der Bundesländer. Sie haben die weitestgehende Gestaltungsmöglichkeit bezüglich des Einsatzes der Mittel und legen für ihren Bereich längerfristige Bauprogramme fest. Der Bund ist verpflichtet, einen Teil der Finanzierungsmittel bereitzustellen; er verteilt diese Mittel nach Abstimmung mit den Ländern und kann dabei gewisse Auflagen zur Verwendung und den Förderungsmodalitäten erteilen. Die Gemeinden sind an dieser laufenden Programmförderung

nicht unmittelbar beteiligt, bzw. finanziell durch sie verpflichtet. Ihre Rolle liegt zwischen der Zusatzförderung und eigener Bauträgerschaft (die allerdings vorwiegend durch Beteiligung an Wohnungsbaugesellschaften wahrgenommen wird).

2. Alle Bauherren sind bei der Vergabe der Förderungsmittel gleichberechtigt. Mit dem I. WoBauG wurde festgelegt, daß der Bau von Sozialwohnungen ohne besondere Privilegierung von Gemeinnützigen Wohnungsunternehmen, freien Wohnungsunternehmnen und privaten Bauherren durchgeführt[1] und damit auch auf eine möglichst breite Basis gestellt werden sollte.

3. Mit dem I. WoBauG wurde eine Dreiteilung des Wohnungsbaus hinsichtlich der Förderungsintensität definiert; seither werden begrifflich unterschieden:
   a) der öffentlich geförderte soziale Wohnungsbau, zu dem alle direkt mit Hilfe von Bundes- und Landesmitteln erbauten Wohnungen rechnen;
   b) der steuerbegünstigte Wohnungsbau, für den im wesentlichen die 10-jährige Grundsteuerbefreiung gewährt wird, der daneben aber auch durch Aufwendungsbeihilfen und Wohnungsfürsorgemittel subventioniert sein kann;
   c) der freifinanzierte Wohnungsbau, dem weder öffentliche Förderung noch Steuerbegünstigung zuerkannt werden; allerdings können staatliche Wohnungsfürsorgemittel auch in diesem Bereich eingesetzt werden.

   Daneben wird der allgemeine Begriff Sozialer Wohnungsbau verwendet, dem Kriterien zugrundeliegen, ob die Wohnungen "nach Größe, Ausstattung und Miete oder Belastung für breite Schichten des Volkes bestimmt und geeignet sind". Er umfaßt in der Regel a) sowie Teile von b).

4. Der "Wohnungsbau für breite Schichten" ist stets als generelles Ziel der Förderung genannt, als konkrete Aufgabenstellung jedoch mit der Zeit verändert worden[2]: Während zur Beseitigung der Wohnungsnot zunächst der Mietwohnungsbau vorangetrieben werden mußte, trat

daneben schon früh das Ziel, die Eigentumsbildung weitmöglichst zu fördern. Seit Mitte der siebziger Jahre erhielt die Eigentumsförderung den Vorrang. Wichtige Einzelregelungen der Förderung nehmen auf den Terminus "breite Schichten" bezug und grenzen ihn ein, - so die Definition des berechtigten Personenkreises nach dem Haushaltseinkommen, die Vorgaben über tragbare Mieten und Belastungen, ferner die Vorschriften über förderungswürdige Wohnungsgrößen und Mindestausstattungen[3]. Die Einkommensgrenzen für die Zielgruppen sind stets so gewählt und fortgeschrieben worden, daß auch Haushalte mit mittlerem, ja sogar überdurchschnittlichem Einkommen einbezogen worden sind. Dies hängt mit der Betonung des vermögenspolitischen Ziels (Eigentumsbildung) zusammen. Auch die als tragbar angesehenen Mieten und Belastungen sind an der Entwicklung der Durchschnittseinkommen ausgerichtet worden. Der Anstieg der Baukosten und die Differenzierung des Versorgungsziels haben dazu geführt, daß zwei Förderungswege entstanden, die auf Zielgruppen mit unterschiedlicher Leistungsfähigkeit ausgerichtet sind. Der erste Förderungsweg ist der öffentlich geförderte Wohnungsbau im engeren Sinne, der für Haushalte im unteren bis mittleren Einkommensbereich gedacht ist. Der zweite Förderungsweg[4] steht Haushalten mit höheren Einkommen offen. Er dient überwiegend der Eigentumsförderung.

5. Voraussetzung für die Bewilligung öffentlicher Mittel ist, daß vorgegebene Obergrenzen von Mieten und Belastungen eingehalten werden; andererseits gilt das Prinzip kostendeckender Erträge. Die Bauherren müssen in einer Wirtschaftlichkeitsberechnung den Nachweis erbringen, daß die aus der Finanzierung insgesamt resultierenden Kosten durch die Mieterträge gedeckt sind; für Eigenheime und Eigentumswohnungen gilt eine entsprechende Lastenberechnung. Die Kriterien sind in einer detaillierten Berechnungsverordnung zusammengefaßt, die in dieser Hinsicht das WoBauG ergänzt.

6. Mit der Festlegung von Mieten und Belastungen die als sozial tragbar angesehen werden, ist jedoch zugleich auch das Volumen an öffentlichen Förderungsmitteln determiniert. Grundstückskosten, Baukosten und Kapitalmarktzinsen sind die exogenen Größen des Systems. Da

das Eigenkapital der Bauherren knapp ist und zudem eine Mindestverzinsung zugestanden wird, müssen die Finanzierungslasten über niedrigerverzinsliche öffentliche Baudarlehen oder Subventionen auf Zins und Tilgung der Fremdmittel gesenkt werden, und zwar so weit, daß sich die Gesamtsumme, bezogen auf den m^2 Wohnfläche, mit der vorgegebenen Miete (Belastung) deckt.

Schon sehr bald nach der Einführung des Förderungssystems wurde offenbar, daß die nach Menge und Preis weitgesteckten Ziele einen viel stärkeren Zuwachs an öffentlichen Finanzierungsmitteln erforderten, als die Haushalte von Bund und Ländern zuließen. Dieser innere Widerspruch des Systems ist bis heute nicht gelöst worden, er hat sich vielmehr zunehmend verschärft. Zeitweilig wurde das Problem dadurch verdeckt, daß Wege gefunden wurden, die jährlich unmittelbare Belastung zu begrenzen, und stattdessen Verpflichtungen in die Zukunft zu verlagern. Wie es dazu kann, illustriert ein Rückblick auf die Entwicklung der Förderungsformen:

Im I. WoBauG war den Gebietskörperschaften die Verpflichtung auferlegt worden, binnen 6 Jahren für die Errichtung von zwei Millionen Sozialwohnungen zu sorgen. Die Förderung erfolgte damals als sogenannte Kapitalsubvention, d.h. daß öffentliche Darlehen oder verlorene Baukostenzuschüsse unmittelbar als Beitrag zur Finanzierung der Gesamtkosten eines Bauvorhabens eingesetzt wurden: "die öffentlichen Baudarlehen sollten fehlende Kapitalmarktmittel ersetzen und zugleich durch geringe Verzinsung die Mieten so niedrig halten, wie es im Hinblick auf das Einkommen der breiten Schichten des Volkes sozialpolitisch und volkswirtschaftlich geboten erschien"[5)]. Die "Richtsatzmieten" waren gesetzlich fixiert, sie betrugen höchstens 1 DM je m^2. Da der Beitrag des Bundes zur Finanzierung in der Summe festgelegt war, sahen sich Länder und Gemeinden bald nicht mehr in der Lage, die öffentlichen Baudarlehen so weit aufzufüllen, wie es zum Ausgleich zwischen laufenden Aufwendungen und Richtsatzmieten erforderlich gewesen wäre. Die erste Gesetzesnovelle ließ deshalb eine Aufstockung der Richtsatzmieten bis 30 vH zu.

Mit dem II. WoBauG sind die Richtsatzmieten abgeschafft und durch eine allgemeine Kostenbindung ersetzt worden, wobei jedoch weiterhin Höchstwerte für die Anfangsmieten vorgegeben werden (Bewilligungsmiete). Die "Kostenmiete" erlaubte eine stärkere Anpassung an die Belastungsfähigkeit unterschiedlicher Zielgruppen, je nach der Höhe des öffentlichen Darlehens und seinen Zins- und Tilgungsbedingungen. Die Förderung erfolgte zunächst weiterhin ausschließlich und bis gegen Ende der sechziger Jahre noch weitaus überwiegend in Form der Kapitalsubvention. Allerdings war der Kapitalmarkt ergiebiger geworden, so daß mit Hilfe öffentlicher Bürgschaften mehr Fremdmittel eingesetzt werden konnten. Diese sind mittels neu eingeführter Annuitäts-Subventionen so weit verbilligt worden, daß die gewünschte Miethöhe eingehalten werden konnte[6].

Die Verlagerung von der Kapitalsubvention zu laufenden Beihilfen[7] ermöglichte erhebliche Einsparungen bei der Bewilligung öffentlicher Mittel. In dem Zehnjahreszeitraum von 1968 bis 1978 wurde von dieser Förderungsform stark Gebrauch gemacht, sogar im Mietwohnungsbau des 1. Förderungswegs (siehe Schaubild)[8]; im 2. Förderungsweg, der daneben ausgebaut wurde, war sie die Regel.

3.1.2 Probleme bei der Zielerreichung und der Finanzierung

Die Schwierigkeiten des Sozialen Wohnungsbaus waren mit dieser flexibleren Förderungsform keinesfalls gelöst, sondern nahmen im Gegenteil ständig zu:

- Die Bewilligungsmiete erreichte Mitte der siebziger Jahre eine Höhe, die von den Wohnungssuchenden der ursprünglichen Zielgruppe häufig nicht mehr gezahlt werden konnte. Wesentliche Ursache war der anhaltende überproportionale Anstieg von Bau-, Grundstücks-und Kapitalkosten im Verhältnis zur Einkommensentwicklung. Bei dieser Niveauschere war die erforderliche Subventionsintensitiät nicht mehr zu erbringen; so entstand eine erhebliche Mietenverzerrung zwischen Sozialwohnungen älterer und neuerer Baujahrgänge[9].

Tabelle II.3.1/1

FOERDERUNGSVOLUMEN IM SOZIALEN WOHNUNGSBAU SEIT 1960
- WOHNUNGEN IN 1000 -

Jahr	GEFOERDERTE WOHNUNGEN INSGESAMT	ZAHL DER GEFOERDERTEN WOHNUNGEN: 1.FOERDERUNGSWEG WOHNUNGEN INSGESAMT	1.FOERDERUNGSWEG DARUNTER: MIETWHG. IN MFH	2.FOERDERUNGSWEG WOHNUNGEN INSGESAMT	2.FOERDERUNGSWEG DARUNT MIETWH IN MFH
1960	327	327	101	-	-
1961	316	316	151	-	-
1962	288	288	174	-	-
1963	217	217	129	-	-
1964	260	260	157	-	-
1965	209	209	129	-	-
1966	172	152	96	20	10
1967	198	171	118	27	14
1968	204	150	107	54	25
1969	165	131	93	34	10
1970	165	129	92	36	11
1971	195	159	114	36	12
1972	182	127	88	55	26
1973	127	77	48	50	19
1974	153	99	68	54	16
1975	154	90	58	64	15
1976	134	63	40	71	14
1977	113	57	37	56	8
1978	135	55	37	80	13
1979	109	49	32	60	6
1980	97	46	31	51	5
1981	93	48	35	45	7
1982	99	56	42	43	12

QUELLE : DATEN DER BEWILLIGUNGSSTATISTIK

Schaubild II.3.1/1

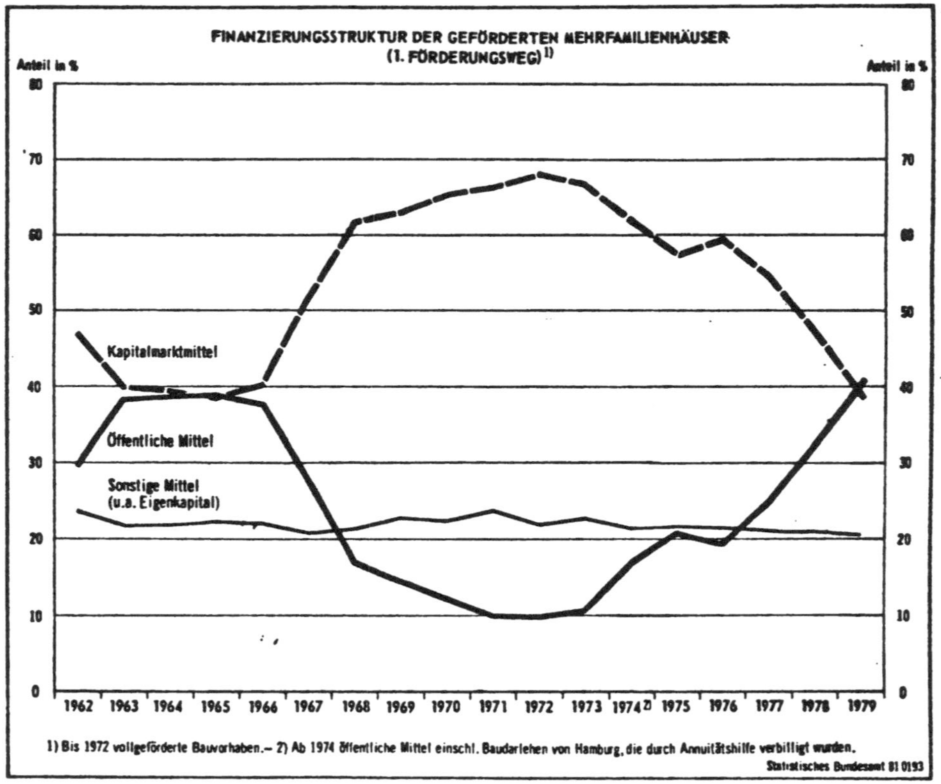

- Ein zusätzliches Problem warf die degressive Staffelung der objektbezogenen Beihilfen auf: Hierdurch wurden Mietsprünge ausgelöst, die oft soweit gingen, daß die entsprechenden Wohnungen plötzlich teurer waren als Sozialwohnungen der neueren Förderungsjahrgänge, teils sogar teurer als freifinanzierte Wohnungen. So ergab sich die Notwendigkeit, die Subventionen für die so geförderten Wohnungen im Nachhinein aufzustocken.

- Ohnedies erwies sich die annuitätsbezogene Förderung hinsichtlich der Haushaltsbelastungen als eine Scheinlösung: zwar war es gelungen, die Auszahlung an Baudarlehen seit 1965 erheblich zu senken, dafür stiegen aber die Zahlungen für objektbezogene Beihilfen drastisch an, weil sie ja für alle vorhergehenden Baujahrgänge kumulativ zu Buche schlugen.

Das letztgenannte Faktum ist aus den Statistiken nicht ohne weiteres ersichtlich, da über die laufenden kassenmäßigen Belastungen der öffentlichen Haushalte nicht berichtet wird. In der Bewilligungsstatistik sind nur die Anfangsraten für jeden Förderungsjahrgang erfaßt, außerdem liegen ausführlichere Daten für die beiden Förderungswege erst ab 1973 vor. Hier sind deshalb Zeitreihen für die Vorjahre ergänzt worden, und es ist zugleich eine Modellrechnung durchgeführt worden, in der die Summe der jährlichen Belastung aus der degressiven Förderung abgeleitet wird[10]. Dabei wird deutlich, daß die laufenden Belastungen aus der degressiven Förderung schon nach wenigen Jahren (um das Jahr 1970) die Höhe der Auszahlungen an Finanzierungsmitteln (Darlehen) eingeholt hatten (Tabellen 2 und 3).

Für den Mietwohnungsbau beliefen sich die Darlehensauszahlungen im Jahre 1965 noch auf etwa 2,2 Mrd. DM, die objektbezogenen Beihilfen waren unbeträchtlich; im Jahre 1970 wurden nur 0,8 Mrd. DM als Darlehen vergeben, die Zahlungen für Beihilfen dürften nahezu gleich hoch gewesen sein; im Jahre 1975 wurden 1,2 Mrd. DM für Darlehen, aber bereits ca. 1,8 Mrd.DM für die gesamten Objektbeihilfen aufgewendet. Die durch die degressive Förderung zu Anfang gewonnene finanzielle Atempause wurde ein Jahrzehnt später zur Altlast. Seit 1975 ist die Kapitalsubvention im

Tabelle II.3.1/2

FINANZIERUNG DES SOZIALEN WOHNUNGSBAUS SEIT 1960
- ANGABEN IN MILL. DM ZU JEWEILIGEN PREISEN -

JAHR	FINANZIERUNGSMITTEL INSGE-SAMT (1)	DARUNTER: KAPITAL-MARKT-M. (2)	DARUNTER: OEFFENTL MITTEL (3)	BUNDES-/LANDESMITTEL INSGE-SAMT (4)	DAVON: 1.F.W. (5)	DAVON: 2.F.W. (6)	OBJEKTBEZ.BEIHILFEN(1.JAHR) INSGE-SAMT (7)	DARUNTER: ANTEIL 1.F.W. (8)	DARUNTER: ZU-SCHUESSE (9)	DARUNTER: AUFW.-DARLEHEN (10)	BEI-HILFEN AUS-ZAHLUNG (11)	AUSZAHL. BUND/ LAENDER INSGES. (12)	DARLE-HENS-RUECK-FLUSS (13)
1960	10177	4476	2534	2500	2500	-	122	122	122	-	120	2620	*
1961	11267	4814	2756	2700	2700	-	122	122	122	-	240	2940	*
1962	12660	5531	3213	2917	2917	-	139	139	139	-	350	3270	*
1963	10923	4214	3421	3129	3129	-	69	69	69	-	390	3520	*
1964	14530	5597	4683	4294	4294	-	98	98	98	-	420	4710	100
1965	13045	5017	4165	3801	3801	-	92	92	92	-	470	4270	100
1966	11450	4550	3300	3073	3023	50	90	71	90	-	470	3540	200
1967	12650	5950	2810	2600	2549	51	165	142	165	-	530	3130	300
1968	13300	7250	1945	1769	1524	245	254	208	254	-	680	2450	400
1969	11400	6400	1460	1283	1157	126	221	202	221	-	780	2060	500
1970	13350	7800	1468	1281	1107	174	311	289	311	-	1030	2310	750
1971	18600	11150	1694	1488	1343	145	533	498	530	3	1410	2900	700
1972	20600	12350	1606	1421	1284	137	545	452	369	176	1850	3270	750
1973	16564	9454	1592	1496	1444	52	374	264	174	200	2080	3580	750
1974	23301	13283	2335	2118	2035	83	601	444	269	332	2450	4570	800
1975	24222	12895	2640	2424	2376	48	645	438	229	416	2900	5320	700
1976	23563	13366	2156	1985	1954	31	523	300	203	320	3250	5240	750
1977	20583	11509	2160	1964	1936	28	425	249	164	261	3330	5290	850
1978	27367	15752	2923	2734	2495	239	414	167	107	307	3390	6120	950
1979	24131	13396	3187	3000	2716	284	346	145	85	261	3440	6440	950
1980	23770	12021	3934	3646	3309	337	318	135	80	238	3300	6950	950
1981	24112	11330	4492	4174	3718	456	339	165	76	263	3180	7350	1700
1982	25491	11673	5369	4812	4347	465	359	161	106	253	3160	7970	2000

(1)-(3) FINANZIERUNGSMITTEL FUER DIE JAHRE 1966 BIS 1972 UM DEN 2.FOERDERUNGSWEG (BEGUENSTIGTER WOHNUNGSBAU) DURCH SCHAETZUNG ERGAENZT.-

(6) DATEN FUER DEN 2.FOERDERUNGSWEG SCHLIESSEN MISCHFOERDERUNG (1.U.2.F.W.) EIN. FUER DIE JAHRE 1966 BIS 1972 SIND NICHT ALLEIN BUNDES-/LANDESMITTEL, SONDERN AUCH GEMEINDEMITTEL AUSGEWIESEN.-

(11) AUSZAHLUNG VON OBJEKTBEZ. BEIHILFEN BEI ANNAHME EINER DEGRESSION UEBER 12 JAHRE BERECHNET.-

(12) BUNDES-/LANDESMITTEL UND OBJEKTBEZ. BEIHILFEN KUMULIERT.-

(13) GESCHAETZT UEBER RUECKFLUESSE BEIM BUND (GEM. 20 II.WOBAUG), WOBEI ABSCHLAEGE ERFORDERLICH SIND, TEILINFORMATIONEN FUER DIE LAENDER UND ANGABEN ZUM DARLEHENSBESTAND.

QUELLE : DATEN DER BEWILLIGUNGSSTATISTIK UND EIGENE BERECHNUNGEN

Tabelle II.3.1/3

FINANZIERUNG DES SOZIALEN WOHNUNGSBAUS SEIT 1960
MIETWOHNUNGEN IN MEHRFAMILIENHAEUSERN
- ANGABEN IN MILL. DM ZU JEWEILIGEN PREISEN -

JAHR	MITTEL AUS OEFFENTL. HAUSHALT	BUNDES-/LANDESMITTEL INSGESAMT	BUNDES-/LANDESMITTEL DAVON: 1.F.W.	BUNDES-/LANDESMITTEL DAVON: 2.F.W.	OBJEKTBEZ. BEIHILFEN (1. JAHR) INSGESAMT	OBJEKTBEZ. BEIHILFEN DAVON: 1.F.W.	OBJEKTBEZ. BEIHILFEN DAVON: 2.F.W.	BEIHILFEN AUSZAHLUNG	AUSZAHL. BUND/LAENDER INSGES.
1960	770	750	750	-	30	30	-	30	780
1961	1300	1250	1250	-	50	50	-	80	1330
1962	1770	1700	1700	-	90	90	-	160	1860
1963	1900	1800	1800	-	40	40	-	190	1990
1964	2580	2400	2400	-	50	50	-	210	2610
1965	2370	2200	2200	-	50	50	-	240	2440
1966	1820	1700	1700	-	40	40	-	240	1940
1967	1630	1550	1550	-	100	100	-	290	1840
1968	920	870	860	10	170	150	20	410	1280
1969	720	675	670	5	145	140	5	480	1160
1970	800	755	750	5	220	210	10	670	1430
1971	880	820	815	5	370	360	10	950	1770
1972	750	710	700	10	350	310	40	1240	1950
1973	900	825	819	6	198	149	49	1350	2180
1974	1220	1138	1120	18	378	324	54	1560	2700
1975	1350	1229	1223	6	349	300	49	1790	3020
1976	930	841	833	8	248	206	42	1930	2770
1977	1150	1019	1014	5	194	169	25	1900	2920
1978	1740	1589	1539	50	146	107	39	1830	3420
1979	1980	1829	1758	71	111	93	18	1780	3610
1980	2660	2413	2303	110	106	90	16	1600	4010
1981	3300	3016	2821	195	148	125	23	1510	4530
1982	4070	3576	3361	215	167	109	58	1480	5060

MITTEL AUS OEFFENTL. HAUSHALTEN FUER DIE JAHRE 1966 BIS 1972 UM DEN 2.FOERDERUNGS WEG DURCH SCHAETZUNG ERGAENZT; ANTEIL VON BUND/LAENDERN EBENFALLS GESCHAETZT.- DATEN FUER DEN 2.FOERDERUNGSWEG SCHLIESSEN MISCHFOERDERUNG (1.U.2.F.W.) EIN.

QUELLE : DATEN DER BEWILLIGUNGSSTATISTIK UND EIGENE BERECHNUNGEN

Mietwohnungsbau wieder verstärkt worden. Dies und das Abtragen der Altlast haben dazu geführt, daß die laufende Belastung von Bund und Ländern für diesen Sektor 1980 den Betrag von 4 Mrd. DM überschritten hat, obgleich die Zahl der geförderten Wohnungen (36 000) nur noch halb so groß gewesen ist wie 1975 (vgl. Tabelle 1 und Tabelle 3).

Die Verminderung der Förderungszahl bei hoher Kapitalsubvention ist aber nicht nur ein Reflex auf die Lehren der Vergangenheit, vielmehr blieb schon deshalb kein anderer Weg offen, weil die effektive Kostenmiete rasant angestiegen ist[11)]. Sie erreichte 1981 die Marke von 20 DM je m^2, während die Bewilligungsmiete bei 5,60 DM gehalten worden ist.

Neben dem Mietwohnungsbau sind auch die Aufwendungen für die Eigentumsförderung seit 1970 kräftig gestiegen. Im engeren Sinne wären dabei nur die vom Bauherrn, bzw. Erwerber selbst genutzten Wohnungen in Ein- und Zweifamilienhäusern und Eigentumswohnanlagen anzusprechen, während vermietete Wohnungen, die bei dieser Förderung mitentstehen, dem öffentlich geförderten Mietwohnungsbau zugeschlagen werden könnten. Die Zahl dieser Wohnungen ist jedoch gering und großteils werden sie auch nicht auf Dauer vermietet[12)], deshalb liegt es nahe, alle geförderten Wohnungen in Eigenheimen unter dem Aspekt Vermögensbildung zu behandeln. Mißt man die Kosten der Förderung wiederum an der haushaltsmäßigen Belastung, die sich aus der Auszahlung von Finanzierungsmitteln und den kumulierten Beihilfen ergibt, so wäre die Größenordnung im Jahre 1970 mit 1 Mrd. DM zu veranschlagen; im Jahre 1975 sind bereits 2,3 Mrd. DM und im Jahre 1980 knapp 3 Mrd. DM aufgewendet worden[13)] (vgl. die Tabellen 2 und 3). Damit blieb dieser Teil der Förderung doch noch deutlich hinter dem für den Mietwohnungssektor (4 Mrd. DM im Jahre 1980) zurück, obwohl ja seit 1976 explizit im Gesetz steht, daß die Förderung des Wohnungsbaus überwiegend der Bildung von Einzeleigentum dienen soll. Diese Vorschrift wird so interpretiert, daß nicht die Zahl der geförderten Wohnungen gemeint sei, sondern daß mehr als die Hälfte der bewilligten Mittel (Finanzierungsmittel und Aufwendungshilfen) der Eigentumsförderung dienen solle[14)]. Auch wenn man nur die neu bewilligten Mittel betrachtet (die Verpflichtungen aus den Vorjahren also unberücksichtigt läßt), ist diese Auflage bisher nur einmal, nämlich im Jahre

1976, erfüllt worden. Zahlenmäßig hielt sich die Eigentumsförderung indes relativ konstant bei 60 000 bis 80 000 Wohnungen pro Jahr und übertraf so den Mietwohnungsbau zunehmend.

Die Eigentumsbildung wird also auf breiterer Basis, aber im Durchschnitt mit geringerer Intensität gefördert. Generell folgt die Förderung zwei Zielgesichtspunkten:

- sie soll den Anstoß zu Erwerbsvorgängen geben, die sonst nicht realisiert worden wären (Anstoßziel),
- die Vermögensverteilung soll zugunsten einkommensschwächerer Haushalte verbessert werden (Verteilungsziel)[15].

Da in den letzten Jahren überwiegend der 2. Förderungsweg beschritten worden ist, ist insoweit das Anstoßziel in den Vordergrund gerückt, denn hier werden durchaus Haushalte mit überdurchschnittlichem Einkommen - allenfalls bisher noch geringem Vermögen - gefördert. Der Grundgedanke war dabei, daß eine Entlastung des Mietwohnungsmarktes über die Freisetzung von Wohnraum erreicht werden könne. Dieser Gedanke greift also eher das Ziel auf, die allgemeine Versorgung mit Wohnraum zu verbessern, wobei es einfach eine Frage der relativen Effizienz und der Breitenwirkung ist, ob die öffentlichen Mittel besser im Mietwohnungssektor oder für Eigentümerwohnungen einzusetzen wären.

Die Tatsache, daß der Einsatz direkter öffentlicher Hilfen bei Eigentümerwohnungen geringer gehalten werden kann, folgt einerseits daraus, daß auf diesem Wege mehr Eigenkapital mobilisiert wird, andererseits daraus, daß der Erwerb ja zugleich durch steuerliche Entlastungen erleichtert wird[16].

Neben die Förderungsmittel i.S. des WoBauG (Baudarlehen, Familienzusatzdarlehen und Aufwendungsbeihilfen) tritt aber häufig eine zusätzliche Förderung, z.B. durch Wohnungsfürsorgemittel, Vor- und Zwischenfinanzierungsdarlehen oder Bürgschaften. Eine besondere Vergünstigung liegt darin, daß bei der vorzeitigen Ablösung der Förderungsdarlehen für Eigenheime und Eigentumswohnungen ein erheblicher Schuldnachlaß gewährt wird. Er entspricht dem Barwert des Zinsvorteils über die Restlaufzeit[17] und erreicht auch nach 10 Jahren oft noch die Größenordnung von

30 bis 50 vH des Darlehnsbetrages. Praktisch wird damit der einmal gewährte Vorteil des zinsgünstigen Darlehens auf Dauer garantiert. Die Sonderregelung wird damit begründet, daß

- die Entschuldung des Eigentums erleichtert, und
- ein Anreiz für den schnelleren Rückfluß öffentlicher Mittel geschaffen werden sollte.

Das zweite Ziel wäre indes ebenso, und zwar gerechter und billiger allein durch Zinsanhebungen zu erreichen gewesen. Dabei hätte man sogar eine Regelung finden können, die dem subjektiven Einkommenszuwachs Rechnung trägt.

In diesem Zusammenhang sind Ergebnisse einer neueren Stichprobenauswertung, die sich auf 2000 Förderungsfälle bezieht, von Interesse. Dabei hat sich nämlich gezeigt, daß die Belastung zumeist einkommensbedingt recht schnell sinkt, während die Förderung demgegenüber auf einen sehr langen Zeitraum zugeschnitten ist[18].

Daneben stellte sich heraus, daß die Förderung zu 50 vH "Mitnehmern" (Haushalten, die ohnehin gebaut hätten) zufließt; regional verteilt sie sich überwiegend auf ländlich/mittelstädtische Gebiete. Insoweit entfällt allerdings die Begründung dieser Förderung als eine Entlastung für angespannte Mietwohnungsmärkte. Schließlich ergab sich noch der Hinweis, daß Beamte offenbar besonders privilegiert sind; das mag daran liegen, daß sie über die gleichzeitige Förderung mit Wohnungsfürsorgemitteln oder Arbeitgeberdarlehen kaum Eigenkapital benötigen.

3.1.3 Die jüngsten Kurskorrekturen und deren Wirkungen

Für den Mietwohnungsbestand sind schon mehrfach die Darlehenszinsen für ältere Baujahrgänge angehoben worden[19]; die letzte einschneidende Anhebung ist mit dem 2. Haushaltsstrukturgesetz von 1981 beschlossen worden, danach können die Zinsen für Darlehen

- aus der Zeit vor 1960 bis zu 8 vH,
- aus der Zeit von 1960 bis 1970 bis zu 6 vH

angehoben werden. Bei dieser Regelung sind auch die Eigentümerwohnungen einbezogen worden, allerdings mit Übergangsfristen, in denen der Ablösungsbonus zunächst noch in voller Höhe, dann begrenzt auf 15 vH gewährt wurde, - für Darlehen, die seit 1970 bewilligt worden sind, besteht die alte Regelung fort.

Die Zinsanhebung von 1982 bewirkt, daß die älteren Darlehen für Mietwohnungen praktisch an Kapitalmarktkonditionen herangeführt werden[20]. Damit sollten Rückzahlungen größeren Umfangs ausgelöst werden, um die nur noch schwer finanzierbaren Neubauprogramme aufstocken zu können. Zugleich war beabsichtigt, größere Teile des Sozialwohnungsbestands in den freien Markt zu überführen. Aus beiden Gesichtspunkten sind mit dem Haushaltsstrukturgesetz auch erhebliche Lockerungen der Mietpreis-und Belegungsbindungen beschlossen worden; sie betreffen a) alle Gemeinden unter 200 000 Einwohnern b) alle Fälle, in denen die Wohnung bei der Rückzahlung fehlbelegt oder nicht vermietet war[21]. Um dem Fehlbelegungsproblem[22] zu begegnen, ist im Zusammenhang mit diesen Maßnahmen ein Gesetz[23] beschlossen worden, daß die Erhebung einer Ausgleichszahlung ermöglicht: Geltungsbereich sind die Gemeinden mit mehr als 300 000 Einwohnern, - betroffen sind Mieter von Sozialwohnungen des 1. Förderungsweges, die die Einkommens-grenzen des WoBauG erheblich überschreiten. Für eigengenutzte Wohnungen in Familienheimen und eigengenutzte Eigentumswohnungen wird -entgegen dem urpsrünglichen Gesetzesentwurf - keine Ausgleichszahlung erhoben.

Die Folgen dieser einschneidenden Maßnahmen sind absehbar:

1. Der Bestand an Mietsozialwohnungen wird zahlenmäßig erheblich schrumpfen. Er belief sich im Jahre 1978 auf etwa 4 Mill. Einheiten gegenüber ca. 10 Mill. freien Mietwohnungen. Eine Erhebung über die vorzeitigen Rückzahlungen von Baudarlehen[24] hat ergeben, daß 1981 bundesweit etwa 60 000 und 1982 über 100 000 Mietwohnungen betroffen waren (die Darlehnsrückflüsse beliefen sich dabei auf ca. 300 Mill. DM im Jahre 1981 und ca. 500 Mill. DM im Jahre 1982). Daneben dürfte der potentielle Abgang infolge normaler Darlehensrückzahlungen in den beiden Jahren mit 20 000 Wohneinheiten zu

beziffern sein[25]. Besonders bemerkenswert ist, daß der Darlehensrückfluß auch in den Jahren vor 1981 nicht unbedeutend war: Rechnet man bloß die Hälfte der Beträge dem Mietwohnungssektor zu, so heißt das, daß jährlich die Mittel für etwa 100 000 Wohneinheiten getilgt worden sind, obwohl damals noch lange Bindungsfristen galten. Indes fallen auch diese Wohnungen unter die Regelung des Haushaltsstrukturgesetzes und werden somit größtenteils von 1983 an aus den Bindungen entlassen[26]. Man muß also annehmen, daß der Bestand an Sozialmietwohnungen bis zum Jahresende um mehrere Hunderttausend Einheiten abgeschmolzen sein wird.

2. Durch die Neubautätigkeit kann die Bestandsverminderung keineswegs ausgeglichen werden. Dennoch darf man nicht übersehen, daß die Förderung zusätzlicher Mietwohnungen ein primäres Ziel der Liberalisierungsaktion ist. Die Hälfte des vorhandenen Bestandes entfällt auf Gemeinden unter 200 000 Einwohnern. Für diesen räumlichen Geltungsbereich können nach Ansicht des Gesetzgebers die Bindungen kurzfristig entfallen, sofern die Länder keine Ausnahmen bestimmt haben. Diese Ermächtigung hing zugleich davon ab, ob der Mietpreisunterschied überhaupt noch eine wesentliche Rolle spielt. Mit den Rückflußmitteln könnte vor allem der Neubau in den Ballungszentren gefördert werden, in denen das Mietenniveau sowohl von den Kostenfaktoren her als auch unter Knappheitsaspekten sehr viel höher ist: In Großstädten sind 1980 als Anfangsmieten für freifinanzierte Wohnungen durchschnittlich 10 DM je m^2 gezahlt worden[27]. Dann ergäbe sich eine stärkere regionale Konzentration und Ausgleichsfunktion des Sozialwohnungsbestandes. Die eingeschlagene Strategie ist allerdings von begrenzter Reichweite, denn im Durchschnitt erbringen erst 20 freigesetzte Wohnungen so viel Förderungsmittel wie sie heute für eine Neubauwohnung benötigt werden.

3. Das Mietenniveau der verbleibenden (und der freigesetzten) Sozialwohnungen wird steigen. Die Rückzahlung betrifft vor allem ältere Förderungsjahrgänge und damit billigere Wohnungen. Soweit diese Wohnungen aber im Bestand bleiben, wirken sich die Zinsanhebungen mietsteigernd aus. Für viele Wohnungsinhaber wird die Fehlbele-

gungsabgabe eine erhebliche Verteuerung bedeuten. Diese Abgabe ist jedoch kein Bestandteil der Miete, sondern sie soll dahin wirken, daß die Wohnungen freigemacht werden, und dann wieder als relativ preiswertes Angebot für Bedürftigere zur Verfügung stehen.

Für den Mietwohnungssektor ist damit das Prinzip des Wohnungsbaus für breite Schichten erheblich eingeschränkt worden, wenngleich auch nicht - wie häufig gefordert - die Konsequenz gezogen worden ist, daß dieser Teil des Wohnungsbaus nur noch auf Problemgruppen zugeschnitten sein sollte. Nach wie vor ist der Kreis der Berechtigten weit gezogen, gilt ein hoher Baustandard, und es verbleiben Anfangsmieten, die auf Normalverdienende und nicht auf Einkommensschwache zugeschnitten sind. Dies wird auch dadurch unterstrichen, daß der Anspruch auf subjektive Hilfen an niedrigere Einkommen gebunden ist und bisher stets eine ergänzende Funktion im Rahmen der staatlichen Wohnungsfürsorge einnahm[28].

3.1.4 Zielkonflikte bestehen fort, Finanzierungsprobleme verschärfen sich

Der eigentliche innere Widerspruch der Wohnungsbauförderung folgt daraus, daß seit Jahren kein ausreichendes Angebot mehr zur Verfügung gestellt werden kann. Viele Haushalte mit mittlerem Einkommen konnten keine Sozialwohnung erhalten - weil Dringlichkeitsfälle bevorzugt zu versorgen waren - ebensowenig Wohngeld, und sofern sie nicht die Schwelle zum Eigentumserwerb überwinden konnten, ging die Förderung an Ihnen völlig vorbei. Die staatlichen Hilfen aus der Objekt- und Subjektförderung konzentrieren sich einerseits auf Haushalte mit geringem Einkommen, andererseits - in Form der Eigentumsförderung - zunehmend auf Haushalte mit überdurchschnittlichem Einkommen, dazwischen bleibt eine Lücke. Viele Haushalte zählen nur auf dem Papier zum Kreis der Begünstigten nach dem II. WoBauG, obwohl sie mit ihrem Lohnsteueraufkommen wahrscheinlich viel zur Finanzierung der Förderung beitragen.

Das Angebot an öffentlich geförderten Wohnungen wird indes wegen zunehmender Kosten- und Finanzierungsprobleme künftig nicht mehr ausgeweitet werden können. Dies läßt sich näher begründen, wenn man die Mietenstruktur und -dynamik betrachtet, die sich aus der bisherigen Förderung ergibt und dagegen eine einfache Projektion der Kostenentwicklung stellt.

Die Übersicht über die Mietenentwicklung zeigt, daß die Kostenmiete für Sozialwohnungen im Bundesdurchschnitt bereits eine Schwelle von 20 DM je m^2 Wohnfläche überschritten hat. Demgegenüber beliefen sich die Bewilligungsmieten für die letzten Baujahrgänge auf 5 bis 6 DM. Dies entspricht etwa auch dem inzwischen erreichten Niveau der Effektivmieten für die Baujahrgänge seit 1965. Der Abbau des degressiven Förderungsanteils und Zinsanhebungen bewirken, daß die älteren Jahrgänge (soweit sie in der Bindung verbleiben) allmählich an ihr Kostenmietenniveau herangeführt werden; z.B. wird dies für die Baujahrgänge 1968/69 etwa im Jahre 1984 der Fall sein[29]. Die Förderung der jüngsten Baujahrgänge ist ebenfalls auf dieses Mietenniveau ausgerichtet, während vor allem die Baujahrgänge von 1971 bis 1976 subventionsbedingt ausscheren. Den überproportionalen Mietsteigerungen wirken die Länder seit einigen Jahren durch Nachsubventionierung entgegen. Über den erforderlichen Finanzaufwand ist bisher wenig bekannt, - in den Jahren 1979 und 1980 lag er bei etwa 300 Mill. DM, bezogen auf 200 000 Wohnungen[30]. Für die jüngeren Jahrgänge (1979 bis 1981), die wieder verstärkt mit Baudarlehen gefördert worden sind, ist der Mietenanstieg über 12 Jahre mit ungefähr 2 DM festgelegt. Daraus läßt sich ableiten, daß das Sozialmietenniveau im Jahre 1990 bei 8 DM je m^2 Wohnfläche liegen wird (vgl. Tabelle 4).

Die Tabelle 5 vermittelt den Zusammenhang zwischen Herstellungskosten je m^2 Wohnfläche, Kostenmiete und dem Subventionsaufwand, der letztlich zur Bewilligungsmiete führt[31]. Schreibt man die Baukosten fort, so kann unter bestimmten Annahmen zum Kapitalmarktzins und zur Finanzierungsstruktur auch der künftige Subventionsaufwand eingegrenzt werden, und zwar unter der Prämisse, daß die durchschnittliche Bewilligungsmiete für neue Förderungsjahrgänge jeweils dem dann erreichten Niveau der Bestandsmieten entsprechen muß.

Tabelle II.3.1/4

MIETENENTWICKLUNG IM SOZIALEN WOHNUNGSBAU

Jahr	KOSTEN-MIETE 1.F.W.	BEWILLIGUNGS-MIETE			ANSTIEG IN 12 JAHREN	DURCHSCHNITTSMIETE DER BAUJAHRG. IM JAHRE		
		1.F.W.	2.F.W.	1.U.2.F.W.		1975	1980	1984
1962	3.40	1.87	*	*	*	*	*	*
1963	3.70	2.00	*	*	*	*	*	*
1964	4.00	2.14	*	*	*	*	*	*
1965	4.70	2.36	*	*	*	4.20	*	*
1966	5.40	2.68	*	*	*	4.40	*	*
1967	5.10	2.96	*	*	*	4.70	5.70	6.40
1968	5.10	2.99	*	*	*	4.80	5.70	6.50
1969	5.30	3.05	*	*	*	4.70	5.60	6.60
1970	6.70	3.12	*	*	*	4.60	5.80	6.70
1971	7.90	3.50	*	*	*	4.70	6.10	7.30
1972	8.70	3.65	*	*	*	4.70	6.30	7.60
1973	10.40	4.07	5.58	4.49	2.20	4.70	6.30	7.40
1974	11.80	4.12	5.99	4.47	2.20	4.70	6.10	7.40
1975	12.20	4.37	5.82	4.67	2.20	*	5.60	7.10
1976	12.30	4.50	6.04	4.91	2.10	-	5.40	6.70
1977	11.90	4.57	5.94	4.82	2.10	-	5.30	6.70
1978	11.60	4.59	6.25	5.00	1.90	-	5.30	6.60
1979	13.70	4.87	6.26	5.07	1.90	-	5.10	6.20
1980	17.20	5.10	7.30	5.39	2.20	-	*	6.20
1981	20.30	5.62	7.55	5.87	2.20	-	-	*
1982	21.50	5.99	8.30	6.43	*	-	-	*

KOSTENMIETE IST DIE MIETE, DIE SICH ERGAEBE, WENN OEFFENTLICHE FOERDERUNGSMITTEL UND SONSTIGE VERGUENSTIGTE DARLEHEN DURCH KAPITALMARKTMITTEL ERSETZT WUERDEN.-
BEWILLIGUNGSMIETE IST DIE ZUGELASSENE ANFANGSMIETE; SIE WIRD DURCH DEN EINSATZ OEFFENTLICHER FOERDERUNGS-MITTEL, SONSTIGER VERBILLIGTER MITTEL UND OEFFENTL. BEIHILFEN, SOWIE AUFWANDSVERZICHTE DER BAUHERRN ERMOEGLICHT.-
DANEBEN IST DER SUBVENTIONSTECHNISCH BEDINGTE ANSTIEG AUSGEWIESEN WORDEN, DER IM DURCHSCHNITT FUER DIE WOHNUNGEN DES BETREFFENDEN BAUJAHRGANGS DURCH DEN ABBAU VON BEIHILFEN FESTGELEGT IST.-
DIE EFFEKTIVEN DURCHSCHNITTSMIETEN IN SPAETEREN STICHJAHREN BASIEREN AUF ANGABEN DER BUNDESLAENDER.

QUELLEN : U.HOFFMANN: ENTWICKLUNG DER KOSTENMIETE IM OEFFENTLICH GEFOERDERTEN SOZIALEN WOHNUNGSBAU SEIT 1962. IN: WISTA 5/1976. DERSELBE: DER MIETWOHNUNGSBAU IM SPIEGEL DER STATISTIK. A.A.O.- BEWILLIGUNGSSTATISTTIK.- WOHNGELD- UND MIETENBERICHTE DER BUNDESREGIERUNG.- EIGENE BERECHNUNGEN.

Tabelle II.3.1/5

ENTWICKLUNG VON KOSTEN, MIETEN UND SUBVENTIONEN IM SOZIALEN MIETWOHNUNGSBAU

	1965	1970	1975	1978	1979	1980	1981	1982	1985	1990
	MIETWOHNUNGEN IN MEHRFAMILIENHAEUSERN 1.FOERDERUNGSWEG								PROJEKTION (11)	
WOHNUNGEN IN 1000	128.8	91.6	57.7	36.9	32.2	31.4	35.2	41.7	30.0	30.0
WOHNFLAECHE 1000 QM	8770	6290	3910	2521	2233	2204	2518	2859	2200	2200
GESAMTKOSTEN (1) JE QM (DM)	700	915	1525	1730	1920	2230	2455	2598	3220	4500
DAVON ABSCHREIBUNGSFAEHIG (2)	650	851	1398	1593	1774	2051	2257	2363	2900	4050
FINANZIERUNGSSTRUKTUR IN %										
KAPITALMARKTMITTEL	39	65	58	47	39	29	30	27	27	27
OEFFENTL. FINANZIERUNGSMITTEL	39	13	21	32	41	48	47	49	50	50
SONSTIGE MITTEL	22	22	21	21	20	23	23	24	23	23
HYPOTHEKENZINS (DURCHSCHNITT) IN %	*	8.6	8.8	6.4	7.7	9.5	11.1	10.0	*	*
PFANDBRIEF- EMMISSIONSRENDITE	7.0	7.5	8.7	6.1	7.5	8.5	10.2	9.0	*	*
ANGENOMMENER DURCHSCHN. ZINS (3)	6.7	7.5	9.0	6.5	7.1	8.2	9.2	9.5	8.5	8.5
KAPITALKOSTEN (4) (IN DM/QM)	44	64	125	106	127	166	200	212	248	346
KAPITALKOSTEN (IN DM/QM MONATL.)	3.65	5.35	10.30	8.85	10.55	13.80	16.60	17.70	20.70	28.90
BEWIRTSCHAFTUNGSKOSTEN	1.10	1.40	2.50	2.75	3.10	3.40	3.70	3.80	4.90	7.00
ABSCHREIBUNG (5)	0.55	0.70	1.15	1.35	1.50	1.70	1.90	2.00	2.40	3.40
SONSTIGE BEWIRTSCH.KOSTEN (6)	0.55	0.70	1.35	1.40	1.60	1.70	1.80	1.80	2.50	3.60
KOSTENMIETE	4.75	6.75	12.80	11.60	13.65	17.20	20.30	21.50	25.60	35.90
VERBILLIGUNG - OEFFENTL.DARLEHEN (7)	1.40	0.70	2.20	2.80	4.30	6.90	8.50	9.50	10.70	15.00
- OBJEKTBEZ. BEIHILFEN (8)	0.50	2.90	6.30	3.55	3.50	3.40	4.10	4.00	7.00	11.00
VERBILLIGTE KOSTENMIETE (9)	2.85	3.15	4.30	5.25	5.85	6.90	7.70	8.00	7.90	9.90
ZUM VERGLEICH:BEWILLIGUNGSMIETE (10)	2.36	3.12	4.37	4.59	4.87	5.10	5.62	6.00	6.80	8.70
MITTEL AUS OEFF.HAUSHALTEN (MILL.DM)	2370	800	1338	1647	1884	2518	3066	3821	3540	4960
DAVON :										
BUNDES-/LANDESMITTEL	*	*	1223	1539	1758	2303	2821	3361	3200	4450
OBJEKTBEZOGENE BEIHILFEN	53	222	300	107	93	90	125	135	190	290
	MIETWOHNUNGEN IN MEHRFAMILIENHAEUSERN 2.F.W. UND 1./2.F.W. GEMISCHT									
WOHNUNGEN IN 1000	-	11.2	15.5	12.9	6.4	5.6	7.4	12.0	10.0	10.0
BUNDES-/LANDESMITTEL (MILL.DM)	-	*	6	51	71	110	195	215	330	450
OBJEKTBEZ. BEIHILFEN (MILL.DM)	-	*	48	38	18	16	23	58	90	150

(1) ANGABEN UEBER KOSTEN UND FINANZIERUNGSSTRUKTUR BEZIEHEN SICH AUF DEN VOLLGEFOERDERTEN REINEN WOHNUNGSBAU.-

(2) GESAMTKOSTEN NACH ABZUG ANTEILIGER GRUNDSTUECKSKOSTEN.-

(3) DIE INVESTOREN WEICHEN HOHEN ZINSEN ZUM TEIL DURCH KREDITVORRAETE AUS, SO DASS EHER EIN GLEITENDER 3-JAHRESDURCHSCHNITT ZUTRIFFT.-

(4) ZINSKOSTEN JE QM WOHNFLAECHE, WOBEI FREMDKAPTITAL (EINSCHL. OEFF. MITTEL) ZUM DURCHSCHNITTSZINS, EIGENKAPITAL BIS 15 VH ZU 4% ZINS, DER UEBERSTEIGENDE BETRAG ZU 6.5% ZINS VERANSCHLAGT WERDEN.-

(5) 1% AFA LAUT II.BERECHNUNGSVERORDNUNG.-

(6) PAUSCHALEN FUER VERWALTUNGS-, BETRIEBS-, INSTANDHALTUNGSKOSTEN UND MIETAUSFALLWAGNIS.-

(7) DIFFERENZ DER ZINSEN FUER OEFFENTL. DARLEHEN (0.5%) ZUM KAPITALMARKTZINS, BEZOGEN AUF DEN ANTEIL OEFF. FINANZIERUNGSMITTEL

(8) AUSZAHLUNGSRATE IM 1.JAHR, BEZOGEN AUF DIE GESAMTWOHNFLAECHE.-

(9) DER ABSTAND ZUR BEWILLIGUNGSMIETE MUSS DURCH AUFWANDSVERZICHT DER BAUHERREN ODER ERHOEHTE BEIHILFEN AUSGEGLICHEN WERDEN.-

(10) ANGABEN DER BEWILLIGUNGSSTATISTIK.-

(11) UNTER DEN ANNAHMEN : DAEMPFUNG DES BAUKOSTENANSTIEGS (VON 8.5 VH IM ZEITRAUM 1970-81 AUF 7 VH BIS 1990), UND DES ANSTIEGS DER BEWIRTSCHAFTUNGSKOSTEN (VON 9 AUF 8 VH), HYPOTHEKENZINS ENTSPRICHT DEM DURCHSCHNITT DER VERGANGENHEIT.

Für Baukosten und anteilige Grundstückskosten sind im Jahre 1981 durchschnittlich 2500 DM je m^2 Wohnfläche aufgewendet worden. Daraus errechnen sich Kapitalkosten von 200 DM im Jahr, bzw. ca. 17 DM je m^2 monatlich[32)], hinzu kommen ungefähr 4 DM als Kosten der Bewirtschaftung. Die Kapitalkosten sind im 1. Förderungsweg durch den Einsatz von knapp 50 vH öffentlicher Mittel um mehr als die Hälfte ermäßigt worden, die zusäztliche Anfangsentlastung durch objektbezogene Beihilfen belief sich auf 4 DM. Indes zeigt sich, daß auch bei diesen Ansätzen im Durchschnitt eine Miete verblieb, die noch deutlich über der vorgegebenen Bewilligungsmiete lag, - man muß also annehmen, daß die Lücke durch zusätzliche verbilligte Finanzierungsmittel[33)] und Aufwandsverzichte der Bauherren[34)] geschlossen worden ist, oder daß die Anfangsmieten in der Schlußabrechnung doch etwas höher ausgefallen sind, als bei der Bewilligung veranschlagt.

Im Zeitraum von 1970 bis 1981 sind die Herstellungskosten je m^2 Wohnfläche im jährlichen Durchschnitt um 8,5 vH gestiegen. Da die Bemühungen um eine Kostendämpfung zuletzt verstärkt worden sind und wohl auch zwangsläufig anhalten werden, ist hier bis zum Jahre 1990 mit einem verminderten Anstieg (7 vH jährlich) gerechnet werden. Beim Zins für Fremdkapital (8,5vH) ist kein Anstieg gegenüber dem bisherigen langfristigen Durchschnitt unterstellt worden, - auch dies erscheint gegenwärtig als eine optimistische Annahme. Unter diesen Vorgaben müßte die Kostenmiete im Jahre 1985 mit 26 DM und im Jahre 1990 mit 36 DM veranschlagt werden[35)]. Wenn auch weiterhin zu 50 vH öffentliche Finanzierungsmittel eingesetzt werden, wird 1985 eine Verbilligung um 11 DM, 1990 um 15 DM erreicht werden. Dabei vergrößert sich der Abstand zur Bewilligungsmiete zunehmend, so daß in entsprechender Höhe Aufwandssubventionen hinzukommen müssen. Wie die Projektion zeigt, wird die Bewilligungsmiete im Jahre 1990 gerade noch reichlich die Bewirtschaftungskosten überdecken, während die Kapitalkosten zu 90 vH durch Subventionen abgefangen werden müßten. Anders ausgedrückt heißt das, daß der öffentlich geförderte Mietwohnungsbau in nicht allzuferner Zeit überwiegend zu einem staatlich finanzierten Mietwohnungsbau privater Bauherren werden wird, wenn keine entscheidenden Eingriffe in das Förderungssystem und das daraus resultierende Mietengefüge erfolgen.

Man kann auch abgreifen, was es kosten würde, wenn ein Förderungsvolumen von jährlich 40 000 Mietsozialwohnungen aufrecht erhalten wird: Die öffentlichen Mittel zur Finanzierung müßten bei einem Anteil der Kapitalsubvention von 50 vH im 1. Förderungsweg im Jahre 1990 etwa 5 Mrd. DM, insgesamt 5,5 Mrd.DM betragen (gegenüber 3,3 Mrd. DM im Jahre 1981); hinzu käme ein Betrag von ca. 2,3 Mrd. DM aus der Lastensubvention, denn die objektbezogenen Beihilfen müßten von Jahr zu Jahr angehoben werden und würden in kumulierter Betrachtung im Jahre 1990 in dieser Höhe als kassenwirksame Zahlungen zu Buche schlagen (für 1981 waren sie im Vergleich dazu mit 1,5 Mrd. DM veranschlagt worden). Insgesamt ergäbe ich also bei etwa gleicher Förderungszahl wie 1981 bis zum Jahre 1990 ein Anstieg der Zahlungen aus öffentlichen Haushalten auf das 1,6-fache. Im Durchschnitt müßten demzufolge die Förderungsmittel jährlich um 6 vH aufgestockt werden. 1982 war der Zuwachs doppelt so hoch. Angesichts der angespannten Finanzlage von Bund und Ländern ist es wahrscheinlich, daß auf längere Sicht Kürzungen vorgenommen werden. Allerdings ergeben sich zur Zeit noch Entlastungen aus dem Darlehensrückfluß, so daß im laufenden und vielleicht auch im kommenden Jahr nochmals mit einem Förderungsvolumen von mehr als 40 000 Wohnungen gerechnet werden kann (Vgl. Tabelle 7).

In der Tabelle 6 sind die Daten zur Eigentumsförderung zusammengestellt worden, um damit den Zusammenhang zwischen Kostenentwicklung und Subventionen auch für diesen Sektor der Förderung zu illustrieren. Das Schema ist an der "Lastenberechnung" ausgerichtet, die sich von der "Wirtschaftlichkeitsberechnung" für Mietwohnungen vor allem dadurch unterscheidet, daß keine Abschreibungskosten, stattdessen aber beim Kapitaldienst die Tilgung berücksichtigt wird[36]. Eine Differenzierung nach Förderungswegen oder nach Eigenheimen und Eigentumswohnungen ist nicht vorgenommen worden, da es hier vor allem darum geht, eine Trenddarstellung für den Entlastungseffekt je m^2 geförderte Wohnfläche zu erlangen. Die Streuung um diesen Gesamtdurchschnitt ist etwas breiter als im Mietwohnungsbau.

Zunächst fällt auf, daß die öffentlichen Mittel zur Finanzierung mit 5 bis 7 vH seit 1975 nur einen geringen Anteil erreichen. Im Jahre 1965 war das

Tabelle II.3.1/6

ENTWICKLUNG VON KOSTEN, LASTEN UND SUBVENTIONEN BEI DER EIGENTUMSFOERDERUNG

	1965	1970	1975	1978	1979	1980	1981	1982	1985	1990
GEFOERDERTE WOHNUNGEN IN EIN- UND ZWEIFAMILIENHAEUSERN (1) (IN 1000)	71.0	52.0	59.9	72.3	60.8	51.1	43.1	36.9	40	40
DAVON :										
VOM GEBAEUDEEIGENTUEMER GENUTZT	57.4	44.5	55.4	69.3	58.3	48.6	39.9	33.0	*	*
GEFOERDERTE EIGENTUMSWOHNUNGEN	7.1	7.3	17.1	11.7	8.5	8.4	6.9	7.2	8	8
WOHNFLAECHE DER EIGENHEIME	6600	5400	6897	8541	7170	5999	5033	4258	*	*
" " EIGENTUMSWOHNUNGEN	500	550	1436	1043	784	767	623	617	*	*
" INSGESAMT (1000 QM)	7100	5950	8333	9584	7954	6766	5656	4875	5500	5500
GESAMTKOSTEN (2) JE QM (DM)	850	1040	1670	2000	2180	2420	2635	2792	3450	4850
FINANZIERUNGSSTRUKTUR (3) IN %										
KAPITALMARKTMITTEL	43	54	53.6	61.0	60.5	57.8	55.1	55.4	55	55
OEFFENTL. FINANZIERUNGSMITTEL	24	11	6.1	4.7	5.7	6.6	6.4	6.8	7	7
SONSTIGE MITTEL	33	35	40.3	34.2	33.8	35.6	38.5	37.8	38	38
BELASTUNG AUS KAPITALDIENST(4) JE QM	33.8	52.0	91.0	100.5	114.8	131.4	149.9	163.9	185.0	260.0
DARUNTER :										
HYPOTHEKARKREDITE	19.7	33.4	65.3	68.6	81.2	97.8	114.0	133.2	*	*
BAUSPARKREDITE	11.0	16.9	24.2	30.5	31.7	33.6	33.4	27.9	*	*
BELASTUNG AUS BEWIRTSCHAFTUNG(5)JE QM	9.4	11.5	17.1	16.3	16.3	16.9	15.4	14.3	19.0	22.0
DARUNTER :										
BETRIEBS- U. INSTANDHALTUNGSKOSTEN	12.0	13.0	14.0	14.6	14.6	15.0	15.0	15.0	17.0	20.0
SALDO : VERWALTUNGSK.,MIETERTRAEGE	-2.6	-1.5	3.1	1.7	1.7	1.9	0.4	-0.7	2.0	2.0
MONATLICHE BELASTUNG JE QM	3.6	5.3	9.0	9.7	10.9	12.3	13.8	14.8	17.0	23.5
DARIN ENTHALTEN :										
ENTLASTUNGSEFFEKT OEFF. DARLEHEN(6)	1.1	0.7	0.7	0.5	0.7	1.0	1.3	1.4	1.4	2.0
ZUSAETZLICH :										
ENTLASTUNG D. OBJ.BEZ. BEIHILFEN(7)	0.2	1.1	2.7	2.3	2.4	2.6	2.8	3.2	4.0	6.5
EFFEKTIVE MONATLICHE BELASTUNG (8)	3.4	4.2	6.3	7.5	8.5	9.8	11.3	11.6	13.0	17.0
ZUM VERGLEICH : BEWILL.-STATISTIK(8)	*	*	6.3	7.6	7.6	9.5	10.7	10.8	*	*
MITTEL AUS OEFF. HAUSHALTEN(MILL.DM)	1450	680	840	900	990	1080	950	920	1140	1600
DAVON :										
BUNDES-/LANDESMITTEL 1.F.W.	*	*	786	726	812	824	727	658	*	*
BUNDES-/LANDESMITTEL 2.F.W.	*	*	32	125	152	187	182	193	*	*
OBJEKTBEZOGENE BEIHILFEN (MILL. DM)	20	80	274	261	229	208	186	187	260	430
DAVON :										
1. FOERDERUNGSWEG	*	*	117	53	45	40	36	48	*	*
2. FOERDERUNGSWEG	*	*	157	208	184	168	150	139	*	*

(1) EINSCHLIESSLICH KLEINSIEDLERSTELLEN.-
(2) ANGABEN FUER DEN VOLLGEFOERDERTEN REINEN WOHNUNGSBAU.-
(3) TEILWEISE GESCHAETZT, DA ANGABEN FUER DEN 2.F.W. NICHT VOLLSTAENDIG AUFGESCHLUESSELT VORLIEGEN.-
(4) ZINS- UND TILGUNGSZAHLUNGEN INSGESAMT, WOBEI DER ENTLASTUNGSEFFEKT OEFFENTL. MITTEL BEREITS EINGESCHLOSSEN IST.-
(5) GESCHAETZT NACH PAUSCHALBETRAEGEN FUER BETRIEBSKOSTEN UND INSTANDHALTUNG; FERNER WURDEN DIE VERWALTUNGSKOSTENPAUSCHALEN FUER EIGENTUMSWOHNUNGEN UND DIE MIETERTRAEGE NICHT EIGENGENUTZTER WOHNUNGEN ALS DURCHSCHNITT AUF DIE GEFOERDERTE WOHNFLAECHE BEZOGEN UND ALS ZU- UND ABSETZUNG BERUECKSICHTIGT.-
(6) ZINS- UND TILGUNGSVORTEIL, GEMESSEN AM HYPOTHEKARKREDIT.-
(7) OBJEKTBEZOGENE BEIHILFEN BEZOGEN AUF DIE GEFOERDERTE WOHNFLAECHE.-
(8) DIFFERENZEN SIND DADURCH ZU ERKLAEREN, DASS IN DEN KAPITALMARKTMITTELN Z.T. BEREITS DURCH ZUSCHUESSE VERBILLIGTE MITTEL ENTHALTEN SIND.

noch anders, da es damals nur den 1. Förderungsweg gab. Auch im Jahre 1970 waren auf diesem Wege noch 30 000 Wohnungen (etwa die Hälfte) intensiv gefördert worden, während in der Folgezeit die Zahl im Verhältnis zum 2. Förderungsweg an Bedeutung verlor (1981 war das Verhältnis 20 zu 80 vH). Der Entlastungseffekt aus den Baudarlehen ist deshalb vergleichsweise von geringerer Bedeutung als der aus den Beihilfen. In der Zeit nach 1975 wies der gesamte durchschnittliche Subventionsbetrag nur geringe Schwankungen auf, - er belief sich auf 3 bis 4 DM je m^2 Wohnfläche und überschritt dieses Niveau erst 1982. Durch die öffentlichen Hilfen ist die Belastung durchschnittlich um 27 vH gesenkt worden, - diese Quote ist in den letzten 5 Jahren praktisch konstant geblieben. Die von den Eigentümern zu tragenden Kosten sind seit 1975 von 6,30 DM je m^2 bis 1981 auf 11 DM je m^2 gestiegen und waren zuletzt 70 vH höher als die durchschnittlichen Mieten im sozialen Wohnungsbau.

Um einen Vergleich zum Mietwohnungssektor zu ermöglichen, ist hier ebenfalls eine Projektion des Finanzaufwands bei konstanter Förderungszahl vorgenommen worden. Dabei ist von 40 000 Wohnungen in Eigenheimen und 8 000 Eigentumswohnungen pro Jahr bei gleichen Annahmen für Baukostenanstieg und Kapitalmarktzins ausgegangen worden. Bei unverändeter Finanzierungsstruktur würde die Belastung je m^2 Wohnfläche von 14 DM (1981) auf 23,50 DM im Jahre 1990 steigen (die Ermäßigung durch Baudarlehen ist dabei bereits einbezogen). Die Minderung der Belastung wird überwiegend durch objektbezogene Beihilfen erfolgen. Fraglich ist, welcher Richtwert für eine tragbare Anfangsbelastung herangezogen werden kann. Hier bietet es sich an, eine Relation zum Niveau der Sozialmieten fortzuschreiben: in den letzten Jahren ergab sich ein durchschnittlicher Betrag, der knapp zweimal so hoch war wie die Bewilligungsmiete im 1. Förderungsweg. Auf 1985 und 1990 übertragen, führt dies zu Werten von 13 DM bzw. 17 DM je m^2 Wohnfläche, - das entspricht einem jährlichen Anstieg um 5 vH. Der Entlastungseffekt durch die öffentlichen Hilfen insgesamt würde dabei von 27 vH auf 33 vH angehoben werden müssen. Für die objektbezogenen Beihilfen bedeutet das einen Anstieg von 190 Mill. DM (1981) auf 430 Mill. DM, gemessen an der ersten Jahresrate pro Förderunsjahrgang. Rechnet man die öffentlichen Finanzierungsmitel hinzu, so müßten im Jahre 1990 rund 2 Mrd. DM aufgewendet werden, während im Jahre 1981 bei gleichem Förderungsvolumen 1,1 Mrd. DM aufgewendet worden sind. Die kumulierten Beträge für objektbezogene Beihilfen werden von 1,7 Mrd. DM auf 2,3 Mrd. DM, die Gesamtausgaben von Bund und Ländern von 2,6 Mrd. DM auf 3,8 Mrd. DM ansteigen (vgl. Tabelle 7).

Betrachtet man die Ergebnisse für den geförderten Wohnungsbau insgesamt, so zeigt sich, daß die Zahlungsverpflichtungen aus der Lastensubvention kräftig anwachsen werden, - das ließe sich nur vermeiden, wenn (anders als in der Projektion) in steigendem Umfang öffentliche Finanzierungsmittel eingesetzt würden; dadurch wird erst recht deutlich, daß auch ein geringes Förderungsvolumen schon mittelfristig auf Grenzen der Finanzierbarkeit stoßen wird.

Tabelle II.3.1/7

ENTWICKLUNG DES FINANZAUFWANDES FUER DEN SOZIALEN WOHNUNGSBAU BEI KONSTANTEM FOERDERUNGSVOLUMEN BIS ZUM JAHRE 1990
- ANGABEN IN MILL. DM -

JAHR	MITTEL AUS OEFFENTL. HAUSHALTEN	BUNDES-/LANDES-MITTEL	OBJEKTBEZOGENE BEIHILFEN 1.JAHR	OBJEKTBEZOGENE BEIHILFEN AUSZAHLUNG	AUSZAHLUNG BUND LAENDER INSGESAMT	ZAHLUNGSVERPFLICHTUNG (4)
	FOERDERUNG DES MIETWOHNUNGSBAUS (1)					
1981	3300	3020	150	1510	4530	5200
1985	3900	3530	280	1530	5060	6200
1990	5500	4900	440	2310	7210	10500
	FOERDERUNG DER EIGENTUMSBILDUNG (2)					
1981	950	910	190	1670	2580	6900
1985	1140	1100	260	1720	2820	6900
1990	1600	1500	430	2300	3800	10200
	GEFOERDERTER WOHNUNGSBAU INSGESAMT (3)					
1981	4250	3930	340	3180	7110	12100
1985	5040	4630	540	3250	7880	13100
1990	7100	6400	870	4610	11010	20700

(1) MIETWOHNUNGEN IN MEHRFAMILIENHAEUSERN OHNE WOHNHEIME.-
(2) WOHNUNGEN IN EIN- UND ZWEIFAMILIENHAEUSERN UND EIGENTUMSWOHNUNGEN.-
(3) OHNE WOHNHEIME.
(4) SUMME DER ZAHLUNGSVERPFLICHTUNGEN AUS OBJEKTBEZ. BEIHILFEN AUF 12 JAHRE FORTGESCHRIEBEN.

QUELLE : EIGENE BERECHNUNGEN.

Außerdem wird deutlich, daß bei den getroffenen Annahmen über Förderungszahlen und - intensitäten keineswegs die Vorschrift erfüllt wird, daß die Mittel überwiegend der Eigentumsbildung dienen sollen, denn die Aufwendungen für den Mietwohnungssektor würden weiterhin fast zwei Drittel der jährlichen Zahlungen ausmachen[37)]. Unter den gegebenen Bedarfsaspekten und Finanzierungsmöglichkeiten erscheint diese Zielsetzung ohnehin fragwürdig.

3.1.5 Ansatzpunkte für eine Verminderung der Subventionsintensität

In der Praxis wird die direkte Wohnungsbauförderung den weitgesteckten Zielen immer weniger gerecht. Das bestehende System läßt als immanente Lösung nur eine ständige Rücknahme des Förderungsvolumens bei steigender Subventionsintensität erkennen. Dadurch verschärfen sich die Versorgungs- und Verteilungskonflikte zunehmend.

Aufgrund der weitgehenden Liberalisierung und des geringen Neubaus wird der Bestand an Mietsozialwohnungen so weit abnehmen, daß er womöglich doch überwiegend nur noch zur Versorgung von Problemgruppen dienen kann. Die Einführung der Fehlbelegungsabgabe für Wohnungen des 1. Förderungsweges ist zwar in dieser Hinsicht konsequent, weil ungerecht fertigte Vorteile abgeschöpft werden und zugleich eine Mobilisierung ausgelöst wird. Der in den Bindungen verbleibende Bestand - der auf Ballungsgebiete und Bedarfsschwerpunkte konzentriert sein wird - wird für viele, vor allem jüngere Haushalte, nur noch eine vorübergehende Versorgungsfunktion übernehmen. Es ist absehbar, daß sich die Sozialwohnungen zu Durchgangsquartieren entwickeln werden, soweit sich dort nicht auf Dauer einkommensmäßig benachteiligte Gruppen sammeln.

So war die Förderung des Mietwohnungsbaus ursprünglich nicht gewollt. Es sollte immer auch eine langfristige Versorgung mit Wohnraum möglich sein, - darauf deutet z.B. die besondere Betonung der staatlichen Fürsorge für junge Familien hin. Man mag einwenden, daß die Förderung der Eigentumsbildung der beste Weg sei, um für viele Haushalte eine Dauerversorgung zu schaffen. In Ballungsgebieten stößt sie jedoch naturgemäß auf Grenzen.

Von den geförderten Mietwohnungen bleiben als schmales, aber unbefristetes Angebot für Normalverdiener die Wohnungen des 2. Förderungsweges. Dabei ist die Förderung so ausgestaltet, daß die anfangs gewährten Mietvorteile automatisch abgebaut werden. Einige Bundesländer haben eine Zwischenform zur Subjektförderung gewählt, bei der die Fortzahlung der Lastensubvention für die Wohnung vom Einkommensnachweis der Mieter abhängig gemacht wird[38)].

Daneben müssen natürlich auch die aus den Bindungen freigesetzten Sozialwohnungen genannt werden, denn sie bleiben ja zunächst weiterhin ein relativ preisgünstiges Angebot. Angesichts der großen Zahl von Wohnungen, die von den jüngsten Liberalisierungsmaßnahmen betroffen sind, muß jedoch gefragt werden, ob die öffentliche Förderung überhaupt effizient gewesen ist. Mit den gewährten Subventionen sind den Bauherrn dieser Wohnungen erhebliche Anfangsverluste erspart worden, die bei freifinanzierten Wohnungen regelmäßig anfallen; indes wiegt die erzielte Mietverbilligung den Subventionswert erst nach längerer Zeit auf[39)]. Wenn die Kostenbindungen bereits kurz nach der Darlehnsrückzahlung entfallen, sind die Bauherren öffentlich geförderter Wohnungen also besser gestellt, als die Bauherren freifinanzierter Wohnungen.

Schon immer war es ein wesentlicher Einwand gegen das Förderungssystem, daß die Vergünstigung unmittelbar die Investoren und nur mittelbar die Mieten betrifft. Offen bleibt, ob die Bindungen für die neueren Förderungsjahrgänge länger aufrechterhalten werden können, als für die jetzt überwiegend zur Freigabe anstehenden Wohnungen aus der Zeit vor 1970, - jedenfalls bietet sich dem Staat eine stärkere Gewähr für dauerhafte Kostenbindungen, wenn er den intensiv geförderten Mietwohnungsbau auf gemeinnützige Wohnungsunternehmen konzentriert. Generell sollte besonders beachtet werden, inwieweit sich bei den Bauherren steuerliche Vergünstigungen und Objektförderung kumulieren. Als Konsequenz könnten von Fall zu Fall höhere Eigenkapitalquoten oder Aufwandsverzichte zur Bedingung gemacht werden[40)].

Angesichts der Situation, daß die Förderung des Mietwohnungsbaus tendenziell immer höhere Subventionen auf engere Zielgruppen lenkt, die

Eigentumsförderung andererseits in den Bedarfsschwerpunkten kaum angenommen wird, müßte ein neuer Weg gesucht werden, der die Kriterien

- langfristige Wohnungsversorgung zu tragbaren Belastungen,
- möglichst hohe Mobilisierung von Eigenkapital,

in einer Weise verbindet, die den Bauproblemen in Großstädten besser gerecht wird. Ansatzpunkte, die in dieser Richtung lagen, haben heute eher historischen Charakter: zu nennen wären der genossenschaftliche Wohnungsbau und der praktisch mißglückte Versuch mit der Wohnbesitzregelung im WoBauG. Jedenfalls bieten sich prinzipiell als Bauform ein verdichteter Wohnungsbau, als Rechtsform ein Dauerwohnrecht an; das Dauerwohnrecht kann dabei anstelle des Eigentumserwerbs treten oder als möglicher Übergang zum Einzeleigentum konzipiert sein. Aus der Sicht der Haushalte dürfte wesentlich sein, daß auf diese Weise eine langfristig gesicherte Wohnungsversorgung mit geringerem Eigenkapital und Belastungen erkauft werden kann als sie beim vollen Eigentumsrecht an Grundstück und Gebäude erforderlich wären.

Die direkte Förderung der Eigentumsbildung sollte insgesamt stärker auf den Gesichtspunkt zugeschnitten werden, daß sie nur eine ergänzende Rolle neben den allgemeinen steuerlichen Entlastungen übernimmt. Dies bietet sich auch insofern an, als die steuerlichen Regelungen für eigengenutzte Wohnungen zur Zeit grundlegend neu konzipiert werden. Da das Steuerrecht nur in begrenztem Maße an sozialen Kriterien - wie z.B. Familiengröße - ausgerichtet werden kann und regionale Differenzierungen praktisch ausschließt, bleibt insofern eine Zusatzförderung begründet.

Die Erfahrungen mit der bisherigen Förderung zeigen, daß gewährte Subventionen in der weitaus überwiegenden Zahl der Fälle zeitlich verkürzt werden könnten. Deshalb liegt es nahe,

- die Gewährung von Baudarlehen einzuschränken und
- stattdessen in größerer Zahl Hilfen durch Bürgschaften und Lastenzuschüsse zu gewähren.

Die Anstoßwirkung kann verbessert und der beträchtliche Mitnahmeeffekt vermindert werden, wenn als Förderungskriterium nicht nur das Einkommen, sondern zugleich Vermögensaspekte berücksichtigt werden: bisher haben Haushalte, die bereits über ein Grundstück oder beträchtliches Eigenkapital verfügen, prinzipiell den gleichen Anspruch wie andere, die die öffentliche Förderung als Starthilfe mehr benötigen. Haushalte, die allein auf das Vorsparen angewiesen sind, erreichen die erforderlichen Beträge oft erst dann, wenn (und weil) sie aus den Einkommensgrenzen herausgewachsen sind.

3.2 Steuerliche Regelungen für den Wohnungsbau

3.2.1 Entlastungswirkungen und Vergünstigungen

Aus dem Steuerrecht ergeben sich für die Investoren im Wohnungsbau vor allem deshalb Entlastungen, weil Abschreibungsbeträge, Schuldzinsen und andere Werbungskosten bei der Einkommens- und Körperschaftssteuer von den Erträgen des Objekts abgesetzt werden können und dadurch, daß die per Saldo auftretenden Verluste mit anderen Einkünften des Bauherrn verrechnet werden und so zu einer Steuerminderung führen.

Geht man vom Begriff der Subventionen oder der Bauförderung aus, so ist umstritten, inwieweit diese Entlastungswirkungen hier einzubeziehen sind. Lange Zeit überwog die Auffassung, daß nur insoweit von Vergünstigungen gesprochen werden könne, als diese im Verhältnis zur Normalbesteuerung gewährt werden. Demzufolge wären der generelle Abzug von Werbungskosten und der Ausgleich von Verlusten mit anderen Einkünften keine Förderungsmaßnahmen. Lediglich

- Steuerbefreiungen (z. B. für gemeinnützige Unternehmen, Körperschaften und Organe),
- Steuerermäßigungen (z. B. bei der Grundsteuer und Grunderwerbssteuer), und
- Steuerentlastungen infolge erhöhter Absetzungen für Abschreibungen (z. B. nach §§ 7 b, 7 V EStG oder § 82 EStDV)

werden als Vergünstigungen bezeichnet. Was die erhöhten Absetzungen betrifft, ist die Auslegung genau genommen noch enger: die in den Anfangsjahren erzielte Steuerermäßigung wird nur als Steuerstundung angesehen, weil sich der Zeitraum für normale Absetzungen verkürzt und damit später höhere steuerpflichtige Erträge anfallen.

Diese Begriffsabgrenzung wird in den Subventionsberichten der Bundesregierung zugrunde gelegt. Neuerdings wird jedoch in den methodischen Erläuterungen auf die Notwendigkeit hingewiesen, den Subventionsbegriff neu zu fassen[41].

Aus der Sicht steuerpflichtiger Investoren sind zweifellos die Anfangsentlastungen - besser gesagt der Saldeneffekt aus Be- und Entlastungen, wie er sich nach der individuellen Einkommenssituation und den Veranlagungskriterien ergibt - für die Realisierung von Bauentscheidungen ausschlaggebend. Tatsache ist, daß sich jede Investition über eine größere Zahl von Jahren steuermindernd auswirkt, - die spätere Phase der Ertragsbesteuerung fällt demgegenüber beim Investorenkalkül häufig noch nicht ins Gewicht. Eine detaillierte Analyse steuerlicher Effekte - ausgehend von diesem subjektiven Entlastungsbegriff - enthält der wohnungspolitische Instrumentenbericht.[42]

Der Begriff "Vergünstigung" ist auch durch die reale Entwicklung relativiert worden: Investitionen für den Eigenbedarf werden steuerlich anders behandelt als Investitionen, mit denen Mietwohnungen geschaffen werden. Der grundsätzliche Unterschied ist, daß beim eigengenutzten Wohnraum ein fiktiver Nutzungswert pauschal festgelegt ist, bis zu dessen Höhe Werbungskosten - neben der AfA nach § 7b - abgezogen werden können, dabei bleibt in der Regel wenig Spielraum für den Abzug von Schuldzinsen (Pauschalbesteuerung gem. §§ 21a, 7 b EStG). Bei vermietetem Wohnraum werden hingegen die tatsächlichen Erträge besteuert, wobei alle Werbungskosten (Abschreibung, Schuldzinsen und Bewirtschaftungskosten, soweit diese nicht durch die Mieten gedeckt sind) abgesetzt werden können (Normalbesteuerung gem. §§ 21, 7 V EStG). Ursprünglich war die Pauschalbesteuerung des eigengenutzten Wohnraums eine besondere Vergünstigung , da der Bauherr wegen der hohen Abschreibungsbeträge in den ersten Jahren entsprechende Verluste erzielte, die sein steuerpflichtiges Gesamteinkommen nach unten drückten. Im Zuge des Baukostenanstieges, der mehr und mehr Fremdfinanzierung erzwang, schwand der relative Vorteil gegenüber der Normalbesteuerung und kehrte sich um, als für Mietwohngebäude die degressive Abschreibung wieder eingeführt wurde[43]. Durch die neuerliche Anhebung der Abschreibungssätze nach

§ 7 V EStG (gemäß Artikel 26 des 2. Haushaltsstrukturgesetzes) ist sogar der diesbezügliche Vorteil nach § 7b entfallen; ein teilweiser Ausgleich ist mit der Anhebung der Abschreibungsgrenzen - im Rahmen des § 7b werden die Anschaffungs- oder Herstellungskosten nur bis zu bestimmten Höchstbeträgen berücksichtigt - und einem begrenzten Schuldzinsenabzug geschaffen worden.

Auch dieser Aspekt legt es nahe, nicht allein die so definierten Steuervergünstigungen zu betrachten, sondern stattdessen generell die steuerlichen Entlastungswirkungen im Hinblick auf

- die Struktur der Bauentscheidungen und
- die Größenordnung im Rahmen des Staatshaushalts

zu untersuchen.

3.2.2 Steuerentlastungen nach Investorengruppen

Eine Analyse der Wirkungen des Steuerrechts und der direkten Finanzhilfen nach Investorengruppen ist vom DIW bereits vor einiger Zeit vorgelegt worden[44]. Dabei sind die Modellansätze des Instrumentenberichts anhand des Mengengerüsts eines Baujahrgangs zu einer quantitativen Schätzung der Entlastungswirkungen zusammengeführt worden. Die Ergebnisse, die als Barwertschätzungen zusammengefaßt sind, können in diesem Zusammenhang verwendet werden. Besonders hervorzuheben ist, daß die Entlastungswirkungen des Einkommensteuerrechts für einen Neubaujahrgang wesentlich höher sind als die direkten Hilfen aus der Programmförderung von Bund und Ländern[45].

In der Tabelle 1 sind die Effekte der Finanzhilfen und des Steuerrechts (nach dem Stand von 1982) zusammengefaßt und mit den Bauleistungen des Jahres 1980 gewichtet worden: Die direkten Hilfen schlugen sich im Barwert der Zins- und Tilgungsvorteile mit 5 Mrd. DM nieder, während der Barwert der steuerlichen Entlastungen mit 17 Mrd. DM zu beziffern ist; dieser Betrag erhöht sich um 1.4 Mrd. DM, wenn der begrenzte Schuldzinsenabzug für eigengenutzte Neubauten einbezogen wird, der ab 1983 gewährt wird.

Tabelle II.3.2/1

Wohnungsbauleistung und fiskalischer Aufwand

Wohnungsneubau nach Investoren und Finanzierungsart	Wohnungen in 1000	Wohnfläche Mill.m²	Bauvolumen Mrd.DM	Fiskal. Aufwand	davon: direkte Förderung Mrd.DM	davon: Steuerentlastung	Fiskal.Aufwand bezogen auf Bauvolumen vH	Fiskal.Aufwand bezogen auf Wohnfläche DM/m²
1. Eigengenutzter Wohnraum 1a)	177,8	22,25	53,52	10,47 (11,85)	2,16	8,31 (9,69)	20	470
pauschalbesteuert 1) /öffentl.geförd.	44,9	5,21	12,67	3,21 (3,61)	1,77	1,44 (1,84)	25 (29)	620 (690)
" /freifinanziert	108,6	14,00	33,52	4,87 (5,85)	-	4,87 (5,85)	15 (18)	350 (420)
normalbesteuert 2) /öffentl.geförd.	10,7	1,28	3,04	1,05	0,39	0,66	35	820
" /freifinanziert	13,6	1,76	4,29	1,34	-	1,34	31	760
2. Vermieteter Wohnraum/Private Haushalte 3)	97,0	7,90	17,09	7,12	0,59	6,53	42	910
Eigenheime u. Eig.-Wo./öffentl.geförd.	1,8	0,14	0,29	0,12	0,04	0,08	41	860
" /freifinanziert	71,8	6,08	13,90	5,50	-	5,50	40	900
davon: Bauherrengemeinschaften	21,0	1,70	4,50	2,42	-	2,42	54	1420
Einzelinvestoren	50,8	4,38	9,40	3,08	-	3,08	33	700
Mietwohngebäude /öffentl.geförd.	8,6	0,60	1,12	0,83	0,55	0,28	74	1380
" /freifinanziert	14,8	1,08	1,78	0,67	-	0,67	38	620
3. Vermieteter Wohnraum/Unternehmen	58,2	4,54	9,06	4,65	2,23	2,42	51	1020
Eigenheime u. Eig.-Wo./freifinanziert	17,9	1,69	3,57	1,58	-	1,58	44	930
Mietwohngebäude /öffentl.geförd.	26,7	1,97	4,13	2,46 4)	2,23	0,23 4)	60	1250
" /freifinanziert 5)	13,6	0,88	1,36	0,61	-	0,61	45	690
Wohnungsneubau insgesamt	333,0	34,69	79,67	22,24 (23,62)	4,98	17,26 (18,64)	28 (30)	640 (680)

1) Einfamilienhäuser (einschließlich unechte Zweifamilienhäuser) und Eigentumswohnungen.
1a) Angaben in Klammern: einschließlich begrenzter Schuldzinsenabzug.
2) Fast ausschließlich Zweifamlienhäuser.
3) Einschließlich Bauherrengemeinschaften.
4) Hinzuzurechnen wäre der Steuerverzicht aufgrund der Befreiung Gemeinnütziger Wohnungsunternehmen.
5) Ohne die freifinanzierten Mietwohnungen gemeinnütziger Unternehmen (6700 Wohnungen).

Die steuerlichen Entlastungswirkungen sind beim pauschalbesteuerten Wohnraum relativ gering; gemessen an den Herstellungskosten beträgt ihr Gegenwert etwa 15 vH. Durch das Zusammenwirken mit der direkten Eigentumsförderung ergeben sich aber für die Bauherren teilweise Entlastungswirkungen von 25 vH und mehr. Ein Teil der eigengenutzten Wohnungen unterliegt der Normalbesteuerung[46]; hierbei ergeben sich wesentlich höhere steuerliche Absetzungen.

Seit Jahren sind deshalb viele Bauherren auf gemischt genutzte Objekte (teilvermietete, bzw. voll eigengenutzte Zweifamilienhäuser) ausgewichen, die der Normalbesteuerung unterliegen, denn dabei ist der Entlastungseffekt doppelt so hoch. Auch der begrenzte Schuldzinsenabzug für eigengenutzte Neubauten und die Änderung der Zweifamilienhausbesteue rung werden diese Tendenz nur wenig beeinflussen, denn der Vorteil der Normalbesteuerung bleibt beträchtlich.

Die Ausdehnung der Einfamilienhausbesteuerung auf die sogenannten unechten Zweifamilienhäuser war insofern eine unzulängliche Maßnahme. Finanzkräftigere Bauherren haben auch in Zukunft die Möglichkeit, durch die Mehrinvestition für eine kleine Einliegerwohnung für ihren eigengenutzten Wohnraum wahlweise die Normalbesteuerung zu erlangen; hinsichtlich der steuerpflichtigen Erträge aus Mieteinnahmen bleibt ihnen eine weitgehende Gestaltungsmöglichkeit, z. B. über Gefälligkeitsvermietung an Verwandte oder Eigenvermietung von Gewerberäumen. Weiterhin ist die spätere Artfortschreibung zum Einfamilienhaus möglich, die bei fortschreitender Entschuldung vorteilhaft wird.

Die Diskrepanz in der steuerlichen Behandlung des eigengenutzten und des vermieteten Wohnraums steht derzeit im Mittelpunkt der wohnungspolitischen Diskussion. Die verbesserten Abschreibungsmöglichkeiten und der volle Werbungskostenabzug im Rahmen der Normalbesteuerung stellen eine notwendige Stütze für den Mietwohnungsbau dar, zumal Kostenmieten und erzielbare Marktmieten weiter auseinanderscheren. Da es sich bei Mietobjekten unstrittig um Investitionsgüter handelt, können die Absetzungen generell kaum eingeschränkt werden, sondern es sind eher Nebenregelungen denkbar, um Mißbrauch auszuschließen. Der eigengenutzte

Wohnraum dient dagegen Konsumzwecken, wobei die Begünstigung des Erwerbs vermögenspolitisch begründet wird. Aus dieser Sicht ist es durchaus logisch, wenn Eigennutzer eine geringere Entlastung erfahren.

Da eine Neukonzipierung der Steuerrechtsvorschriften geplant ist, wird es für die Haushaltspolitik zu einer entscheidenden Frage, inwieweit die relative Benachteiligung des eigengenutzten pauschalbesteuerten Wohnraums ausgeglichen werden soll. Zwar gibt es gute Argumente für eine steuerliche Gleichbehandlung als Investitionsgut, - vor allem würden dann Anreiz und Möglichkeiten zur Umgehung genommen. Angesichts der hohen Zahl von Neubauten und Erwerbsvorgänge in diesem Bereich würde das aber eine Ausweitung des fiskalischen Aufwands nach sich ziehen, die nur durch eine hohe Ertragsbesteuerung des vorhandenen Bestandes und die Besteuerung von Veräußerungsgewinnen ausgeglichen werden könnte. Auch die Überlegungen für eine Besserstellung der Eigennutzer ohne derartige einschneidende systematische Änderungen erfordern eine Kappung von Steuervorteilen an anderer Stelle.

Betrachtet man das zahlenmäßige <u>Neubauangebot an Mietwohnraum</u> (162 000 Wohnungen im Jahre 1980), so ist eine bemerkenswerte Tatsache, daß nur der kleinere Teil (70 000 Wohnungen in Mehrfamilienhäusern) auf den Mietwohnungsbau im engeren Sinne entfällt. Überwiegend handelt es sich um vermietete Eigentumswohnungen und Wohnungen in Eigenheimen. Zu dieser Entwicklung hat vor allem auch die Begünstigung der Bauherrenmodelle beigtragen. Durch Rechtsentscheide der Finanzgerichtsbarkeit, die eine sehr weitgehende Auslegung des Bauherrenbegriffs - und im Zusammenhang damit der Werbungskosten - schufen, haben diese seit 1977 einen beträchtlichen Marktanteil erobert[47)]. Bei geringem Eigenkapitaleinsatz werden hierbei systematisch steuerliche Verluste geschaffen, die zu besonders hohen Entlastungseffekten führen. Nach den vorliegenden Berechnungen sind es im Durchschnitt 50 bis 60 vH der Herstellungskosten gegenüber 33 bis 38 vH bei normalen freifinanzierten Mietwohnungen, wobei noch beachtet werden muß, daß die Bau- und Baunebenkosten im Verhältnis zur geschaffenen Wohnfläche ebenfalls deutlich höher ausfallen. In dieser Relation ist der fiskalische Aufwand noch größer als beim intensiv geförderten sozialen Wohnungsbau.

Viele der in den letzten Jahren entstandenen Mietwohnungen sind prädestiniert, später an Eigennutzer veräußert zu werden. Zu folgern ist, daß das geltende Steuerrecht dazu beiträgt, daß Abschreibungsketten entstehen. Für eigengenutzte Wohnungen und solche Mietwohngebäude, die unter langfristigem Ertragsaspekt gebaut und bewirtschaftet werden, fallen normalerweise nur einmal hohe Abschreibungen und Schuldzinsen an. Wohnungen, die von vornherein mehr im Hinblick auf Steuervorteile und Veräußerungsgewinne gebaut werden, sind für den Staat besonders teuer, weil ein- und dasselbe Objekt mehrmals die Phase hoher Abschreibungen durchläuft.

Problematische Wirkungen der steuerlichen Regelungen für den Wohnungsneubau ergeben sich in zwei Richtungen:

- Einerseits hat sich ein zweiter Weg des Mietwohnungsbaus etabliert, der die langfristige Kapitalanlage auf diesem Sektor verdrängt. So entstehen Mietobjekte zu unnötig hohen Kosten, die zwar in den ersten Jahren unter Umständen dennoch preiswerter angeboten werden als normal kalkulierte Mietwohnbauten, später aber zwangsläufig einen stärkeren Mietenanstieg erfordern. Den beteiligten Einzelbauherren dürfte dabei das längerfristige Vermietungsrisiko häufig unklar sein, oder sie rechnen mit einer Veräußerung an Eigennutzer.
- Andererseits kann eine zunehmende Tendenz dahingehend beobachtet werden, daß private Haushalte Zweitwohnungen als Eigentum erwerben, für einige Jahre aber die Steuervorteile aus Vermietung nutzen, bevor sie selbst diese Wohnung beziehen. Dabei ist die Zweifamilienhauslösung nur einer der möglichen Wege. Auch Bauherren- und Erwerber-Angebote beachten diese Richtung. Bemerkenswert ist, daß der Bautätigkeitsstatistik für 1980 bis 1982 zufolge 30 vH der Privatpersonen als Bauherren von Einfamilienhäusern angegeben hatten, daß sie keine Eigennutzung beabsichtigen.

Beide Entwicklungen überschneiden sich darin, daß Bauwerke und Rechtskonstruktionen, die in Affinität zum Einzeleigentum stehen, als Mietwohnungsangebot in Erscheinung treten und die dafür geschaffenen besonderen Steuerbegünstigungen nutzen. Aus wohnungspolitischer Sicht sind aber erhebliche Zweifel angebracht, ob dieses Angebot auch nur in Teilen langfristig am Markt zur Verfügung stehen wird. Aus finanzpolitischer Sicht ist zu bedenken, daß so einerseits die Pauschalbesteuerung - die ja in der Entschuldungsphase nachteilig ist - umgangen wird, andererseits die Besteuerung positiver Erträge aus Vermietung und Verpachtung, indem viele Wohnungen dann eher veräußert und vom Erwerber nochmals abgeschrieben werden[48].

Die steuerlichen Regelungen bestimmen nicht nur die Struktur der Bauentscheidungen im Neubau, sondern sie hatten in den letzten Jahren auch wesentlichen Einfluß auf die Investitionen im Wohnungsbestand. Die erhebliche Ausweitung der Bauleistungen für Modernisierung und Instand setzung geht zum Teil auf Förderprogramme des Bundes und der Länder zurück, die direkte Hilfen und spezielle Steuervergünstigungen beinhalten. Ein wesentlicher Anreiz ist jedoch auch von der Ausdehnung des § 7b EStG auf Erwerbsfälle im Bestand ausgegangen, denn diese Regelung ermöglicht es den Investoren, die geschaffenen Wertsteigerungen auch am Markt zu realisieren. Der Anstieg der Immobilienpreise und -umsätze deutet indes darauf hin, daß daneben noch erhebliche Umwandlungsgewinne entstehen. Insofern wird das wesentliche Ziel der 7b-Regelung für Altbauten, nämlich die Erwerber besonders zu begünstigen, teilweise konterkariert, denn ohne diese Regelung wäre das Preisniveau vermutlich niedriger.

Neben den spezifischen steuerlichen Regelungen wirken sich auch die Steuerbefreiungen für gemeinnützige Wohnungsunternehmen, Organisationen und Organe der staatlichen Wohnungspolitik auf die Struktur der Wohnungsbautätigkeit aus. Die Frage nach der Berechtigung dieser Steuerbefreiungen und den Vor- und Nachteilen, die sich im Zusammenhang mit den daneben bestehenden besonderen Verpflichtungen und Bindungen für die gemeinnützige Wohnungswirtschaft ergeben, kann hier nicht diskutiert werden, denn sie betrifft einen äußerst vielschichtigen Komplex. Mit der Prüfung ist gegenwärtig eine Expertenkommission von Bund und Ländern befaßt. Den Anlaß bildeten Gesetzesentwürfe der früheren Bundesregierung und des Bundesrates, die auf Änderungen des Gemeinnützigkeitsrechts zielten. Hier sollen nur einige Aspekte hervorgehoben werden:

Beim Bau von Mietwohnungen für den selbst bewirtschafteten Bestand gemeinnütziger Unternehmen wirkt sich die Befreiung von der Körperschaftssteuer zunächst eher nachteilig aus, da keinerlei Absetzungen in Anspruch genommen werden können. Die Finanzierung erfolgt also voll aus dem Ertrag vorhandener Bauten, der allerdings nicht durch Steuern geschmälert wird. Für Erträge, die nicht kurzfristig zum Bau verwendet werden, besteht gegenüber der Begünstigung ein Äquivalent aus den speziellen Vermögensbindungen; im übrigen kann eine Thesaurierung vor allem mit den Vorschriften zur Baupflicht verhindert werden.

Soweit die Bautätigkeit auf Sozialwohnungen gerichtet ist, ergeben sich für den Staat aus der Steuerbefreiung sogar Vorteile, weil neben den eingesetzten öffentlichen Förderungsmitteln keine zusätzlichen Steuerausfälle entstehen und weil die Kostenbindung über das Gemeinnützigkeitsgesetz jedenfalls langfristig garantiert ist.

Gewisse Wettbewerbsvorteile entstehen für die gemeinnützigen Unternehmen im Bauträgergeschäft (Erstellung von Vorratsbauten auf eigene Rechnung zum Verkauf an Dritte), weil keine Belastung durch Gewerbesteuer anfällt und daneben der Wertzuwachs der Grundstücke bis zum Verkauf und andere Veräußerungsgewinne unbesteuert bleiben[49)]. Tatsächlich weist die Bautätigkeit hier einen Schwerpunkt aus. In den letzten Jahren entfiel etwa die Hälfte der Fertigstellungen auf Wohnungen für die Eigentumsbildung Dritter, wertmäßig waren es etwa 60vH des Neubauvolumens der Gemeinnützigen[50)]. Allerdings muß auch für diesen Geschäftsbereich berücksichtigt werden, daß die Steuerbefreiung zum großen Teil eine Begünstigung der Erwerber darstellt, und daß es eine tradierte Aufgabe der Gemeinnützigen ist, zur Eigentumsbildung von Bevölkerungsschichten mit mittlerem Einkommen beizutragen. Die gesetzliche Vorschrift (Bau von Kleinwohnungen) müßte indes präzisiert werden.

3.2.3 Steuerentlastungen und Staatshaushalt

3.2.3.1 Entwicklung der Einkommensteuer im Zusammenhang mit dem Wohnungsbau

Im Staatshaushalt schlagen die steuerlichen Effekte aus der Behandlung wohnungswirtschaftlicher Investitionen - im Gegensatz zu direkten Hilfen - auf der Einnahmenseite und zwar bereits als Nettoergebnis zubuche. Dabei handelt es sich um einen Negativbetrag bei der Einkommen- und Körperschaftsteuer, der jedoch als solcher ebenfalls nicht in Erscheinung tritt, da er stets mit dem übrigen positiven Steueraufkommen saldiert ist. Eine politische Erfolgskontrolle der steuerlichen Instrumente ist somit praktisch kaum möglich.[51)]

Detailliertere Informationen sind letztlich nur der Einkommensteuerstatistik zu entnehmen. Die letzten verfügbaren Daten betreffen dabei allerdings das Jahr 1977 (neuere Ergebnisse für das Jahr 1980 werden erst 1984 vorliegen). Damals wurde die Summe aller positiven Einkünfte aus Vermietung und Verpachtung bei natürlichen Personen mit knapp 10 Mrd. DM festgestellt[52)]; demgegenüber beliefen sich alle Verluste, die auf diese Einkunftsart zurückgehen und mit mit anderen Einkünften ausgeglichen worden sind, auf etwa 17 Mrd. DM (vgl. Tabelle 2). Anzumerken ist, daß sich dieses Ergebnis nicht ausschließlich auf den Wohnungsbestand der natürlichen Personen (18 Mill. Wohnungen) bezieht, sondern auch deren vermietete Gewerberäume einschließt. Über den Wohnungsbestand steuerpflichtiger juristischer Personen (1 Mill. Wohnungen) liegen keine ausreichend differenzierten Angaben vor. In der Körperschaftsteuerstatistik ist nur der Gesamtbereich "Grundstücks- und Wohnungswesen, Vermögensverwaltung" mit einem Steueraufkommen von 1,2 Mrd. DM ausgewiesen; vermutlich ist nur ein Teil dieses Betrages dem unternehmerischen Wohnungssektor zuzurechnen. Jedenfalls steht fest, daß die Steuererträge aus dem gesamten Wohnungsbestand geringer sind, als die Verluste, die ja im wesentlichen nur auf Neubauten aus der Zeit nach 1960 zu beziehen wären. Von allen Verlusten, die zwischen den Einkunftsarten ausgeglichen worden sind, entfallen 90 vH auf Vermietung und Verpachtung.

Tabelle II.3.2/2

EINKUENFTE NATUERLICHER PERSONEN AUS VERMIETUNG UND VERPACHTUNG IM JAHRE 1977

ART DER EINKUENFTE	UNBESCHRAENKT STEUERPFLICHTIGE		LOHNSTEUER-PFLICHTIGE (1)		UNBESCHR. STEUERPFL. NACH UEBERWIEGENDER EINKUNFTSART				
	FAELLE IN 1000	EIN-KUENFTE MRD.DM	FAELLE IN 1000	EIN-KUENFTE MRD.DM	STEUER-PFLICHT. IN 1000	EINKUENFTE SUMME(2) MRD.DM	EINKUENFTE GESAMT-BETR.(3)	EIN-KOMMEN MRD.DM	EINK.-STEUER MRD.DM
LAND- U. FORSTWIRTSCHAFT	238	3.9	106	0.9	110	3.7	3.4	2.5	0.6
GEWERBEBETRIEB	1642	80.1	928	41.5	1192	87.2	83.9	73.4	26.8
SELBSTAENDIGE ARBEIT	563	25.7	430	14.7	214	26.4	24.2	21.4	8.4
NICHTSELBSTAENDIGE ARBEIT	6617	241.5	6684	241.5	5833	243.2	228.6	192.0	44.4
KAPITALVERMOEGEN	1343	7.9	903	4.4	123	4.3	3.9	3.4	1.2
VERMIETUNG U.VERPACHTUNG(5)	1633	9.8	1064	4.4	271	6.6	6.0	4.9	1.2
SONSTIGE EINKUENFTE	1468	4.3	945	2.7	235	1.8	1.6	1.2	0.1
SUMME	13266	373.2	11060	310.1	7978	373.2	351.6	298.8	82.7
HINZUZURECHN. BETRAEGE (4)	1	0.1	‡	‡					
ABZUSETZENDE " (4)	1150	2.8	‡	‡					
AUSGEGLICHENE VERLUSTE	3176	18.9	2933	16.8					
DARUNTER AUS									
VERMIETUNG U.VERPACHTUNG(6)	‡ .	(17.0)	2756	15.4					
STEUERPFLICHTIGE UND GESAMTBETRAG DER EINKUENFTE (3)	STEUER-PLICHT.	GESAMT-BETRAG	STEUER-PFLICHT.	GESAMT-BETRAG					
	7978	351.6	6684	292.1					
VERLUSTFAELLE (7)	242	-2.0	‡	‡					

(1) ZUR EINKOMMENSTEUER VERANLAGTE LOHNSTEUERPFLICHTIGE
(2) SUMME DER EINKUENFTE I.S. DES § 2, ABS.1, ZIFF.1-7 ESTG
(3) GESAMTBETRAG I.S. DES § 2, ABS.3 ESTG
(4) VGL. TABELLE 2.6 DER EINKOMMENSSTEUERSTATISTIK
(5) FAELLE, IN DENEN EIN UEBERSCHUSS DER EINNAHMEN UEBER DIE WERBUNGSKOSTEN BESTEHT
(6) FAELLE, IN DENEN DIE WERBUNGSKOSTEN HOEHER SIND ALS DIE EINNAHMEN
(7) FAELLE, IN DENEN DIE VERANLAGUNG EIN NEGATIVES EINKOMMEN ERGAB.

QUELLE : ERGEBNISSE DER EINKOMMENSTEUERSTATISTIK 1977.

Ein ähnliches Bild zeigte auch schon die Einkommensteuerstatistik für das Jahr 1974: Damals sind für diejenigen Haushalte mit Einnahmenüberschuß aus Vermietung und Verpachtung Einkünfte im Gesamtbetrag von 8.1 Mrd. DM ermittelt worden, während die verrechneten Verluste aus dieser Einkunftsart etwa 14 Mrd. DM betragen haben (davon entfielen 12.3 Mrd. DM auf die veranlagten Lohnsteuerpflichtigen). Betrachtet man die Veränderungsgrößen, so zeigt sich, daß die positiven Erträge in den drei Jahren um 1.7 Mrd. DM, die Verluste aber zugleich um 3 Mrd. DM zugenommen haben.

Es gibt zwingende Argumente dafür, daß die Verluste aus Vermietung und Verpachtung seit 1977 noch sehr viel stärker angewachsen sind, als die positiven Erträge:

- Im Jahre 1977 sind mehrere Gesetze beschlossen worden, die eine Ausweitung der steuerlichen Absetzungsmöglichkeiten bedeuten. Zu nennen sind: die Wiedereinführung der degressiven Abschreibung für Mietwohngebäude, die Ausdehnung der Abschreibungen nach § 7b auf Altbauten, die Abschreibungsvergünstigungen für Wohnungsmodernisierung und energiesparende Investitionen.
- Außerdem haben sich seit 1977 die Beteiligungsmodelle im Wohnungsbau etabliert; bei dieser Art der Baufinanzierung fallen vor allem hohe Werbungskosten in der Bauphase und ein hoher Schuldzinsenabzug an.
- Hervorzuheben ist auch, daß der Kapitalmarktzins im Jahre 1977 recht niedrig war, in der Folgezeit aber stark gestiegen ist. Dement sprechend müssen die Beträge für den Schuldzinsenabzug generell erheblich zugenommen haben.
- Schließlich sind im Jahre 1982 die degressiven Abschreibungssätze gemäß § 7V EStG nochmals angehoben worden; hinzu kam die Anhebung der Abschreibungshöchstbeträge und die sogenannte Kinderkomponente beim § 7b und letztlich noch der befristete Schuldzinsenabzug.

In welchem Umfang sich alle diese Maßnahmen ausgewirkt haben bzw. auswirken werden, ist schwer zu beurteilen. Im Prinzip laufen sie allesamt darauf hinaus, daß die Werbungskosten bei der Einkunftsart

Vermietung und Verpachtung stark ausgeweitet werden und damit zugleich die jährlichen Verluste, die im Gesamtbetrag der Einkünfte verrechnet werden und so zu einer Minderung des Steueraufkommens führen. Dies gilt umso mehr, als die Erträge aus Vermietung und Verpachtung tendenziell nur wenig steigen:

- Die Erträge aus der Pauschalbesteuerung eigengenutzter Wohnungen, die aus der Phase degressiver Abschreibungen herausgewachsen sind, sind sehr gering und es gibt praktisch auch keinen Zuwachs.[53)]
- Nur der Mietenanstieg im Bestand und die Zahl der Mietwohnungen, die aus der Verlustzone herauswachsen, bewirken eine Zunahme der Einkünfte bei Steuerfällen mit Einnahmenüberschuß aus Vermietung und Verpachtung. Dabei ist aber immer noch zu berücksichtigen, daß vor allem jene Steuerpflichtigen, für die diese Einkünfte nicht die einzige Erwerbsquelle darstellen, zunehmend Wertverbesserungen vornehmen und entsprechende Absetzungsmöglichkeiten nutzen.
- Der Umsatz älterer Gebäude und Wohnungen ist in den letzten Jahren stärker gestiegen[54)], - dadurch verminderte sich der Basisbestand, der positive Erträge abwirft. Soweit es sich um Mietobjekte handelt, führen die beim Verkauf realisierten Wertsteigerungen im gleichen Prozentsatz zu erhöhten Abschreibungen; soweit die Erwerbsfälle unter die Pauschalbesteuerung fallen, wird erneut ein degressiver Abschreibungszyklus eröffnet.

Es ist außerordentlich schwierig, all diese Fakten in ihrer quantitativen Bedeutung zu schätzen. Dennoch ist hier der Versuch unternommen worden, zumindest die Größenordnung der Wirkungen im Rahmen der Einkommensteuer nach derzeitigem Stand zu beziffern (vgl. Tabelle 11). Zur Fortschreibung des Querschnittsbildes von 1977 sind die mit den Baujahrgängen 1978 bis 1983 verbundenen jährlichen Steuerausfälle geschätzt worden; dabei sind die pauschalbesteuerten und die normalbesteuerten Investitionen privater Haushalte berücksichtigt worden.

Die gesamten Steuerausfälle aus erhöhten Absetzungen nach § 7b werden jährlich im Subventionsbericht ausgewiesen. Gleichlautende Ergebnisse für die Jahre 1975 bis 1980 und methodische Erläuterungen zu deren Ableitung finden sich im sogenannten 7b-Bericht[55)]. Demzufolge werden für jeden Jahrgang spezifische Abschreibungsbeträge ermittelt, die sich auf die Bautätigkeitsstatistik und eine geschätzte Zahl von Erwerbsvorgängen im Bestand beziehen. Diese Beträge gehen jeweils für 8 Jahre in die fortlaufende Rechnung ein[56]; in haushaltsmäßiger Betrachtung setzen sich die Steuerausfälle eines Jahres somit stets als Summe der (konstanten) Abschreibungsraten von acht Baujahrgängen zusammen (vgl. Tabelle 3). Da hier zunächst nur die seit 1977 neu entstandenen Steuerausfälle betrachtet werden sollen (Tabelle 4), sind aus dieser Rechnung die Raten für die früheren Jahrgänge herausgenommen worden.

Offizielle Schätzungen über Steuerausfälle für normalbesteuerte Investitionen liegen nicht vor. Hier waren deshalb eigene Berechnungen erforderlich, mit denen ebenfalls jahrgangsweise Entlastungsbeträge ermittelt worden sind; dabei wurde ein längerer Zeitraum betrachtet, in dem Abschreibungen und durchschnittliche Zinslasten den allmählich steigen

Tabelle II.3.2/3

BERECHNUNGSSCHEMA DER STEUERAUSFAELLE BEI DER PAUSCHALBESTEUERUNG

BAU-/ ERWERBS-JAHR	STEUERAUSFALL (MILL. DM) IM HAUSHALTSJAHR ...										
	1974	1975	1976	1977	1978	1979	1980	1981	1982	1983	1984
VOR 1971	440	260	190	100	-						
1971	300	300	300	300	300	-					
1972	400	400	400	400	400	400	-				
1973	530	530	530	530	530	530	530	-			
1974	330	330	330	330	330	330	330	330	-		
1975	-	380	380	380	380	380	380	380	380	-	
1976		-	370	370	370	370	370	370	370	370	-
1977			-	590	590	590	590	590	590	590	590
1978				-	600	600	600	600	600	600	600
1979 A)					-	(650)	(650)	(650)	(650)	(650)	(650)
B)						750	750	750	750	750	750
1980						-	650	650	650	650	650
1981							-	830	830	830	830
1982								-	630	630	630
1983									-	780	780
1984										-	770
INSGESAMT A)			2500	3000	3500	3850	4100				
B)	2000	2200	2500	3000	3500	3950	4200	4500	4800	5200	5600

A) ANGABEN IM 7B-BERICHT DER BUNDESREGIERUNG.
B) ANGABEN IN SUBVENTIONSBERICHTEN DER BUNDESREGIERUNG. DIE ABSCHREIBUNGSRATEN FUER DIE JAHRGAENGE NACH 1978 WURDEN ALS DIFFERENZ ERMITTELT.

den Erträgen gegenüberstehen. Ähnlich wie bei der Pauschalbesteuerung sind die Steuerausfälle in den ersten Jahren relativ konstant und sinken dann, infolge des verminderten AfA-Satzes und abnehmender Zinszahlungen.

Vor der Baufertigstellung und der Phase degressiver Abschreibungen fallen unabhängig von der künftigen Besteuerungsart einmalige Werbungskosten an; diese sind hier zusätzlich bei der Schätzung neu entstandener Entlastungen als Spanne berücksichtigt worden. Schließlich waren Annahmen über den durchschnittlichen Grenzsteuersatz der Investoren zu treffen, um zugleich die Entwicklung der negativen Einkünfte aus Vermietung und Verpachtung beziffern zu können.

Damit kann der aktuelle Stand dieser Einkunftsart im Rahmen der Einkommensteuer etwa folgendermaßen umrissen werden:

1. Die Fälle mit Ertragsüberschuß dürften seit 1977 kaum zugenommen haben; ebensowenig die Summe der positiven Einkünfte und der Steuerertrag, der sich daraus ergibt.

2. Die Zahl der Verlustfälle ist hingegen erheblich gestiegen. Die Summe der mit anderen Einkünften ausgeglichenen Verluste dürfte sich dabei gegenüber 1977 mehr als verdoppelt haben: Faßt man die jährlichen Anfangsverluste aller Neubauten - und der Erwerbsfälle nach § 7b im Altbaubestand - von 1978 bis 1983 zusammen, so ergibt sich für dieses Jahr ein Betrag von 29 bis 33 Mrd. DM (bezogen auf natürliche Personen); unter der Annahme, daß sich der 1977 verzeichnete Altbestand an Verlusten seither jährlich um 1 bis 2 Mrd. DM verringert hat, wäre der Gesamtbetrag der verrechneten Verluste mit 37 bis 41 Mrd. DM zu beziffern.

3. Das bedeutet, daß das Einkommensteueraufkommen privater Haushalte derzeit vom Wohnungsbau her durch den Verlustausgleich um 13 bis 15 Mrd. DM geschmälert wird, gegenüber 6 bis 7 Mrd. DM im Jahre 1977.

TABELLE II.3.2/4

FORTSCHREIBUNG DER EINKOMMENSTEUERENTLASTUNGEN FUER DEN WOHNUNGSBAU VON 1977 BIS 1983

HAUSHALTSJAHR			1977	1978	1979	1980	1981	1982	1983
I BESTAND MIT POSITIVEN EINKUENFTEN (STEUERPFL.MIT EINN.-UEBERSCHUSS AUS VUV)									
POSIT. ERTRAEGE AUS VUV (MRD. DM) 1)			9.8	10.0	10.0	10.0	10.0	10.0	10.0
STEUERAUFKOMMEN " 2)			2.0	2.1	2.1	2.1	2.2	2.2	2.2
II NEUE STEUERENTLASTUNGEN NATUERLICHER PERSONEN (MRD. DM) 10)									
		BAU-JAHRE							
NEUBAU UND ERWERBSFAELLE MIT PAUSCHAL-		1978		0.60	0.60	0.60	0.60	0.60	0.60
BESTEUERUNG -		1979		(0.50)	0.75	0.75	0.75	0.75	0.75
ERHOEHTE ABSETZUNGEN NACH § 7B 3)		1980			(0.50)	0.65	0.65	0.65	0.65
		1981				(0.60)	0.83	0.83	0.83
		1982					(0.50)	0.63	0.63
		1983						(0.60)	0.78
SCHULDZINSENABZUG § 21A,IV		1983							0.60
		1984							(0.70)
NEUE ENTLASTUNGEN AUS PAUSCHAL-	A)			0.60	1.35	2.00	2.83	3.46	4.84
BESTEUERUNG SEIT 1977	B)			1.10	1.85	2.60	3.33	4.06	5.54
NEUBAU MIT NORMALBESTEUERUNG 4) -		1978		0.75	0.75	0.75	0.75	0.70	0.65
ERHOEHTE ABSETZUNGEN NACH § 7V 5)		1979		(0.70)	0.90	0.90	0.90	0.90	0.90
UND SCHULDZINSENABZUG 6)		1980			(0.80)	1.00	1.00	1.00	1.00
(NUR INVESTITIONEN PRIVATER HAUSHALTE)		1981				(0.80)	1.00	1.00	1.00
		1982					(0.85)	1.00	1.00
		1983						(0.90)	1.07
		1984							(1.00
NEUE ENTLASTUNGEN AUS NORMAL-	A)			0.75	1.65	2.65	3.65	4.60	5.62
BESTEUERUNG SEIT 1977	B)			1.45	2.45	3.45	4.50	5.50	6.62
NEUE ENTLASTUNGEN PRIVATER	A)			1.35	3.00	4.65	6.48	8.06	10.46
HAUSHALTE SEIT 1977 INSGESAMT	B)			2.55	4.30	6.05	7.83	9.56	12.16
DIESEN ENTSPRECHEN :									
NEGATIVE EINKUENFTE 7)	A)			3.7	8.2	12.7	17.7	22.0	28.7
	B)			7.0	11.7	16.5	21.3	26.0	33.3
ALTBESTAND MIT NEGATIVEN		VOR	17.0	15.5	14.0	12.5	11.0	9.5	8.0
EINKUENFTEN 8)		1978							
NEGATIVE EINKUENFTE PRIV. HAUSHALTE	A)		17.0	19.2	22.2	25.2	27.7	31.5	36.7
AUS VERMIETUNG UND VERPACHTUNG	B)			22.5	25.7	29.0	32.3	35.5	41.3
GROESSENORDNUNG DER STEUER-ENTLASTUNGEN PRIVATER HAUSHALTE 9)			7.0	7.5	8.6	9.7	10.8	12.1	14.0

1) ERGEBNIS DER EINKOMMENSTEUERSTATISTIK 1977; ES WIRD ANGENOMMEN, DASS DER ZUWACHS AN OBJEKTEN MIT EINNAHMEN-UEBERSCHUSS KOMPENSIERT WIRD DURCH DIE BESTANDSVERMINDERUNG AUS UMWANDLUNGSFAELLEN NACH § 7B UND DURCH STEIGENDE ABSCHREIBUNGEN INFOLGE VON VERAEUSSERUNGEN UND MODERNISIERUNGSINVESTITIONEN.

2) GESCHAETZT UEBER DIE RELATION BEI STEUERPFLICHTIGEN MIT UEBERWIEGENDEN EINKUENFTEN AUS VUV.

3) ABSETZUNGEN FUER AFA (5%) UEBER 8 JAHRE; JAHRESRATEN ABGESTIMMT MIT SUBVENTIONSBERICHT.

4) NORMALBESTEUERTER EIGENGENUTZTER UND VERMIETETER WOHNRAUM PRIVATER HAUSHALTE.

5) NACH WIEDEREINFUEHRUNG DER DEGRESSIVEN AFA (1977) 3.5 VH IN DEN ERSTEN 12 JAHREN; ANHEBUNG (1981) AUF 5 VH IN DEN ERSTEN 8 JAHREN, DANN 2.5 VH BIS ZUM 14.JAHR.

6) BEI GEGENRECHNUNG VON ERTRAEGEN.

7) DABEI IST DER DURCHSCHNITTLICHE GRENZSTEUERSATZ BEI PAUSCHALBESTEUERTEN FAELLEN MIT 33 VH, FUER DIE UEBRIGEN BAUHERREN MIT 40 VH VERANSCHLAGT WORDEN.

8) ES WIRD ANGENOMMEN, DASS SICH DER BETRAG JAEHRLICH UM 1.5 MRD. DM VERMINDERT, WEIL OBJEKTE AUS DER VERLUSTPHASE HERAUSWACHSEN, VGL. ABER 1).

9) DURCHSCHNITTLICHER GRENZSTEUERSATZ VON 36 VH, BEZOGEN AUF DEN MITTELWERT DER ZEILEN ZUVOR.

10) ANGABEN IN KLAMMERN, BZW. SUMMEN A) UND B) ALTERNATIV BEI BERUECKSICHTIGUNG EINMALIGER WERBUNGSKOSTEN IN DER BAUPHASE.

Diese Schätzung ist in vieler Hinsicht problematisch und kann erst durch die sehr viel später zu erwartenden Ergebnisse der Einkommensteuerveranlagung für 1983 überprüft werden. Sie deutet aber darauf hin, daß die früheren Berechnungen des DIW, die exemplarisch für einen Baujahrgang nach dem Barwertverfahren durchgeführt worden sind (vgl. Tabelle 1), in der Größenordnung auch als Querschnittsbetrachtung Gültigkeit haben können: Die jährlichen kassenmäßigen Wirkungen bei der Einkommensteuer sind derzeit ungefähr so hoch, wie die Entlastungen, die sich für einen Baujahrgang im Zeitablauf ergeben.

3.2.3.2 Kompensatorische Effekte aus Umsatz- und Verkehrsteuern

Bisher sind nur Einflüsse dargestellt worden, die von denjenigen steuerlichen Instrumenten ausgehen, die explizit auf eine Förderung der Investitionstätigkeit zugeschnitten sind; dies betrifft den Rahmen der Einkommensteuer. Neben den haushaltsmäßigen Wirkungen von dieser Seite sind indes auch Effekte beim Aufkommen der Umsatz- und Verkehrssteuern zu beachten. Zweifellos dürfen Belastungen aus diesen allgemeinen Steuern nicht als Minderung von Subventionen bzw. an anderer Stelle bestehenden Steuervergünstigungen angesehen werden[57]. Vielmehr ist die Umsatzsteuer praktisch Bestandteil des Kaufpreises, was sich auch darin ausdrückt, daß nicht der Erwerber steuerpflichtig - wenn auch zahlpflichtig - ist, sondern derjenige, der die Ware oder Leistung veräußert. Da hier, mangels eines geeigneten Subventionsbegriffs, der Frage nachgegangen worden ist, welche strukturellen Entlastungswirkungen für Investorengruppen bestehen, und, umgekehrt, welche Belastungen des Staatskontos daraus folgen, ist die erweiterte Betrachtung indes vor allem unter letztgenanntem Aspekt durchaus von Interesse. Anhand einer Modellrechnung wird im Folgenden auch die zeitliche Dynamik von Einnahmen und Einnahmeausfällen untersucht.

Die Wohnungsbauinvestitionen führen - was den Neubau anbetrifft - zu beträchtlichen Mehrwertsteuereinnahmen, - außerdem fällt für die im Zusammenhang damit getätigten Grundstückskäufe Grunderwerbsteuer an. Der Grunderwerbsteuer unterliegen auch alle Erwerbsfälle im vorhandenen Wohnungsbestand, bzw. von bebauten Grundstücken.

Bis zur Neuregelung im Jahre 1982 war das Aufkommen dieser Steuer allerdings unbeträchtlich, da hohe Freibeträge beim Erwerb von Eigenheimen und Eigentumswohnungen bestanden (Bundesrecht) und der größte Teil des Mietwohnungsbaus durch gesetzliche Regelungen der Bundesländer ebenfalls freigestellt war; durch die Reform ist zwar der Steuersatz von 7vH auf 2vH gesenkt, zugleich aber die Befreiung aufgehoben worden, so daß sich seither die Zahlungen vermehrt haben.

Der Mehrwertsteuer unterliegen alle Bauleistungen und Nebenleistungen, die der Bauherr bei der Errichtung eines Gebäudes in Anspruch nimmt. Im Falle der Eigennutzung stellen die in Rechnung gestellten Beträge eine endgültige Belastung dar, die zwar in die abschreibungsfähigen Herstellungskosten eingeht, aber sonst nicht abgewälzt werden kann. Bei vermieteten Objekten ist die generelle Regelung ebenfalls die, daß keine Entlastung im Rahmen des Vorsteuerabzugs vorgesehen ist: weil auf Vermietung und Verpachtung von Grundstücken keine Umsatzsteuer erhoben wird (§ 4, Ziff. 12 UStG), entfällt auch der Vorsteuerabzug für Investitionen. Eine Ausnahme bietet nur das Optionsrecht nach § 9 UStG in den Fällen, in denen ein sogenannter gewerblicher Zwischenvermieter eingeschaltet wird. Diese Möglichkeit wurde bisher fast ausschießlich bei Beteiligungsmodellen genutzt, weil sie zusätzliche Steuereinsparungen eröffnet[58]; sie soll ab 1985 ganz entfallen.

Mehrwert- und Grunderwerbsteuer fallen in der Bauphase, bzw. zum Zeitpunkt des Erwerbs an. Aus fiskalischer Sicht werden also die Investitionen zu Anfang mit einem relativ hohen Betrag belastet, während es sich bei den Steuerausfällen im Rahmen der Einkommensteuer um kleinere Beträge handelt, die dafür über einen langen Zeitraum fortbestehen. Allerdings können in der Investitionsphase auch schon beträchtliche Einkommensteuerentlastungen erzielt werden; eine wichtige Rolle spielen hierbei z.B. Disagio-Vereinbarungen bei der Finanzierung. In der Tabelle 5 ist der gesamte steuerliche Effekt für einen Wohnungsbaujahrgang modellmäßig dargestellt worden. Mengengerüst und Basiswerte beziehen sich dabei - wie in Tabelle 1 - auf die Bautätigkeit im Jahre 1980; die steuerlichen Wirkungen sind nach dem derzeitigen Recht ermittelt worden:

1. Als steuerbefreiter Wohnungsbau waren 27 000 Mietwohnungen der gemeinnützigen Unternehmen und Organisationen mit einem Bauvolumen von ca. 4 Mrd. DM zu berücksichtigen, aber praktisch nur in der Hinsicht, daß Belastungen durch Umsatzsteuer anfallen.

2. Der Normalbesteuerung unterlagen 135 000 vermietete und 24 000 eigengenutzte Wohnungen, die ein Bauvolumen von 31 Mrd. DM ergaben. Auf diesen Wert sind anfängliche Abschreibungen von jährlich 5vH und Schuldzinsen von 8vH bezogen worden, unter der vereinfachenden Annahme, daß sich Eigenkapital und Grundstückskosten etwa entsprechen. Der anfängliche Mietertrag wurde mit 6,50 DM je m^2 Wohnfläche monatlich veranschlagt. Bei einer Gesamtwohnfläche von 15 Mill. m^2 belaufen sich die Einkünfte auf 1,2 Mrd. DM; ihnen stehen Abzugsbeträge von 4,1 Mrd. DM gegenüber, so daß ein Verlust von knapp 3 Mrd. DM entsteht, der zu einer Steuerentlastung von ca. 1,2 Mrd. DM führt. In der fortlaufenden Rechnung sind der Mietenanstieg (jährlich 6vH), Abbau der Schuldzinsen (bei normaler Tilgung) und sinkende Abschreibungsraten berücksichtigt worden. Bei diesen Annahmen entfällt der Entlastungseffekt bei der Einkommensteuer nach etwa 15 Jahren; dennoch gleichen die Steuerbelastungen im Folgenden Zehnjahreszeitraum die Anfangsentlastungen bei weitem noch nicht aus.

3. Der Pauschalbesteuerung unterlagen 154 000 neugebaute Wohnungen, die ein Bauvolumen von 45 Mrd. DM repräsentieren. Wegen der Höchstbetragsregelung beim § 7b EStG ist der Basiswert für die Abschreibungen allerdings wesentlich niedriger, so daß sich die Steuerentlastung bei 5vH Abschreibung nur auf etwa 0,5 Mrd. DM beläuft. In den ersten drei Jahren kommt jedoch neuerdings der befristete Schuldzinsenabzug hinzu. Die steuerlichen Effekte nach Ablauf von 8 Jahren können vernachlässigt werden, weil der an sich steuerpflichtige pauschalierte Ertragswert weiter durch den Schuldzinsenabzug aufgewogen wird. Neben den neu erbauten Wohnungen werden jährlich ca. 150 000 Wohnungen zur Eigennutzung aus dem Bestand erworben, für die ebenfalls erhöhte Abschreibungen anfallen. Hierbei ist der Steuerausfall mit 0,3 Mrd. DM pro Jahr veranschlagt worden. Für Neubau- und Erwerbsfälle zusammen beläuft sich der Einkommensteuerausfall über 8 Jahre auf 9 Mrd. DM.

Tabelle II.3.2/5

STEUEREINNAHMEN UND -AUSFAELLE FUER EINEN WOHNUNGSBAUJAHRGANG
MODELLBETRACHTUNG NACH NEUEM STEUERRECHT

NEUBAU/BAUVOLUMEN ERWERBSFAELLE/ANSCH.WERT NACH BESTEUERUNGSART	BASISWERTE HER-STELL. KOSTEN	ABSCHR. FAEHIGE KOSTEN	GRUND-STUECKS WERTE	ENTLASTUNG EINMAL. WERB.-KOSTEN	IM RAHMEN DER EINKOMMENSTEUER 1.JAHR	2.JAHR	3.JAHR	4.-8. JAHR	9.-14. JAHR	BELASTUNG 15.-20. JAHR	21.-25. JAHR	GESAMTBETRAG ENT-LASTUNG 0-14.J.	BE-LASTUNG 15-25J.
NEUBAU/STEUERBEFREIT 1)	4.0	-	1.0	-	-	-	-	-	-	-	-	-	-
" /NORMALBESTEUERT 2)	31.0	31.0	9.0	-1.1	-1.2	-1.2	-1.2	-1.0	-0.5	+0.5	+1.1	-12.7	+8.5
" /PAUSCHALBESTEUERT 3)	45.0	30.5	15.0	-0.6	-1.1	-1.1	-1.1	-0.5	-	-	-	-6.4	-
NEUBAUVOLUMEN INSGESAMT	80.0	61.5	25.0	-1.7	-2.3	-2.3	-2.3	-1.5	-0.5	+0.5	+1.1	-19.1	+8.5
ERWERB/PAUSCHALBESTEUERT 4)	-	20.0	5.0	-0.1	-0.3	-0.3	-0.3	-0.3	-	-	-	-2.5	-
NEUBAU UND ERWERB INSGESAMT	-	81.5	30.0	-1.8	-2.6	-2.6	-2.6	-1.8	-0.5	+0.5	+1.1	-21.6	+8.5
BELASTUNG DURCH :													
MEHRWERTSTEUER 5)	70.2	-	-		+9.8								
GRUNDERWERBSTEUER 6)	-	19.6	29.4		+1.0								
INSGESAMT, BZW. SALDO (OBERE VARIANTE)	80.0	81.5	30.0		+6.4	-2.6	-2.6	-1.8	-0.5	+0.5	+1.1	-10.8	+8.5
BARWERT 7)					+6.4	-2.4	-2.2	-1.2	-0.2	+0.1	+0.2	-5.4	+1.5

1) MIETWOHNUNGEN GEMEINNUETZIGER UNTERNEHMEN UND ORGANISATIONEN.
2) MIETWOHNUNGEN ALLER STEUERPFLICHTIGEN INVESTOREN UND EIGENTUEMERWOHNUNGEN IN MISCHOBJEKTEN; AFA: 5% FUER DAS 1.-8.JAHR, DANN 2.5%, AB 15.JAHR 1.25%; SCHULDZINSEN 8% BEZOGEN AUF HERSTELLUNGSKOSTEN; ANFANGSRENDITE 3% BEZOGEN AUF GESAMTKOSTEN.
3) DIE NIEDRIGERE ABSCHREIBUNGSBASIS FOLGT AUS DER HOECHSTBETRAGSREGELUNG; AFA: 5% FUER DAS 1.-8.JAHR; BEFRISTETER SCHULDZINSENABZUG MIT 0.6 MRD. DM IM 1.-3.JAHR BERUECKSICHTIGT.
4) ANNAHME: 150000 FAELLE, DURCHSCHNITTLICHER KAUFPREIS 165000 DM.
5) MEHRWERTSTEUEROPTION UNBERUECKSICHTIGT.
6) BEZOGEN AUF ANSCHAFFUNGSWERT DER ERWERBSFAELLE UND GRUNDSTUECKSWERTE BEIM NEUBAU.
7) ABDISKONTIERTE WERTE BEI 8% ZINS.

Der gesamte Einkommensteuereffekt für einen Wohnungsbaujahrgang wird mit ca. 22 Mrd. DM Steuerausfall über 15 Jahre veranschlagt; in den folgenden 10 Jahren werden davon nur 40vH über steuerbare Erträge ausgeglichen.

Wenn man die Belastung durch Mehrwertsteuer und Grunderwerbsteuer in der Investitionsphase berücksichtigt - sie ist mit 11 Mrd. DM zu beziffern -, ändert sich das Bild erheblich: saldiert mit dem gleichzeitigen Einkommensteuerausfall, bleiben für den Staat im ersten Jahr Steuereinnahmen von 6,4 Mrd. DM, denen dann Steuerausfälle in wesentlich kleineren Raten folgen. Dennoch ist auch bei dieser erweiterten Betrachtung steuerlicher Effekte als Tatsache festzuhalten, daß für einen Baujahrgang in überschaubarer Zeit kaum ein Ausgleich von steuerlichen Be- und Entlastungswirkungen erwartet werden kann. Über 25 Jahre gerechnet, bleibt - der Modellrechnung zufolge - noch ein Übergewicht der einkommensteuerlichen Entlastungen von ca. 2,5 Mrd. DM bestehen; die Lücke würde aber durch das Aufkommen normalbesteuerter Wohnungen bald geschlossen werden. Indes sind Zweifel angebracht, ob dies unter den gegebenen Ausgangsbedingungen und Markttendenzen überhaupt der Fall sein wird:

- Von der Struktur der normalbesteuerten Neubauwohnungen her gesehen, ist es wahrscheinlich, daß sie zur Hälfte schon vor der Gewinnphase in Eigennutzung übergehen (vgl. Abschnitt 3.2.2) und dann keinerlei Erträge abwerfen, sondern statt dessen zusätzliche Steuerausfälle verursachen werden.
- Für neuere Baujahrgänge ist dies nicht anders; hinzu kommt aber, daß die Kosten für Grundstücke, Bauleistungen und Zins ständig steigen (die vorliegende Rechnung basiert noch auf relativ niedrigen Baukosten und Zinsen). Damit schiebt sich die Gewinnphase zwangsläufig immer weiter hinaus, es sei denn, daß der Ertrag an diese Dynamik angepaßt werden könnte. Der Mietenanstieg ist aber vom Markt her stets durch den Kostenvorteil älterer Baujahrgänge begrenzt.

Die in der Tabelle 5 dargestellten steuerlichen Effekte sind dementsprechend als eine optimistische Basisrechnung zu verstehen, bei der keine

Tabelle II.3.2/6

STEUEREINNAHMEN UND -AUSFAELLE FUER EINEN WOHNUNGSBAUJAHRGANG
BEI BERUECKSICHTIGUNG WAHRSCHEINLICHER NUTZUNGSAENDERUNGEN

NEUBAU/ERWERBSFAELLE	BASISWERTE			EINNAHMEN UND MINDEREINNAHMEN								GESAMTBETRAG	
URSPRUENGL. BESTEUERUNG UND NUTZUNGSAENDERUNG	HER-STELL. KOSTEN	ABSCHR. FAEHIGE KOSTEN	GRUND-STUECKS WERTE	BAU-PHASE	1.JAHR	2.JAHR	3.JAHR	4.-8. JAHR	9.-14. JAHR	15.-20. JAHR	21.-25. JAHR	ENT-LASTUNG 0-14.J.	BE-LASTUNG 15-25J.
				EINKOMMENSTEUERLICHE EFFEKTE									
NEUBAU/NORMALBESTEUERT	31	31	9	-1.1	-1.2	-1.2	-1.2	X	X	X	X	X	X
DAVON :													
LANGFRISTIG VERMIETET	15	15	4	X	X	X	X	-0.5	-0.2	+0.2	+0.5	-8.4	+3.7
IN EIGENNUTZUNG UEBERGEHEND (4.-14.JAHR) 1)	-	(19)	(6)	X	X	X	X	-0.2	-0.2	-	-	-2.2	-
UEBRIGER NEUBAU U. ERWERB 2)	-	50.5	20	-0.7	-1.4	-1.4	-1.4	-0.8	-	-	-	-8.9	-
NEUBAU UND ERWERB INSGESAMT	80	81.5	30	-1.8	-2.6	-2.6	-2.6	-1.5	-0.4	+0.2	+0.5	-19.5	+3.7
				STEUERLICHER GESAMTEFFEKT									
INSGESAMT, SALDIERT 3) (UNTERE VARIANTE)					+6.4	-2.6	-2.6	-1.5	-0.4	+0.2	+0.5	-8.7	+3.7

1) BASISWERTE IN KLAMMERN : WERTSTEIGERUNG BEIM VERKAUF,- AUS ABSCHREIBUNGEN NACH 7B UND GRUNDERWERBSTEUER BEREITS SALDIERT.
2) VON ANFANG AN PAUSCHALBESTEUERTE OBJEKTE.
3) EINKOMMENSTEUERLICHE EFFEKTE, SALDIERT MIT BELASTUNGEN AUS MEHRWERTSTEUER UND GRUNDERWERBSTEUER.

Nutzungsänderungen im Zeitablauf (Verschiebung von normalbesteuerten Neubauten zu pauschalbesteuerten Fällen) berücksichtigt worden sind; sonst müßte das Übergewicht der Steuerentlastungen noch höher veranschlagt werden. In Tabelle 6 ist die mögliche Spanne unter der Annahme geschätzt worden, daß die vermieteten Eigenheime und Eigentumswohnungen noch vor Erreichen der Gewinnphase an Eigennutzer veräußert, bzw. in manchen Fällen vom Bauherrn selbst genutzt werden. Die steuerliche Lücke würde sich dann auf 5 Mrd. DM vergrößern, wobei zugleich die Aussicht auf einen späteren Ausgleich aus der Ertragsbesteuerung schwindet.

Da es sich bei der Modellrechnung um nominale Beträge handelt, ist es aus fiskalischer Sicht auch von Interesse, ob sich die Relationen zwischen Be- und Entlastungen ändern, wenn abdiskontierte Werte betrachtet werden[59]. Die Barwertschätzung (Tabelle 5) zeigt indes, daß sich auch in dieser Hinsicht die Lücke vergrößert, weil die fernen Steuereinnahmen ein geringes Gewicht erhalten.

Dennoch ist der Frage nachzugehen, ob die gegebene zeitliche Struktur der Steuereinnahmen und -ausfälle (hohe Einnahmen zu Anfang, kleinere Steuerausfälle in der Folge) bei kumulativer Überlagerung der Baujahrgänge dahin wirkt, daß sich vorübergehend - infolge eines Wachstumsimpulses - sogar ein Zuwachs der Staatseinnahmen einstellt.

In Tabelle 7 ist der Verlauf von Steuerausfällen und -erträgen unter vereinfachenden Annahmen dargestellt worden. Bei jährlich unveränderter Bautätigkeit und konstanten Preisen würde der Einkommensteuerausfall binnen 10 Jahren zwar auf einen Betrag von 20 Mrd. DM anwachsen -in den ersten drei Jahren würde er aber noch durch das Umsatzsteueraufkommen mehr als ausgeglichen. Bei einem stärkeren (nominalen) Anstieg der Bauleistung stellt sich der Saldeneffekt in den ersten Jahren noch günstiger dar.

Es zeigt sich aber auch, daß die kumulierten einkommensteuerlichen Entlastungen jedenfalls nach wenigen Jahren überwiegen und daß dann als Saldo beider Steuerarten immer höhere Minusbeträge folgen. In der

Rechnung mit konstanten Investitionen gehen diese ab dem 15 Jahr wieder zurück, da die Ertragsbesteuerung zunehmend greift. Bei wachsenden Investitionen ist dies in dieser Zeit noch nicht der Fall. Die Ertragsbesteuerung wirkt sich dabei in den kumulierten Einkommensteuerbeträgen nur insoweit aus, daß deren Anstieg in späteren Jahren gedämpft wird, ein Rückgang tritt aber nicht ein.

Die vorliegende Modellbetrachtung ist abstrakter Natur; außer Acht bleibt der vorhandene Basisbestand mit einkommensteuerlichen Be- und Entlastungen. Dennoch liefert sie Anhaltspunkte dafür, wie sich das Steueraufkommen im Zusammenhang mit dem Wohnungsbau entwickeln wird. Ein nominaler Anstieg der Bauleistung zwischen 3 und 5vH kann durchaus als realistische Annahme im längerfristigen Durchschnitt gelten, - der derzeitige überhitzte Nachfrageanstieg wird vorübergehend zu wesentlich höheren Raten führen. Die Modellschätzung zeigt, daß bei 5% Zuwachs

Tabelle II.3.2/7

KUMULIERTER STEUERLICHER EFFEKT IM ZEITLICHEN VERLAUF
STEUEREINNAHMEN/ -AUSFAELLE AUS
EINKOMMENSTEUER, UMSATZ- UND GRUNDERWERBSTEUER

HAUS-HALTS-JAHR	BAULEISTUNG NOMINAL KONSTANT			BAULEISTUNG NOMINAL 5 % JAEHRL. ANSTIEG		
	EINK.-	UMSATZ-STEUERN	INSGE-SAMT	EINK.-	UMSATZ-STEUERN	INSGE-SAMT
1	-4.4	10.8	6.4	-4.4	10.8	6.4
2	-7.0	10.8	3.8	-7.2	11.3	4.1
3	-9.6	10.8	1.2	-10.2	11.9	1.7
4	-11.4	10.8	-0.6	-12.5	12.5	0.0
5	-13.2	10.8	-2.4	-14.9	13.1	-1.8
6	-15.0	10.8	-4.2	-17.5	13.8	-3.7
7	-16.8	10.8	-6.0	-20.2	14.5	-5.7
8	-18.6	10.8	-7.8	-22.9	15.2	-7.7
9	-19.1	10.8	-8.3	-24.6	16.0	-8.6
10	-19.6	10.8	-8.8	-26.4	16.8	-9.6
15	-21.1	10.8	-10.3	-35.4	21.4	-14.0
20	-18.6	10.8	-7.8	-42.4	27.3	-15.1
25	-13.1	10.8	-2.3	-48.0	34.8	-13.2

BERECHNUNGEN AUF DER BASIS DER ERGEBNISSE IN UEBERSICHT 12 - OHNE BERUECKSICHTIGUNG VON NUTZUNGSAENDERUNGEN BEI MIETOBJEKTEN.

der Bauleistungen binnen 5 Jahren mit einem zusätzlichen Einkommensteuerausfall in Höhe von 15 Mrd. DM gerechnet werden muß. Gegenwärtig wird der Gesamtbetrag bestehender einkommensteuerlicher Entlastungen auf 14 bis 16 Mrd. DM veranschlagt, mithin würde er sich schon bald verdoppeln. Das Steueraufkommen aus Ertragsüberschüssen ist demgegenüber gering: es dürfte sich zur Zeit auf etwa 4 Mrd. DM belaufen und kaum noch zunehmen.

Der Überschuß der Entlastungen vergrößert sich also rapide. Die regelmäßigen Einnahmen aus Umsatzsteuern, die infolge der Wohnungsbautätigkeit anfallen, machen die Differenz nicht wett. Zwar wird der Einfluß auf das Staatskonto durch diese Steuerart infolge des Wachstumsschubes vorübergehend zum Positiven hin verändert, dafür wird sich aber mittelfristig die Schere weiter öffnen.

Es bleibt zu fragen, ob diese zusätzlichen Enlastungen des Wohnungsbaus über sekundäre Effekte - als Mehreinnahmen oder Minderausgaben an anderer Stelle, infolge steigender Beschäftigung und Produktion der Bauwirtschaft und anderer Wirtschaftsbereiche - ausgeglichen werden. Dieser Problemkreis kann hier nicht untersucht werden. Von verschiedener Seite sind dazu recht positive Einschätzungen vorgetragen worden. Indes scheint einige Skepsis angebracht, vor allem deshalb, weil die angeführten Berechnungen zumeist auf statischen Konzepten basieren.

3.2.4 **Ansatzpunkte für eine effizientere Gestaltung des Steuerrechts**

Wohnungsbauinvestitionen heben sich gegenüber anderen Anlageformen durch die hohen Nutzungszeiten ab; dementsprechend basieren auch die Renditerechnungen auf sehr langfristigen Kalkulationen. Bei Mietobjekten ergeben sich stets hohe Anfangsverluste, weil der Ertrag dadurch begrenzt ist, daß die Neubauten mit einem zahlenmäßig überwiegenden Bestand älterer Bauten konkurrieren, die wegen niedrigerer Gestehungskosten auch mit niedrigeren Mieten auskommen, - anschaulich wird dies z.B. durch die Tatsache, daß sich das Baupreisniveau in den letzten 10 Jahren mehr als verdoppelt hat. Der Zeitpunkt, bis zu dem die Verlustphase durchschritten werden kann, hängt außerdem stark von der Zinslast ab.

Im Rahmen der Einkommensteuer wird diesen Gegebenheiten dadurch Rechnung getragen, daß die Nutzungsdauer mit 50 Jahren gegenüber den tatsächlichen Erwartungen verkürzt veranschlagt wird[60] und daß zudem eine degressive Staffelung der Abschreibungen (40vH in den ersten 8 Jahren) zugelassen wird, die über die Abnutzung weit hinausgeht. In steuerlicher Rechnung können so zumeist erst nach 15 oder mehr Jahren Ertragsüberschüsse erwartet werden, einerseits wegen der erhöhten Abschreibungen, andererseits deshalb, wei bei normalen Hypothekenkonditionen dann ein gewisser Tilgungsgrad erreicht wird, so daß die Zinszahlungen stärker zurückgehen.

Wenn auf diese Weise schon die Kosten- und Ertragssituation bei der Einkommensteuer berücksichtigt wird, so tritt doch als ganz entscheidende Regelung hinzu, daß die Verluste aus Vermietung und Verpachtung mit anderen Einkünften ausgeglichen werden können. Tatsache ist, daß eben aus diesem Grunde private Haushalte auch den weitaus überwiegenden Teil des Mietwohnungsbaus neben dem Wohnungsbau für Eigennutzung finanzieren. Wegen der Steuerersparnis aus Buchverlusten und der Aussicht auf reale Wertzuwächse ist der Wohnungsbau nach wie vor die bedeutendste Form der privaten Vermögensanlage.

Die Eigentumsbildung für Eigennutzung wird von Staats wegen sowohl unter vermögenspolitischem Aspekt als auch aus dem Prinzip "Hilfe zur Selbsthilfe" unterstützt. Wenn man nur die Steuervergünstigungen betrachtet, ist die Unterstützung der Eigentumsbildung heute allerdings geringer als der Entlastungseffekt, der bei Mietobjekten im Durchschnitt erzielt wird. Die Diskussion um Verbessserungsmöglichkeiten kann jedoch nicht einfach in der Richtung geführt werden, daß künftig die Normalbesteuerung auch auf den eigengenutzten Wohnraum anzuwenden sei, denn das würde eine zusätzliche Kostenbeteiligung des Staates bedeuten, die für die Gesamtheit der Steuerzahler kaum zumutbar wäre.

Die vorliegenden Berechnungen haben gezeigt, daß die bestehenden Regelungen des Einkommensteuerrechts bereits zu einer immer stärkeren Belastung des Staatshaushalts führen werden, die in ihrer Größenordnung vielleicht nicht richtig erkannt wird. Die nachfolgenden Tabellen illustrie-

Tabelle II.3.2/8

STEUEREINNAHMEN UND -AUSFAELLE FUER EINEN WOHNUNGSBAUJAHRGANG (EIGENGENUTZTER WOHNRAUM) BEI UEBERGANG ZUR INVESTITIONSGUTLOESUNG

NEUBAU/BAUVOLUMEN EIGENGENUTZTER WOHNRAUM	BASISWERTE			ENTLASTUNG						BELASTUNG		GESAMTBETRAG	
					IM RAHMEN DER EINKOMMENSTEUER								
	HER-STELL. KOSTEN	ABSCHR. FAEHIGE KOSTEN	GRUND-STUECKS WERTE	EINMAL. WERB.-KOSTEN	1.JAHR	2.JAHR	3.JAHR	4.-8. JAHR	9.-14. JAHR	15.-20. JAHR	21.-25. JAHR	ENT-LASTUNG 0-14.J.	BE-LASTUNG 15-25J.
NEUBAU/PAUSCHALBESTEUERT 1)	45.0	30.5	15.0	-0.6	-1.1	-1.1	-1.1	-0.5	-	-	-	-6.4	-
DESGL./NORMALBESTEUERT 2)	45.0	45.0	15.0	-0.8	-1.4	-1.4	-1.4	-1.2	-0.5	+0.3	+1.1	-13.2	+7.3
DIFFERENZ BEI INVESTITIONSGUTLOESUNG				-0.2	-0.3	-0.3	-0.3	-0.7	-0.5	+0.3	+1.1	-6.8	+7.3

1) EINSCHL. DERZEITIGER BEGRENZTER SCHULDZINSENABZUG.

2) ANNAHMEN: DEGRESSIVE AFA NACH 7V.- ANFANGSWERT 10000 DM JE FALL, BZW. ERTRAG INSGESAMT 1.5 MRD. DM (BEI 19 MILL. QM WOHNFLAECHE), ZUWACHS 6% JAEHRLICH.- SCHULDZINSEN 8% UND 1% TILGUNG, BEI EIGENKAPITAL IN HOEHE DES GRUNDSTUECKSWERTES.

ren modellmäßig, welch zusätzlicher Finanzaufwand in Rechnung zu stellen wäre, wenn man den eigengenutzten Wohnraum künftig steuerlich als Investitionsgut behandeln würde.

Tabelle 8 veranschaulicht, wie sich dann für einen Baujahrgang im Bereich des eigengenutzten Wohnraums die einkommensteuerlichen Entlastungen und Belastungen im Zeitablauf darstellen würden. Die Anfangsentlastungen wären dabei im Vergleich zur derzeit gegebenen Lösung höher, weil die Höchstbetragsregelung des § 7b entfiele. Über einen Zeitraum von ca. 25 Jahren gesehen könnte sich ein Ausgleich von Entlastungen und Belastungen aus steuerpflichtigen Ertragsüberschüssen ergeben, wenn eine laufende Dynamisierung des Nutzungswerts erfolgt.

Tabelle II.3.2/9

KUMULIERTER EINKOMMENSTEUERLICHER EFFEKT FUER EIGENGENUTZTEN WOHNRAUM 1) BEI UEBERGANG ZUR NORMALBESTEUERUNG

HAUS-HALTS-JAHR	EIGENGEN. WOHNUNGSNEUBAU PAUSCHALBESTEUERT OHNE BEGR.SZ.ABZUG	MIT BEGR.SZ.ABZUG	NORMALBESTEUERT (A)	(B)
1	-0.5	-1.1	-1.4	-1.2
2	-1.0	-2.2	-2.8	-2.3
3	-1.5	-3.3	-4.2	-3.4
4	-2.0	-3.8	-5.5	-4.4
5	-2.5	-4.3	-6.7	-5.4
6	-3.0	-4.8	-7.9	-6.4
7	-3.5	-5.3	-9.1	-7.2
8	-4.0	-5.8	-10.2	-8.1
9	-4.0	-5.8	-10.8	-8.5
10	-4.0	-5.8	-11.4	-8.8
15	-4.0	-5.8	-12.9	-9.2
20	-4.0	-5.8	-11.0	-6.6
25	-4.0	-5.8	-5.6	-1.2

1) MODELLRECHNUNG BEI NOMINAL KONSTANTER BAULEISTUNG (OHNE BERUECKSICHTIGUNG EINMALIGER WERBUNGSKOSTEN IN DER BAUPHASE).

(A) BEI EINEM NUTZUNGSWERT VON 10000 DM JE FALL UND JAEHRLICHER ANHEBUNG UM 6 VH (ZINSSATZ 8 VH, ANNUITAET 9 VH).

(B) BEI EINEM NUTZUNGSWERT VON 15000 DM JE FALL UND JAEHRLICHER ANHEBUNG UM 4 VH (ZINSSATZ 8 VH, ANNUITAET 9 VH).

In Tabelle 9 ist dargestellt, wie sich die Steuerausfälle im Zeitablauf kumulieren, wenn von Standard-Baujahrgängen ausgegangen wird, die

- einerseits nach dem alten System der Pauschalbesteuerung (linke Spalte), ergänzt um den begrenzten Schuldzinsenabzug (zweite Spalte),
- andererseits als Investitionsgut, also in laufender Überschußrechnung (mit zwei Varianten zum Ertragswert, dritte und vierte Spalte)

besteuert werden. Die Berechnung zeigt, daß die Investitionsgutlösung in jedem Fall sehr viel teurer wäre als die ursprüngliche Regelung nach der Pauschalbesteuerung und die derzeitige Zwischenlösung mit begrenztem Schuldzinsenabzug. Sie zeigt ferner, daß mindestens 20 Jahre vergehen werden, bis ein Konsolidierungseffekt über die Ertragsbesteuerung eintreten wird. Auch wenn man den Nutzungswert sehr hoch - z.B. mit 10 DM je m^2 Wohnfläche, bzw. 15 000 DM je Fall jährlich - ansetzen und laufend anheben würde, wäre über diese Zeit mit einem zusätzlichen Steuerausfall zu rechnen, der im Maximum nach etwa 12 bis 15 Jahren die urprüngliche Pauschalbesteuerung in einer Größenordnung von 5 Mrd. DM (in Variante A sogar um 9 Mrd. DM) übertrifft. Erst von da ab könnte mit einer allmählichen Reduzierung der Steuerausfälle infolge des Zuwachses an positiven Erträgen gerechnet werden. Der durchschnittliche Nutzungswert müßte allerdings in diesem Zeitraum bereits auf 22 000 bis 26 000 DM je Fall (bzw. 15 bis 18 DM je m^2 Wohnfläche monatlich) angehoben worden sein und bis zum 25. Jahr sogar 40 000 DM (bzw. 27 DM je m^2 Wohnfläche monatlich) erreichen. Es ist in höchstem Maße zu bezweifeln, daß derartige Beträge als steuerpflichtiges Entgelt für die Nutzung einer vom Eigentümer geschaffenen Wohnung jemals politisch durchgesetzt werden können; dann läuft aber die Investitionsgutlösung auf eine sehr aufwendige Daueralimentierung hinaus.

Die derzeitige gemeinsame Aufgabe der Finanzpolitik und der Wohnungspolitik liegt darin, eine insgesamt effizientere Lösung der einkommensteuerlichen Entlastungen zu schaffen, so daß für den Staat geringere Kosten entstehen. Unter den Nebenbedingungen, daß

- das notwendige Investitionsvolumen im Mietwohnungsbau und im Bereich der Eigennutzung möglichst nicht gefährdet wird;

- das Selbsthilfeprinzip stärker unterstützt, längerfristig also der Ersterwerb von Wohnungseigentum für eine größere Zahl von Haushalten möglich wird, damit Subventionen im Mietwohnungsbereich eingeschränkt werden können.

Die Lösung dieser Aufgabe ist gewiß nicht einfach, vor allem deshalb, weil die einzuschlagende Richtung bei Politikern und Sachverständigen noch immer umstritten ist.

Die vorliegende Darstellung zeigt, daß der gegebenen Kosten- und Ertragsschere bei Wohnbauten im Steuerrecht schon immer durch langfristige Entlastungen Rechnung getragen wurde, wobei die Absetzungsmöglichkeiten in den letzten Jahren sogar nochmals ausgeweitet worden sind und somit wachsende Steuerausfälle nach sich ziehen, daß aber längerfristig erhebliche Haushaltsrisiken vor allem dadurch entstehen, daß die Ertragsbesteuerung systematisch umgangen wird. Deshalb besteht wenig Spielraum für zusätzliche undifferenzierte Dauerentlastungen im Eigenheimbereich, wie sie durch den generellen Schuldzinsenabzug gegeben wären. Es kommt zunächst darauf an, die nicht zielkonforme Ausnutzung bestehender Vergünstigungen zu beschneiden, bevor neue Hilfen für Eigennutzer verabschiedet werden. Von Bedeutung sind vor allem Fehlentwicklungen bei der Normalbesteuerung.

Zunächst sollte überhaupt ausgeschlossen werden, daß diese Regelung für eigengenutzten Wohnraum beansprucht werden kann; dies betrifft Eigentümerwohnungen in Zwei- und Mehrfamilienhäusern. Verwaltungstechnisch dürfte es keine große Erschwernis bedeuten, wenn die anteiligen Investitionskosten für eigengenutzten und vermieteten Wohnraum nach verschiedenen Steuervorschriften behandelt werden.

Beim vermieteten Wohnraum läge es nahe, im Normalsteuerrecht Vorschriften über einen Mindestzeitraum der Vermietung aufzunehmen, die Rückzahlungsverpflichtungen für bestimmte Absetzungen begründen, wenn das Investitionsobjekt vorzeitig einer anderen Verwendung (Eigennutzung durch den Bauherrn) zugeführt oder veräußert wird. Dieses Erfordernis entsteht aus zwei Gründen:

- wenn für Eigennutzer nur begrenzte Absetzungsmöglichkeiten bestehen, werden manche Bauherrn durch befristete Vermietung zusätzliche Finanzierungshilfen suchen;
- solange das Steuerrecht zu Anfang fiktive Verluste definiert und demgegenüber Veräußerungsgewinne steuerfrei läßt, ist für Haushalte mit hoher Grenzbelastung des Einkommens eine mittelfristige Kapitalanlage besonders vorteilhaft.

Eine Rückforderung erhöhter Abschreibungsbeträge ließe sich steuersystematisch wohl begründen, fraglich ist, ob auch Absetzungen für Schuldzinsen u.ä. einbezogen werden könnten. Jedenfalls ließen sich aber ungewollte Steuerentlastungen bis zu einem gewissen Grade rückgängig machen.

Als Maßnahmen mit generell einschränkender Wirkung auf die Ausnutzung von Steuervorteilen kommen vor allem eine engere Auslegung der Bauherreneigenschaft und des Werbungskostenbegriffs in betracht. Noch weitergehend, aber im Interesse der Steuergerechtigkeit konsequent wäre eine Regelung, die den Ausgleich von Verlusten aus Vermietung und Verpachtung mit anderen Einkunftsarten der Höhe nach begrenzt. Dabei sind drei Wege denkbar: die Grenze könnte prozentual in bezug auf die Summe aller positiven Einkünfte des Steuerpflichtigen oder als Absolutbetrag für den maximal ausgleichsfähigen jährlichen Verlust oder im Hinblick auf das tatsächlich eingesetzte Eigenkapital - sozusagen als Zuschlag - definiert werden.

Eine Alternative zur Beschränkung des Verlustausgleichs kann nur darin gesehen werden, daß Gewinne, die bei der Veräußerung von Grundstücken und Gebäuden entstehen, künftig besteuert werden. Bei gewerblichen Investitionen ist dies ohnehin der Fall, bei privaten Investitionen sollte dies zumindest für normalbesteuerte Objekte gelten, denn dann werden vorübergehende Kapitalanlagen nicht mehr besonders belohnt; erst dann ist auch die Annahme begründet, daß alle Steuervergünstigungen letztlich nur temporär sind, mit der positiven Wirkung, daß die Differenz von Anfangsmieten und Kostenbelastungen besser ausgeglichen wird. Für eigengenutzte Wohngrundstücke und Wohnungen könnte u.U. weiterhin eine Ausnahme getroffen werden, es sei denn, daß die steuerliche Behandlung in Richtung Investitionsgut entwickelt wird.

Die steuerlichen Regelungen über den Erwerb für Eigennutzung sollten eine Abstufung hinsichtlich des Neubaus, bzw. Neuerwerbs und des Kaufs von älteren Objekten enthalten. Die Vergünstigungen nach § 7b auf den Erwerb älterer Objekte könnten bis zu einer Neukonzipierung ausgesetzt werden, da den Steuerausfällen kaum positive Wirkungen gegenüberstehen. Das Ziel der direkten und indirekten Wohnungsbauförderung ist vor allem darin zu sehen, daß eine stetige Neubautätigkeit gewährleistet wird; die wiederholte Abschreibung von Objekten ist für den Staat teuer und bietet den Erwerbern geringere Vorteile als den Verkäufern.

3.3. Förderung im Bereich des Städtebaus

Unter dem Begriff Städtebauförderung werden Erhaltungs-, Erneuerungs- und Entwicklungsaufgaben zusammengefaßt; hierbei überschneiden sich mehrere investive Aufgabenfelder, die aus verschiedenen Quellen mit öffentlichen Mitteln oder Steuervergünstigungen unterstützt werden. Zu nennen sind:

1. Die städtebauliche Förderung in förmlich festgelegten Gebieten nach dem Städtebauförderungsgesetz, wobei zwei Aufgaben verfolgt werden, nämlich
   - Stadtsanierung, definiert als Behebung von Mißständen durch Neubebauung und Modernisierung, und
   - Stadtentwicklung als gezielte Neubebauung.

   Bei diesen Städtebauförderungsmaßnahmen im engeren Sinne handelt es sich um eine Programmförderung, die regelmäßig durch Finanzhilfen des Bundes nach Artikel 104 a GG i.V. mit §§ 71 und 72 StBauFG unterstützt wird. Die Programme werden von den Ländern erstellt und nach Maßgabe der verfügbaren Bundesmittel in dessen Programm aufgenommen. Normalerweise tragen Bund, Land und Gemeinde jeweils ein Drittel der Kosten. Länder und Gemeinden können aber zusätzliche Maßnahmen außerhalb des Bundesprogramms oder auch außerhalb der nach StBauFG förmlich festgelegten Gebiete fördern. Die von den Gebietskörperschaften bereitgestellten Sanierungs- bzw. Entwicklungsförderungsmittel sollen in erster Linie die Kosten der

Vorbereitungsmaßnahmen, der Ordnungsmaßnahmen und der Modernisierungsmaßnahmen decken, - sie können gegebenenfalls auch für Grundstückskäufe oder notwendige Gemeinbedarfseinrichtungen verwendet werden. Für Neubauvorhaben und Ersatzbauten dürfen sie hingegen nur ausnahmsweise eingesetzt werden.

2. Die Förderung des Wohnungsbaus, die insofern mit den städtebaulichen Maßnahmen verzahnt ist, denn
   - Ersatzbauten und Neubebauung in Sanierungs- und Entwicklungsgebieten sollen in erster Linie aus Mitteln des sozialen Wohnungsbaus unterstützt und finanziert werden; in § 26 des II. WoBauG sind städtebauliche Maßnahmen dementsprechend als ein Schwerpunkt für den Einsatz von Wohnungsbauförderungsmitteln genannt.
   - Daneben sollte natürlich auch die allgemeine Förderung der Modernisierung und Instandsetzung dahin wirken, daß in Gebieten mit überaltertem Wohnungsbestand rechtzeitig eine Verbesserung erreicht wird, so daß unter Umständen eine aufwendigere Sanierung vermieden werden kann. Da die bisherigen Programme aber gerade in den problematischeren Gebieten nur in geringem Maße angenommen worden sind, wird in der städtebaulichen Diskussion seit einigen Jahren ein "Instrumentarium mittlerer Intensität" gefordert. Eine entsprechende Gesetzesinitiative des Bundesrats ist kürzlich vorgelegt worden.[61)]

3. Maßnahmen zur Verbesserung des Wohnumfeldes, hierunter fallen
   - Bauten zur Verbesserung der Verkehrsverhältnisse in den Gemeinden - vor allem Maßnahmen zur Verkehrsberuhigung und Bauten für den ruhenden Verkehr -, die zum Teil über das Gemeindeverkehrs-Finanzierungsgesetz finanziell unterstützt werden.
   - Schaffung von Grünflächen und Infrastruktureinrichtungen, die aus allgemeinen Mitteln der Gemeinde finanziert werden und
   - Maßnahmen für den Lärmschutz.

4. Maßnahmen zur Standortverlagerung von Gewerbebetrieben oder Maßnahmen zur Erhaltung bestimmter Gewerbestrukturen in Zusammenhang mit städtebaulichen Maßnahmen, die teils aus Mitteln nach

dem Städtebauförderungsgesetz, teils aber auch aus normalen Haushaltsmitteln finanziert werden.

5. Die Aufwendungen der Länder für die Pflege von Baudenkmälern sowie Aufwendungen der Gemeinden, die im Zusammenhang mit Erhaltungssatzungen und Baugeboten bei Anwendung des § 39 Bundesbaugesetz entstehen.

Wegen dieser breiten Streuung der Aufgaben und Rechtsgrundlagen ist es nahezu unmöglich, eine vollständige Übersicht über die finanziellen Aufwendungen von Bund, Ländern und Gemeinden für städtebauliche Maßnahmen zu erlangen. Dies gilt entsprechend für eine Einschätzung der Subventionsintensität in diesem Bereich, wobei als zusätzliche Erschwernis hinzukommt, daß dann ja auch die induzierten privaten Investitionen beziffert werden müßten. Diese Investitionen werden über die möglichen Zuschüsse hinaus auch steuerlich besonders gefördert[62], z.B. werden Eigentümer, die sich zu diesem Zweck zusammenschließen, von der Körperschaftsteuer, Gewerbesteuer und Vermögensteuer befreit.

Über die Förderungsmittel des Bundes aus dem laufenden Bundesprogramm und den konjunktur- und wachstumspolitischen Sonderprogrammen liegen Angaben aus verschiedenen Ressortberichten der Bundesregierung vor. Im Finanzbericht 1983 wird die Summe der geleisteten Finanzhilfen (ohne Sonderprogramme) für den Zeitraum 1970 bis 1981 mit 2,61 Mrd.DM beziffert; für das Haushaltsjahr 1983 sind 260 Mill.DM - ergänzt um 70 Mill.DM aus dem Zukunftsinvestitionsprogramm - vorgesehen; für den Planungszeitraum bis 1986 sind 1 Mrd.DM veranschlagt worden.[63] Im Raumordnungsbericht 1982 wird die Gesamtsumme der Finanzhilfen - einschließlich der Sonderprogramme -für den Zeitraum bis Ende 1982 mit 4,2 Mrd.DM angegeben.[64] Eine Übersicht über die Bundesaufwendungen und den Finanzierungsanteil der Länder und Gemeinden im Rahmen der Sonderprogramme findet sich in einer früheren Stellungnahme der Bundesregierung zur Städtebaupolitik.[65]

Auf der Basis dieser Daten und mit Hilfe der vereinbarten Mitfinanzierungsquoten von Ländern und Gemeinden kann der gesamte Finanzaufwand der Gebietskörperschaften für den Zeitraum von 1971 bis 1982 mit rund 12 Mrd.DM beziffert werden. Dies betrifft aber nur die gemeinsam finanzierten Programme; die Summe der Förderungsmittel aus zusätzlichen Länderprogrammen ohne Beteiligung des Bundes belief sich seit 1970 auf ca. 2 Mrd.DM.[66] Zu berücksichtigen ist, daß sich dieser Mittelaufwand nur zu einem Teil auf Baumaßnahmen bezieht:

- die Mittel aus dem regulären Programm (8 Mrd.DM) entfielen zu 80 bis 90 vH auf Grunderwerb, Vorbereitungs- und Ordnungsmaßnahmen etc;
- die Mittel aus den konjunktur- und wachstumspolitischen Sonderprogrammen und Zusatzprogrammen der Länder (6 Mrd.DM) waren sehr viel stärker, wenn auch nicht ausschließlich, auf Baumaßnahmen konzentriert;
- die Grundfinanzierung der Baumaßnahmen durch die Eigentümer und Hilfen aus anderen Finanzierungsprogrammen sind in den vorgenannten Daten nicht enthalten.

Eine genauere Vorstellung über Investitionsvolumen und Subventionsintensität besteht über die Förderung im Rahmen des Zukunftsinvestitionsprogramms: Die vom Bund bereitgestellten Finanzhilfen in Höhe von 0,95 Mrd.DM sind durch Länder und Gemeinden um ca. 1,75 Mrd.DM ergänzt worden. Das gesamte Investitionsvolumen der geförderten Vorhaben ist vom Bundesministerium für Raumordnung, Bauwesen und Städtebau mit 4,7 Mrd.DM beziffert worden.[67] Demzufolge lag der Förderungsanteil bei 55 bis 60 vH, wobei beachtet werden muß, daß ein Teil der Mittel als Darlehen vergeben worden ist. Die Quote erhöht sich, wenn man berücksichtigt, daß im Programmteil "Ersatzwohnungsbau, Ausbau und Umbau" (Investitionsvolumen 2 Mrd.DM, Anreizförderung aus Bundes- und Landesmitteln ca. 0,7 Mrd.DM) noch Förderungsmittel des sozialen Wohnungsbaus hinzugekommen sind. Allerdings muß auch der Aspekt beachtet werden, daß in den betreffenden Gebieten erhebliche Anstoßwirkungen für zusätzliche kommunale Infrastrukturinvestitionen und private Investitionen ausgelöst worden sind.

Schaubild II.3.3/1

Städtebauförderungsmittel des Bundes 1971 - 1981

(ohne Länder- und Gemeindeanteil)

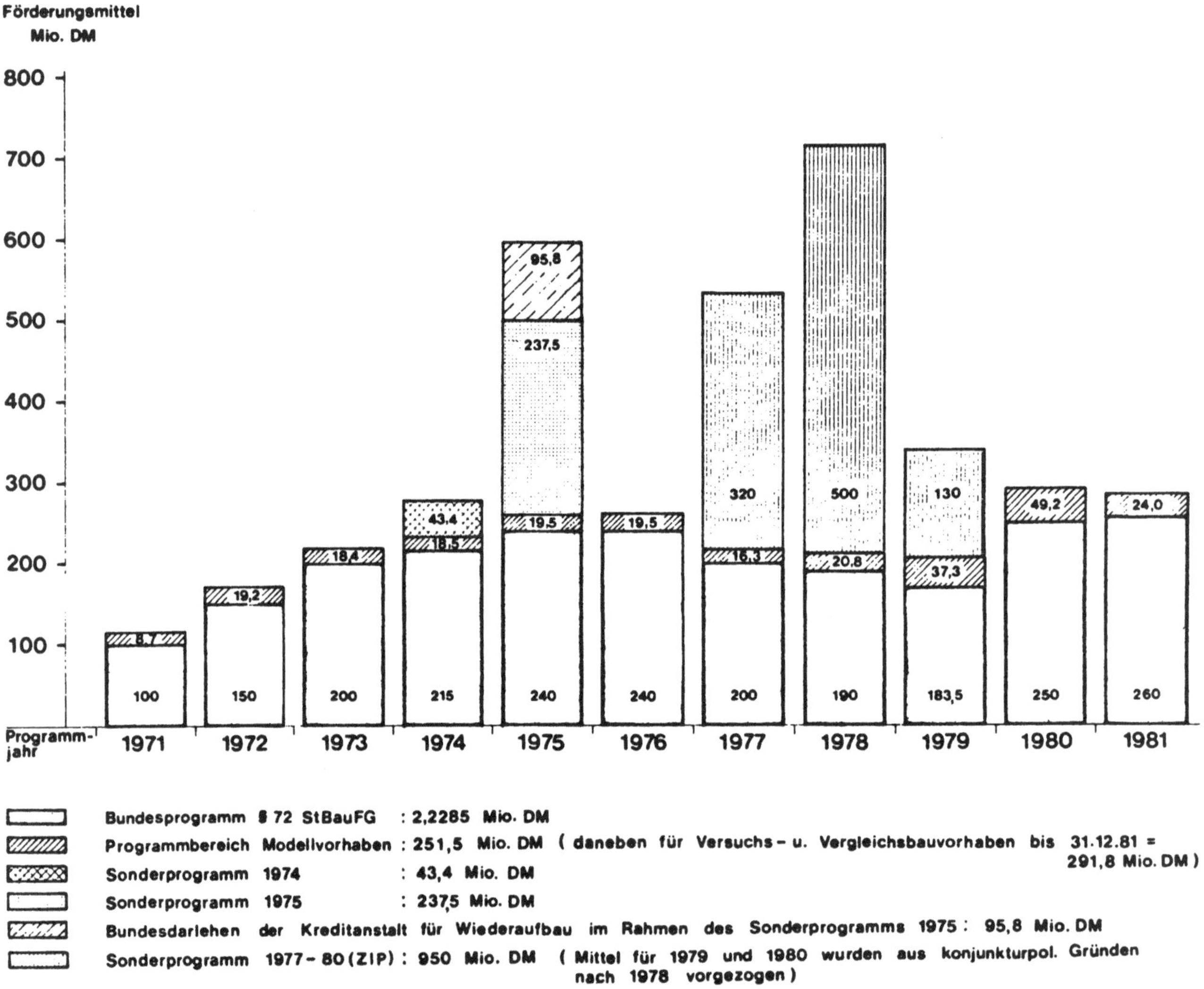

Quelle: Städtebauförderung, Schriftenreihe des BMRBS 02.007.

Tabelle II.3.3/1

OEFFENTLICH GEFOERDERTE WOHNUNGEN IM ZUGE VON SANIERUNGS- UND ENTWICKLUNGSMASSNAHMEN
- WOHNUNGEN IN 1000 -

JAHR	FOERDERUNG IM 1. UND 2. FOERDERUNGSWEG: SANIERUNGSMASSNAHMEN IM SAN.-GEBIET	SANIERUNGSMASSNAHMEN AUSSERHALB	ENTWICKLUNGSMASSN.	INSGESAMT	DAVON NEUBAU	FOERDERUNG IM 1. FOERDERUNGSWEG: SANIERUNGSMASSNAHMEN	ENTWICKLUNGSMASSNAHMEN	INSGESAMT	DAVON NEUBAU
1973	1488	1115	4026	6629	6393	2469	3655	6124	5872
1974	3055	628	8363	12046	11937	2997	7275	10272	10224
1975	3557	1399	6566	11522	11247	4010	4254	8264	8111
1976	2640	816	7857	11313	10404	2547	5628	8175	7490
1977	5396	749	5110	11255	10393	5536	3286	8822	7992
1978	3413	1272	3365	8050	7469	3601	373	3974	3501
1979	3578	809	2154	6541	5829	3704	454	4158	3487
1980	3291	836	1611	5738	5208	3537	479	4016	3541
1981	3344	488	731	4563	4011	3531	171	3702	3184
1982	4048	350	356	4754	4374	4005	141	4146	3805

QUELLE : DATEN DER BEWILLIGUNGSSTATISTIK.

Tabelle II.3.3/2

BAUTAETIGKEIT IN SANIERUNGS- UND ENTWICKLUNGSGEBIETEN
GENEHMIGTE BAUVORHABEN IM HOCHBAU 1)

JAHR	ZAHL DER WOHNUNGEN IN WOHN- UND NICHTWOHNBAUTEN: SANIERUNGSGEBIETE	ERSATZ-, ERGAENZGEBIETE	ENTWICKLUNGSBEREICHE	INSGESAMT	DAVON NEUBAU	VERANSCHLAGTE BAUKOSTEN (MILL. DM) DER WOHNBAUTEN: SAN.- U. ERSATZGEB.	WOHNBAUTEN: ENTW.-BEREICH	NICHTWOHNBAUTEN: SAN.- U. ERSATZGEB.	NICHTWOHNBAUTEN: ENTW.-BEREICH
1979	9177	1413	13091	23681	23444	1499	1866	988	746
1980	8491	1000	9035	18526	18363	1514	1340	1013	553
1981	7300	672	7019	14991	14599	1263	1087	1143	649
1982	8653	795	7270	16718	16322	1517	1073	1250	474

1) ANGABEN FUER DAS BUNDESGEBIET OHNE BAYERN.-

QUELLE : DATEN DER BAUTAETIGKEITSSTATISTIK.

Wesentliche Anhaltspunkte über den Umfang der Bautätigkeit in Sanierungs- und Entwicklungsgebieten liefern die Daten der Bewilligungsstatistik und der Bautätigkeitsstatistik des Statistischen Bundesamtes.

Im Rahmen der Bewilligungsstatistik wird seit 1979 über die Zahl der öffentlich geförderten Wohnungen im Zuge von Sanierungs- und Entwicklungsmaßnahmen berichtet. Demzufolge lag die Zahl der geförderten Wohnungen um die Mitte der 70er Jahre bei 11 000 Einheiten; sie ging aber seither stark zurück, vor allem deshalb, weil die Entwicklungsmaßnahmen an Bedeutung verloren haben. Im Zusammenhang mit der Sanierung sind in letzter Zeit jährlich 3 000 bis 4 000 Wohnungen überwiegend im Rahmen des 1. Förderungswegs des sozialen Wohnungsbaus finanziert worden (vgl. Tabelle 1) - das sind etwa 10 vH der insgesamt geförderten Mietsozialwohnungen.

Daten über die gesamte Bautätigkeit in förmlich festgelegten Gebieten nach dem StBauFG werden erst seit 1979 fortlaufend erhoben (allerdings ohne Angaben für das Land Bayern, das den erweiterten Bereich der Statistik ablehnt). Tabelle 2 zeigt, daß in letzter Zeit jährlich 8 000 bis 10 000 Wohnungen (einschließlich Bayern wahrscheinlich 9 000 bis 12 000 Wohnungen) in Sanierungsgebieten, Ersatz- und Ergänzungsgebieten neu erbaut worden sind. Der Anteil der im sozialen Wohnungsbau geförderten Wohnungen lag in diesen Gebieten bei knapp 40 vH; in den Entwicklungsbereichen machte er nur einen Bruchteil der Bautätigkeit aus. Wertmäßig lag die Bauleistung in Sanierungs- und Ergänzungsgebieten für Wohnbauten zuletzt bei 1,8 Mrd.DM und für Nichtwohnbauten bei 1,7 Mrd.DM, insgesamt also bei 3,5 Mrd.DM (Angaben für 1982, Anteil für Bayern geschätzt).

Die Analyse der Subventionsintensität und der Anstoßwirkungen städtebaulicher Förderungsprogramme sollte unter Berücksichtigung der erst seit einigen Jahren verfügbaren Daten zur gesamten Bautätigkeit in städtebaulich festgelegten Gebieten künftig vertieft werden. Hier konnten nur der mögliche Rahmen und erste globale Größen dargestellt werden.

Eine vertiefte Untersuchung erfordert auch die Frage, inwieweit die vermögens- und verteilungspolitischen Probleme bei der Sanierungsförderung besser als bisher gelöst werden könnten. Es steht außer Zweifel, daß außerordentlich hohe Förderungsmittel in eng umgrenzte Gebiete gelenkt werden, daß die an der Sanierung beteiligten Eigentümer mittels dieser Förderung erhebliches Sachvermögen bilden und daß infolge der Sanierungsmaßnahmen für alle Eigentümer in diesen Gebieten erhebliche Wertsteigerungen der Grundstücke und Gebäude entstehen. Im Städtebauförderungsgesetz ist vorgesehen, daß alle Eigentümer einen Ausgleichsbetrag entrichten sollen, durch den die sanierungsbedingten Bodenwertsteigerungen abgeschöpft werden (vgl. §§ 23, 41 StBauFG). In der Praxis ist aber die Neigung der Gemeinden gering, derartige unpopuläre Maßnahmen zu ergreifen; sie haben dabei auch einen erheblichen Ermessensspielraum (vgl. § 94 StBauFG). Abgesehen davon, daß Bodenwertsteigerungen nur in sehr begrenztem Umfang zum Ausgleich der öffentlichen Ausgaben herangezogen werden, verhält es sich wahrscheinlich sogar so, daß der größere Teil des Sanierungserfolges als eine Werterhöhung der Bauten zu Buche schlägt[67], diese Ertragswertsteigerung wird aber bei der Ermittlung von Grundstückswerten nur teilweise erfaßt. Deshalb müßten auch in diesem Bereich noch bessere Wege für eine Umlegung der Lasten und Vermögensvorteile gesucht werden.

Fußnoten

1) Daneben kommen als Bauträger und Initiatoren auch Organe der staatlichen Wohnungspolitik (Landesentwicklungs- und Heimstättengesellschaften) und öffentliche Körperschaften, namentlich die Gemeinden selbst in Betracht.

2) Durch das I. WoBauG wurden die Gebietskörperschaften verpflichtet, bis zum Jahre 1956 für die Errichtung von zwei Millionen Sozialwohnungen zu sorgen; dabei handelte es sich überwiegend um Mietwohnungen. Bereits in der Neufassung des Gesetzes von 1956 wurde die Eigentumsbildung als Ziel der Wohnungspolitik genannt. Auch das II. WoBauG von 1956 definierte das allgemeine Förderungsziel als "die Beseitigung der Wohnungsnot und die Verbindung weiter Kreise des Volkes mit dem Grund und Boden durch Bildung von Einzeleigentum, namentlich in Form des Familienheimes". Erst 20 Jahre später, mit der Neufassung von 1976 (Gestz zur Förderung von Wohnungseigentum und Wohnbesitz im sozialen Wohnungsbau) wurde die Zielsetzung neu formuliert: anstelle des Begriffs 'Wohnungsnot' trat der des 'Wohnungsmangels', der für örtliche Teilmärkte und bestimmte Personengruppen fortbesteht und durch die Förderung ausgeglichen werden soll; Vorrang erhielt jedoch das zweite Ziel, nämlich "für weite Kreise der Bevölkerung breitgestreutes Eigentum zu schaffen", durch die Vorschrift, daß mindestens die Hälfte der Förderungsmittel für diesen Zweck eingesetzt werden sollte.

3) Einerseits sind hier Vorschriften zu nennen, die bestimmte Mindestgrößen und Eigenschaften als Voraussetzung für eine öffentliche Förderung benennen, andererseits Obergrenzen, ab denen eine öffentliche Förderung oder Steuerbegünstigung ausgeschlossen ist.

4) Es handelt sich um steuerbegünstigten Wohnungsbau, der zusätzlich mit öffentlichen Mitteln subventioniert wird. Diese Förderungsform wurde durch das Finanzänderungsgesetz 1967 ermöglicht. Durch die WoBauG-Novelle von 1971 ist dieser Weg wesentlich ausgebaut worden.

5) Vgl.: Fischer-Dieskau/Pergande/Schwender: Wohnungsbaurecht (Kommentar), Band 1, Einführung.

6) Vgl. ebenda "Der Beleihungsraum für erste Hypotheken erhöhte sich auf 30 bis 35 % der Gesamtkosten. Dazu traten in der Regel zweitstellige, durch öffentliche Bürgschaften abgesicherte Hypotheken von 15 bis 20 % der Gesamtkosten. Der restliche Finanzierungsaufwand von 45 bis 50 % der Gesamtkosten war durch öffentliche Mittel, durch sonstige Mittel und durch Eigenkapital abzudecken. Als "sonstige Mittel" kamen neben Bauspardarlehen auch Arbeitgeberdarlehen (Werksdarlehen) und zusätzliche Gemeindedarlehen in Betracht. Die höheren Zinsen der Kapitalmarktmittel wurden durch die neu eingeführten Annuitätszuschüsse oder -darlehen, die später durch laufende Aufwendungsbeihilfen (Aufwendungsdarlehen und Aufwendungszuschüsse) abgelöst wurden, sowie durch Zinszuschüsse (§ 42 des

II. WoBauG), in einem Maße verbilligt, daß der gleiche Effekt wie beim Einsatz der bisher ausschließlich gewährten Kapitalsubventionen erzielt wurde."

7) Bis 1972 wurden ausnahmslos Zuschüsse zu Zinsen und/oder Tilgungen (Annuitätszuschüsse) gewährt. Danach wurde das System der Aufwendungsbeihilfen eingeführt, - das sind Zahlungen, die sich nicht mehr unmittelbar auf den Kapitaldienst, sondern statt dessen auf die Gesamtkosten je m^2 Wohnfläche beziehen, und teils als Zuschuß, teil als später rückzahlbares Darlehen gewährt werden. Als Sammelbegriff wird der Terminus "objektbezogene Beihilfen" verwendet.

8) Entnommen bei: U. Hoffmann: Der Mietwohnungsbau im Spiegel der Statistik - Beitrag zur aktuellen Wohnungsbau-Diskussion. Hrsg.: Statistisches Bundesamt (Arbeitsunterlage), Wiesbaden 1981.

9) Auswege wurden einerseits darin gesucht, daß die Einkommensgrenzen für Bezugsberechtigte ausgeweitet wurden, andererseits darin, daß das Mietenniveau älterer Sozialwohnungen mittels Zinsanhebung der öffentlichen Darlehen erhöht wurde.

10) Im Regelfall läuft die degressive Förderung über 12 Jahre, wobei die Förderungsrate in vier Stufen, d.h. nach jeweils 3 Jahren gesenkt wird und dann ausläuft. In einigen Bundesländern ist die Degression jährlich oder zweijährlich gestaffelt -, diese Unterschiede haben jedoch nur einen geringen Einfluß auf die hier vorgenommene Schätzung für die Haushaltsbelastungen.
Soweit die Förderung als Aufwendungsdarlehen vergeben worden ist, schließt sich zumeist eine Frist von 2 Jahren an, in denen der kumulierte Betrag zins- und tilgungsfrei bleibt, bevor sich diese Kosten (normalerweise 6 vH Zinsen, 2 vH Tilgung) schließlich mieterhöhend auswirken. Rückflüsse aus den Aufwendungsdarlehen dürften so gering sein, daß sie in der Haushaltsrechnung vernachlässigt werden können.

11) Der Anstieg der Kostenmiete ist nur in den Jahren 1976 bis 1978 vorübergehend unterbrochen worden, weil die Kapitalmarktzinsen damals einen Tiefstand erreicht hatten. Vgl. hierzu: U. Hoffmann, a.a.O., S.23.

12) Vgl. hierzu: Die Bedeutung finanzwirksamer Instrumente für den Wohnungsneubau. Bearb.: B. Bartholmai. In: Wochenbericht Nr. 8/1983 des DIW, S.101.

13) Aus den beiden Tabellen zur Finanzierung des sozialen Wohnungsbaus insgesamt und zur Finanzierung des Mietwohnungsbaus können die Aufwendungen für die Eigentumsförderung praktisch als Differenz abgelesen werden. Ein - allerdings unwesentliches - Abgrenzungsproblem liegt darin, daß in der Gesamtsumme auch die Förderung von Wohnheimen und Wohnungen in Nichtwohngebäuden enthalten ist.

14) Vgl. Fischer-Dieskau/Pergande/Schwender, a.a.O., Erläuterungen zu § 1 des II. WoBauG.

15) Vgl. hierzu: Die Eigentumsbildung im Wohnungsbau. Bearb.: R. Weissbarth, B. Hundt. In: Schriftenreihe "Wohnungsmarkt und Wohnungspolitik" 07.014/1983 des BMRBS., S.58.

16) Faßt man direkte Subventionen und Steuervorteile im Barwert zusammen, so zeigt sich, daß der Staat für Eigentümerwohnungen im sozialen Wohnungsbau letztlich ähnliche Aufwendungen (in Form von direkten Ausgaben und Steuermindereinnahmen) übernimmt wie bei der Förderung vergleichbarer Mietwohnungen, - dies gilt allerdings nur insoweit, als Mietsozialwohnungen von gemeinnützigen Unternehmen und Organisationen errichtet werden, - bei steuerpflichtigen Bauherren treten höhere Entlastungseffekte hinzu. Vgl. hierzu: Die Bedeutung finanzwirksamer Instrumente für den Wohnungsneubau a.a.O.

17) Die Regelung ist außerdem unter sozialem Aspekt nach der Kinderzahl und für Schwerbehinderte gesondert ausgestaltet (Vgl. § 69 II. WoBauG und Ablösungsverordnung).

18) Vgl.: Die Eigentumsbildung im Wohnungsbau a.a.O.

19) Vgl. die Gesetzesänderungen zum WoBauG in den Jahren 1968, 1973 und 1980.

20) Grundsätzlich blieb es den Ländern aber freigestellt, inwieweit sie von diesen Zinsanhebungen Gebrauch machen.

21) Die Mietpreisbindung wurde in den genannten Fällen auf nurmehr 6 Monate festgelegt, während bis dahin bei vorzeitiger Rückzahlung in der Regel eine Nachwirkungsfrist von 8 Jahren bestand.

22) In der Begründung des Gesetzentwurfs (BT-Drucksache 9/744) wird angeführt, daß nach Fortschreibung der Ergebnisse der 1%-Wohnungsstichprobe 1978 32 vH der Hauptmieterhaushalte und 44 vH der Eigentümerhaushalte die für 1980 geltenden Einkommensgrenzen nach § 25 II. WoBauG überschritten.

23) Gesetz über den Abbau der Fehlbelegung im Wohnungswesen (AfWoG).

24) Seit 1981 berichten die Bundesländer auf Initiative des BMRBS über die vorzeitigen Darlehensablösungen nach Bauherrengruppen und Altersklassen der Wohnungen.

25) Dem entspricht ein Darlehensrückfluß von etwa 100 Mill.DM. Der gesamte Darlehensrückfluß ist gegenüber 1980 stark angestiegen - vor allem infolge der Ablösungen für Eigenheime: für 1981 wird er mit 1,7 Mrd. DM, für 1982 mit etwa 2 Mrd.DM beziffert. Setzt man davon die Rückzahlungen für Mietwohnungen ab, so bedeutet dies, daß 1981/82 2.8 Mrd. DM Darlehen auf Eigenheime abgelöst worden sind.

26) Die Regelung über das kurzfristige Auslaufen der Mietpreis- und Belegungsbindungen, entsprechend dem neueingefügten § 16a

WoBindG ist außerordentlich kompliziert. Nicht zuletzt deshalb, weil der § 16 erst 1980 grundlegend umgestaltet worden war: Bis Mitte 1980 galt im Regelfall noch eine Nachwirkungsfrist von 10 Jahren, die dann auf 8 Jahre verkürzt worden ist und ungeingeschränkt nur noch für "Gebiete mit erhöhtem Wohnbedarf" bestehen blieb. § 16a trat am 1.1.1982 inkraft, wobei allerdings die Vorschrift über die Halbjahresfrist für die Mietpreisbindung erst ab 1.1.1983 anzuwenden ist (vgl. § 34); bis dahin konnten die Länder noch Ausnahmeregelungen für bestimmte Gemeinden unter 200 000 Einwohnern treffen. Letztlich gilt, daß alle Mietwohnungen, für die die Darlehen vorzeitig zurückgezahlt worden sind - auch wenn dies vor 1981 der Fall war - ab der Jahresmitte 1983 aus den Bindungen entlassen werden, es sei denn, daß sie in Gebieten liegen, für die die Regelung nicht greift.

27) Vgl. hierzu den Wohngeld- und Mietenbericht 1981 der Bundesregierung (BT-Drucksache 9/1242), Ziff. 61, S. 27.

28) Vgl. hierzu auch § 46 II. WoBauG.

29) Vgl. hierzu die Übersichten zu den Mietobergrenzen und dem subventionstechnisch bedingten Mietanstieg nach Bundesländern in den Wohngeld- und Mietenberichten der Bundesregierung.

30) Vgl. Wohngeld- und Mietenbericht 1981 a.a.O., S. 29, 43.

31) Die Berechnungen stützten sich auf die Bewilligungsstatistik und das in der II. BVO festgelegte Schema der Wirtschaftslichtkeitsberechnung, sowie dort vorgegebene Pauschalsätze für Bewirtschaftungskosten. Ähnliche Ansätze finden sich bei U. Hoffmann, a.a.O. und R. Ulbrich: Verteilungswirkungen des Förderungssystems für den Wohnungsbau. In: Schriftenreihe "Wohnungsmarkt und Wohnungsplitik" 07.010/1980 des BMRBS.

32) Aller Erfahrung nach werden den Bauherren besonders günstige Zinskonditionen eingeräumt, - oft liegt der Hypothekenzins nur 0,5% über der Emissionsrendite für Pfandbriefe. Hinzu kommt, daß die Bauherren bei besonders niedrigen Zinsen größere Kredite aufnehmen.

33) Neben den öffentlichen Mitteln im Sinne des WoBauG treten oft durch Zuschüsse verbilligte Kapitalmarktmittel, die über Spezialinstitute beschafft werden und vergünstigte Darlehen öffentlicher Organisationen.

34) Um die öffentliche Förderung zu erhalten, müssen die Bauherrn nachweisen, daß für ihr Objekt die vorgegebene Bewilligungsmiete nicht überschritten wird. Sie können dabei in ihrer Kalkulation z.B. auf Verzinsung des Eigenkapitals verzichten; an diesen Verzicht sind sie dann 6 Jahre lang gebunden.

35) Bei den Bewirtschaftungskosten (ohne Abschreibungen) ist der gleiche Anstieg wie in der Vergangenheit angenommen worden.

36) Vgl. hierzu die entsprechenden Vorschriften der II. BVO.

37) Allerdings ist zu beachten, daß die Vorschrift in § 1, Abs. 2 des II. WoBauG so ausgelegt wird, daß neben den Darlehen und Beihilfen auch der Einsatz von Wohnungsfürsorgemitteln zu berücksichtigen wäre.

38) Vgl.: Wohngeld- und Mietenbericht 1981, a.a.O., S. 30.

39) Vgl. hierzu R. Ulbrich: Verteilungswirkungen..., a.a.O., S. 82ff.

40) Vgl. hierzu auch den Bericht der Bundesregierung über das Zusammenwirken finanzwirksamer, wohnungspolitischer Instrumente (BT-Drucksache 9/1708), S. 49f.

41) Vgl. hierzu den Neunten Subventionsbericht der Bundesregierung, BT-Drucksache 10/352, S. 308 f.

42) Vgl. Instrumentenbericht, a. a. O., S. 16 f.

43) Mit dem "Gesetz zur Steuerentlastung und Investitionsförderung" wurde 1977 die degressive Gebäude-AfA für Wirtschaftsbauten und den freifinanzierten Mietwohnungsbau zugelassen. Diese Regelung war 1973 wegen des Bauboms abgeschafft worden.

44) Vgl. hierzu: Die Bedeutung finanzwirksamer Instrumente für den Wohnungsneubau, a. a. O.

45) Methodisch unterscheiden sich die Berechnungen von den im vorhergehenden Abschnitt "direkte Förderung des Wohnungsbaus" dargestellten Ergebnissen insofern, als hier die Finanzhilfen exemplarisch für einen Baujahrgang in abdiskontierter Form ausgewiesen werden, während vorher die haushaltsmäßigen Aufwendungen als jährlicher Querschnitt über alle bis dahin geförderten Baujahrgänge ausgewiesen worden sind.

46) In der Übersicht ist die Ausdehnung der Pauschalbesteuerung auf unechte Zweifamilienhäuser bereits berücksichtigt worden. Deren Zahl lag 1980 bei 15 000; dementsprechend wäre die Zahl der normalbesteuerten eigengenutzten Wohnungen nach der alten Regelung höher, die der pauschalbesteuerten niedriger anzusetzen.

47) Als begünstigende Begleitumstände haben sich die Beschränkung von Verlustzuweisungen bei anderen Beteiligungsmodellen (negatives Kapitalkonto) und die Ausdehnung des § 7b EStG auf Erwerbsfälle im Wohnungsbestand ausgewirkt.

48) Beim Erwerb nach der § 7b-Regelung setzt ein neuer Abschreibungszyklus ein; bei der Veräußerung als Mietobjekt wird der Abschreibungszyklus nich unterbrochen, allerdings bildet der Anschaffungswert die neue (höhere) Basis.

49) Vgl. hierzu U. Pfeiffer: Gemeinnützigkeit und gemeinnützige Wohnungswirtschaft - Darstellungen, Analysen und Folgerungen. In:

BDA-Forum 82 "Gemeinnützigkeit und Wohnungsbau", Hrsg.: Bund Deutscher Architekten, Bonn 1983.

50) Bei einem Bauvolumen von etwa 10 Mrd. DM im Jahre 1980 entfielen 4 Mrd. DM auf Modernisierung und Instandsetzung, 3,5 Mrd. DM auf Eigentumsmaßnahmen und 2,6 Mrd. DM auf Mietwohnungen. Vgl.: Tätigkeitsbericht 1980/81 des Gesamtverbandes Gemeinnütziger Wohnungsunternehmen e.V.

51) Vgl. hierzu auch S. Brenke: "Fiskalische Wirkungen auf dem Wohnungsmarkt in Neubau und Bestand", in: Bauwelt, Heft 12/1983 (Stadtbauwelt Nr. 77).

52) Genau genommen muß dabei nach Objekten und Steuerfällen mit Ertragsüberschuß unterschieden werden, denn bei Eigentümern mehrerer Objekte können intern bereits Kompensationen bestehen; in der Statistik treten also nicht alle Verluste in Erscheinung.

53) Für das Jahr 1978 kann dieser Bestand mit ca. 4.2 Mill. Wohneinheiten beziffert werden (vgl. Brenke, a.a.O., S. 35). In den meisten Fällen wird jedoch der steuerpflichtige "Grundbetrag" (in Höhe von 1.4 vH des Einheitswertes) weiterhin durch Schuldzinsen und Erhaltungsaufwand übertroffen.

54) Schon zu Mitte der 70er Jahre war die Zahl der jährlich verkauften älteren Geschoßwohnbauten ebenso hoch wie die der Neubauten; bei den Ein- und Zweifamilienhäusern lag das Verhältnis bei 2 : 5. Die Ausdehnung des § 7b auf Altbauten ließ die Verkaufszahlen emporschnellen, wobei in der Folge viele Umwandlungen von Miet- in Eigentumswohnungen verzeichnet worden sind. Vgl. hierzu: K. Gustafsson, R. Hoppe: "Die Bedeutung des Immobilienmarktes für die Wohnungsversorgung", in: Bauwelt, Heft 12/1983 (Stadtbauwelt Nr. 77), S. 40 f.

55) Vgl. Bericht der Bundesregierung über Möglichkeiten zur Umstellung des § 7b EStG auf ein anderes Förderungssystem; BT-Drucksache 8/2554 (1979), S.10, 23.

56) Dies ist der Zeitraum, in dem erhöhte Abschreibungen (5%) beansprucht werden können, - die anschließenden Normalabschreibungen (2%) bleiben unberücksichtigt, da sie im Rahmen der pauschalierten Ertragsbesteuerung nach § 21a EStG bereits abgegolten sind, vgl. ebenda, S. 5.

57) Etwas anderes ist es, wenn sich die Vergünstigungen auch auf diese Steuern - im Sinne einer verminderten Leistungspflicht - erstrecken.

58) Der Vorteil ergibt sich einerseits daraus, daß die gezahlte Mehrwertsteuer für die Investition sofort erstattet wird, während die auf die Mieteinnahmen zu entrichtenden geringen Beträge sich erst über einen sehr langen Zeitraum gesehen zu einem entsprechenden Betrag aufsummieren. Außerdem greift hierbei die Kleinunternehmerregelung (§ 19 UStG) ein, mit der Folge, daß tatsächlich nur ein Bruchteil des jährlichen Umsatzsteuerbetrages (im Extremfall gar keine Umsatzsteuer) abzuführen sind.

59) Dies entspricht etwa der Überlegung, daß Einnahmen, die erst in späteren Jahren anfallen (Steuerstundungen), sozusagen durch Anleihen überbrückt werden müssen.

60) Die technische Lebensdauer von Gebäuden wird im allgemeinen mit 80 bis 100 Jahren veranschlagt. Bei der Wertermittlung von Gebäuden ist eine lineare Abschreibung über die tatsächliche Lebensdauer vorgeschrieben, vgl. hierzu § 86 BewG.

61) Gesetzesantrag des Landes Niedersachsen zur Änderung des StBauFG, vgl. BR-Drucksache 291/1983.

62) Vgl. hierzu StBauFG, Sechster Teil.

63) Vgl. Finanzbericht 1983, S. 129, 97 und 64.

64) Vgl. Raumordnungsbericht 1982 (BT-Drucksache 10/210), S. 26.

65) Vgl. BT-Drucksache 8/2085 (Antwort der Bundesregierung auf eine große Anfrage zur Städtebaupolitik), S. 16. Eine weitere Aufschlüsselung der Aufwendungen von 0,95 Mrd.DM in Rahmen des ZIP findet sich im Finanzbericht 1978 (vgl. dort S. 116): 250 Mill.DM für historische Stadtkerne, je 200 Mill.DM für Betriebsverlagerungen und Infrastrukturmaßnahmen, 300 Mill.DM für Ersatzwohnungsbau sowie Um- und Ausbaumaßnahmen.

66) Vgl. hierzu die Untersuchung "Städtebauförderung" der GEWOS im Auftrage des BMRBS, veröffentlicht in Schriftenreihe Stadtentwicklung (02.027), S. 58. Zur Aufschlüsselung der Förderungsmittel nach Maßnahmebereichen, Ländern und ausgewählten Fällen vgl. ebenda, S. 37, 57 und 104 ff.

67) Vgl. hierzu U. Pfeiffer: Stadtsanierung: Kapitalverschwendung oder Wachstumsmotor? In: Bauwelt-Heft 24/1983 (Stadtbauwelt Nr. 78), S. 130.

4 Soziales Sicherungssystem

4.1 Entwicklung des sozialen Sicherungssystems

Das soziale Sicherungssystem ist, so wie es in der Bundesrepublik Deutschland heute existiert, kein System aus einem Guß. Es ist das Ergebnis eines historischen Prozesses, in dem im Laufe der Zeit partiell neue Zielvorstellungen durch Veränderungen oder Erweiterungen des Sozialrechts eingebracht wurden. Eine nahtlose Verknüpfung gelang nicht immer.

Die Entwicklung des sozialen Sicherungssystems in der Periode von 1960 bis 1981 - und hier hebt sich die zweite Hälfte dieses Zeitabschnitts heraus - wurde vor allem durch drei Faktoren geprägt:

- Veränderte gesellschaftliche Zielvorstellungen führten zu einer Reihe von Änderungen der Sozialgesetzgebung
- Demographische Veränderungen
- Veränderungen in den ökonomischen Rahmenbedingungen.

4.1.1 Änderungen des Sozialrechts

Nach 1960 wurden beträchtliche Veränderungen im Sozialrecht vorgenommen; als wichtigste sind aufzuführen:

- das Gesetz über die Fortzahlung des Arbeitsentgelts im Krankheitsfalle und über Änderungen des Rechts der gesetzlichen Krankenversicherung (Lohnfortzahlungsgesetz, 1969)
- das Arbeitsförderungsgesetz (AFG, 1969)
- das Bundesausbildungsförderungsgesetz (Bafög, 1971)
- das Rentenreformgesetz von 1972 mit der Einführung der flexiblen Altersgrenze, der Öffnung der Rentenversicherung für Selbständige und Hausfrauen und der Schaffung einer befristet geltenden Rente nach Mindesteinkommen, sowie
- die Ausweitung und Umgestaltung des Familienlastenausgleichs (Einkommensteuerreformgesetz, 1974).

Von diesen Veränderungen gingen erhebliche Auswirkungen aus. Betroffen waren alle Sektoren: Staat, Unternehmen und private Haushalte. Der Staat als Hauptträger der sozialen Sicherung durch eine Ausweitung des Leistungsvolumens, die Unternehmen durch höhere Sozialabgaben und die privaten Haushalte sowohl durch höhere Abgaben als auch durch höhere empfangene Übertragungen. Über die direkten Auswirkungen hinaus sind indirekte Auswirkungen relevant; so wirkt sich z. B. die Erhöhung eines Absicherungsniveaus (Rente nach Mindesteinkommen) oder die Schaffung von Rentenansprüchen (Öffnung der Rentenversicherung für Selbständige mit der Möglichkeit der Nachzahlung) auf die Erwerbsbeteiligung aus.

4.1.2 Demographische Veränderung

Die Wohnbevölkerung hat von 56 Mill. Personen im Jahr 1960 auf 62 Mill. Personen im Jahr 1974 zugenommen und verharrt seitdem auf diesem Stand. 1981 sind von diesen 62 Mill. Personen 4,6 Mill. Personen der ausländischen Bevölkerung zuzurechnen. Die deutsche Bevölkerung nimmt seit Anfang der siebziger Jahre ab. Das Stagnieren der Wohnbevölkerungszahl schafft mittel- bis längerfristig gravierende Probleme für das soziale Sicherungssystem, weil sich die Relation der Zahl der Erwerbstätigkeit zu der Zahl der nicht Erwerbstätigen verschlechtert.

Die Zahl der Kinder und Jugendlichen bis zu 18 Jahren hat bis 1969 um knapp 2,5 Mill. Personen zugenommen und fällt seitdem. 1981 wurde das Niveau von 1960 um knapp 0,4 Mill. unterschritten. Der Anteil der bis zu 18-Jährigen an der Wohnbevölkerung betrug 1981 22,4 vH, gegenüber 25,3 vH im Jahr 1960. Die Zahl der älteren Personen in der Altersabgrenzung von 60 Jahren und älter ist von 9,2 Mill. Personen auf 12,1 Mill. gestiegen. Ihr Anteil stieg von 16,5 vH um 3 Prozentpunkte. Die Bevölkerung der Altersgruppe von 18 Jahren bis unter 60 Jahre stagnierte zwischen 1960 und 1970 auf dem Niveau von 32,6 Mill. Personen. Danach stieg sie auf 35,8 Mill. Personen im Jahr 1981. Der Anteil dieser Altersgruppe an der Gesamtbevölkerung fiel von 58,2 vH im Jahr 1960 auf 53,5 vH Anfang der siebziger Jahre und erreichte 1980 wieder das Niveau der frühen sechziger Jahre. 1960 betrug das Verhältnis der älteren zu der mittleren Altersgruppe 1 : 3,5; dies verschlechterte sich auf 1 : 2,7 im Jahr 1974 und betrug 1981 1 : 2,9.

4.1.3 Veränderungen der ökonomischen Rahmenbedingungen

Das System der sozialen Sicherung ist in doppelter Weise mit dem Wirtschaftsablauf verknüpft. Je weniger es der Wirtschaftspolitik gelingt, ausreichende Existenzmöglichkeiten zu sichern, desto mehr muß die soziale Sicherungspolitik für Schutz und Hilfe sorgen. Umgekehrt beeinflußt der Aufwand der sozialen Sicherungspolitik unmittelbar die Wirtschaftsabläufe, da er direkt konsumtive Nachfrage schafft und somit die Absatzmöglichkeiten der Unternehmen beeinflußt. Die Veränderung der ökonomischen Rahmenbedingungen in den siebziger Jahren, besonders die Zunahme der Arbeitslosigkeit, macht die gegenseitige Abhängigkeit von wirtschaftlicher Entwicklung und Beanspruchung des sozialen Systems besonders deutlich. Dies kommt auch im langfristigen Vergleich der Relation staatliche Sozialleistungen an private Haushalte zum Bruttosozialprodukt zum Ausdruck : steigende Arbeitslosigkeit erhöht die Sozialleistungsquote. Dies gilt für das Jahr 1967, die Jahre 1974/75 (überlagert durch die Auswirkungen der Kindergeldreform) und die Jahre 1981/82.

Tabelle II. 4.1.3/1

Soziale Leistungen an Private Haushalte

Jahr	Soziale Leistungen an private Haushalte - in Mrd. DM	Soziale Leistungen an private Haushalte/BSP - in vH -
1960	36,40	12,0
1961	39,56	11,9
1962	42,90	11,9
1963	46,23	12,1
1964	50,51	12,0
1965	56,78	12,4
1966	62,01	12,7
1967	69,49	14,1
1968	72,88	13,7
1969	78,71	13,2
1970	85,72	12,7
1971	96,66	12,9
1972	110,72	13,4
1973	124,08	13,5
1974	143,96	14,6
1975	179,91	17,5
1976	193,85	17,3
1977	205,80	17,2
1978	215,76	16,7
1979	229,11	16,4
1980	244,24	16,4
1981	265,10	17,2
1982	281,53	17,6

Quelle: Statistisches Bundesamt, Fachserie 18; eigene Berechnungen.

4.2 Auswirkungen des sozialen Sicherungssystems

4.2.1 Die Problematik der indirekten Auswirkungen

Über die Auswirkungen des sozialen Sicherungssystems werden Hypothesen vielfältiger Natur aufgestellt. Ein Teil dieser Hypothesen beschäftigt sich mit den direkten Auswirkungen des sozialen Sicherungssystems, z.B. der verstärkten Inanspruchnahme des Altersruhegeldes vom vollendeten 63. Lebensjahre an als direkte Folge der Gesetzgebung, die dies ermöglicht.

Bei anderen Hypothesen handelt es sich um vermutete indirekte Auswirkungen, nämlich einerseits um vermutete Veränderungen der Wertvorstellungen und andererseits um Veränderungen von Verhaltensweisen, von denen angenommen wird, daß sie auf das soziale Sicherungssystem zurückzuführen sind. Für beide Fälle ist der Nachweis der Wirkungszusammenhänge schwierig, z. T. aufgrund des fehlenden statistischen Materials unmöglich.

So wird häufig behauptet, daß zwischen der gesetzlichen Verbesserung der wirtschaftlichen Absicherung im Krankheitsfalle und dem Niveau und der Entwicklung des Krankenstandes ein Zusammenhang besteht. Durch das Lohnfortzahlungsgesetz wurden die Arbeiter mit den Angestellten im Krankheitsfall rechtlich gleichgestellt. Unterstellt wird, daß diese bessere finanzielle Absicherung zu ungerechtfertigt häufigen Krankmeldungen geführt hat. Diese Argumentation läßt außer acht, daß der Krankenstand von einer ganzen Reihe von Faktoren abhängt. Statistisch läßt sich dieser Zusammenhang nicht belegen, da zugleich mit dem Inkrafttreten des Lohnfortzahlungsgesetzes die statistische Erfassung der Arbeitsunfähigkeit geändert wurde.

Weitere Beispiele dieser vermuteten Verhaltensänderungen sind: Führt der Ausbau des Kündigungsschutzgesetzes zu einer geringen Leistungsmotivation, die bessere Absicherung im Falle der Arbeitslosigkeit zu einer geringeren Flexibilität und Mobilität, die Unterstützung des Eigentumgedankens (Bausparprämien) zu einer geringeren Mobilität, die höhere Besteuerung zu einer Minderung des Arbeitseinsatzes?

Diese Zusammenhänge zwischen Transfers (geleisteten und empfangenen) und der Leistungsbereitschaft zu erforschen, ist verschiedentlich versucht worden. Weder die Ergebnisse ökonometrischer Modelluntersuchungen noch die großangelegter Feldstudien lassen ein eindeutiges Urteil über die Auswirkungen der Transfers auf die Leistungsbereitschaft zu. Selbst wenn die Untersuchungen aus dem angelsächsischen Raum (vor allem den USA) zu einem einheitlichen Schluß geführt hätten, wäre das Übertragen dieses Ergebnisses auf die Gegebenheiten der Bundesrepublik Deutschland nicht unproblematisch. Individuelle Verhaltensweisen werden sehr stark vom gesellschaftspolitischen Umfeld bestimmt. Soziale, ideologische und institutionelle Momente spielen hier eine große Rolle. Gerade die Leistungsbereitschaft des Einzelnen hängt davon ab, welche Rolle ihm im gesell schaftlichen Prozeß eingeräumt wird bzw. welches Rollenverständnis der Einzelne hat.

Für die Bundesrepublik Deutschland sind statistisch gesicherte Ergebnisse über Verhaltensänderungen bzw. deren Ursachen und Abläufe zu erwarten, wenn Längsschnittdaten vorliegen. Angesichts der Bedeutung von Verhaltensänderungen im Zeitablauf ist im DIW damit begonnen worden, ein Panel aufzubauen, das es erlaubt, durch wiederholte Befragungen derselben Personen und Haushalte Informationen über den Wandel der Verhaltensweisen in Abhängigkeit von demographischen, institutionellen, soziologischen und ökonomischen Merkmalen zu gewinnen. Diese Arbeiten stehen jedoch erst am Anfang.

Als Beispiel für die dritte Gruppe von Hypothesen, nämlich Thesen über beobachtete Verhaltensänderungen und deren Zurückführen auf Veränderungen des sozialen Sicherungssytems, soll hier die gestiegene Inanspruchnahme der Gesundheitsleistungen angeführt werden:

Gesundheitsleistungen wurden in der Bundesrepublik Deutschland verstärkt nachgefragt. Die preisbereinigten Ausgaben für Gesundheit je Versicherten der gesetzlichen Krankenversicherung sind gestiegen. Für diesen Anstieg werden eine Reihe von Erklärungen gegeben:

- Ausweitung der Leistungspflicht der gesetzlichen Krankenversicherung durch den Gesetzgeber,
- Zunahme von Sucht- und Zivilisationsschäden,
- Gestiegenes Gesundheitsbewußtsein,
- Verstärktes Nachfragen von Gesundheitsleistungen, motiviert durch das Verlangen, möglichst viele Leistungen zu erhalten, um für sich selber ein günstiges Nutzen-Kosten-Verhältnis zu erlangen (moral-hazard-Phänomen).

In neueren Untersuchungen wurde versucht, den Ausgabenanstieg der gesetzlichen Krankenversicherung des Zeitraums 1970 bis 1980 in die Einzelkomponenten zu zerlegen. Danach entfiel über die Hälfte des Kostenanstiegs auf Preissteigerungen; jeweils sieben Prozent sind auf die Gesetzesänderungen in den siebziger Jahren und die damit verbundenen Leistungsverbesserungen sowie auf demographische Veränderungen zurückzuführen. Gut 30 vH des Ausgabenzuwachses müssen durch Verhaltensänderungen erklärt werden. Wieweit medizinische oder sonstige Gründe zu dieser Veränderung beigetragen haben, ist schwer zu zeigen. Obwohl verhaltenstheoretische Überlegungen für die Gültigkeit des moral-hazard-Phänomens sprechen, ist dieses durch empirische Befunde ebenfalls schlecht zu belegen.

4.2.2 Auswirkungen auf die Erwerbsbeteiligung

Von 1960 bis 1981 hat die Wohnbevölkerung um 6 Mill. Personen, die Zahl der Erwerbspersonen aber um 1,3 Mill. Personen zugenommen. Der Anstieg der Erwerbspersonen konzentrierte sich auf die letzten Jahre. Der Anteil der Erwerbspersonen an der Wohnbevölkerung - die Erwerbsquote - ist von 48 vH im Jahr 1960 bis 1975/76 um 4,5 vH-Punkte gesunken; danach erfolgte ein Anstieg um 2 vH-Punkte.

Die Verminderung insgesamt geht z.T. auf gegenläufige Entwicklung der Erwerbsbeteiligung in Abhängigkeit vom Alter und vom Geschlecht zurück. Aufgrund der Verlängerung der allgemeinen Schulausbildung und der stärkeren Inanspruchnahme der weiterführenden Schulen hat die Erwerbsbeteiligung der unteren Altersgruppen (bis zu den unter 25-Jährigen) sowohl bei den Frauen als auch bei den Männern stark abgenommen. Ebenfalls stark abgenommen hat die Erwerbsbeteiligung bei den Personen, die 65 Jahre und älter sind, und dies sowohl bei den Frauen als auch bei den Männern. Im Alter zwischen 25 und 65 ging die Quote bei den Männern - außer bei den 35- bis 50-jährigen - ebenfalls zurück, bei den Frauen jedoch stieg sie durchgängig.

Die insgesamt geringere Erwerbsbeteiligung hat den Arbeitsmarkt erheblich entlastet. Hätte die globale Erwerbsquote des Jahres 1960 auch im Jahr 1981 gegolten, dann wäre die Zahl der Erwerbspersonen um 1,3 bis 1,4 Mill. Personen höher gewesen. Mitte der 70er Jahre, zur Zeit der geringsten Erwerbsbeteiligung, betrug der hypothetische Abstand sogar 2,4 bis 2,5 Mill. Personen. Vom tatsächlichen Rückgang der Erwerbsbeteiligung im Vergleich der Jahre 1960 und 1981 entfielen reichlich die Hälfte auf Personen ab 65 Jahre, ein Sechstel auf die Altersgruppe 16 bis unter 65 Jahre und knapp 30 vH auf die Gruppe der unter 15-jährigen.

Das Sinken der Erwerbsquote der Personen, die 65 Jahre und älter waren, ist dadurch zu erklären, daß der Anteil der Jahrgänge gestiegen ist, die durch das Alterssicherungssystem im ausreichenden Maße abgesichert wurden und deshalb aufhören konnten zu arbeiten. Dies spiegelt sich in dem gestiegenen Anteil der Personen wider, die ihren überwiegenden Lebensunterhalt durch Rente oder dergleichen bestreiten; für die betrachtete Personengruppe stieg der Anteil von knapp 72 vH im Jahr 1961 auf 84 vH im Jahr 1981.

1981 waren nur noch 400 000 Personen, die 65 Jahre und älter waren, erwerbstätig. Gegenüber 1960 hat sich ihre Zahl mehr als halbiert. Im Vergleich zum Ende der sechziger Jahr (mit dem Höhepunkt an älteren Erwerbstätigen) ist das Niveau auf knapp 40 vH gesunken. Eine Differenzierung dieser Erwerbstätigen nach ihrer Stellung im Beruf zeigt, daß sich die Stuktur nicht wesentlich verändert hat. Über 40 vH waren 1981 ebenso wie 1960 Selbständige. Gut 25 vH sind den Arbeiter- und Angestelltenberufen zuzuordnen. Berücksichtigt man allerdings, daß sich im Beobachtungszeitraum die Struktur der Stellung im Beruf verändert hat, so zeigen sich doch starke Verschiebungen.

Erwerbstätige , die 65 Jahre und älter sind
nach ihrer sozialen Stellung
- in vH der entsprechenden Gruppe -

Stellung im Beruf	1960	1970	1981
Selbständige	11,7	13,7	7,6
Mithelfende Familienangehörige	8,5	14,2	13,3
Beamte	1,0	1,2	0,2
Angestellte	1,3	1,7	0,6
Arbeiter	1,0	1,8	0,4
Insgesamt	3,2	3,8	1,5

Quelle:Statistisches Bundesamt, Bevölkerung und Erwerbstätigkeit.

Bei den Personengruppen, die durch ihre soziale Stellung in ein Alterssicherungssystem einbezogen sind, haben die ohnehin schon geringen Erwerbsquoten weiter abgenommen. Bei den Selbständigen betrug die Reduzierung gegenüber dem Jahre 1960 ein Drittel, gegenüber dem Jahr mit dem höchsten Anteil (1969) fast die Hälfte. Das rasche Absinken der Quote steht offensichtlich im Zusammenhang mit der durch das Rentenreformgesetz geschaffene Möglichkeit, Versicherungsbeiträge nachzuentrichten und relativ schnell eine Rente zu beantragen. Die Abnahme der Zahl der Selbständigen, die über das fünfundsechzigste Lebensjahr hinaus erwerbstätig waren, vollzog sich - in grober Gliederung nach Wirtschaftsbereichen - relativ gleichmäßig; allein im der Land- und Forstwirtschaft sank die Zahl der älteren Selbständigen in Relation zur Gesamtzahl der Selbständigen in diesem Bereich rascher.

Selbständige über 65 Jahre in vH aller Selbständigen
des jeweiligen Wirtschaftsbereiches

Wirtschaftsbereiche	1960	1970	1981
Land- und Forstwirtschaft	13,7	17,2	7,4
Produzierendes Gewerbe	9,4	11,7	6,2
Handel und Verkehr	11,4	13,8	8,4
Sonstige Dienstleistungen	11,3	11,2	8,3
Insgesamt	11,7	13,7	7,6

Quelle: Statistisches Bundesamt, Bevölkerung und Erwerbstätigkeit.

Die Reduzierung der Erwerbsbeteiligung der Altersgruppe der 50- bis unter 65-jährigen Männer läßt sich ebenfalls durch früheren Rentenbeginn erklären. Zum einen hat die Inanspruchnahme der Berufs- und Erwerbsunfähigkeitsrenten zugenommen, zum anderen wurde die mit dem Rentenreformgesetz eingeführte Möglichkeit, Altersruhegeld flexibel zwischen dem dreiundsechzigsten und dem fünfundsechzigsten Geburtstag zu beantragen, verstärkt gewählt. Als Größenordnung zeichnen sich eine Mill. Personen ab, die vorzeitig als Erwerbspersonen ausgeschieden sind, wenn man vom Erwerbsverhalten im Jahre 1961 ausgeht.

TABELLE II. 4.2.3/1

EINKOMMENSVERTEILUNG UND -UMVERTEILUNG DER PRIVATEN HAUSHALTE IN DER VOLKSWIRTSCHAFTLICHEN GESAMTRECHNUNG 1)

JAHRE	BRUTTOERWERBS- U. VERMOEGENS-EINKOMMEN				EMPFANGENE LAUFENDE UEBERTRAGUNGEN			GELEISTETE LAUFENDE UEBERTRAGUNGEN				VERFUEGB. EINKOMMEN
	BRUTTOEINKOMMEN AUS 3) UNSELBST. ARBEIT 2)	VER-MOEGEN	UNTERNEHM. TAETIGKEIT	INSGES.	SOZIALE LEISTUNGEN	SONSTIGE UEBER- 4) TRAGUNGEN	INSGES.	DIREKTE STEUERN	SOZIAL- 2) BEITRAEGE	SONSTIGE UEBER- 5) TRAGUNGEN	INSGES.	
						- IN MRD.DM -						
1960	139.10	5.50	54.00	198.60	40.10	0.90	41.00	19.90	29.60	2.20	51.70	187.90
1961	156.40	6.00	59.60	222.00	43.70	1.00	44.70	24.50	32.60	2.70	59.80	206.90
1962	173.10	6.50	62.90	242.50	47.80	1.20	49.00	28.00	36.20	3.30	67.50	224.00
1963	185.80	7.50	68.30	261.60	51.30	1.30	52.60	30.80	39.00	3.80	73.60	240.60
1964	203.60	8.30	74.30	286.20	55.90	1.40	57.30	34.30	41.40	4.70	80.40	263.10
1965	224.90	9.80	81.00	315.70	62.70	1.70	64.40	35.40	45.80	5.50	86.70	293.40
1966	242.00	11.90	83.40	337.30	68.40	1.80	70.20	39.40	50.80	6.20	96.40	311.10
1967	242.20	12.80	84.30	339.30	76.10	1.90	78.00	39.80	53.10	6.20	99.10	318.20
1968	259.90	14.30	96.40	370.60	79.80	2.00	81.80	43.60	58.50	6.40	108.50	343.90
1969	292.30	17.40	108.50	418.20	86.50	2.20	88.70	50.00	67.10	8.30	125.40	381.50
1970	344.90	23.40	113.70	482.00	94.50	2.50	97.00	60.40	79.60	10.90	150.90	428.10
1971	391.70	25.70	125.60	543.00	106.50	2.90	109.40	73.40	92.20	13.50	179.10	473.30
1972	430.70	29.00	144.20	603.90	121.50	3.20	124.70	79.20	105.60	15.50	200.30	528.30
1973	488.00	37.10	153.40	678.50	136.20	3.70	139.90	100.10	125.10	18.00	243.20	575.20
1974	535.40	41.50	158.10	735.00	157.60	4.40	162.00	113.20	139.90	19.10	272.20	624.80
1975	557.80	42.90	173.90	774.60	194.90	4.90	199.80	109.40	156.00	19.60	285.00	689.40
1976	599.20	44.70	192.60	836.50	209.90	5.30	215.20	125.10	176.70	19.50	321.30	730.40
1977	643.30	49.60	201.90	894.80	223.00	5.90	228.90	140.00	188.00	20.20	348.20	775.50
1978	684.80	50.00	212.80	947.60	233.80	6.60	240.40	142.00	199.40	21.90	363.30	824.70
1979	736.90	57.50	229.40	1023.80	248.30	7.50	255.80	147.30	215.50	24.80	387.60	892.00
1980	797.40	73.30	236.50	1107.20	265.10	8.70	273.80	161.40	233.30	29.30	424.00	957.00
1981	835.00	91.00	238.30	1164.30	287.60	9.30	296.90	162.70	253.30	34.60	450.60	1010.60
1982	856.20	97.20	240.10	1193.50	304.40	9.90	314.30	166.40	270.00	37.40	473.80	1034.00

1)EINSCHL.PRIVATER ORGANISATIONEN OHNE ERWERBSCHARAKTER.-2)OHNE UNTERSTELLTE SOZIALBEITRAEGE.-3)OHNE NICHTENTNOMMENE GEWINNE DER UNTERNEHMEN OHNE EIGENE RECHTSPERSOENLICHKEIT.-4)LAUFENDE UEBERTRAGUNGEN DES STAATES AN PRIVATE ORGANISATIONEN OHNE ERWERBSCHARAKTER UND INTERNATIONALE ORGANISATIONEN.-5)ZINSEN AUF KONSUMENTENSCHULDEN,VERWALTUNGSGEBUEHREN,ERSTATTUNGEN VON SOZIALLEISTUNGEN,STRAFEN U.AE.,NETTOPRAEMIEN FUER SCHADENVERSICHERUNGEN ABZUEGLICH SCHADENVERSICHERUNGSLEISTUNGEN,SALDO DER SOZIALEN LEISTUNGEN PRIVATER HAUSHALTE ALS ARBEITGEBER UND DER UNTERSTELLTEN SOZIALBEITRAEGE,HEIMATUEBERWEISUNGEN AUSLAENDISCHER ARBEITNEHMER UND SONSTIGE INTERNATIONALE PRIVATE UEBERTRAGUNGEN.

ANMERKUNG: 1981 UND 1982 VORLAEUFIGE ERGEBNISSE.

QUELLE:STATISTISCHES BUNDESAMT,FACHSERIE 18,REIHE S.5,REVIDIERTE ERGEBNISSE 1960 BIS 1981,REIHE 1,KONTEN UND STANDARDTABELLEN 1982.- EIGENE BERECHNUNGEN.

TABELLE II. 4.2.3/2

EINKOMMENSVERTEILUNG UND -UMVERTEILUNG DER PRIVATEN HAUSHALTE IN DER VOLKSWIRTSCHAFTLICHEN GESAMTRECHNUNG 1)

JAHRE	BRUTTOERWERBS- U. VERMOEGENS-EINKOMMEN				EMPFANGENE LAUFENDE UEBERTRAGUNGEN			GELEISTETE LAUFENDE UEBERTRAGUNGEN				VERFUEGB. EINKOMMEN
	BRUTTOEINKOMMEN AUS 3) UNSELBST. ARBEIT 2)	VER-MOEGEN	UNTERNEHM. TAETIGKEIT	INSGES.	SOZIALE LEISTUNGEN	SONSTIGE UEBER- 4) TRAGUNGEN	INSGES.	DIREKTE STEUERN	SOZIAL- 2) BEITRAEGE	SONSTIGE UEBER- 5) TRAGUNGEN	INSGES.	
						- STRUKTUR -						
1960	70.04	2.77	27.19	100.00	20.19	0.45	20.64	10.02	14.90	1.11	26.03	94.61
1961	70.45	2.70	26.85	100.00	19.68	0.45	20.14	11.04	14.68	1.22	26.94	93.20
1962	71.38	2.68	25.94	100.00	19.71	0.49	20.21	11.55	14.93	1.36	27.84	92.37
1963	71.02	2.87	26.11	100.00	19.61	0.50	20.11	11.77	14.91	1.45	28.13	91.97
1964	71.14	2.90	25.96	100.00	19.53	0.49	20.02	11.98	14.47	1.64	28.09	91.93
1965	71.24	3.10	25.66	100.00	19.86	0.54	20.40	11.21	14.51	1.74	27.46	92.94
1966	71.75	3.53	24.73	100.00	20.28	0.53	20.81	11.68	15.06	1.84	28.58	92.23
1967	71.38	3.77	24.85	100.00	22.43	0.56	22.99	11.73	15.65	1.83	29.21	93.78
1968	70.13	3.86	26.01	100.00	21.53	0.54	22.07	11.76	15.79	1.73	29.28	92.80
1969	69.89	4.16	25.94	100.00	20.68	0.53	21.21	11.96	16.04	1.98	29.99	91.22
1970	71.56	4.85	23.59	100.00	19.61	0.52	20.12	12.53	16.51	2.26	31.31	88.82
1971	72.14	4.73	23.13	100.00	19.61	0.53	20.15	13.52	16.98	2.49	32.98	87.16
1972	71.32	4.80	23.88	100.00	20.12	0.53	20.65	13.11	17.49	2.57	33.17	87.48
1973	71.92	5.47	22.61	100.00	20.07	0.55	20.62	14.75	18.44	2.65	35.84	84.78
1974	72.84	5.65	21.51	100.00	21.44	0.60	22.04	15.40	19.03	2.60	37.03	85.01
1975	72.01	5.54	22.45	100.00	25.16	0.63	25.79	14.12	20.14	2.53	36.79	89.00
1976	71.63	5.34	23.02	100.00	25.09	0.63	25.73	14.96	21.12	2.33	38.41	87.32
1977	71.89	5.54	22.56	100.00	24.92	0.66	25.58	15.65	21.01	2.26	38.91	86.67
1978	72.27	5.28	22.46	100.00	24.67	0.70	25.37	14.99	21.04	2.31	38.34	87.03
1979	71.98	5.62	22.41	100.00	24.25	0.73	24.99	14.39	21.05	2.42	37.86	87.13
1980	72.02	6.62	21.36	100.00	23.94	0.79	24.73	14.58	21.07	2.65	38.29	86.43
1981	71.72	7.82	20.47	100.00	24.70	0.80	25.50	13.97	21.76	2.97	38.70	86.80
1982	71.74	8.14	20.12	100.00	25.50	0.83	26.33	13.94	22.62	3.13	39.70	86.64

1)EINSCHL.PRIVATER ORGANISATIONEN OHNE ERWERBSCHARAKTER.-2)OHNE UNTERSTELLTE SOZIALBEITRAEGE.-3)OHNE NICHTENTNOMMENE GEWINNE DER UNTERNEHMEN OHNE EIGENE RECHTSPERSOENLICHKEIT.-4)LAUFENDE UEBERTRAGUNGEN DES STAATES AN PRIVATE ORGANISATIONEN OHNE ERWERBSCHARAKTER UND INTERNATIONALE ORGANISATIONEN.-5)ZINSEN AUF KONSUMENTENSCHULDEN,VERWALTUNGSGEBUEHREN,ERSTATTUNGEN VON SOZIALLEISTUNGEN,STRAFEN U.AE.,NETTOPRAEMIEN FUER SCHADENVERSICHERUNGEN ABZUEGLICH SCHADENVERSICHERUNGSLEISTUNGEN,SALDO DER SOZIALEN LEISTUNGEN PRIVATER HAUSHALTE ALS ARBEITGEBER UND DER UNTERSTELLTEN SOZIALBEITRAEGE,HEIMATUEBERWEISUNGEN AUSLAENDISCHER ARBEITNEHMER UND SONSTIGE INTERNATIONALE PRIVATE UEBERTRAGUNGEN.

ANMERKUNG: 1981 UND 1982 VORLAEUFIGE ERGEBNISSE.

QUELLE:STATISTISCHES BUNDESAMT,FACHSERIE 18,REIHE S.5,REVIDIERTE ERGEBNISSE 1960 BIS 1981,REIHE 1,KONTEN UND STANDARDTABELLEN 1982.- EIGENE BERECHNUNGEN.

4.2.3 Die Auswirkungen auf die Einkommenslage der privaten Haushalte

Das Volumen der an die privaten Haushalte gezahlten und von ihnen geleisteten Transfers hat in dem Beobachtungszeitraum kräftig expandiert; es ist stärker als das Bruttoerwerbs- und -vermögenseinkommen gestiegen. Die empfangenen Übertragungen haben sich mehr als versiebenfacht, die geleisteten sind auf das Achteinhalbfache gestiegen. Von den empfangenen Übertragungen entfallen in der Abgrenzung der VGR 3 vH auf Organisationen ohne Erwerbscharakter, 97 vH auf "soziale Leistungen". Diese erhalten die privaten Haushalte ganz überwiegend vom Staat (Sozialversicherung und Gebietskörperschaften). 1960 betrug der Anteil betrieblicher Leistungen (einschließlich Pensionen von Bahn und Post) immerhin 9 vH. Bis 1981 ist er auf 7 vH gesunken, doch haben die Unternehmen in erheblich größerem Umfang Rücklagen für die Alterssicherung ihrer Arbeitnehmer gebildet. Sie werden als Vermögensübertragungen an private Haushalte in die VGR einbezogen.

Den Hauptposten der staatlichen sozialen Transfers an die privaten Haushalte machen die Renten- und Pensionszahlungen aus (1960 : 64 vH - 1981 : 66 vH). Relativ abgenommen haben in diesem Zeitraum die Kriegsfolgeleistungen (von gut 15 vH auf knapp 5 vH) und die Geldleistungen der Krankenversicherung (von 8,5 vH auf knapp 4 vH). Auch die Zahlungen der Arbeitslosenversicherung waren Anfang der sechziger Jahre relativ rückläufig, 1964 bis 1966 sogar absolut. Von diesem Minimum aus stieg ihr Anteil dann aber von gut 1 vH auf 8,5 vH. Eine vergleichbare Größenordnung haben heute - zusammen - das Kindergeld, die Ausbildungsbeihilfen und das Wohngeld, also die Maßnahmen, die erst - abgesehen von der früheren Kindergeldumlage - in den 70er Jahren wirksam wurden.

Die von den privaten Haushalten geleisteten laufenden Übertragungen sind seit 1961 stärker gestiegen als die empfangenen laufenden Übertragungen. Die beiden wichtigsten Posten sind die direkten Steuern und die Sozialbeiträge; sie machen über 90 vH der geleisteten Übertragungen aus. Die direkten Steuern expandierten in der Zeit von 1960 bis 1974 aufgrund der im Steuertarif eingebauten Progression stärker als die Sozialversicherungsbeiträge. In einzelnen Jahren wurde der Abgabentrend durch die Steuerreform 1965 oder die Rezession 1966/67 unterbrochen, aber nicht gebrochen.

Die seit 1975 in immer kürzeren Abständen erfolgten Steuerreformen (1975, 1978, 1981) und die weitere Anhebung der Sozialversicherungsbeiträge haben insgesamt dazu geführt, daß seit 1960 die direkten Steuern (Indexwert 817) schwächer gestiegen sind als die Sozialbeiträge (Indexwert 850).

Die Beiträge zur gesetzlichen Krankenversicherung haben sich im Beobachtungszeitraum fast verzehnfacht, obwohl mit dem Lohnfortzahlungsgesetz im Jahr 1970 der Beitragssatz gesenkt wurde. Der durchschnittliche Beitragssatz stieg von 8,4 vH im Jahr 1960 auf 10,5 vH im Jahr 1969 und ab 1970 dann von 8,2 vH auf 12 vH im Jahr 1982.

Die Beiträge der privaten Haushalte zur gesetzlichen Rentenversicherung stiegen um mehr als das Achtfache. Der 1960 geltende Beitragssatz von 14 vH blieb bis 1967 konstant. Im Zeitraum von 1968 bis 1973 wurde er um 4 vH-Punkte erhöht. 1981 erfolgte eine vorübergehende Erhöhung um weitere 0,5 vH-Punkte.

Die Beiträge zur Arbeitslosenversicherung nahmen von 1960 an ab und übertrafen das Niveau von 1960 erst wieder im Jahr 1970. Danach nahmen sie sehr kräftig zu und versiebenfachten sich bis 1981. Aufgrund der guten wirtschaftlichen Lage Anfang der sechziger Jahre konnte der Beitrag gesenkt bzw. sogar eine Erhebung des Beitrages für acht Monate ausgesetzt werden. Erst 1976 wurde die Beitragssatzhöhe des Jahres 1960 überschritten.

Das verfügbare Einkommen der privaten Haushalte expandierte, da die geleisteten Übertragungen stärker anstiegen als die empfangenen, weniger stark als das Bruttoerwerbs- und -vermögenseinkommen. Es stieg bis 1981 auf den Indexwert 539 und lag damit 50 Indexpunkte unterhalb des Wertes des Bruttoerwerbs- und -vermögenseinkommens. Die empfangenen Transfers machen einen immer größeren Teil des verfügbaren Einkommens aus, ihr Anteil betrug nach Abzug der Lohnsteuer auf Pensionen und der Sozialbeiträge für Empfänger sozialer Leistungen) 1960 knapp 20,5 vH und 1981 25,5 vH.

Die Nettoquote, die Relation des verfügbaren Einkommens zum Bruttoerwerbs- und -vermögenseinkommen, sank im betrachteten Zeitraum von

TABELLE II. 4.2.3/3

EINKOMMENSVERTEILUNG UND -UMVERTEILUNG IN SOZIALER GRUPPIERUNG

SOZIALE STELLUNG DES HAUSHALTSVORSTANDS	ZAHL DER HAUSHALTE IN 1000	BRUTTO-ERWERBS- U. -VERMOEGENS-EINKOMMEN IN MRD.DM	EMPFANGENE LAUFENDE UEBERTRAGUNGEN IN VH DES BRUTTOERWERBS- U. -VERMOEGENSEINKOMMEN	GELEISTETE LAUFENDE UEBERTRAGUNGEN IN VH DES BRUTTOERWERBS- U. -VERMOEGENSEINKOMMEN	VERFUEGBARES EINKOMMEN IN MRD.DM	TRANSFER-SALDO 1) IN MRD.DM	NETTO-QUOTE 2) IN VH
			1975				
SELBSTAENDIGE IN DER LAND- UND FORSTWIRTSCHAFT	560	25.6	6.7	15.6	23.3	-2.3	91.0
SELBSTAENDIGE IN DEN SONST. WIRTSCHAFTSBER.	1585	165.4	2.1	29.3	120.4	-45.0	72.8
ANGESTELLTE	4705	217.3	8.3	41.7	144.6	-72.7	66.5
BEAMTE 3)	1465	60.8	6.1	22.9	50.6	-10.2	83.2
ARBEITER	6440	245.8	11.9	42.8	170.0	-75.8	69.2
RENTNER 4)	7150	31.9	305.3	27.3	120.6	+88.7	378.1
VERSORGUNGSEMPFAENGER DES OEFFENTLICHEN DIENSTES	1015	5.4	398.1	71.9	23.0	+17.6	425.9
INSGESAMT	22920	752.2	23.3	36.5	652.5	-99.7	86.7
			1978				
SELBSTAENDIGE IN DER LAND- UND FORSTWIRTSCHAFT	480	26.3	6.4	16.8	23.6	-2.7	89.6
SELBSTAENDIGE IN DEN SONST. WIRTSCHAFTSBER.	1580	199.5	2.1	31.3	141.2	-58.3	70.8
ANGESTELLTE	4825	271.8	7.3	43.5	173.3	-98.5	63.7
BEAMTE 3)	1490	75.1	5.5	23.8	61.3	-13.8	81.7
ARBEITER	6325	295.6	10.8	44.8	195.1	-100.5	66.0
RENTNER 4)	7560	40.8	308.8	29.1	154.9	+114.1	379.7
VERSORGUNGSEMPFAENGER DES OEFFENTLICHEN DIENSTES	1015	6.4	392.3	78.1	26.5	+20.1	414.2
INSGESAMT	23275	915.5	23.2	38.5	775.9	-139.6	84.8
			1980				
SELBSTAENDIGE IN DER LAND- UND FORSTWIRTSCHAFT	460	24.7	7.4	18.7	21.9	-2.8	88.7
SELBSTAENDIGE IN DEN SONST. WIRTSCHAFTSBER..	1615	237.4	1.7	28.2	174.4	-63.0	73.5
ANGESTELLTE	4980	328.9	6.7	43.4	208.1	-120.8	63.3
BEAMTE 3)	1510	88.1	5.1	24.6	70.9	-17.2	80.5
ARBEITER	6410	342.7	10.6	44.4	226.8	-115.9	66.2
RENTNER 4)	7900	47.3	298.8	32.0	173.5	+126.2	366.8
VERSORGUNGSEMPFAENGER DES OEFFENTLICHEN DIENSTES	1015	7.7	369.9	64.3	31.2	+23.5	405.2
INSGESAMT	23890	1076.8	22.1	37.9	906.8	-170.0	84.2

1) EMPFANGENE ABZUEGLICH GELEISTETER TRANSFERS.- 2) VERHAELTNIS DES VERFUEGBAREN EINKOMMENS ZUM BRUTTOERWERBS- UND -VERMOEGENSEINKOMMEN.- 3) EINSCHLIESSLICH RICHTER, OHNE VERSORGUNGSEMPFAENGER.- 4) EINSCHLIESSLICH SONSTIGER PERSONEN, DIE UEBERWIEGEND VON LAUFENDEN UEBERTRAGUNGEN ODER VERMOEGENSEINKOMMEN LEBEN.

QUELLE: BERECHNUNGEN DES DIW UNTER VERWENDUNG AMTLICHER STATISTIKEN.

TABELLE II. 4.2.3/4

EINKOMMENSVERTEILUNG UND -UMVERTEILUNG DER PRIVATEN HAUSHALTE NACH DER EINKOMMENSHOEHE

MONATLICHES HAUSHALTS-BRUTTOEINKOMMEN VON ... BIS UNTER ... DM	ZAHL DER HAUSHALTE IN 1000	BRUTTO-ERWERBS- U. -VERMOEGENS-EINKOMMEN IN MRD.DM	EMPFANGENE LAUFENDE UEBERTRAGUNGEN IN VH DES BRUTTOERWERBS- U. -VERMOEGENSEINKOMMEN	GELEISTETE LAUFENDE UEBERTRAGUNGEN IN VH DES BRUTTOERWERBS- U. -VERMOEGENSEINKOMMEN	VERFUEGBARES EINKOMMEN IN MRD.DM	TRANSFER-SALDO 1) IN MRD.DM	NETTO-QUOTE 2) IN VH
1975							
UNTER 1000	6980	11.2	729.5	32.1	89.3	+78.1	797.3
1000 ... 2000	3849	70.0	48.3	32.0	81.4	+11.4	116.3
2000 ... 3000	3810	113.8	18.6	34.3	96.0	-17.8	84.4
3000 ... 4000	2852	118.6	10.6	35.5	89.1	-29.5	75.1
4000 ... 5000	1874	100.2	8.2	37.7	70.6	-29.6	70.5
5000 ... 6000	1260	82.3	7.5	38.0	57.3	-25.0	69.6
6000 ... 7000	865	66.7	6.9	38.8	45.4	-21.3	68.1
7000 ... 8000	568	50.4	6.0	39.5	33.5	-16.9	66.5
8000 ... 9000	287	28.9	4.5	38.4	19.1	-9.8	66.1
9000 ...10000	171	19.2	3.6	38.5	12.5	-6.7	65.1
10000 UND MEHR	404	90.9	1.9	37.7	58.3	-32.6	64.1
INSGESAMT	22920	752.2	23.3	36.5	652.5	-99.7	86.7
1978							
UNTER 1000	6799	8.7	1110.1	37.6	102.4	+93.7	1172.5
1000 ... 2000	2997	54.3	73.1	31.2	77.0	+22.7	141.9
2000 ... 3000	3180	95.7	23.1	35.4	84.0	-11.7	87.7
3000 ... 4000	2901	121.3	12.6	37.0	91.8	-29.4	75.7
4000 ... 5000	2158	115.7	8.6	38.0	81.5	-34.2	70.4
5000 ... 6000	1567	102.5	7.9	38.9	70.8	-31.7	69.1
6000 ... 7000	1132	87.4	7.4	39.6	59.2	-28.2	67.8
7000 ... 8000	834	74.2	6.7	40.7	49.0	-25.2	66.0
8000 ... 9000	596	59.9	5.8	42.4	38.0	-22.0	63.3
9000 ...10000	445	50.0	4.9	44.2	30.4	-19.6	60.7
10000 UND MEHR	666	145.8	2.3	39.3	91.8	-54.0	63.0
INSGESAMT	23275	915.5	23.2	38.5	775.9	-139.6	84.8
1980							
UNTER 1000	7050	6.8	1817.6	45.6	127.2	+120.4	1870.6
1000 ... 2000	2250	41.8	75.4	33.7	59.2	+17.4	141.6
2000 ... 3000	2900	87.3	24.9	36.4	77.2	-10.1	88.4
3000 ... 4000	2790	116.7	13.6	37.1	89.3	-27.4	76.5
4000 ... 5000	2121	114.0	9.1	38.5	80.5	-33.5	70.6
5000 ... 6000	1712	112.3	7.8	38.5	77.9	-34.4	69.4
6000 ... 7000	1364	105.6	6.9	38.6	72.1	-33.5	68.3
7000 ... 8000	1046	93.2	6.1	38.9	62.6	-30.6	67.2
8000 ... 9000	823	82.9	5.4	39.1	55.0	-27.9	66.3
9000 ...10000	655	73.5	4.6	39.2	48.2	-25.3	65.6
10000 UND MEHR	1179	242.7	2.3	37.4	157.6	-85.1	64.9
INSGESAMT	23890	1076.8	22.1	37.9	906.8	-170.0	84.2

1) EMPFANGENE ABZUEGLICH GELEISTETER TRANSFERS.- 2) VERHAELTNIS DES VERFUEGBAREN EINKOMMENS ZUM BRUTTOERWERBS- UND -VERMOEGENSEINKOMMEN.-

QUELLE: BERECHNUNGEN DES DIW UNTER VERWENDUNG AMTLICHER STATISTIKEN.

SCHAUBILD II. 4.2.3/1

RELATIVE TRANSFERSALDEN[1] DER SELBSTÄNDIGEN[2] - HAUSHALTE UND DER ARBEITNEHMER[3] - HAUSHALTE 1975 UND 1980[4]

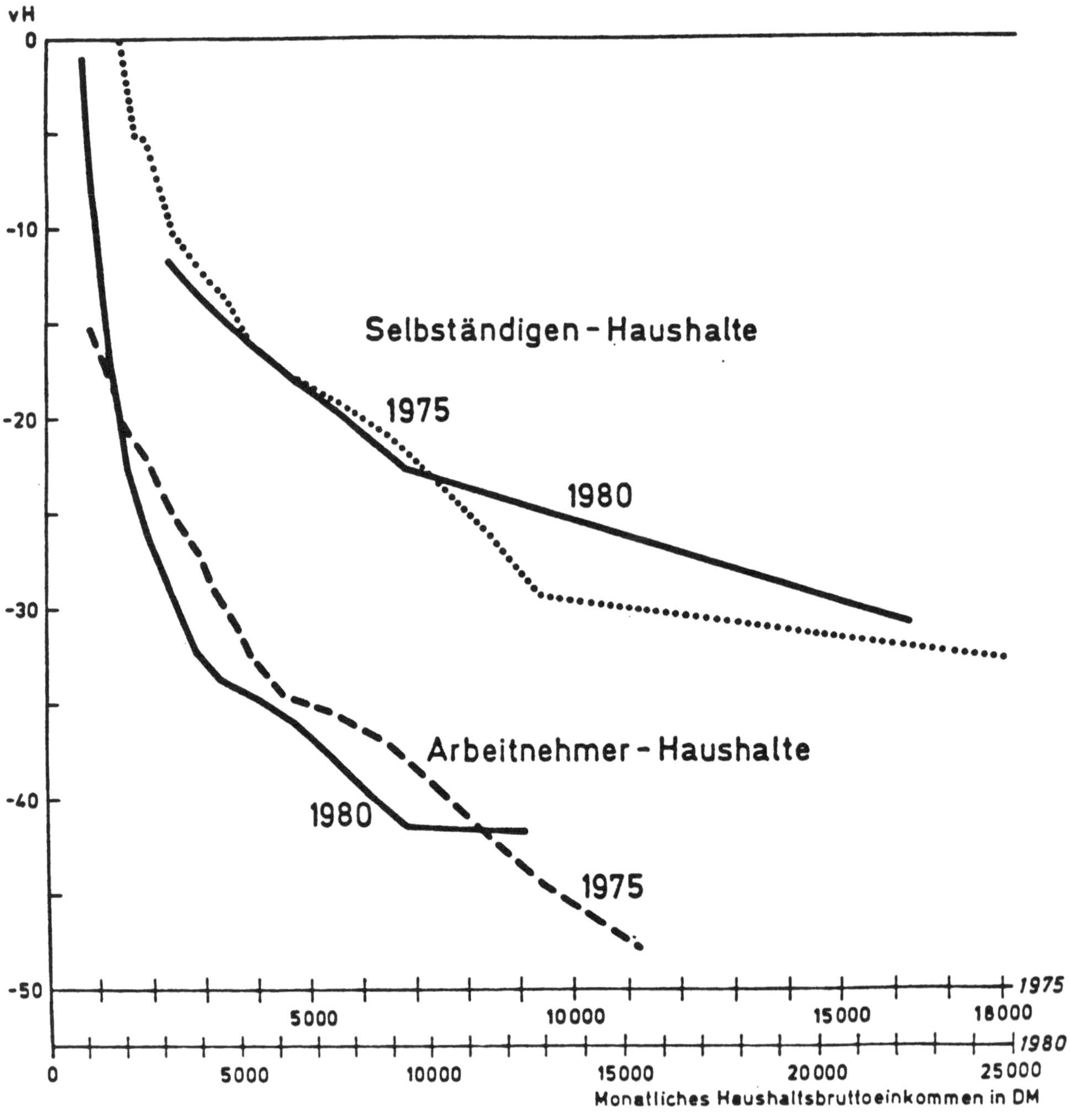

1) *Verhältnis der Transfersalden zum Bruttoerwerbs- und Vermögenseinkommen.*— 2) *Ohne Landwirte.*— 3) *Ohne Beamte.*— 4) *Normierung auf das Bruttoeinkommen je privater Haushalt und Monat; 1975: 2735 DM, 1980: 3758 DM.*

DIW 83

94,6 vH auf 86,8 vH. Im Verlauf der Nettoquote spiegeln sich die unterschiedlichen Konjunkturphasen mit antizyklischem Verlauf im Erwerbs- und Transfereinkommen, aber auch das Ende dieser - stabilisierenden - Gegenläufigkeit in der Rezession 1981. Eine detaillierte Betrachtung der Nettoquoten nach sozialen Gruppen oder der Einkommenshöhe ist für den gesamten Beobachtungszeitraum nicht möglich, da entsprechende Informationen fehlen. Für die Zeit ab 1973 kann auf die Ergebnisse der Einkommens- und Transferrechnung des DIW zugegriffen werden. Als Bezugsjahr wird hier das Jahr 1975 gewählt, da das Jahr 1973 für die trendmäßige Analyse ein untypisches Jahr ist.

Insgesamt haben die empfangenen Transfers in der Zeit von 1975 bis 1980, bezogen auf das Bruttoerwerbs- und -vermögenseinkommen, relativ abgenommen, während die geleisteten Transfers relativ zugenommen haben. Die empfangenen Transfers haben alleine bei den Selbständigen-Haushalten in der Land- und Forstwirtschaft relativ zugenommen. Die Selbständigen-Haushalte in den sonstigen Wirtschaftsbereichen sind die einzige Haushaltsgruppe, bei der die geleisteten Transfers relativ gesehen abgenommen haben. Bei allen anderen Haushaltsgruppen hat sich die Position - gemessen an der Nettoquote - im Zeitvergleich verschlechtert.

Ein zeitlicher Vergleich der Nettoquoten (bzw. relativen Transfersalden) bei einer Normierung der Einkommen auf den jeweiligen Durchschnittsbetrag zeigt, daß die Arbeitnehmer-Haushalte im mittleren Einkommensbereich stärker belastet wurden, im unteren (bis 1 800 DM mtl. im Jahr 1980) und im oberen Einkommensbereich (über 11 000 DM/mtl. im Jahr 1980) dagegen entlastet wurden. Für die Selbständigen-Haushalte ergibt sich bis zur Einkommenshöhe von etwa 10 000 DM/mtl. im Jahr 1980 eine stärkere Belastung. Die Entlastungswirkung im oberen Bereich ist allerdings so stark, daß sich die Nettoquote insgesamt verbessert.

Auf einen Transferzusammenhang ganz anderer Art, den intertemporalen Zusammenhang von Beitragszahlungen an die Rentenversicherung und der Begründung von Ansprüchen auf Rentenzahlungen im Alter, kann an dieser Stelle nur hingewiesen werden. Er ist bedeutsam für die Entwicklung im Beobachtungszeitraum, in dem die zunächst noch sehr günstige Situation auf der Einnahmenseite dazu genutzt wurde, das Leistungsniveau auf der Ausgabenseite zu heben. Zunehmend wurden dann aber - im intertemporalen Zusammenhang - die Ansprüche wirksam, die auf den steilen Anstieg von Versicherten in den 50er Jahren zurückgehen. Der Bestand an Versichertenrenten hat sich von 4,1 Millionen im Jahre 1960 auf 9,6 Millionen im Jahre 1981 erhöht. Diese Konsequenz der demographischen Entwicklung bei steigender Erwerbsbeteiligung ist nicht rechtzeitig beachtet worden.

4.2.4 Auswirkungen auf die Ersparnisbildung und das Kapitalangebot

Häufig ist die These vertreten worden, daß das System der gesetzlichen Rentenversicherung die Ersparnisbildung der privaten Haushalte mindert: die Zwangsbeiträge gehen zu Lasten der Sparfähigkeit und die Alterssicherung schmälert die Sparbereitschaft. Gesamtwirtschaftlich relevant wird diese unterstellte Minderung der individuellen Ersparnisbildung dann, wenn sie nicht durch die Finanzierung der institutionellen Alterssicherung (z. B. Kapitaldeckungsverfahren) ausgeglichen wird. Bei einem Finanzierungsverfahren, wie dem seit 1969 in der Bundesrepublik Deutschland praktizierten Umlageverfahren, müßte gesamtwirtschaftlich eine Minderung des Kapitalangebots gegenüber einer Situation ohne Rentenversicherung auftreten.

Über diese Frage, ob und in welchem Umfang das Vorhandensein bzw. Ausweiten eines kollektiven Sicherungssystems die private Spartätigkeit beeinträchtigt, gibt es eine anhaltende Diskussion. Hier soll nur, ohne auf diese Erörterungen tiefer einzugehen, auf zwei Aspekte verwiesen werden.

Theoretisch läßt sich, wenn die Sparentscheidung unter Einbeziehung des jeweils aufgebauten Vermögens (einschließlich der Rentenversicherungsansprüche) analysiert wird, kein eindeutiges Ergebnis ableiten. Bei der Modellbetrachtung auf der Basis der Lebenszyklus-Theorie - dies sind die gängigen Theorieansätze - hängt das Ergebnis, ob eine kollektive Absicherung die individuelle Spartätigkeit mindert oder nicht, von der unterstellten Verhaltensweise der Individuen ab - und diese wird im Modell vorgegeben. Die theoretische Betrachtung analysiert, erklärt aber nicht. Hervorzuheben ist, daß die Verhaltenstheorie Verhaltensweisen favorisiert, die bei rein ökonomischen Untersuchungen außer acht gelassen werden.

Zum Zweiten soll auf die Ergebnisse der diesen Zusammenhang untersuchenden Studien verwiesen werden. Untersuchungen, die auf der Basis der Lebenszyklus-Theorie aufbauen (Feldstein, Munell) zeigen einen signifikanten Einfluß des Alterssicherungssystems auf die Ersparnis, wenngleich die negative Auswirkung auf die Ersparnisbildung zum Teil durch positive Sparanreize einer Herabsetzung des Alters, mit dem aus dem Erwerbsleben ausgeschieden wird (Verlängerung der Rentenphase), kompensiert wird. Untersuchungen für die USA auf der Basis verhaltenstheoretischer Ansätze zeigen dagegen keinen signifikanten Einfluß des Alterssicherungssystems auf die Ersparnis.

Die für die Bundesrepublik Deutschland vorliegenden Studien konnten ebenfalls keinen Zusammenhang zwischen dem Sparen und dem Absichern durch eine kollektive Versicherung nachzuweisen. Schon auf den ersten Blick fällt auf, daß die Sparquote der privaten Haushalte bis 1975 gestiegen ist, also gerade in einer Zeit, in der die Absicherung durch die gesetzliche Rentenversicherung erheblich ausgeweitet worden war (besonders: Rentenreform 1957 mit der Einführung der Dynamisierung der Rente).

In den 50er Jahren trugen sogar zunehmendes Sparen der Arbeitnehmer und Rücklagenbildung bei der Rentenversicherung gemeinsam zur gesamtwirtschaftlichen Geldvermögensbildung bei. Probleme ergaben sich daraus nicht, denn bei reger Investitionstätigkeit war die Verschuldungsbereitschaft der gewerblichen Investoren groß. Bis 1957 bestand in der Rentenversicherung noch ein gesetzlich vorgeschriebenes Anwartschaftsdeckungsverfahren. Da aber immer deutlicher wurde, daß eine derartige Kapitalansammlung angesichts der Expansion des Alterssicherungssystems nicht möglich war, wurde im Zuge der Rentenreform von 1957 - der Einführung der dynamischen Renten bei gleichzeitiger Hebung des Rentenniveaus - das Anwartschaftsdeckungsverfahren in ein Abschnittdeckungsverfahren geändert. Alle in einem zehnjährigen Deckungsabschnitt entstehenden Aufwendungen sollten durch eine Kapitalansammlung gedeckt sein; darüber hinaus sollte am Ende des jeweiligen Deckungsabschnitts eine Rücklage in Höhe der Aufwendungen des letzten Jahres vorhanden sein.

1969 wurde das Umlageverfahren eingeführt. Die laufenden Ausgaben sind danach durch die laufenden Einnahmen aufzubringen. Für den Fall, daß

TABELLE II. 4.2.4/1

GELDVERMOEGEN
DER

JAHRE	PRIVATEN HAUSHALTE	UNTER-NEHMEN	OEFFENTL. HAUSHALTE	INS-GESAMT	PRIVATEN HAUSHALTE	UNTER-NEHMEN	OEFFENTL. HAUSHALTE	INS-GESAMT
	- MRD.DM -				- IN VH -			
1960	138.80	71.60	99.30	309.70	44.82	23.12	32.06	100.00
1961	159.10	82.30	112.50	353.90	44.96	23.26	31.79	100.00
1962	180.60	88.60	121.00	390.20	46.28	22.71	31.01	100.00
1963	205.20	97.50	130.40	433.10	47.38	22.51	30.11	100.00
1964	234.80	109.20	139.50	483.50	48.56	22.59	28.85	100.00
1965	271.70	122.60	144.90	539.20	50.39	22.74	26.87	100.00
1966	307.10	132.10	151.30	590.50	52.01	22.37	25.62	100.00
1967	341.10	150.40	158.90	650.40	52.44	23.12	24.43	100.00
1968	383.10	168.80	167.10	719.00	53.28	23.48	23.24	100.00
1969	434.60	187.30	175.10	797.00	54.53	23.50	21.97	100.00
1970	493.80	209.30	184.80	887.90	55.61	23.57	20.81	100.00
1971	561.40	239.30	197.20	997.90	56.26	23.98	19.76	100.00
1972	642.50	277.50	206.70	1126.70	57.02	24.63	18.35	100.00
1973	722.00	301.00	236.10	1259.10	57.34	23.91	18.75	100.00
1974	808.60	330.70	245.50	1384.80	58.39	23.88	17.73	100.00
1975	914.10	363.10	253.90	1531.10	59.70	23.71	16.58	100.00
1976	1016.50	406.80	261.40	1684.70	60.34	24.15	15.52	100.00
1977	1118.20	444.90	268.40	1831.50	61.05	24.29	14.65	100.00
1978	1225.50	492.80	279.90	1998.20	61.33	24.66	14.01	100.00
1979	1346.20	536.10	283.70	2166.00	62.15	24.75	13.10	100.00
1980	1467.90	574.20	292.60	2334.70	62.87	24.59	12.53	100.00
1981	1598.10	633.00	307.70	2538.80	62.95	24.93	12.12	100.00
1982	1726.80	676.80	315.80	2719.40	63.50	24.89	11.61	100.00

QUELLE: ZAHLENUEBERSICHTEN UND METHODISCHE ERLAEUTERUNGEN ZUR GESAMTWIRTSCHAFTLICHEN FINANZIERUNGSRECHNUNG DER DEUTSCHEN BUNDESBANK 1960-1982. SONDERDRUCKE DER DEUTSCHEN BUNDESBANK NR.4.

aufgrund der wirtschaftlichen Entwicklung die Einnahmen mit den Ausgaben nicht Schritt halten können, wurde das Halten bzw. Aufbauen einer Rücklage vorgeschrieben. Einen Teil dieser Rücklage mußten die Versicherungsträger in liquiden Mitteln halten. Damit sollte in Zeiten kurzer defizitärer Phasen die Zahlungsfähigkeit gesichert werden. Bis 1978 sollte die Schwankungsreserve mindest in Höhe von drei Monatsausgaben zu Lasten der Versicherungsträger im vorausgegangenen Jahr, die Liquiditätsreserve mindestens in Höhe von eineinhalb Monatsausgaben gehalten werden. Seit 1978 ist nur noch ein Schwankungsreservesoll von einer Monatsausgabe und ein Liquiditätsreservesoll von einer halben Monatsausgabe vorgeschrieben.

Diese Herabsetzung der Mindestgrenzen war vorgenommen worden, um kurz- und mittelfristige Finanzierungsschwierigkeiten ohne Beitragserhöhungen überbrücken zu können. Gerechtfertigt werden konnte diese Herabsetzung, weil durch die Einführung von Beitragszahlungen für Arbeitslose durch die Bundesanstalt für Arbeit bzw. den Bund die Konjunkturanfälligkeit der Beitragseinnahmen gemindert wurde. Allerdings wurden bei der Kürzung der Beitragszahlungen für Arbeitslose die Schwankungsreservegrenzen nicht wieder heraufgesetzt.

Die Rücklagenbildung der Rentenversicherungsträger wurde sowohl von den Umstellungen der Finanzierungsverfahren als auch den Herabsetzungen der Rücklagensollgrenzen berührt. Die Entwicklung der Schwankungsreserve der Arbeiter- und Angestellten-Rentenversicherung ist aus Tabelle II.4.2.4/3 zu ersehen. Berechnet man nach den heute geltenen Vorschriften auch für die früheren Zeiten die Rücklage in die Schwankungsreserve in Monatsausgaben zu eigenen Lasten um, so zeigt sich, daß Anfang der sechziger Jahre Rücklagen in Höhe von sechzehn Monatsausgaben gehalten wurden. Von 1965 an fällt diese Relation, und 1981 wurden Rücklagen nur noch in Höhe von ca. zwei Monatsausgaben gehalten.

Das Geldvermögen in der Bundesrepublik Deutschland hat sich im Zeitraum 1960 bis 1981 mehr als verachtfacht. Die einzelnen Sektoren haben dazu in unterschiedlichem Maße beigetragen. Das Geldvermögen der privaten Haushalte hat sich verzwölffacht, das der Unternehmen ist auf das Neunfache und das der öffentlichen Haushalte auf das Dreifache des Bestandes des Jahres 1960 gestiegen. Die Struktur hat sich dementsprechend verändert.

Der Anteil des Sektors private Haushalte hat sich um knapp 20 vH-Punkte auf 64 vH erhöht, der der Unternehmen ist etwa gleichgeblieben und der der öffentlichen Haushalte ist um 20 vH-Punkte auf knapp 12 vH gesunken.

Die Rentenversicherungsträger haben mit dem Abbau ihrer Rücklagen zu dem relativen Sinken des Geldvermögens der öffentlichen Haushalte beigetragen. Die Rücklagen der Rentenversicherungsträger sind bis 1981 nur auf den eineinhalbfachen Wert von 1960 gestiegen. Damals machte die Schwankungsreserve der Rentenversicherungsträger knapp 30 vH des Nettogeldvermögens der öffentlichen Haushalte aus, 1974 sogar knapp 85 vH. Seit 1975 steht der kleiner werdenden Schwankungsreserve der Rentenversicherungsträger ein negatives Nettogeldvermögen der öffentlichen Haushalte gegenüber.

Neben den allgemeinen Effekt, daß seitens der Rentenversicherungsträger das Kapitalangebot reduziert wurde, trat der Effekt der Veränderung der Anlagenstruktur. Auf den Abbau der Rücklagen haben die Rentenversicherungsträger mit einer Veränderung ihres Geldanlageverhaltens reagiert. Die Veränderung der Anlagenstruktur ist aus Tabelle II.4.2.4/2 zu ersehen. 1960 wurden nur 16 vH der Rücklagen als Einlagen bis zu zwölf Monaten gehalten. Über drei Viertel der Rücklagen wurden auf mittlere oder längere Frist ausgeliehen. Seit 1978 stieg der Anteil des mit kurzer Frist ausgeliehenen Geldes und erreichte 1981 mehr als 50 vH der Rücklagen. In mittel- und längerfristigen Anlageformen wurden - bei sehr viel kleinerer Finanzsumme - 1981 nur noch 30 vH gehalten. Insgesamt hatten die öffentlichen Haushalte 1960 36 vH des Geldvermögens längerfristig angelegt; 1981 betrug dieser Anteil nur noch knapp 14 vH. Auch diese Strukturverschiebung zur "Kassenhaltung" ist Ausdruck der veränderten Finanzsituation, der starken Verschuldung der Gebietskörperschaften und des Rückgriffs auf Deckungsreserven in der Rentenversicherung.

TABELLE II. 4.2.4/2

VERMOEGENSSTATISTIK

RENTENVERSICHERUNG DER ARBEITER U. ANGESTELLTEN

JAHRES-ENDE	BAR-U. ANLAGE-VERMOE-GEN	SCHWAN-KUNGS-RESERVE 1)	DAVON GEHALTEN ALS							
			EIN-LAGEN BIS 12 MONATE	SCHULD-VER- 2) SCHREIB. UEB.4J.	DAR-LEHEN	HYPO-THEKEN	EIN-LAGEN BIS 12 MONATE	SCHULD-VER-SCHREIB. UEB.4J.	DAR-LEHEN	HYPO-THEKEN
	- MRD.DM -		- MRD.DM -				- IN VH -			
1960	14.28	13.56	2.15	5.51	4.48	1.10	15.85	40.62	33.03	8.11
1961	18.00	17.21	2.60	8.05	5.21	1.19	15.11	46.77	30.27	6.91
1962	20.03	19.13	2.70	8.89	6.18	1.32	14.11	46.47	32.30	6.90
1963	22.21	21.18	2.81	9.77	7.12	1.47	13.27	46.12	33.61	6.94
1964	24.24	23.12	3.03	10.71	7.68	1.67	13.11	46.33	33.22	7.22
1965	26.12	24.91	2.90	12.11	8.00	1.89	11.64	48.62	32.12	7.59
1966	27.27	25.97	3.33	12.70	7.78	2.11	12.82	48.90	29.96	8.12
1967	24.83	23.38	1.60	12.81	6.61	2.34	6.84	54.79	28.27	10.01
1968	24.08	22.50	2.11	11.58	6.33	2.48	9.38	51.46	28.13	11.02
1969	23.35	21.67	2.87	10.65	5.18	2.64	13.25	49.15	23.91	12.18
1970	26.41	24.01	5.73	10.06	4.01	2.71	23.87	41.90	16.70	11.29
1971	31.71	29.48	6.49	10.96	6.29	2.93	22.01	37.18	21.34	9.94
1972	37.28	34.61	8.19	13.17	7.26	3.29	23.66	38.05	20.98	9.51
1973	42.79	40.06	6.85	14.41	9.18	3.89	17.10	35.97	22.92	9.71
1974	47.95	44.34	10.85	13.90	10.35	4.49	24.47	31.35	23.34	10.13
1975	48.24	42.98	7.42	13.49	16.10	4.69	17.26	31.39	37.46	10.91
1976	40.03	35.79	7.87	10.76	10.74	4.68	21.99	30.06	30.01	13.08
1977	29.78	25.33	6.17	6.68	7.92	4.62	24.36	26.37	31.27	18.24
1978	22.29	18.12	5.35	4.39	3.42	4.36	29.53	24.23	18.87	24.06
1979	20.46	16.37	6.55	3.90	1.16	4.13	40.01	23.82	7.09	25.23
1980	22.73	18.74	9.84	3.78	0.66	3.90	52.50	20.17	3.52	20.81
1981	25.81	21.74	13.46	3.61	0.48	3.69	61.91	16.61	2.21	16.97

1)FUER DIE JAHRE 1960-69 ERMITTELT ALS DIFFERENZ VON BAR- U. ANLAGEVERMOEGEN ZU VERWALTUNGSVERMOEGEN(GRUNDSTUCKE,INVENTAR U.BETEILIGUNGEN).- 2)AB 1969 WURDEN DIE SCHULDBUCHFORDERUNGEN AN DEN BUND UND DIE LAENDER GESONDERT AUSGEWIESEN UND ZU DEN SCHULDVERSCHREIBUNGEN UEBER VIER JAHRE HINZUADDIERT.VON 1977-1980 BETRUGEN DIE SCHULDBUCHFORDERUNGEN JEWEILS NUR NOCH 0.06 MRD.DM.
QUELLE:ARBEITS-U.SOZIALSTATISTIK.HAUPTERGEBNISSE 1960-1982;BUNDESARBEITSBLATT,VERSCHIEDENE JAHRGAENGE.

TABELLE II. 4.2.4/3

GELDVERMOEGEN DER OEFFENTLICHEN HAUSHALTE UND SCHWANKUNGSRESERVEN DER RENTENVERSICHERUNGEN

JAHRE	GELDVER- MOEGEN D. OEFFENTL. HAUSHALTE	VERPFLICH- TUNGEN DER OEFFENTL. HAUSHALTE	NETTOGELD VERMOEGEN D.OEFFTL. HAUSHALTE	SCHWANKGS- RESERVE D. RENTENVER- SICHERUNG
	- MRD.DM -			
1960	99.30	53.60	45.70	13.56
1961	112.50	56.30	56.20	17.21
1962	121.00	59.30	61.70	19.13
1963	130.40	65.20	65.20	21.18
1964	139.50	71.00	68.50	23.12
1965	144.90	79.40	65.50	24.91
1966	151.30	87.00	64.30	25.97
1967	158.90	101.70	57.20	23.38
1968	167.10	114.10	53.00	22.50
1969	175.10	115.60	59.50	21.67
1970	184.80	124.30	60.50	24.01
1971	197.20	138.40	58.80	29.48
1972	206.70	154.80	51.90	34.61
1973	236.10	170.80	65.30	40.06
1974	245.50	193.00	52.50	44.34
1975	253.90	257.50	-3.60	42.98
1976	261.40	304.20	-42.80	35.79
1977	268.40	341.30	-72.90	25.33
1978	279.90	385.80	-105.90	18.12
1979	283.70	428.10	-144.40	16.37
1980	292.60	482.80	-190.20	18.74
1981	307.70	560.80	-253.10	21.74
1982	315.80	629.50	-313.70	20.50

QUELLE: ZAHLENUEBERSICHTEN U.METHOD.ERLAEUTERUNGEN ZUR GESAMTWIRTSCHAFTL.FINANZIERUNGSRECHNUNG DER DEUTSCHEN BUNDESBANK 1960-1980.SONDERDRUCKE DER DEUTSCHEN BUNDESBANK NR.4.-EIGENE BERECHNUNGEN.

5 Staatliche Aktivitäten und konjunkturelle Entwicklung

5.1 Koordinationsprobleme der Wirtschaftspolitik

Mit der Institutionalisierung der Globalsteuerung wurde der Regierung ein Instrument in die Hand gegeben, bei dessen konsequentem Einsatz konjunkturelle Einbrüche und Beschäftigungsrückgänge nicht vermieden, aber wirkungsvoll abgeschwächt werden können. Die gesetzlichen Möglichkeiten sind in der Vergangenheit jedoch nicht ausgeschöpft worden. Der Globalsteuerung stand vor allem das Instrumentarium der Geld- und Finanzpolitik zur Verfügung. Dagegen ist das einkommenspolitische Instrumentarium in der Bundesrepublik Deutschland weniger entwickelt als in einigen anderen Ländern. Die im Stabilitäts- und Wachstumsgesetz vorgesehene konzertierte Aktion erschöpfte sich in einer unverbindlichen Diskussion von Staat und Tarifparteien über gesamtwirtschaftliche Fragen der Einkommensentwicklung und -verteilung und konnte nicht einmal als Diskussionsplattform auf Dauer etabliert werden. Einkommenspolitik wurde deshalb fast ausschließlich von den Tarifparteien betrieben, die bei voller Tarifautonomie die Entwicklung der Tariflohnsätze bestimmten.

Damit entfiel aber für die Globalsteuerung ein wichtiges Instrument, dessen Einsatz in einigen anderen Ländern zur Entschärfung von Einkommensverteilungskonflikten und zur Inflationsbekämpfung diente. Einer Aufgabenteilung, bei der die Einkommenspolitik diesen Part spielt, während die Finanz- und Geldpolitik vornehmlich auf Wachstumsförderung und -verstetigung gerichtet sind, fehlte aber in der Bundesrepublik Deutschland nicht nur die Basis. Auch das Selbstverständnis sowie die gesetzlich fixierten Aufgaben der wirtschaftspolitischen Instanzen standen einer solchen Aufgabenteilung entgegen.

So sah die Bundesbank ihr wichtigstes Ziel in der Preisstabilisierung. Stand dieses Ziel im Konflikt mit den Zielen der Wachstumsförderung und der Bekämpfung von Arbeitslosigkeit, so hatte es in der Regel Priorität. Eine Erhöhung der Arbeitslosigkeit wurde bei der Inflationsbekämpfung hingenommen. Die Verantwortung für die Höhe der Arbeitslosigkeit wurde dann sogar den Arbeitnehmern selbst zugesprochen: Paßten sie sich in ihren

Lohnforderungen nicht dem geldpolitisch vorgegebenen Rahmen an, so wurde die bei restriktiver Geldpolitik entstandene Arbeitslosigkeit dem Verhalten der Lohnempfänger zugeschreiben, die zu starke Lohnerhöhungen durchgesetzt hätten.

Einkommenspolitik, die in anderen Ländern zur Inflationsbekämpfung eingesetzt wird, erhielt somit in der Bundesrepublik Deutschland eine andere Funktion. Sie wurde für die Beschäftigungsentwicklung verantwortlich gemacht, während die Geldpolitik vornehmlich das Preisstabilisierungsziel verfolgen sollte. Diese Rollenverteilung hatte zwar zur Folge, daß die Lohnentwicklung in der Bundesrepublik Deutschland im internationalen Vergleich sehr verhalten war. Trotzdem wurde die Arbeitslosigkeit, nachdem sie nach der ersten Ölkrise stark angestiegen war, in der zweiten Hälfte der siebziger Jahre nur wenig abgebaut. Im bisherigen Verlauf der achtziger Jahre nahm sie sogar wieder erheblich zu.

Hierin zeigt sich, daß Geld- und Einkommenspolitik keineswegs den wirtschaftspolitischen Erfordernissen entsprachen. Die Geld-, aber auch die Finanzpolitik hätten intensiver das Wachstumsziel verfolgen müssen, nachdem die Arbeitnehmer Lohnzurückhaltung übten. Dabei wäre es notwendig gewesen, beide Politikbereiche aufeinander abzustimmen. Tatsächlich operierten sie jedoch zeitweilig gegeneinander, so daß expansive Impulse eines Politikbereichs durch kontraktive Effekte des anderen konterkariert wurden.

An der Verfolgung des für den Abbau der Arbeitslosigkeit notwendigen expansiveren Kurses sah sich die Bundesbank durch außenwirtschaftliche und währungspolitische Gesichtspunkte gehindert, denen sie ein zu hohes Gewicht einräumte. Das entscheidende Hindernis für eine ausreichend wachstumsorientierte Finanzpolitik lag einerseits in den Fehleinschätzungen staatlicher Haushaltsdefizite, andererseits in dem Unvermögen, mit ihren zunehmenden fiskalischen Belastungen fertig zu werden. Seit Mitte der 70er Jahre war es zu Haushaltsdefiziten gekommen, die selbst in Expansionsphasen nur verringert, nicht aber beseitigt werden konnten. Der Glaube an Crowding-out-Effekte staatlicher Defizite auch in Perioden schwacher Konjunktur - selbst dann gelte der Einfluß auf Zinsen und das Verdrängen privater Kreditnachfrage und Investitionstätigkeit -, ließ das Vertrauen in den Erfolg einer nachfrageexpansiven, wachstumsfördernden und -verstetigenden Finanzpolitik schwinden; sie wurde sogar mehr und mehr als "kontraproduktiv" angesehen. Die Haushaltskonsolidierung ist seitdem das dominierende Ziel.

5.2 Wirkungsprobleme der Finanzpolitik

Die Erfolgsaussichten der Finanzpolitik sind um so größer, je mehr die Politikbereiche miteinander verzahnt und Maßnahmen aufeinander abgestimmt sind. Notwendig ist vor allem, daß Konsens in den Zielen und Mitteln der Prozeßpolitik besteht und die verschiedenen Interessengruppen in die gesamtwirtschaftliche Verantwortung einbezogen werden. Allerdings darf nicht übersehen werden, daß jede Form der Prozeßpolitik mit einer Reihe instrumenteller wie auch politisch-institutioneller Probleme konfrontiert ist. Sieht man einmal von den grundsätzlichen Steuerungsproblemen ab, also von Schwierigkeiten, die vor allem mit der Beurteilung der wirtschaftlichen Situation (Datenlage und Einschätzung), der Prognose der künftigen Entwicklung sowie der Auswahl, Dosierung, Dauer und Verzögerung wirtschaftspolitischer Maßnahmen zusammenhängen, so gerät die Finanzpolitik in Zeiten stark nachlassender Wachstumsdynamik und hoher Arbeitslosigkeit schon bald in Schwierigkeiten: Die Einnahmen sinken, die Ausgaben müßten - antizyklisch - ausgeweitet werden, der Verschuldungsspielraum aber ist begrenzt. Folgt der Rezession nur eine kurze Phase der Hochkonjunktur, so ergeben sich weitere Probleme. Die Finanzpolitik müßte frühzeitig bremsen, obwohl der Produktionsfaktor Arbeit noch längst nicht ausgelastet ist, die Preispolitik steht im Zwiespalt mit dem Beschäftigungsziel, und selbst wenn gegengesteuert wird, bleibt die Frage, ob die Maßnahmen ausreichen, die pessimistischen Erwartungen "umzudrehen", die den Aufschwung prägenden Selbstverstärkungselemente zum Tragen bringen.

Weitere Probleme bestehen darin, daß steuerpolitische Maßnahmen zwar breit angelegt, aber aufgrund der vielfältigen Reaktionsmöglichkeiten der Wirtschaftssubjekte unsicher in der Wirkung sind, während Ausgabenprogramme partiell zu Übersteigerungen führen können (Bauwirtschaft) und häufig gesellschaftliche Konflikte über ein "Mehr" an staatlichen Leistungen auslösen. Erwähnt seien ferner die Hemmnisse durch das föderative System und das Haushaltsrecht.

So scheitert eine antizyklische Investitionspolitik der Gemeinden -Hauptinvestoren der öffentlichen Hand - in der Regel daran, daß zyklische Rückgänge des Steueraufkommens und der Finanzzuweisungen von Bund und Ländern nur sehr bedingt durch vermehrte Schulden aufgefangen werden können. Im kameralistischen Haushaltsrecht ist die entscheidende Bezugsperiode das Haushaltsjahr; damit wird aber ein gestaltender Einfluß auf den Wirtschaftsprozeß erschwert, zumal dann, wenn das Instrumentarium der mehrjährigen Finanzplanung nicht einmal von denjenigen, die sie erstellen, ernst genommen wird.

Die Möglichkeiten der Finanzpolitik, den Wirtschaftsprozeß wirkungsvoll zu beeinflussen, sind beschränkt. Das heißt aber nicht, daß die Finanzpolitik als Instrument zur Bekämpfung ökonomischer Fehlentwicklungen nicht mehr wirken könnte. Die Finanzpolitik kann nicht auf jede kurzfristige Schwankung im Auslastungsgrad der gesamtwirtschaftlichen Produktionskapazitäten reagieren, sie darf aber Expansionsimpulse nicht unterdrücken oder gar Abschwungkräfte durch Restriktion verstärken. Vielmehr sollte sie in erster Linie darauf hinwirken, die Erwartungs- und Entscheidungsstrukturen der Wirtschaftssubjekte zu festigen. Stetigkeit heißt nicht konstante Expansion von Staatsausgaben und -einnahmen, mehr Stetigkeit bedeutet, daß hektische und abrupte Kehrtwendungen vermieden und für die zentralen Aktionsparameter der Wirtschaftssubjekte verläßliche Eckwerte vorgegeben werden. Erst in zweiter Linie geht es um kurzfristiges Gegensteuern, wobei die Erfolgsaussichten dann größer sind, wenn jedem Politikbereich ein entsprechendes Maß an konjunkturpolitischer Verantwortung zugeordnet wird.

5.3 Meßprobleme der Finanzpolitik

Probleme wirft die Messung der Wirkungen staatlicher Aktivitäten vor allem dann auf, wenn nicht nur die kurzfristigen - konjunkturellen - Einflüsse, sondern auch allokative Effekte erfaßt werden sollen. Im Mittelpunkt der hier angestellten Überlegungen steht die konjunkturelle Betrachtung; die Analyse bedient sich des Vorperiodenvergleichs. Die "konjunkturneutrale" Bezugsbasis ist das Wachstum des gesamtwirtschaftlichen Produktionspotentials, inflationiert mit einem gleitenden Durchschnitt des BSP-Deflators. Aus der Definition der Neutralitätslinie kann keine Zielvorgabe für das gesamte Spektrum staatlicher Aktivitäten abgeleitet werden. Als konjunkturrelevant werden die Abweichungen der wichtigsten Einnahme- und Ausgabekategorien angesehen, die sich gegenüber dem jeweils realisierten Volumen der Vorperiode ergeben (fortgeschrieben mit dem nominalen Anstieg des Produktionspotentials). Die jeweiligen Abweichungen sind Primärimpulse; sie umfassen den unmittelbaren Staatseinfluß auf den gesamtwirtschaftlichen Kreislauf. Je nach Auslastungsgrad des Produktionspotentials können schon von einem "neutralen" Verhalten stabilisierende bzw. destabilisierende Effekte ausgehen. Die Beurteilung knüpft nicht nur am Gesamtsaldo an, sondern berücksichtigt auch die Einnahmen- und Ausgabenstruktur.

Die Primärimpulse geben nur einen groben Aufschluß über Wirkungsrichtung und -umfang der Staatsaktivitäten im Zeitablauf. Nicht berücksichtigt werden erstens die (verzögerten) multiplikativen Wirkungen einschließlich deren Rückwirkungen auf die öffentlichen Haushalte; zweitens solche Effekte, die schon durch die Ankündigung von Maßnahmen entstehen, deren finanzielle Auswirkungen sich aber erst sehr viel später in den öffentlichen Kassen niederschlagen; drittens Wirkungen, die aus einer veränderten Erwartungshaltung der Wirtschaftssubjekte resultieren; und schließlich auch nicht die "technischen" Einflüsse wie systembedingte Veranlagungs-Verzögerung bei der Einkommen- und Körperschaftsteuer.

5.4 Impulse der Finanzpolitik

Gemessen an den heutigen Schwierigkeiten verlief die wirtschaftliche Entwicklung bis 1972/73 weitgehend störungsfrei. Die rasche Bewältigung der Rezession 1966/67 kann nur bedingt mit erfolgreichem Nachfragemanagement des Staates erklärt werden; die Wirkungen der beiden damals aufgelegten Konjunkturprogramme sind zum Teil durch Kürzungen in den Kernhaushalten kompensiert worden. Hingegen war der Abschwung 1966 von der Finanzpolitik begünstigt worden, als die im Wahl- und Boomjahr 1965 eingegangenen Haushaltsverpflichtungen wieder zurückgenommen worden sind.

Die konjunkturelle Expansion 1968/69 wurde von der Finanzpolitik - entgegen der weitverbreiteten Ansicht - nicht gestützt. Prozyklisch wurde die Politik erst wieder in den Jahren 1970/71, obwohl zur Bekämpfung des Preisanstiegs eine Reihe kontraktiver Maßnahmen beschlossen worden waren. Zu diesem Zeitpunkt hatte sich wegen massiver Liquiditätszuflüsse aus dem Ausland die Inflation erheblich verstärkt. Mit einer energischen Bekämpfung des Preisauftriebs wurde sehr spät begonnen. Erst im Frühjahr 1973, nachdem das Bretton-Woods-System relativ fester Wechselkurse zusammengebrochen war, gewann die Bundesbank einen größeren geldpolitischen Spielraum. Sie nutzte ihn zu einer überzogenen Restriktionspolitik. Etwas früher als die Geldpolitik, nämlich Ende 1972, schlug auch die Finanzpolitik einen Restriktionskurs ein, der Anfang 1973 noch verschärft wurde ("Stabilitätsprogramme"). Da nachfragedämpfende Maßnahmen stark verzögert die Entwicklung von Produktion und Beschäftigung treffen und einen schon längere Zeit anhaltenden Preisauftrieb noch später eindämmen, haben Geld- und Finanzpolitik 1973 zunächst nur die reale Entwicklung beeinträchtigt; aufgrund der Vervielfachung der Ölpreise konnte die Inflation erst im Frühjahr 1974 gebremst werden.

Ende 1973 hat die Bundesbank begonnen, ihre geldpolitischen Zügel zu lockern; 1974 schwenkte sie mehr und mehr auf eine expansive Linie ein, die sie bis Herbst 1975 durchhielt. Auch die Finanzpolitik schaltete Ende 1973 auf Expansionskurs: Die Stabilitätsprogramme wurden suspendiert, die unmittelbar wirksame Staatsnachfrage verstärkt und eine befristete Investitionszulage gewährt. Hinzu kam das Inkrafttreten der Steuer- und Kindergeldreform am 01.01.1975. Gemessen an der "Neutralitätslinie" haben allein die Primärimpulse der Finanzpolitik das nominale Sozialprodukt 1974/75 um zwei bzw. vier Prozentpunkte angehoben.

Der wirtschaftspolitische Kurswechsel Ende 1973 konnte jedoch die Rezession 1974/75 nicht mehr aufhalten. Er kam zu spät, und zu groß waren die Belastungen der Wirtschaft durch die Ölpreissteigerungen, die in Erwartung noch höherer Inflationsraten für 1974 vereinbarten Lohnsteigerungen und die weltweite Rezession. Allerdings hat die Finanzpolitik mit ihrem expansiven Schub die Voraussetzungen für die konjunkturelle Wende geschaffen.

Als 1976 die monetäre Expansion zu rasch zu werden drohte, drosselte die Bundesbank das Expansionstempo. Noch stärker war Ende 1975 der Richtungswechsel bei der Finanzpolitik ("Haushaltsstrukturgesetz"). Für sich genommen hatten allein die kontraktiven Primärimpulse in den Haushaltsjahren 1976 und 1977, als das Wachstum vorübergehend stockte, gesamtwirtschaftliche Wachstumsverluste von zwei bzw. einem Prozentpunkt zur Folge. Mitte 1977 wurde der finanzpolitische Kurs erneut revidiert. Anstelle der ursprünglich geplanten Restriktion wurde das Volumen der öffentlichen Haushalte über den Pfad des gesamtwirtschaftlichen Produktionspotentials angehoben; auch die Geldpolitik wurde wieder expansiver gestaltet. Ungeachtet der vorangegangenen Schäden, die der forcierte Abbau des Staatsdefizits verursacht hatte, haben die Ankurbelungsmaßnahmen (Steuererleichterungen, Zukunftsinvestitionsprogramm) die konjunkturelle Expansion - in einigen Bereichen, z.B. der Bauwirtschaft, sogar mehr als wünschenswert - gefördert. Unter Aufrechnung der beiden Mehrwertsteuererhöhungen sind die öffentlichen Kassen durch die diversen Programme allein in den Jahren 1978 und 1979 mit nahezu 40 Mrd. DM belastet worden.

Anfang 1979 zog die Bundesbank ihre geldpolitischen Zügel an. Die harte Restriktionspolitik 1980/1981 wurde vor allem mit der Schwäche der außenwirtschaftlichen Position der Bundesrepublik nach der zweiten Ölverteuerung begründet. Mit der geldpolitischen Restriktion sollte eine Verbesserung der Leistungsbilanz hervorgerufen und ein durch die Abwertung der D-Mark induzierter kumulativer Inflationsprozeß verhindert werden. Vieles spricht jedoch dafür, daß ein mehr am Wachstumsspielraum der Volkswirtschaft ausgerichteter Kurs eine befriedigendere Lösung sowohl der binnen- als auch der außenwirtschaftlichen Probleme ermöglicht hätte: Die zur Stärkung der internationalen Wettbewerbsfähigkeit der Wirtschaft notwendigen Investitionen wären weniger behindert worden, und die Abwertung der D-Mark hätte noch früher einsetzen und zur Aktivierung der Leistungsbilanz beitragen können. Ein inflatorischer Prozeß hätte sich nur entfalten können, wenn die Bundesbank Überwälzungsvorgänge monetär alimentiert hätte; gerade dies hätte aber bei einer potentialorientierten Geldpolitik ausgeschlossen werden können.

Im Gegensatz zur Geldpolitik befand sich die Finanzpolitik nach der zweiten Ölpreiskrise zunächst noch auf einem gemäßigt expansiven Kurs. Zu stärkeren finanzpolitischen Aktivitäten schien kein Anlaß zu sein, da

Schaubild II. 5.4/1

NACHFRAGEIMPULSE DES STAATES UND AUSLASTUNGSGRAD DES PRODUKTIONSPOTENTIALS

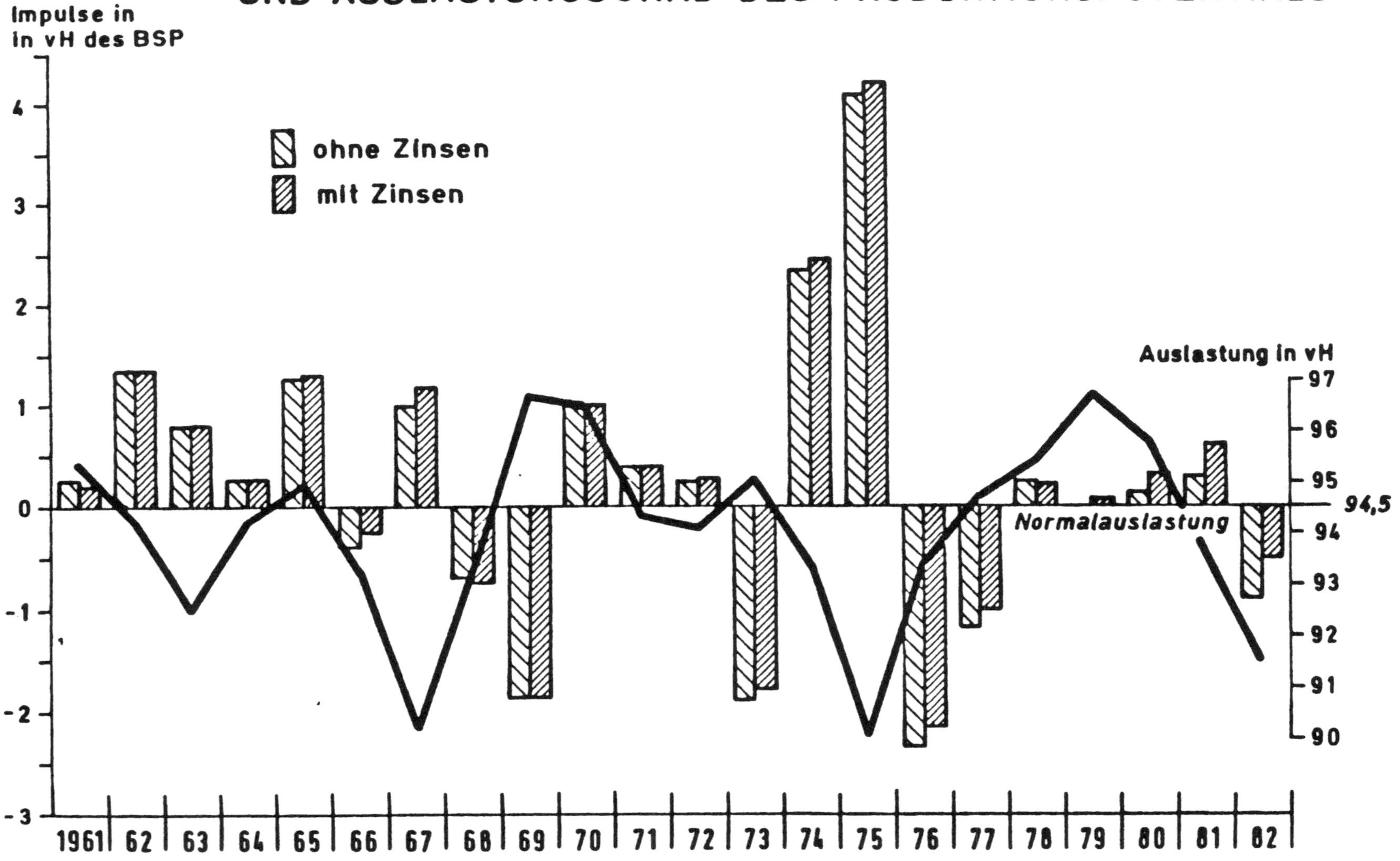

TABELLE II. 5.4./1

NACHFRAGEIMPULSE DES STAATES 1)
STAAT INSGESAMT

MRD.DM (+ EXPANSIV/-KONTRAKTIV)

	1961	1962	1963	1964	1965	1966	1967	1968	1969	1970	1971
STEUERN											
TATSAECHLICHES VOLUMEN	79.96	87.88	93.25	101.93	107.77	114.76	117.26	129.69	152.06	161.80	183.36
NEUTRALITAETSLINIE	76.54	87.24	95.53	101.36	110.39	115.74	121.99	125.94	142.27	168.79	180.73
DIFFERENZ	-3.42	-0.64	2.28	-0.57	2.62	0.98	4.73	-3.75	-9.79	6.99	-2.63
SOZIALBEITRAEGE											
TATSAECHLICHES VOLUMEN	34.35	38.06	41.09	43.75	48.42	53.71	56.34	62.11	71.31	84.76	98.27
NEUTRALITAETSLINIE	34.18	37.48	41.37	44.66	47.38	52.00	57.09	60.51	68.13	79.15	94.68
DIFFERENZ	-0.17	-0.58	0.28	0.91	-1.04	-1.71	0.75	-1.60	-3.18	-5.61	-3.59
SONSTIGE EINNAHMEN											
TATSAECHLICHES VOLUMEN	6.88	7.34	7.76	8.63	9.13	9.81	10.41	11.37	12.20	13.73	15.02
NEUTRALITAETSLINIE	7.27	7.51	7.98	8.44	9.35	9.81	10.43	11.18	12.47	13.54	15.34
DIFFERENZ	0.39	0.17	0.22	-0.19	0.22	0.00	0.02	-0.19	0.27	-0.19	0.32
SUMME DER EINNAHMEN											
TATSAECHLICHES VOLUMEN	121.19	133.28	142.10	154.31	165.32	178.28	184.01	203.17	235.57	260.29	296.65
NEUTRALITAETSLINIE	117.99	132.22	144.88	154.46	167.12	177.55	189.51	197.63	222.88	261.48	290.74
DIFFERENZ	-3.20	-1.06	2.78	0.15	1.80	-0.73	5.50	-5.54	-12.69	1.19	-5.91
STAATSVERBRAUCH./.ABSCHR.											
TATSAECHLICHES VOLUMEN	44.54	51.43	57.82	60.36	67.71	73.30	77.78	80.25	90.38	103.20	123.07
NEUTRALITAETSLINIE	43.15	48.59	55.90	62.85	65.37	72.72	77.92	83.54	88.03	100.32	115.27
DIFFERENZ 2)	1.39	2.84	1.92	-2.49	2.34	0.58	-0.14	-3.29	2.35	2.88	7.80
BRUTTOINVESTITIONEN											
TATSAECHLICHES VOLUMEN	11.44	14.28	17.11	20.88	20.86	21.20	18.87	20.68	23.73	31.09	33.67
NEUTRALITAETSLINIE	10.66	12.48	15.52	18.60	22.61	22.40	22.54	20.27	22.69	26.34	34.73
DIFFERENZ	0.78	1.80	1.59	2.28	-1.75	-1.20	-3.67	0.41	1.04	4.75	-1.06
ZINSAUSGABEN											
TATSAECHLICHES VOLUMEN	2.21	2.41	2.65	2.90	3.23	4.12	5.19	5.38	5.84	6.55	7.34
NEUTRALITAETSLINIE	2.40	2.41	2.62	2.88	3.14	3.47	4.38	5.57	5.90	6.48	7.32
DIFFERENZ	-0.19	0.00	0.03	0.02	0.09	0.65	0.81	-0.19	-0.06	0.07	0.02
TRANSFERS											
TATSAECHLICHES VOLUMEN	50.04	55.89	57.51	63.65	72.37	77.19	85.34	96.39	103.99	113.35	128.77
NEUTRALITAETSLINIE	48.17	54.59	60.75	62.51	68.93	77.73	82.05	91.66	105.74	115.43	126.61
DIFFERENZ	1.87	1.30	-3.24	1.14	3.44	-0.54	3.29	4.73	-1.75	-2.08	2.16
SUMME DER AUSGABEN											
TATSAECHLICHES VOLUMEN	108.23	124.01	135.09	147.79	164.17	175.81	187.18	202.70	223.94	254.19	292.85
NEUTRALITAETSLINIE	104.38	118.08	134.80	146.84	160.06	176.32	186.89	201.03	222.36	248.57	283.93
DIFFERENZ	3.85	5.93	0.29	0.95	4.11	-0.51	0.29	1.67	1.58	5.62	8.92
3) FINANZIERUNGSSALDO											
TATSAECHLICHES VOLUMEN	12.96	9.27	7.01	6.52	1.15	2.47	-3.17	0.47	11.63	6.10	3.80
NEUTRALITAETSLINIE	13.61	14.14	10.08	7.62	7.06	1.24	2.63	-3.40	0.52	12.91	6.81
DIFFERENZ= NACHFRAGEIMPULSE INSGES.	0.65	4.87	3.07	1.10	5.91	-1.23	5.80	-3.87	-11.11	6.81	3.01
NACHFRAGEIMPULSE OHNE ZINSAUSGABEN	0.85	4.87	3.04	1.08	5.82	-1.89	4.99	-3.68	-11.05	6.74	2.99

	1972	1973	1974	1975	1976	1977	1978	1979	1980	1981	1982
STEUERN											
TATSAECHLICHES VOLUMEN	201.03	236.55	253.65	253.93	285.18	316.84	334.63	358.23	381.07	386.44	395.28
NEUTRALITAETSLINIE	205.55	221.33	255.95	270.39	272.47	302.58	337.75	360.40	384.38	406.22	408.47
DIFFERENZ	4.52	-15.22	2.30	16.46	-12.71	-14.26	3.12	2.17	3.31	19.78	13.19
SOZIALBEITRAEGE											
TATSAECHLICHES VOLUMEN	112.29	133.20	149.24	166.01	187.23	199.22	211.44	228.21	246.73	267.27	282.96
NEUTRALITAETSLINIE	110.16	123.63	144.12	159.09	178.13	198.65	212.37	227.72	244.87	263.01	282.50
DIFFERENZ	-2.13	-9.57	-5.12	-6.92	-9.10	-0.57	0.93	-0.49	-1.86	-4.26	-0.46
SONSTIGE EINNAHMEN											
TATSAECHLICHES VOLUMEN	16.36	19.10	20.32	20.67	23.35	22.82	24.84	28.92	32.02	36.43	45.12
NEUTRALITAETSLINIE	16.84	18.01	20.67	21.66	22.18	24.77	24.33	26.75	31.03	34.13	38.51
DIFFERENZ	0.48	-1.09	0.35	0.99	-1.17	1.95	-0.51	-2.17	-0.99	-2.30	-6.61
SUMME DER EINNAHMEN											
TATSAECHLICHES VOLUMEN	329.68	388.85	423.21	440.61	495.76	538.88	570.91	615.36	659.82	690.14	723.36
NEUTRALITAETSLINIE	332.54	362.98	420.74	451.14	472.77	526.00	574.45	614.87	660.28	703.37	729.48
DIFFERENZ	2.86	-25.87	-2.47	10.53	-22.99	-12.88	3.54	-0.49	0.46	13.23	6.12
STAATSVERBRAUCH./.ABSCHR.											
TATSAECHLICHES VOLUMEN	136.96	158.51	184.99	204.83	216.09	227.94	245.17	265.28	288.63	308.05	314.45
NEUTRALITAETSLINIE	137.96	150.79	171.51	197.20	219.78	229.27	242.98	264.05	284.65	307.68	325.61
DIFFERENZ 2)	-1.00	7.72	13.48	7.63	-3.69	-1.33	2.19	1.23	3.98	0.37	-11.16
BRUTTOINVESTITIONEN											
TATSAECHLICHES VOLUMEN	33.85	35.13	40.03	39.75	39.24	39.43	43.36	49.55	55.64	52.43	47.67
NEUTRALITAETSLINIE	37.74	37.27	38.01	42.67	42.65	41.63	42.03	46.70	53.17	59.31	55.42
DIFFERENZ	-3.89	-2.14	2.02	-2.92	-3.41	-2.20	1.33	2.85	2.47	-6.88	-7.75
ZINSAUSGABEN											
TATSAECHLICHES VOLUMEN	8.43	10.17	12.15	14.17	17.44	20.41	21.52	24.09	28.79	35.44	43.64
NEUTRALITAETSLINIE	8.23	9.28	11.00	12.95	15.20	18.50	21.76	23.18	25.85	30.69	37.46
DIFFERENZ	0.20	0.89	1.15	1.22	2.24	1.91	-0.24	0.91	2.94	4.75	6.18
TRANSFERS											
TATSAECHLICHES VOLUMEN	148.35	166.48	190.22	229.49	250.19	267.84	281.84	299.98	317.01	336.07	353.93
NEUTRALITAETSLINIE	144.35	163.33	180.13	202.77	246.24	265.45	285.52	303.54	321.88	337.93	355.23
DIFFERENZ	4.00	3.15	10.09	26.72	3.95	2.39	-3.68	-3.56	-4.87	-1.86	-1.30
SUMME DER AUSGABEN											
TATSAECHLICHES VOLUMEN	327.59	370.29	427.39	488.24	522.96	555.62	591.89	638.90	690.07	731.99	759.69
NEUTRALITAETSLINIE	328.28	360.68	400.65	455.60	523.88	554.86	592.29	637.47	685.54	735.61	773.71
DIFFERENZ	-0.69	9.61	26.74	32.64	-0.92	0.76	-0.40	1.43	4.53	-3.62	-14.02
3) FINANZIERUNGSSALDO											
TATSAECHLICHES VOLUMEN	2.09	18.56	-4.18	-47.63	-27.20	-16.74	-20.98	-23.54	-30.25	-41.85	-36.33
NEUTRALITAETSLINIE	4.26	2.30	20.08	-4.46	-51.11	-28.86	-17.84	-22.60	-25.26	-32.25	-44.24
DIFFERENZ= NACHFRAGEIMPULSE INSGES.	2.17	-16.26	24.26	43.17	-23.91	-12.12	3.14	0.94	4.99	9.60	-7.91
NACHFRAGEIMPULSE OHNE ZINSAUSGABEN	1.97	-17.15	23.12	41.96	-26.14	-14.03	3.37	0.03	2.05	4.85	-14.09

1) OHNE TRANSAKTIONEN MIT DER UEBRIGEN WELT.- 2) NACH PRODUKTION.- 3) OHNE UEBRIGE WELT.- QUELLE: STATISTISCHES BUNDESAMT,BERECHNUNGEN DES DIW.

TABELLE II. 5.4./2

NACHFRAGEIMPULSE DES STAATES 1)
BUND

	1961	1962	1963	1964	1965	1966	1967	1968	1969	1970	1971	1972	1973	1974	1975	1976	1977	1978	1979	1980	1981	1982
										MRD.DM (+ EXPANSIV/-KONTRAKTIV)												
STEUERN																						
TATSAECHLICHES VOLUMEN	44.04	48.09	51.90	57.13	61.30	64.55	65.76	73.98	85.24	90.38	101.59	103.59	123.95	130.16	133.56	148.84	163.74	173.69	186.71	197.15	202.80	206.56
NEUTRALITAETSLINIE	42.72	48.05	52.27	56.42	61.87	65.84	68.62	70.63	81.16	94.62	100.95	113.88	114.05	134.11	138.75	143.31	157.92	174.55	187.06	200.34	210.16	214.36
DIFFERENZ	-1.32	-0.04	0.37	-0.71	0.57	1.29	2.86	-3.35	-4.08	4.24	-0.64	10.29	-9.90	3.95	5.19	-5.53	-5.82	0.86	0.35	3.19	7.36	7.80
SOZIALBEITRAEGE																						
TATSAECHLICHES VOLUMEN	0.47	0.54	0.61	0.67	0.76	0.85	0.93	1.00	1.15	1.38	1.62	1.79	2.11	2.42	2.57	2.62	2.74	2.94	3.08	3.28	3.56	3.52
NEUTRALITAETSLINIE	0.43	0.51	0.59	0.66	0.73	0.82	0.90	1.00	1.10	1.28	1.54	1.82	1.97	2.28	2.58	2.76	2.78	2.92	3.17	3.30	3.50	3.76
DIFFERENZ	-0.04	-0.03	-0.02	-0.01	-0.03	-0.03	-0.03	0.00	-0.05	-0.10	-0.08	0.03	-0.14	-0.14	0.01	0.14	0.04	-0.02	0.09	0.02	-0.06	0.24
SONSTIGE EINNAHMEN																						
TATSAECHLICHES VOLUMEN	2.75	4.06	3.01	3.38	3.50	3.15	3.37	3.78	3.71	4.10	4.60	3.73	3.82	4.01	3.72	4.17	4.38	6.29	7.96	7.96	10.69	19.10
NEUTRALITAETSLINIE	3.52	3.00	4.41	3.27	3.66	3.76	3.35	3.62	4.15	4.12	4.58	5.16	4.11	4.13	4.27	3.99	4.42	4.67	6.77	8.54	8.49	11.30
DIFFERENZ	0.77	-1.06	1.40	-0.11	0.16	0.61	-0.02	-0.16	0.44	0.02	-0.02	1.43	0.29	0.12	0.55	-0.18	0.04	-1.62	-1.19	0.58	-2.20	-7.80
SUMME DER EINNAHMEN																						
TATSAECHLICHES VOLUMEN	47.26	52.69	55.52	61.18	65.56	68.55	70.06	78.76	90.10	95.86	107.81	109.11	129.88	136.59	139.85	155.63	170.86	182.92	197.75	208.39	217.05	229.18
NEUTRALITAETSLINIE	46.67	51.56	57.27	60.35	66.26	70.41	72.87	75.24	86.40	100.01	107.08	120.86	120.13	140.53	145.60	150.06	165.12	182.14	197.00	212.19	222.14	229.42
DIFFERENZ	-0.59	-1.13	1.75	-0.83	0.70	1.86	2.81	-3.52	-3.70	4.15	-0.73	11.75	-9.75	3.94	5.75	-5.57	-5.74	-0.78	-0.75	3.80	5.09	0.24
STAATSVERBRAUCH./.ABSCHR.																						
TATSAECHLICHES VOLUMEN	14.30	18.09	21.00	20.13	22.26	22.21	23.54	21.96	24.64	26.29	30.95	32.69	36.13	40.35	43.72	45.58	46.07	49.61	52.73	56.02	59.90	61.83
NEUTRALITAETSLINIE	13.02	15.60	19.66	22.83	21.80	23.91	23.61	25.28	24.09	27.35	29.37	34.69	35.99	39.09	43.01	46.91	48.36	49.11	53.43	56.58	59.72	63.31
DIFFERENZ 2)	1.28	2.49	1.34	-2.70	0.46	-1.70	-0.07	-3.32	0.55	-1.06	1.58	-2.00	0.14	1.26	0.71	-1.33	-2.29	0.50	-0.70	-0.56	0.18	-1.48
BRUTTOINVESTITIONEN																						
TATSAECHLICHES VOLUMEN	1.84	2.30	2.76	3.21	3.11	3.21	3.65	3.71	4.29	5.19	5.61	5.51	5.30	5.88	6.59	5.97	6.52	6.88	7.35	7.51	6.46	6.05
NEUTRALITAETSLINIE	1.74	2.01	2.50	3.00	3.48	3.34	3.41	3.92	4.07	4.76	5.80	6.29	6.07	5.73	6.27	7.07	6.33	6.95	7.41	7.89	8.01	6.83
DIFFERENZ	0.10	0.29	0.26	0.21	-0.37	-0.13	0.24	-0.21	0.22	0.43	-0.19	-0.78	-0.77	0.15	0.32	-1.10	0.19	-0.07	-0.06	-0.38	-1.55	-0.78
ZINSAUSGABEN																						
TATSAECHLICHES VOLUMEN	0.96	1.14	1.32	1.46	1.48	1.90	2.50	2.35	2.56	2.94	3.05	3.24	3.81	4.67	5.62	7.29	9.01	9.91	11.48	14.26	18.02	22.44
NEUTRALITAETSLINIE	1.06	1.05	1.24	1.43	1.58	1.59	2.02	2.69	2.58	2.84	3.28	3.42	3.57	4.12	4.98	6.03	7.73	9.60	10.67	12.32	15.20	19.05
DIFFERENZ	-0.10	0.09	0.08	0.03	-0.10	0.31	0.48	-0.34	-0.02	0.10	-0.23	-0.18	0.24	0.55	0.64	1.26	1.28	0.31	0.81	1.94	2.82	3.39
TRANSFERS																						
TATSAECHLICHES VOLUMEN	28.67	29.63	28.47	32.78	38.11	40.01	42.82	50.72	52.10	54.52	61.54	71.49	78.46	84.98	107.05	114.58	120.54	130.31	137.19	143.32	151.45	157.45
NEUTRALITAETSLINIE	25.78	31.28	32.21	30.95	35.50	40.93	42.53	45.99	55.64	57.83	60.90	68.99	78.71	84.89	90.59	114.86	121.57	128.50	140.34	147.20	152.78	160.08
DIFFERENZ	2.89	-1.65	-3.74	1.83	2.61	-0.92	0.29	4.73	-3.54	-3.31	0.64	2.50	-0.25	0.09	16.46	-0.28	-1.03	1.81	-3.15	-3.88	-1.33	-2.63
SUMME DER AUSGABEN																						
TATSAECHLICHES VOLUMEN	45.77	51.16	53.55	57.58	64.96	67.33	72.51	78.74	83.59	88.94	101.15	112.93	123.70	135.88	162.98	173.42	182.14	196.71	208.75	221.11	235.83	247.77
NEUTRALITAETSLINIE	41.61	49.94	55.61	58.21	62.36	69.77	71.57	77.88	86.38	92.78	99.35	113.39	124.34	133.84	144.85	174.88	184.00	194.16	211.86	223.99	235.70	249.27
DIFFERENZ	4.16	1.22	-2.06	-0.63	2.60	-2.44	0.94	0.86	-2.79	-3.84	1.80	-0.46	-0.64	2.04	18.13	-1.46	-1.86	2.55	-3.11	-2.88	0.13	-1.50
FINANZIERUNGSSALDO 3)																						
TATSAECHLICHES VOLUMEN	1.49	1.53	1.97	3.60	0.60	1.22	-2.45	0.02	6.51	6.92	6.66	-3.82	6.18	0.71	-23.13	-17.79	-11.28	-13.79	-11.00	-12.72	-18.78	-18.59
NEUTRALITAETSLINIE	5.06	1.63	1.66	2.14	3.90	0.64	1.30	-2.63	0.02	7.23	7.73	7.47	-4.21	6.69	0.76	-24.82	-18.88	-12.02	-14.85	-11.80	-13.56	-19.85
DIFFERENZ= NACHFRAGEIMPULSE INSGES.	3.57	0.10	-0.31	-1.46	3.30	-0.58	3.75	-2.65	-6.49	0.31	1.07	11.29	-10.39	5.98	23.89	-7.03	-7.60	1.77	-3.85	0.92	5.22	-1.26
NACHFRAGEIMPULSE OHNE ZINSAUSGABEN	3.67	0.00	-0.39	-1.48	3.40	-0.89	3.27	-2.32	-6.47	0.21	1.30	11.46	-10.63	5.43	23.25	-8.29	-8.87	1.46	-4.66	-1.02	2.40	-4.65

1) OHNE TRANSAKTIONEN MIT DER UEBRIGEN WELT.- 2) NACH PRODUKTION.- 3) OHNE UEBRIGE WELT.- QUELLE: STATISTISCHES BUNDESAMT, BERECHNUNGEN DES DIW.

TABELLE II. 5.4./3

NACHFRAGEIMPULSE DES STAATES 1)
LAENDER

MRD.DM
(+ EXPANSIV/-KONTRAKTIV)

	1961	1962	1963	1964	1965	1966	1967	1968	1969	1970	1971
STEUERN											
TATSAECHLICHES VOLUMEN	26.43	29.54	30.54	33.25	34.43	37.29	38.55	42.10	48.86	54.13	61.57
NEUTRALITAETSLINIE	24.27	28.84	32.11	33.20	36.01	36.98	39.64	41.40	46.18	54.23	60.46
DIFFERENZ	-2.16	-0.70	1.57	-0.05	1.58	-0.31	1.09	-0.70	-2.68	0.10	-1.11
SOZIALBEITRAEGE											
TATSAECHLICHES VOLUMEN	1.59	1.67	1.83	1.98	2.26	2.49	2.64	2.96	3.49	4.21	4.97
NEUTRALITAETSLINIE	1.56	1.73	1.82	1.99	2.14	2.43	2.65	2.84	3.25	3.87	4.70
DIFFERENZ	-0.03	0.06	-0.01	0.01	-0.12	-0.06	0.01	-0.12	-0.24	-0.34	-0.27
SONSTIGE EINNAHMEN											
TATSAECHLICHES VOLUMEN	8.35	9.54	9.91	10.14	10.71	11.79	12.07	13.69	13.41	14.40	16.92
NEUTRALITAETSLINIE	8.30	9.11	10.37	10.77	10.98	11.50	12.53	12.96	15.02	14.89	16.08
DIFFERENZ	-0.05	-0.43	0.46	0.63	0.27	-0.29	0.46	-0.73	1.61	0.49	-0.84
SUMME DER EINNAHMEN											
TATSAECHLICHES VOLUMEN	36.37	40.75	42.28	45.37	47.40	51.57	53.26	58.75	65.76	72.74	83.46
NEUTRALITAETSLINIE	34.13	39.68	44.30	45.96	49.14	50.91	54.82	57.20	64.45	72.99	81.25
DIFFERENZ	-2.24	-1.07	2.02	0.59	1.74	-0.66	1.56	-1.55	-1.31	0.25	-2.21
STAATSVERBRAUCH./.ABSCHR.											
TATSAECHLICHES VOLUMEN	13.60	14.86	16.18	17.64	20.06	22.27	23.74	25.49	28.54	33.35	39.65
NEUTRALITAETSLINIE	13.54	14.84	16.15	17.59	19.10	21.54	23.67	25.50	27.96	31.68	37.25
DIFFERENZ 2)	0.06	0.02	0.03	0.05	0.96	0.73	0.07	-0.01	0.58	1.67	2.40
BRUTTOINVESTITIONEN											
TATSAECHLICHES VOLUMEN	2.15	2.59	3.11	3.84	3.99	4.06	3.62	3.84	4.32	6.31	6.28
NEUTRALITAETSLINIE	2.08	2.35	2.82	3.38	4.16	4.29	4.32	3.89	4.21	4.80	7.05
DIFFERENZ	0.07	0.24	0.29	0.46	-0.17	-0.23	-0.70	-0.05	0.11	1.51	-0.77
ZINSAUSGABEN											
TATSAECHLICHES VOLUMEN	0.72	0.66	0.64	0.62	0.75	0.95	1.25	1.48	1.60	1.64	1.94
NEUTRALITAETSLINIE	0.77	0.79	0.72	0.70	0.67	0.81	1.01	1.34	1.62	1.78	1.83
DIFFERENZ	-0.05	-0.13	-0.08	-0.08	0.08	0.14	0.24	0.14	-0.02	-0.14	0.11
TRANSFERS											
TATSAECHLICHES VOLUMEN	12.94	17.39	18.39	20.25	22.21	23.58	24.33	25.78	27.41	31.96	38.27
NEUTRALITAETSLINIE	11.73	14.12	18.90	19.99	21.93	23.85	25.07	26.13	28.28	30.43	35.70
DIFFERENZ	1.21	3.27	-0.51	0.26	0.28	-0.27	-0.74	-0.35	-0.87	1.53	2.57
SUMME DER AUSGABEN											
TATSAECHLICHES VOLUMEN	29.41	35.50	38.32	42.35	47.01	50.86	52.94	56.55	61.87	73.26	86.14
NEUTRALITAETSLINIE	28.12	32.09	38.59	41.65	45.87	50.49	54.06	56.86	62.08	68.68	81.83
DIFFERENZ	1.29	3.41	-0.27	0.70	1.14	0.37	-1.12	-0.27	-0.21	4.58	4.31
FINANZIERUNGSSALDO 3)											
TATSAECHLICHES VOLUMEN	6.96	5.25	3.96	3.02	0.39	0.71	0.32	2.16	3.89	-0.52	-2.68
NEUTRALITAETSLINIE	6.01	7.59	5.71	4.30	3.27	0.42	0.75	0.34	2.37	4.32	-0.58
DIFFERENZ= NACHFRAGEIMPULSE INSGES.	-0.95	2.34	1.75	1.28	2.88	-0.29	0.43	-1.82	-1.52	4.84	2.10
NACHFRAGEIMPULSE OHNE ZINSAUSGABEN	-0.90	2.47	1.82	1.36	2.80	-0.44	0.19	-1.95	-1.50	4.97	1.99

	1972	1973	1974	1975	1976	1977	1978	1979	1980	1981	1982
STEUERN											
TATSAECHLICHES VOLUMEN	73.23	84.09	92.33	89.08	100.28	113.21	119.52	128.86	134.92	135.89	140.09
NEUTRALITAETSLINIE	69.02	80.63	90.99	98.42	95.58	106.40	120.68	128.72	138.27	143.82	143.64
DIFFERENZ	-4.21	-3.46	-1.34	9.34	-4.70	-6.81	1.16	-0.14	3.35	7.93	3.55
SOZIALBEITRAEGE											
TATSAECHLICHES VOLUMEN	5.54	6.62	7.77	8.63	9.28	10.02	10.76	11.55	12.53	13.64	13.83
NEUTRALITAETSLINIE	5.57	6.10	7.16	8.28	9.26	9.85	10.68	11.59	12.39	13.36	14.42
DIFFERENZ	0.03	-0.52	-0.61	-0.35	-0.02	-0.17	-0.08	0.04	-0.14	-0.28	0.59
SONSTIGE EINNAHMEN											
TATSAECHLICHES VOLUMEN	20.94	23.86	25.86	27.66	30.22	31.10	33.27	35.57	37.86	39.92	41.37
NEUTRALITAETSLINIE	18.97	23.05	25.82	27.57	29.68	32.06	33.15	35.83	38.17	40.36	42.20
DIFFERENZ	-1.97	-0.81	-0.04	-0.09	-0.54	0.96	-0.12	0.26	0.31	0.44	0.83
SUMME DER EINNAHMEN											
TATSAECHLICHES VOLUMEN	99.71	114.57	125.96	125.37	139.78	154.33	163.55	175.98	185.31	189.45	195.29
NEUTRALITAETSLINIE	93.56	109.78	123.96	134.27	134.52	148.31	164.52	176.14	188.83	197.54	200.25
DIFFERENZ	-6.15	-4.79	-2.00	8.90	-5.26	-6.02	0.97	0.16	3.52	8.09	4.96
STAATSVERBRAUCH./.ABSCHR.											
TATSAECHLICHES VOLUMEN	44.25	51.17	59.33	64.54	68.33	73.62	78.78	85.37	92.48	97.86	100.41
NEUTRALITAETSLINIE	44.45	48.72	55.37	63.25	69.25	72.50	78.48	84.85	91.60	98.58	103.44
DIFFERENZ 2)	-0.20	2.45	3.96	1.29	-0.92	1.12	0.30	0.52	0.88	-0.72	-3.03
BRUTTOINVESTITIONEN											
TATSAECHLICHES VOLUMEN	6.07	6.53	7.84	7.80	7.55	7.83	8.01	8.80	9.88	9.29	9.22
NEUTRALITAETSLINIE	7.04	6.68	7.07	8.36	8.37	8.01	8.35	8.63	9.44	10.53	9.82
DIFFERENZ	-0.97	-0.15	0.77	-0.56	-0.82	-0.18	-0.34	0.17	0.44	-1.24	-0.60
ZINSAUSGABEN											
TATSAECHLICHES VOLUMEN	2.30	2.69	3.07	3.80	5.14	6.35	6.81	7.53	8.56	10.49	13.27
NEUTRALITAETSLINIE	2.17	2.53	2.91	3.27	4.08	5.45	6.77	7.33	8.08	9.12	11.09
DIFFERENZ	0.13	0.16	0.16	0.53	1.06	0.90	0.04	0.20	0.48	1.37	2.18
TRANSFERS											
TATSAECHLICHES VOLUMEN	45.14	52.96	60.37	65.51	69.14	71.34	77.56	84.41	91.11	92.69	92.76
NEUTRALITAETSLINIE	42.90	49.70	57.30	64.35	70.29	73.36	76.05	83.53	90.57	97.12	97.97
DIFFERENZ	2.24	3.26	3.07	1.16	-1.15	-2.02	1.51	0.88	0.54	-4.43	-5.21
SUMME DER AUSGABEN											
TATSAECHLICHES VOLUMEN	97.76	113.35	130.61	141.65	150.16	159.14	171.16	186.11	202.03	210.33	215.66
NEUTRALITAETSLINIE	96.56	107.63	122.64	139.23	151.99	159.32	169.64	184.34	199.70	215.36	222.32
DIFFERENZ	1.20	5.72	7.97	2.42	-1.83	-0.18	1.52	1.77	2.33	-5.03	-6.66
FINANZIERUNGSSALDO 3)											
TATSAECHLICHES VOLUMEN	1.95	1.22	-4.65	-16.28	-10.38	-4.81	-7.61	-10.13	-16.72	-20.88	-20.37
NEUTRALITAETSLINIE	-3.00	2.15	1.32	-4.96	-17.47	-11.01	-5.13	-8.20	-10.87	-17.82	-22.07
DIFFERENZ= NACHFRAGEIMPULSE INSGES.	-4.95	0.93	5.97	11.32	-7.09	-6.20	2.48	1.93	5.85	3.06	-1.70
NACHFRAGEIMPULSE OHNE ZINSAUSGABEN	-5.08	0.77	5.81	10.80	-8.15	-7.10	2.44	1.74	5.37	1.69	-3.88

1) OHNE TRANSAKTIONEN MIT DER UEBRIGEN WELT.- 2) NACH PRODUKTION.- 3) OHNE UEBRIGE WELT.- QUELLE: STATISTISCHES BUNDESAMT, BERECHNUNGEN DES DIW.

TABELLE II. 5.4./4

NACHFRAGEIMPULSE DES STAATES 1)
GEMEINDEN

	1961	1962	1963	1964	1965	1966	1967	1968	1969	1970	1971	1972	1973	1974	1975	1976	1977	1978	1979	1980	1981	1982
	MRD.DM (+ EXPANSIV/-KONTRAKTIV)																					
STEUERN																						
TATSAECHLICHES VOLUMEN	9.49	10.25	10.81	11.55	12.04	12.92	12.95	13.61	17.96	17.29	20.20	24.21	28.51	31.16	31.29	36.06	39.89	41.42	42.66	49.00	47.75	48.63
NEUTRALITAETSLINIE	9.55	10.35	11.14	11.75	12.51	12.93	13.73	13.91	14.93	19.94	19.31	22.64	26.66	30.85	33.22	33.57	38.26	42.52	44.61	45.77	52.23	50.47
DIFFERENZ	0.06	0.10	0.33	0.20	0.47	0.01	0.78	0.30	-3.03	2.65	-0.89	-1.57	-1.85	-0.31	1.93	-2.49	-1.63	1.10	1.95	-3.23	4.48	1.84
SOZIALBEITRAEGE																						
TATSAECHLICHES VOLUMEN	0.35	0.37	0.40	0.42	0.47	0.52	0.55	0.60	0.71	0.82	0.95	1.03	1.18	1.29	1.32	1.35	1.44	1.54	1.67	1.80	1.94	1.97
NEUTRALITAETSLINIE	0.33	0.38	0.40	0.43	0.45	0.50	0.55	0.59	0.66	0.79	0.92	1.06	1.13	1.28	1.38	1.42	1.43	1.54	1.66	1.79	1.92	2.05
DIFFERENZ	-0.02	0.01	0.00	0.01	-0.02	-0.02	0.00	-0.01	-0.05	-0.03	-0.03	0.03	-0.05	-0.01	0.06	0.07	-0.01	0.00	-0.01	-0.01	-0.02	0.08
SONSTIGE EINNAHMEN																						
TATSAECHLICHES VOLUMEN	8.45	10.38	11.95	13.27	14.65	15.97	16.64	17.33	18.82	20.80	23.77	27.02	31.83	36.10	38.10	39.87	41.56	46.34	51.59	56.35	56.44	58.41
NEUTRALITAETSLINIE	7.62	9.22	11.28	12.99	14.37	15.73	16.98	17.87	19.01	20.89	23.23	26.65	29.75	34.44	38.48	40.88	42.30	44.30	49.91	55.36	60.07	59.66
DIFFERENZ	-0.83	-1.16	-0.67	-0.28	-0.28	-0.24	0.34	0.54	0.19	0.09	-0.54	-0.37	-2.08	-1.66	0.38	1.01	0.74	-2.04	-1.68	-0.99	3.63	1.25
SUMME DER EINNAHMEN																						
TATSAECHLICHES VOLUMEN	18.29	21.00	23.16	25.24	27.16	29.41	30.14	31.54	37.49	38.91	44.92	52.26	61.52	68.55	70.71	77.28	82.89	89.30	95.92	107.15	106.13	109.01
NEUTRALITAETSLINIE	17.51	19.95	22.83	25.17	27.33	29.17	31.26	32.37	34.60	41.61	43.46	50.36	57.54	66.56	73.07	75.87	81.99	88.36	96.18	102.92	114.22	112.18
DIFFERENZ	-0.78	-1.05	-0.33	-0.07	0.17	-0.24	1.12	0.83	-2.89	2.70	-1.46	-1.90	-3.98	-1.99	2.36	-1.41	-0.90	-0.94	0.26	-4.23	8.09	3.17
STAATSVERBRAUCH./.ABSCHR.																						
TATSAECHLICHES VOLUMEN	6.93	7.63	8.66	9.47	10.35	11.21	11.48	12.16	14.16	17.07	20.08	22.09	25.83	30.03	32.15	33.05	35.80	39.23	43.60	48.30	51.54	52.05
NEUTRALITAETSLINIE	7.05	7.56	8.29	9.41	10.26	11.12	11.92	12.33	13.34	15.72	19.07	22.51	24.32	27.95	32.01	34.50	35.07	38.16	42.25	46.78	51.49	54.48
DIFFERENZ 2)	-0.12	0.07	0.37	0.06	0.09	0.09	-0.44	-0.17	0.82	1.35	1.01	-0.42	1.51	2.08	0.14	-1.45	0.73	1.07	1.35	1.52	0.05	-2.43
BRUTTOINVESTITIONEN																						
TATSAECHLICHES VOLUMEN	7.28	9.16	10.99	13.60	13.54	13.65	11.29	12.87	14.86	19.52	21.61	21.87	22.78	25.64	25.18	25.21	24.61	27.99	32.65	37.46	35.61	31.22
NEUTRALITAETSLINIE	6.57	7.94	9.96	11.95	14.73	14.54	14.51	12.13	14.12	16.49	21.80	24.22	24.08	24.65	27.33	27.02	26.75	26.23	30.15	35.03	39.93	37.64
DIFFERENZ	0.71	1.22	1.03	1.65	-1.19	-0.89	-3.22	0.74	0.74	3.03	-0.19	-2.35	-1.30	0.99	-2.15	-1.81	-2.14	1.76	2.50	2.43	-4.32	-6.42
ZINSAUSGABEN																						
TATSAECHLICHES VOLUMEN	0.53	0.61	0.69	0.82	1.00	1.27	1.44	1.55	1.68	1.97	2.35	2.89	3.67	4.41	4.75	5.01	5.05	4.80	5.08	5.97	6.93	7.93
NEUTRALITAETSLINIE	0.57	0.58	0.66	0.75	0.89	1.07	1.35	1.55	1.70	1.86	2.20	2.63	3.18	3.97	4.70	5.10	5.32	5.38	5.17	5.45	6.36	7.33
DIFFERENZ	-0.04	0.03	0.03	0.07	0.11	0.20	0.09	0.00	-0.02	0.11	0.15	0.26	0.49	0.44	0.05	-0.09	-0.27	-0.58	-0.09	0.52	0.57	0.60
TRANSFERS																						
TATSAECHLICHES VOLUMEN	3.86	4.36	4.74	5.19	5.82	6.18	6.04	6.60	7.08	7.66	8.93	10.50	12.11	13.91	15.58	16.00	17.00	17.48	18.84	20.93	22.26	23.09
NEUTRALITAETSLINIE	3.71	4.21	4.74	5.15	5.62	6.25	6.57	6.49	7.24	7.86	8.56	10.01	11.56	13.10	14.83	16.72	16.98	18.12	18.83	20.22	22.31	23.53
DIFFERENZ	0.15	0.15	0.00	0.04	0.20	-0.07	-0.53	0.11	-0.16	-0.20	0.37	0.49	0.55	0.81	0.75	-0.72	0.02	-0.64	0.01	0.71	-0.05	-0.44
SUMME DER AUSGABEN																						
TATSAECHLICHES VOLUMEN	18.60	21.76	25.08	29.08	30.71	32.31	30.25	33.18	37.78	46.22	52.97	57.35	64.39	73.99	77.66	79.27	82.46	89.50	100.17	112.66	116.34	114.29
NEUTRALITAETSLINIE	17.90	20.29	23.65	27.26	31.49	32.98	34.35	32.49	36.40	41.94	51.63	59.38	63.14	69.67	78.87	83.33	84.11	87.90	96.39	107.48	120.10	122.97
DIFFERENZ	0.70	1.47	1.43	1.82	-0.78	-0.67	-4.10	0.69	1.38	4.28	1.34	-2.03	1.25	4.32	-1.21	-4.06	-1.65	1.60	3.78	5.18	-3.76	-8.68
FINANZIERUNGSSALDO 3)																						
TATSAECHLICHES VOLUMEN	-0.31	-0.76	-1.92	-3.84	-3.55	-2.90	-0.11	-1.64	-0.29	-7.31	-8.05	-5.09	-2.87	-5.44	-6.95	-1.99	0.43	-0.20	-4.25	-5.51	-10.21	-5.28
NEUTRALITAETSLINIE	-0.39	-0.34	-0.83	-2.09	-4.16	-3.81	-3.08	-0.12	-1.80	-0.32	-8.17	-9.02	-5.60	-3.11	-5.80	-7.46	-2.11	0.46	-0.22	-4.56	-5.87	-10.79
DIFFERENZ= NACHFRAGEIMPULSE INSGES.	-0.08	0.42	1.09	1.75	-0.61	-0.91	-2.97	1.52	-1.51	6.99	-0.12	-3.93	-2.73	2.33	1.15	-5.47	-2.54	0.66	4.03	0.95	4.34	-5.51
NACHFRAGEIMPULSE OHNE ZINSAUSGABEN	-0.04	0.39	1.07	1.68	-0.72	-1.11	-3.06	1.52	-1.49	6.88	-0.26	-4.19	-3.22	1.90	1.10	-5.38	-2.28	1.24	4.12	0.43	3.77	-6.12

1) OHNE TRANSAKTIONEN MIT DER UEBRIGEN WELT.- 2) NACH PRODUKTION.- 3) OHNE UEBRIGE WELT.- QUELLE: STATISTISCHES BUNDESAMT, BERECHNUNGEN DES DIW.

TABELLE II. 5.4./5 .

NACHFRAGEIMPULSE DES STAATES 1)
GEBIETSKOERPERSCHAFTEN

MRD.DM (+ EXPANSIV/-KONTRAKTIV)

	1961	1962	1963	1964	1965	1966	1967	1968	1969	1970	1971
STEUERN											
TATSAECHLICHES VOLUMEN	79.96	87.88	93.25	101.93	107.77	114.76	117.26	129.69	152.06	161.80	183.36
NEUTRALITAETSLINIE	76.54	87.24	95.53	101.36	110.39	115.74	121.99	125.94	142.27	168.79	180.73
DIFFERENZ	-3.42	-0.64	2.28	-0.57	2.62	0.98	4.73	-3.75	-9.79	6.99	-2.63
SOZIALBEITRAEGE											
TATSAECHLICHES VOLUMEN	2.41	2.58	2.84	3.07	3.49	3.86	4.12	4.56	5.35	6.41	7.54
NEUTRALITAETSLINIE	2.31	2.63	2.80	3.09	3.32	3.75	4.10	4.42	5.00	5.94	7.16
DIFFERENZ	-0.10	0.05	-0,04	0.02	-0.17	-0.11	-0.02	-0.14	-0.35	-0.47	-0.38
SONSTIGE EINNAHMEN											
TATSAECHLICHES VOLUMEN	5.26	5.65	5.65	6.33	6.61	6.84	7.21	8.18	9.10	10.17	10.97
NEUTRALITAETSLINIE	5.70	5.74	6.14	6.14	6.86	7.10	7.27	7.74	8.97	10.10	11.36
DIFFERENZ	0.44	0.09	0.49	-0.19	0.25	0.26	0.06	-0.44	-0.13	-0.07	0.39
SUMME DER EINNAHMEN											
TATSAECHLICHES VOLUMEN	87.63	96.11	101.74	111.33	117.87	125.46	128.59	142.43	166.51	178.38	201.87
NEUTRALITAETSLINIE	84.56	95.60	104.47	110.59	120.57	126.59	133.36	138.11	156.25	184.83	199.25
DIFFERENZ	-3.07	-0.51	2.73	-0.74	2.70	1.13	4.77	-4.32	-10.26	6.45	-2.62
STAATSVERBRAUCH./.ABSCHR.											
TATSAECHLICHES VOLUMEN	34.83	40.58	45.84	47.24	52.67	55.69	58.76	59.61	67.34	76.71	90.68
NEUTRALITAETSLINIE	33.61	38.00	44.11	49.83	51.16	56.57	59.20	63.11	65.39	74.75	85.69
DIFFERENZ 2)	1.22	2.58	1.73	-2.59	1.51	-0.88	-0.44	-3.50	1.95	1.96	4.99
BRUTTOINVESTITIONEN											
TATSAECHLICHES VOLUMEN	11.28	14.04	16.86	20.65	20.63	20.92	18.56	20.42	23.46	31.02	33.51
NEUTRALITAETSLINIE	10.40	12.31	15.26	18.33	22.36	22.16	22.24	19.93	22.40	26.04	34.65
DIFFERENZ	0.88	1.73	1.60	2.32	-1.73	-1.24	-3.68	0.49	1.06	4.98	-1.14
ZINSAUSGABEN											
TATSAECHLICHES VOLUMEN	2.21	2.41	2.65	2.90	3.23	4.12	5.19	5.38	5.84	6.55	7.34
NEUTRALITAETSLINIE	2.40	2.41	2.62	2.88	3.14	3.47	4.38	5.57	5.90	6.48	7.32
DIFFERENZ	-0.19	0.00	0.03	0.02	0.09	0.65	0.81	-0.19	-0.06	0.07	0.02
TRANSFERS											
TATSAECHLICHES VOLUMEN	29.08	33.05	32.38	37.76	43.89	45.70	48.32	56.48	59.67	65.01	74.42
NEUTRALITAETSLINIE	27.47	31.73	35.93	35.20	40.89	47.14	48.58	51.90	61.96	66.23	72.62
DIFFERENZ	1.61	1.32	-3.55	2.56	3.00	-1.44	-0.26	4.58	-2.29	-1.22	1.80
SUMME DER AUSGABEN											
TATSAECHLICHES VOLUMEN	77.40	90.08	97.73	108.55	120.42	126.43	130.83	141.89	156.31	179.29	205.95
NEUTRALITAETSLINIE	73.88	84.44	97.92	106.23	117.56	129.33	134.40	140.51	155.65	173.50	200.27
DIFFERENZ	3.52	5.64	-0.19	2.32	2.86	-2.90	-3.57	1.38	0.66	5.79	5.68
FINANZIERUNGSSALDO 3)											
TATSAECHLICHES VOLUMEN	10.23	6.03	4.01	2.78	-2.55	-0.97	-2.24	0.54	10.20	-0.91	-4.08
NEUTRALITAETSLINIE	10.67	11.16	6.55	4.36	3.01	-2.74	-1.03	-2.41	0.59	11.32	-1.02
DIFFERENZ= NACHFRAGEIMPULSE INSGES.	0.44	5.13	2.54	1.58	5.56	-1.77	1.21	-2.95	-9.61	12.23	3.06
NACHFRAGEIMPULSE OHNE ZINSAUSGABEN	0.64	5.13	2.51	1.56	5.47	-2.42	0.40	-2.75	-9.55	12.16	3.04

	1972	1973	1974	1975	1976	1977	1978	1979	1980	1981	1982
STEUERN											
TATSAECHLICHES VOLUMEN	201.03	236.55	253.65	253.93	285.18	316.84	334.63	358.23	381.07	386.44	395.28
NEUTRALITAETSLINIE	205.55	221.33	255.95	270.39	272.47	302.58	337.75	360.40	384.38	406.22	408.47
DIFFERENZ	4.52	-15.22	2.30	16.46	-12.71	-14.26	3.12	2.17	3.31	19.78	13.19
SOZIALBEITRAEGE											
TATSAECHLICHES VOLUMEN	8.36	9.91	11.48	12.52	13.25	14.20	15.24	16.30	17.61	19.14	19.32
NEUTRALITAETSLINIE	8.45	9.20	10.72	12.24	13.43	14.06	15.14	16.41	17.49	18.77	20.23
DIFFERENZ	0.09	-0.71	-0.76	-0.28	0.18	-0.14	-0.10	0.11	-0.12	-0.37	0.91
SONSTIGE EINNAHMEN											
TATSAECHLICHES VOLUMEN	10.74	11.65	12.93	12.80	15.15	15.87	18.75	21.95	23.88	27.98	37.57
NEUTRALITAETSLINIE	12.30	11.82	12.61	13.78	13.73	16.07	16.92	20.19	23.55	25.46	29.57
DIFFERENZ	1.56	0.17	-0.32	0.98	-1.42	0.20	-1.83	-1.76	-0.33	-2.52	-8.00
SUMME DER EINNAHMEN											
TATSAECHLICHES VOLUMEN	220.13	258.11	278.06	279.25	313.58	346.91	368.62	396.48	422.56	433.56	452.17
NEUTRALITAETSLINIE	226.30	242.36	279.28	296.41	299.64	332.71	369.81	397.00	425.42	450.45	458.27
DIFFERENZ	6.17	-15.75	1.22	17.16	-13.94	-14.20	1.19	0.52	2.86	16.89	6.10
STAATSVERBRAUCH./.ABSCHR.											
TATSAECHLICHES VOLUMEN	99.02	113.13	129.71	140.41	146.96	155.49	167.62	181.70	196.80	209.30	214.29
NEUTRALITAETSLINIE	101.65	109.03	122.41	138.27	150.66	155.92	165.75	180.53	194.96	209.79	221.23
DIFFERENZ 2)	-2.62	4.10	7.30	2.14	-3.70	-0.43	1.87	1.17	1.84	-0.49	-6.94
BRUTTOINVESTITIONEN											
TATSAECHLICHES VOLUMEN	33.65	34.61	39.36	39.56	38.74	38.96	42.88	48.80	54.85	51.36	46.49
NEUTRALITAETSLINIE	37.56	36.83	37.45	41.96	42.45	41.10	41.53	46.18	52.36	58.47	54.29
DIFFERENZ	-4.11	-2.22	1.91	-2.40	-3.71	-2.14	1.35	2.62	2.49	-7.11	-7.80
ZINSAUSGABEN											
TATSAECHLICHES VOLUMEN	8.43	10.17	12.15	14.17	17.44	20.41	21.52	24.09	28.79	35.44	43.64
NEUTRALITAETSLINIE	8.23	9.28	11.00	12.95	15.20	18.50	21.76	23.18	25.85	30.69	37.46
DIFFERENZ	0.20	0.89	1.15	1.22	2.24	1.91	-0.24	0.91	2.94	4.75	6.18
TRANSFERS											
TATSAECHLICHES VOLUMEN	88.23	97.87	108.49	133.83	142.77	149.93	160.42	167.29	177.44	187.30	194.03
NEUTRALITAETSLINIE	83.42	97.14	105.90	115.65	143.60	151.48	159.83	172.77	179.50	189.15	197.98
DIFFERENZ	4.81	0.73	2.59	18.18	-0.83	-1.55	0.59	-5.48	-2.06	-1.85	-3.95
SUMME DER AUSGABEN											
TATSAECHLICHES VOLUMEN	229.14	255.78	289.71	327.97	345.91	364.79	392.44	421.88	457.88	483.40	498.45
NEUTRALITAETSLINIE	230.87	252.28	276.75	308.83	351.91	367.01	388.87	422.66	452.68	488.10	510.95
DIFFERENZ	-1.73	3.50	12.96	19.14	-6.00	-2.22	3.57	-0.78	5.20	-4.70	-12.50
FINANZIERUNGSSALDO 3)											
TATSAECHLICHES VOLUMEN	-9.01	2.33	-11.65	-48.72	-32.33	-17.88	-23.82	-25.40	-35.32	-49.84	-46.28
NEUTRALITAETSLINIE	-4.57	-9.92	2.52	-12.42	-52.28	-34.30	-19.06	-25.65	-27.25	-37.65	-52.68
DIFFERENZ= NACHFRAGEIMPULSE INSGES.	4.44	-12.25	14.17	36.30	-19.95	-16.42	4.76	-0.25	8.07	12.19	-6.40
NACHFRAGEIMPULSE OHNE ZINSAUSGABEN	4.23	-13.14	13.03	35.08	-22.18	-18.33	5.00	-1.17	5.12	7.44	-12.58

1) OHNE TRANSAKTIONEN MIT DER UEBRIGEN WELT.- 2) NACH PRODUKTION.- 3) OHNE UEBRIGE WELT.- QUELLE: STATISTISCHES BUNDESAMT, BERECHNUNGEN DES DIW.

TABELLE II. 5.4./6

NACHFRAGEIMPULSE DES STAATES 1)
SOZIALVERSICHERUNG

MRD.DM
(+ EXPANSIV/-KONTRAKTIV)

	1961	1962	1963	1964	1965	1966	1967	1968	1969	1970	1971
SOZIALBEITRAEGE											
TATSAECHLICHES VOLUMEN	31.94	35.48	38.32	40.68	44.93	48.86	52.22	57.55	64.88	76.73	88.57
NEUTRALITAETSLINIE	31.87	34.85	38.57	41.65	44.06	48.25	51.94	56.08	63.13	72.02	85.71
DIFFERENZ	-0.07	-0.63	0.25	0.97	-0.87	-0.61	-0.28	-1.47	-1.75	-4.71	-2.86
SONSTIGE EINNAHMEN											
TATSAECHLICHES VOLUMEN	10.35	8.94	10.03	11.01	11.84	13.33	14.48	14.63	14.89	15.60	17.24
NEUTRALITAETSLINIE	8.17	11.29	9.72	10.90	11.92	12.72	14.17	15.55	16.05	16.53	17.43
DIFFERENZ	-2.18	2.35	-0.31	-0.11	0.08	-0.61	-0.31	0.92	1.16	0.93	0.19
SUMME DER EINNAHMEN											
TATSAECHLICHES VOLUMEN	42.29	44.42	48.35	51.69	56.77	62.19	66.70	72.18	79.77	92.33	105.81
NEUTRALITAETSLINIE	40.04	46.14	48.28	52.56	55.98	60.97	66.11	71.64	79.18	88.54	103.13
DIFFERENZ	-2.25	1.72	-0.07	0.87	-0.79	-1.22	-0.59	-0.54	-0.59	-3.79	-2.68
STAATSVERBRAUCH./.ABSCHR.											
TATSAECHLICHES VOLUMEN	9.71	10.85	11.98	13.12	15.04	17.61	19.02	20.64	23.04	26.49	32.39
NEUTRALITAETSLINIE	9.53	10.59	11.79	13.02	14.21	16.15	18.72	20.43	22.64	25.57	29.59
DIFFERENZ 2)	0.18	0.26	0.19	0.10	0.83	1.46	0.30	0.21	0.40	0.92	2.80
BRUTTOINVESTITIONEN											
TATSAECHLICHES VOLUMEN	0.16	0.24	0.25	0.23	0.23	0.28	0.31	0.26	0.27	0.27	0.36
NEUTRALITAETSLINIE	0.26	0.17	0.26	0.27	0.25	0.25	0.30	0.33	0.29	0.30	0.30
DIFFERENZ	-0.10	0.07	-0.01	-0.04	-0.02	0.03	0.01	-0.07	-0.02	-0.03	0.06
TRANSFERS											
TATSAECHLICHES VOLUMEN	27.59	30.09	33.05	34.60	37.80	41.85	48.30	51.35	56.61	60.95	68.12
NEUTRALITAETSLINIE	27.30	30.10	32.71	35.93	37.47	40.60	44.49	51.87	56.33	62.04	68.08
DIFFERENZ	0.29	-0.01	0.34	-1.33	0.33	1.25	3.81	-0.52	0.28	-1.09	0.04
SUMME DER AUSGABEN											
TATSAECHLICHES VOLUMEN	37.46	41.18	45.28	47.95	53.07	59.74	67.63	72.25	79.92	87.71	100.87
NEUTRALITAETSLINIE	37.10	40.87	44.76	49.22	51.93	57.00	63.50	72.63	79.26	88.71	97.97
DIFFERENZ	0.36	0.31	0.52	-1.27	1.14	2.74	4.13	-0.38	0.66	-1.00	2.90
FINANZIERUNGSSALDO 3)											
TATSAECHLICHES VOLUMEN	4.83	3.24	3.07	3.74	3.70	2.45	-0.93	-0.07	-0.15	4.62	4.94
NEUTRALITAETSLINIE	2.94	5.27	3.52	3.34	4.05	3.97	2.60	-1.00	-0.08	-0.17	5.16
DIFFERENZ= NACHFRAGEIMPULSE INSGES.	-1.89	2.03	0.45	-0.40	0.35	1.52	3.53	-0.93	0.07	-4.79	0.22

	1972	1973	1974	1975	1976	1977	1978	1979	1980	1981	1982
SOZIALBEITRAEGE											
TATSAECHLICHES VOLUMEN	103.93	123.29	137.76	153.49	173.98	185.02	196.20	211.99	229.13	248.13	263.64
NEUTRALITAETSLINIE	99.29	114.43	133.40	146.85	164.69	184.59	197.23	211.31	227.47	244.25	262.27
DIFFERENZ	-4.64	-8.86	-4.36	-6.64	-9.29	-0.43	1.03	-0.68	-1.66	-3.88	-1.37
SONSTIGE EINNAHMEN											
TATSAECHLICHES VOLUMEN	21.36	25.65	28.26	35.73	37.05	35.32	38.18	39.86	45.50	50.80	53.60
NEUTRALITAETSLINIE	19.33	23.52	27.75	30.13	38.34	39.31	37.65	41.12	42.77	48.50	53.70
DIFFERENZ	-2.03	-2.13	-0.51	-5.60	1.29	3.99	-0.53	1.26	-2.73	-2.30	0.10
SUMME DER EINNAHMEN											
TATSAECHLICHES VOLUMEN	125.29	148.94	166.02	189.22	211.03	220.34	234.38	251.85	274.63	298.93	317.24
NEUTRALITAETSLINIE	118.61	137.94	161.15	176.98	203.03	223.90	234.88	252.43	270.24	292.76	315.97
DIFFERENZ	-6.68	-11.00	-4.87	-12.24	-8.00	3.56	0.50	0.58	-4.39	-6.17	-1.27
STAATSVERBRAUCH./.ABSCHR.											
TATSAECHLICHES VOLUMEN	37.93	45.38	55.28	64.42	69.13	72.45	77.55	83.58	91.83	98.75	100.16
NEUTRALITAETSLINIE	36.31	41.76	49.10	58.93	69.12	73.35	77.23	83.52	89.68	97.89	104.38
DIFFERENZ 2)	1.62	3.62	6.18	5.49	0.01	-0.90	0.32	0.06	2.15	0.86	-4.22
BRUTTOINVESTITIONEN											
TATSAECHLICHES VOLUMEN	0.40	0.52	0.77	0.79	0.70	0.77	0.68	0.75	0.79	1.07	1.18
NEUTRALITAETSLINIE	0.40	0.44	0.56	0.82	0.85	0.74	0.82	0.73	0.80	0.84	1.13
DIFFERENZ	0.00	0.08	0.21	-0.03	-0.15	0.03	-0.14	0.02	-0.01	0.23	0.05
TRANSFERS											
TATSAECHLICHES VOLUMEN	77.91	89.01	104.87	125.89	138.43	148.52	155.73	165.58	176.93	191.12	205.95
NEUTRALITAETSLINIE	76.36	85.78	96.31	111.79	135.08	146.87	158.32	167.72	177.67	188.61	202.01
DIFFERENZ	1.55	3.23	8.56	14.10	3.35	1.65	-2.59	-2.14	-0.74	2.51	3.94
SUMME DER AUSGABEN											
TATSAECHLICHES VOLUMEN	116.24	134.91	160.92	191.10	208.26	221.74	233.96	249.91	269.55	290.94	307.29
NEUTRALITAETSLINIE	113.08	127.98	145.97	171.54	205.05	220.96	236.37	251.97	268.15	287.34	307.52
DIFFERENZ	3.16	6.93	14.95	19.56	3.21	0.78	-2.41	-2.06	1.40	3.60	-0.23
FINANZIERUNGSSALDO 3)											
TATSAECHLICHES VOLUMEN	9.05	14.03	5.10	-1.88	2.77	-1.40	0.42	1.94	5.08	7.99	9.95
NEUTRALITAETSLINIE	5.54	9.96	15.18	5.44	-2.02	2.94	-1.49	0.45	2.08	5.42	8.45
DIFFERENZ= NACHFRAGEIMPULSE INSGES.	-3.51	-4.07	10.08	7.32	-4.79	4.34	-1.91	-1.49	-3.00	-2.57	-1.50

1) OHNE TRANSAKTIONEN MIT DER UEBRIGEN WELT.- 2) NACH PRODUKTION.- 3) OHNE UEBRIGE WELT.- QUELLE: STATISTISCHES BUNDESAMT, BERECHNUNGEN DES DIW.

auch die finanzpolitischen Instanzen hofften, die ölpreisinduzierte Wachstumsabschwächung im Jahre 1980 werde nur vorübergehender Natur sein. Tatsächlich erwies sich die Abschwächung der Wirtschaftstätigkeit als sehr viel hartnäckiger, so daß auch die Lage der öffentlichen Haushalte immer prekärer wurde (Steuermindereinnahmen, hohe Arbeitslosenzahlungen). Der finanzpolitische Kurs war 1981/82 völlig anders als 1974/75; er unterschied sich zuletzt, 1982, auch von der Geldpolitik, die schon wieder auf einen expansiveren Kurs eingeschwenkt war: Er führte sogar dazu, daß die Wirkung der "built-in-stabilizers" - vor allem im Sozialbereich - beschnitten wurde. Die Maßnahmen im Rahmen der Gemeinschaftsinitiative für Arbeitsplätze, Wachstum und Stabilität waren vergleichsweise schwach dosiert, zudem von zum Teil drastischen Kürzungen der Haushaltsansätze, insbesondere bei den öffentlichen Investitionen, begleitet.

5.5 Beurteilung

Weit größer als in den 60er Jahren war der wirtschaftspolitische Steuerungsbedarf in der letzten Dekade. Trotzdem hat die Wirtschaftspolitik keinen konsequent wachstums- und zugleich stabilitätsgerechten Kurs durchgehalten, sondern zu Überreaktionen tendiert.

Zu Beginn der 70er Jahren waren der Geldpolitik durch das Bretton-Woods-System noch weitgehend die Hände gebunden. Als die Bundesbank jedoch vom Frühjahr 1973 an mehr geldpolitischen Spielraum erhielt, restringierte sie ihr Geldangebot zu scharf. Auch die Dämpfung der monetären Expansion im Jahre 1976 war mit gesamtwirtschaftlichen Schäden verbunden. Hingegen ließ sie bis weit in das Jahr 1978 hinein eine monetäre Expansion zu, die den Wachstumsprozeß förderte, aber 1979 eine Korrektur in restriktiver Richtung herausforderte. Weit überzogen war die restriktive Reaktion auf die außenwirtschaftlichen Herausforderungen in den Jahren 1980 und 1981.

Auch die Finanzpolitik hat keinen wachstumsverstetigenden Kurs verfolgt. Für die modisch gewordene These, finanzpolitische Stimuli hätten - zumindest längerfristig - eher einen negativen Einfluß auf Wachstum und Beschäftigung, findet sich kein empirischer Beleg. Tatsächlich gehen von der Finanzpolitik fühlbare Wirkungen auf die gesamtwirtschaftliche Entwicklung aus. Positive Beispiele sind die Phasen 1974/75 und 1978/79, negative die Jahre 1976/77 und 1982. Auch die gewollte Restriktion 1973 hatte Wirkung, allerdings wurde davon weniger die Preis- als vielmehr die Mengenentwicklung getroffen. Nachfrage und Produktion reagieren viel sensibler auf Dämpfungsmaßnahmen als die Preise. Die Erfahrungen der Jahre 1974/75 wiederum zeigen, daß erhebliche Impulse erforderlich sind, will die Finanzpolitik eine Talfahrt zum Stillstand bringen. In der jüngsten Krise fehlte die Bereitschaft dazu.

Die Reaktionen auf die verschiedenen seit 1974 aufgelegten Programme sind kein Beleg für die Wirkungslosigkeit der Finanzpolitik. Mit Ausnahme des Zukunftsinvestitionsprogramms waren sie viel zu gering dosiert und zu kurz befristet. Ihr Umfang reichte nicht aus, die Kürzungen - vor allem der Investitionen - in den Kernhaushalten auszugleichen; die Programme hatten eher "window-dressing"-Charakter. Das Zukunftsinvestitionsprogramm indes wurde zu spät aufgelegt. Wäre das Programm schon früher verabschiedet und, wie es einem mittelfristigen Programm entsprochen hätte, fortgesetzt worden, so wären die Wachstums- und Beschäftigungsgewinne erheblich größer gewesen.

Auf der Einnahmenseite hat es Steuerentlastungen gegeben, die allerdings nur zu einem geringen Teil prozeßpolitisch begründbar waren. Unbestreitbar haben die steuerpolitischen Impulse das gesamtwirtschaftliche Wachstum und die Beschäftigung gefördert. Eine Politik, die sich primär des Instruments der Steuerentlastungen bedient, birgt aber wegen der vielfältigen Sickerverluste größere Risiken in sich als etwa eine expansive Investitionspolitik der öffentlichen Hand. Produktions- und Beschäftigungseffekte ebenso wie die "Selbstfinanzierungsquote" öffentlicher Investitionen sind höher zu veranschlagen als die Effekte steuerpolitischer Maßnahmen.

5.6 Staatsverschuldung und "crowding-out"

Eine bedeutsame Handlungsrestriktion für die Finanzpolitik war in den letzten Jahren die Kritik an der Höhe der Staatsverschuldung. Immer wieder wurde darauf hingewiesen, daß eine staatliche Inanspruchnahme des Kapitalmarktes zur Finanzierung relativ unproduktiver öffentlicher

Güter zinstreibend wirke und zur Verdrängung hochproduktiver privater Investitionen führe. Darüber hinaus wird die Nutzung der öffentlichen Verschuldung als rationales Instrument der Finanzpolitik deshalb bestritten, weil zukünftige Generationen durch die zu leistenden Schuldendienste in ihrer ökonomischen Entfaltung behindert würden.

Die Verdrängungsthese hat - unbestritten - Bedeutung für den Zustand der Vollbeschäftigung. Selbst da aber ist eine "objektive" Wertung schwierig, weil man a priori weder einen Vorrang der privaten noch der staatlichen Ausgabenwünsche postulieren kann. Rückblickend wäre jedoch z.B. eine Verbesserung der Umwelt- und Lebensqualität mittels verstärkter Staatsaktivitäten notwendig gewesen. In der Rezession stellt sich die Alternative, mehr öffentliche oder private Aktivitäten, nicht, sondern allenfalls die Frage, ob zusätzliche Staatsdefizite den hinreichenden Rückgang des Zinsniveaus behindern. Verzichtet der Staat in einer solchen Situation darauf, Ersparnisse kreislaufwirksam zu aktivieren, so würden weitere negative Einflüsse auf das Sozialprodukt und die Kreditnachfrage, aber auch auf das Kreditangebot ausgehen. Selbst im Aufschwung ist die Verdrängungsthese fragwürdig: In dieser Phase investieren die Privaten in Realkapital, die Ertragserwartungen werden höher eingestuft als die Erträge finanzieller Aktiva.

Die Wirkungen auf den Kapitalmarktzins und damit auf die realwirtschaftlichen Vorgänge sind jedenfalls unsicherer, als von den Verfechtern der crowding-out-These unterstellt wird. Kapitalnachfrage und -angebot hängen vom Niveau der gesamtwirtschaftlichen Aktivitäten und damit nur zum (geringeren) Teil von der Finanzpolitik ab. Ein gewichtiges Faktum ist auch der Kurs der Geldpolitik : Je restriktiver sie ist, um so eher sind zinssteigernde Wirkungen zusätzlicher Staatsdefizite bzw. Effekte wahrscheinlich, die ein Sinken der Zinsen im Abschwung behindern. Nur könnte dies wohl kaum den staatlichen Kreditwünschen angelastet werden.

Tatsächlich war der Einfluß der öffentlichen Defizite auf das Zinsniveau (wie auch auf die Preise) vergleichsweise gering. Dies zeigen u.a. Untersuchungen anhand des ökonomischen Konjunkturmodells der Forschungsinstitute.[1] So erhöhte der enorme Anstieg der staatlichen Verschuldung im Jahre 1975 - das realisierte Finanzierungsdefizit hat die konjunkturneutrale Schuldenaufnahme um fast 50 Mrd. DM überschritten - den Kapitalmarktzins im Entstehungsjahr der Verbindlichkeiten um einen Prozentpunkt; unter Berücksichtigung der Folgewirkungen im Jahre 1976 errechnet das Konjunkturmodell eine durchschnittliche Erhöhung um 0,7 vH-Punkte (gegenüber dem Fall einer konjunkturneutralen Politik). Umgekehrt hat der forcierte Defizitabbau 1976/77 den Kapitalmarktzins um lediglich einen halben Prozentpunkt gesenkt. In beiden Fällen kam der Finanzpolitik allerdings zugute, daß die Geldpolitik einen gemäßigt expansiven Kurs verfolgte. Die Modellergebnisse für das Jahr 1980 zeigen indes, daß hier schon eine recht geringe (negative) Abweichung des Defizits vom Potentialpfad - gemessen an der konjunkturneutralen Entwicklung ist das Defizit um 4 Mrd. DM zu niedrig ausgefallen - vergleichsweise große Zinsveränderungen induziert hat. Dies geschah in einer Phase, in der die Bundesbank ihren monetären Restriktionskurs verschärfte. Im Jahr darauf hingegen kam es trotz eines steigenden Defizits (gemessen an der konjunkturneutralen Zunahme) zu einer geringfügigen Zinsermäßigung: Die rezessive Entwicklung hat in ihren Auswirkungen auf den Kapitalmarkt die zinserhöhende Wirkung der vermehrten staatlichen Kapitalnachfrage überkompensiert.

Für die These, daß die öffentlichen Defizite in den Jahren nach 1974 zinstreibend waren, reichen die empirischen Anhaltspunkte nicht aus. Zu ähnlichen Ergebnissen kommt eine Studie des Instituts für Weltwirtschaft:[2] Die dort durchge führten Simulationen lassen den Schluß zu, daß kreditfinanzierte Staatsausgaben die private wirtschaftliche Aktivität per Saldo nicht verdrängen, da die Umlaufrendite festverzinslicher Wertpapiere nur geringfügig steigt, obwohl sich der Finanzierungssaldo des Staates kräftig ausweitet. Und selbst Simulationsrechnungen der Bundesbank[3] konstatieren nur dann ein crowding-out durch öffentliche Investitionen, wenn durch die vermehrten Staatsaktivitäten eine Preis-Lohn-Spirale in Gang gesetzt wird, nach zwei bis drei Jahren, d.h. in einem Zeitraum, der mit einem kurzfristigen Modell nur unzureichend abgebildet werden kann. Im DIW-Modell indes "können zwar in einer über längere Zeit angespannten Geldmarktsituation die induzierten expansiven Effekte im Grenzfall völlig verschwinden, aber ein crowding-out tritt nicht auf. In einer normalen konjunkturellen Situation gehen von den öffentlichen Investitionen stark expansive gesamtwirtschaftliche Effekte aus, insbesondere, wenn die Geldpolitik am potentialorientierten Kurs festhält."[4]

Eine Beurteilung der Diskussion über die intertemporale Lastenverteilung kann in dem hier angesprochenen, konjunkturellen Zusammenhang kaum geleistet werden. Nur so viel sei angemerkt : Die entscheidenden Belastungen und Entlastungen im Wechsel der Generationen liegen im "realen" Bereich, und zwar bei den Investitionen und den Folgeschäden der Produktion, gegenwärtig wird zu Lasten der kommenden Generation "konsumiert". Selbst eine kreditfinanzierte Zukunftssicherung auf ökologischem Gebiet verbessert die Perspektiven der heutigen Jugend, während Verschuldungsvorgänge in ihrer Konsequenz für die Generationen schwer überschaubar sind. In der Debatte um die Staatsverschuldung geht es aber weniger um diesen Aspekt, sondern darum, daß der Staat über die Verschuldung einen Finanzbedarf begründet, der später Steuererhöhungen erzwingt; ferner daß ungezügelte Verschuldung das Währungssystem gefährdet. Derartige Befürchtungen sind durch den "Konsolidierungskurs" zweifellos abgebaut worden. Seine Fortsetzung jedoch hemmt jetzt die wirtschaftliche Entwicklung und der Verzicht auf kreditfinanzierte Ausgaben zur Beschäftigungssicherung führt zu Belastungen für künftige Generationen.

Diese Fragen können unter allein ökonomischen Kriterien kaum diskutiert werden; vielmehr muß die Frage der gesellschaftlichen Akzeptanz gestellt werden. Dies würde aber voraussetzen, daß die instrumentelle Funktion der Staatsverschuldung stärker diskutiert wird und keine Ängste und Irrationalitäten geschürt werden.

Fußnoten

1) Vgl. hierzu Konjunkturelle Effekte der Finanzpolitik 1974 bis 1981. Ergebnisse ökonometrischer Simulationsrechnung. Bearb.: D. Vesper und R. Zwiener. In : Wochenbericht des DIW, Nr. 19/1982.

2) T. Tewes : Kreditfinanzierte Staatsausgaben und private wirtschaftliche Aktivitäten in der Bundesrepublik Deutschland. In : Die Weltwirtschaft, Nr. 1/1982, S. 47.

3) Monatsbericht der Deutschen Bundesbank : Struktur und Eigenschaften einer neuen Version des ökonometrischen Modells der Deutschen Bundesbank, August 1982, S. 32 ff. Kritisch hiermit setzen sich auseinander : R. Zwiener : "Crowding-out" durch öffentliche Investitionen ? In : Konjunkturpolitik, Nr. 3/1983, S. 121 ff. sowie U. Heilemann : Kritische Anmerkungen zu einer Simulationsstudie der Deutschen Bundesbank. In : Vierteljahrshefte des DIW, Nr. 1/1983, S. 59 ff.

4) R. Zwiener : "Crowding-out"..., a.a.O., S. 138.

SCHLAGWORTVERZEICHNIS

Seite

FSC
www.fsc.org
MIX
Papier | Fördert
gute Waldnutzung
FSC® C083411

Kolibri 360 GmbH
Ferdinand-Jühlke-Straße 7
99095 Erfurt, Deutschland
produktsicherheit@kolibri360.de

Druck:
CPI Druckdienstleistungen GmbH
im Auftrag der
Kolibri 360 GmbH
Ferdinand-Jühlke-Str. 7
99095 Erfurt